GUIDE PRATIQUE
DES ASSOCIATIONS LOI 1901

Éditions d'Organisation
Groupe Eyrolles
61, bd Saint-Germain
75240 Paris Cedex 05

www.editions-organisation.com
www.editions-eyrolles.com

Serge RANCILLAC
ET
Laurent SAMUEL

GUIDE PRATIQUE
DES ASSOCIATIONS
LOI 1901

Troisième édition

EYROLLES
Éditions d'Organisation

REMERCIEMENTS

Ce livre est dédicacé aux nombreux dirigeants bénévoles avec qui les auteurs ont pu construire et partager leurs idées, dans le cadre des formations organisées par le Conseil général de l'Essonne.

Les auteurs remercient également :

Paul Samuel, pour sa relecture de l'ouvrage et ses suggestions avisées.

Fabienne Venot (Fédération française de randonnée pédestre) pour les renseignements communiqués.

Olivier Charles pour ses lumières à propos des recettes publicitaires de l'association.

Maître Delecroix, pour la mise à disposition de sources précieuses.

Laurence et Élisabeth, pour leur patience et leur compréhension.

Eléonore, qui a tourné les pages.

SOMMAIRE

Deuxième partie
Faire vivre l'association

Troisième partie
Maîtriser la gestion

Quatrième partie
Le bénévolat associatif
et ses alternatives

INTRODUCTION

À qui s'adresse ce livre ?

Avant d'acheter ce livre, nous vous invitons à vérifier que vous y trouverez bien la réponse à vos questions. Nous allons traiter des problématiques rencontrées par les dirigeants d'associations, mais pas de tous les dirigeants, ni de toutes les associations.

Si votre association est importante – c'est-à-dire si elle emploie de nombreux salariés ou si elle dispose de financements publics ou autres pour des montants significatifs –, ce livre ne vous est pas forcément destiné. Nous nous adressons en effet à la généralité des associations, celles qui emploient peu ou pas de salariés et disposent de ressources financières modestes.

Par ailleurs, si vous êtes dirigeant d'une école privée, d'un établissement du secteur sanitaire et social ou d'une association de chasse ou de pêche, ce livre ne traitera pas des spécificités de votre activité. Dans ces secteurs, la réglementation est particulière et tient une place importante dans la gestion au quotidien. S'y intéresser aurait conduit à alourdir considérablement le contenu de cet ouvrage.

Le paysage associatif est constitué d'une majorité de « petites structures » : 750 000 associations réunissent une poignée de bénévoles pour développer un projet avec « les moyens du bord », dans des domaines très variés, sans rapport apparent entre elles. C'est à celles-ci que nous nous sommes d'abord intéressés.

Les sociologues reconnaissent cinq catégories développées plus bas. Positionnez votre activité dans cette typologie, c'est important car tout au long de cet ouvrage, nous développerons des exemples et donnerons des recommandations qui s'adressent plus particulièrement à chacune d'entre elles :

▶ **Les associations de pratique.** Leur but est de favoriser et d'organiser la pratique d'un sport, d'un loisir de plein air, d'une ou plusieurs activités récréatives, voire de faire du tourisme. Il s'agit, par exemple, des associations sportives, des clubs « du troisième âge », etc.

Le travail associatif consiste ici à fournir un cadre pour la pratique de l'activité en mettant à disposition des moyens techniques et/ou humains, mais quelquefois simplement un local qui accueillera les pratiquants.

Sur un plan économique, ces associations sont des prestataires de services ; parfois, elles entrent en concurrence avec des entreprises commerciales.

▶ **Les associations de défense.** Il s'agit de la défense ou de la gestion d'intérêts généraux ou particuliers ; par exemple, les associations d'usagers, de riverains, de parents d'élèves, les associations pour la défense ou la préservation d'un site.

Le modèle économique consiste ici à réunir des ressources (humaines et financières) pour servir la cause définie dans les statuts.

▶ **Les associations à vocation sociale ou humanitaire.** Elles visent à soutenir des projets sociaux ou humanitaires à plus ou moins grande échelle, en zone locale ou distante.

Elles mettent eu œuvre des projets et des chantiers ; le modèle économique consiste à lever des fonds publics ou privés.

▶ **Les associations culturelles.** Ces associations conçoivent et organisent des projets culturels ; il peut s'agir d'organiser des spectacles vivants, des expositions d'œuvres d'art, mais aussi de gérer une bibliothèque ou d'entretenir un musée.

L'objectif est avant tout d'attirer l'attention des pouvoirs publics pour bénéficier de financements institutionnels, les recettes dégagées par l'activité ne permettant pas en général de couvrir les frais de fonctionnement.

▶ **Les associations de nature commerciale.** Ces associations abritent une activité commerciale (vente de biens ou prestations de services). Elles sont en concurrence avec des entreprises commerciales (artisans, SARL, etc.). Dans ce cas se pose la question de l'assujettissement aux impôts commerciaux. Le statut associatif peut être adopté pour des raisons éthiques (réinvestissement des bénéfices dans une cause humanitaire) mais également par convenance de certains créateurs.

Qu'allez-vous trouver dans ce livre ?

La première partie vous aidera à « prendre un bon départ » si vous êtes en train de lancer votre association. Vous y apprendrez comment mettre en place votre structure (constitution, organes dirigeants, premières décisions). Cette partie constitue une introduction aux différentes problématiques de gestion de l'association, problématiques qui seront traitées en détail dans les trois autres parties qui suivent.

La seconde partie s'intitule « faire vivre l'association ». Elle s'adresse à des associations déjà constituées qui ont à gérer leur développement en communiquant, en investissant, en organisant des manifestations exceptionnelles.

La troisième partie vous donne les moyens de « maîtriser la gestion » de votre association. Elle traite du nerf de la guerre, les questions d'argent. Nous y développons la manière de tenir votre comptabilité, quels sont les grands équilibres financiers à respecter, comment sécuriser la perception des ressources financières de l'association et le régime fiscal des sommes reçues.

La quatrième partie traite du bénévolat, pour comprendre les motivations et les attentes de tous ceux qui collaborent à la réussite de l'association. Vous y trouverez des recommandations pour fidéliser les bénévoles et trouver des alternatives pour bénéficier de collaborations ponctuelles ou récurrentes.

Le document téléchargeable contient de nombreux documents utiles à la vie de l'association :
- des textes de référence (la loi 1901, instructions fiscales…) ;
- des modèles de documents administratifs (reçu de don, demande de subvention…) ;
- des exemples (comptabilité supersimplifiée, calculs de points morts…).

Première partie

Prendre un bon départ

Ça y est. Vous avez l'idée ; depuis plusieurs mois, vous en parlez autour de vous et vous avez convaincu quelques personnes de votre entourage de son bien-fondé. Elles sont prêtes à vous épauler et tous ensemble vous avez décidé de fonder une association.

Maintenant vous vous demandez comment procéder :

▶ Avant de vous lancer dans la création de la structure juridique, nous vous suggérons de répondre à une question simple : votre association, pour quoi faire ? Une réflexion à propos de cette question vous permettra de **formuler clairement les lignes directrices de votre projet** ; ainsi la rédaction des statuts sera à la fois facilitée et utile. Elle vous permettra de continuer à structurer votre projet tout en aboutissant à un document de synthèse, les statuts, qui représente le pacte fondateur de votre association. Le chapitre 1 fait le tour de la question.

▶ Ensuite, vous pourrez vous attacher à donner **une assise matérielle à votre association**. C'est l'objet du chapitre 2. Le choix du nom, des locaux, les formalités obligatoires sont un passage obligé. Au-delà des obligations légales, ces premières décisions conditionnent largement le lancement du projet.

▶ Passé ce stade, vous devrez investir sur **le fonctionnement de votre association au quotidien**. Il reste à mettre en place une organisation permettant à l'association de fonctionner et aux activités de se dérouler dans les meilleures conditions. C'est le domaine du règlement intérieur, réglant de manière souple les détails du fonctionnement interne. Le chapitre 3 vous y aidera.

▶ Dernier outil à mettre en place dans cette phase de lancement, **la comptabilité**. Vous allez constater immédiatement que la fonction financière est stratégique pour l'association. La bonne gestion de la ressource financière et les impératifs de transparence nécessitent que l'association dispose d'un outil d'information fiable et adapté à ses besoins. Le chapitre 4 vous permettra d'évaluer vos besoins en ce domaine et d'adopter une méthode adaptée.

Au terme de cette première partie, vous disposerez donc des trois outils fondamentaux pour votre association : les statuts, le règlement intérieur et le système comptable.

1

UNE ASSOCIATION POUR QUOI FAIRE ?

Parmi les différentes tâches qui incombent aux fondateurs pour « lancer » leur association, la première consiste à **formuler de manière claire le projet associatif**. Celui-ci prend la forme d'un pacte entre les adhérents et tous ceux qui souhaiteront se lier à l'association. Pour éviter les déceptions, les querelles stériles ou les atermoiements, il est essentiel que ce pacte soit clair et que toutes les personnes qui participent à l'association partagent des idéaux communs.

Formuler le projet associatif, c'est définir de manière concrète comment l'association va atteindre son but en trouvant le bon compromis entre ses moyens, ses ressources et sa zone d'influence. Pour faciliter cette formulation, nous vous proposons de réfléchir à deux modèles associatifs et de situer votre projet par rapport à eux.

L'association doit être essentiellement envisagée comme un groupement de personnes. Après avoir caractérisé les parties en présence, nous chercherons à cerner les motivations de chacun et la place statutaire qu'il peut prendre dans l'association. Avant de réfléchir à son organisation interne, l'association doit préciser la manière dont les personnes vont se lier à son projet et déterminer la place de chacun dans la structure.

Ce consensus s'exprime lors de l'assemblée constituante et il est formulé par écrit dans **les statuts et le règlement intérieur qui deviennent les documents de référence**. Nous développons à la fin de la première partie différentes considérations à l'usage des rédacteurs des statuts et du règlement intérieur. Vous serez alors en mesure de vous lancer dans la rédaction de vos statuts qui constitueront à la fois le pacte fondateur de l'association et sa « feuille de route ».

Formuler le projet associatif

Le but et les moyens, les ressources, la zone d'influence : il est nécessaire de situer précisément votre projet par rapport à ces quatre composantes fondamentales qui constituent les ingrédients du succès de toute association.

Les ingrédients du succès

Pour réussir et réaliser l'objet de l'association, il faut chercher un équilibre entre le rayonnement idéal de l'association et les forces disponibles.

Les dirigeants doivent viser à la **réalisation de l'objet** en usant des ressources humaines et financières de l'association comme un bon père de famille, c'est-à-dire de manière efficace et économe. Cela suppose que le rayonnement souhaité pour l'association soit adapté aux forces dont elle dispose.

Quel sens donner à ces différents termes et quelle réalité humaine placer derrière ces concepts ?

L'objet associatif ou le but de l'association

L'objet de l'association est le but général qu'elle se propose d'atteindre et autour duquel elle mobilisera des bénévoles : la défense des riverains de l'usine, la pratique de la boxe française, la proposition d'activités récréatives à un certain public, l'animation de tel lieu…

L'objet est défini par les statuts. Il revêt une importance particulière sur le plan juridique, c'est l'objet de l'association qui est sa raison d'être et qui lui donne son existence. L'objet de l'association fonde sa légitimité face aux tiers et délimite les pouvoirs des dirigeants. Les dirigeants doivent aux membres le respect de l'objet et ils engagent leur responsabilité.

La liberté de définir l'objet associatif est l'expression même de la liberté de se grouper en association voulue par le législateur de 1901. Cette liberté de définir l'objet de l'association trouve toutefois des limites : l'objet doit être licite, ne pas porter atteinte à l'ordre public et aux bonnes mœurs (art. 6 C. civ.) et il ne doit pas viser au partage de bénéfices (art. 1 L. 1901).

Le principe de licéité de l'objet a permis d'interdire des associations de mères porteuses, une association entre des professionnels non qualifiés qui souhaitaient ainsi exercer la médecine. Mais dès que l'association dissimule la cause illicite en formulant l'objet de manière anodine, l'action en nullité devient plus délicate (les actions en justice intentées sur cette base contre les sectes se sont avérées inefficaces).

Le but non lucratif interdit à l'association d'enrichir ses membres. Il en sera question dans le détail plus loin mais retenons pour l'instant que l'association repose sur le partage et le bénévolat ; ainsi la recherche d'un gain entre plusieurs associés relève d'un autre processus juridique, la mise en société.

Les moyens du projet associatif

Les moyens de l'association ne doivent pas être confondus avec son objet. Les moyens définissent les domaines d'intervention de l'association : organiser des activités, agir en justice, former ou soutenir des publics, récolter des fonds, défendre un territoire ou promouvoir un idéal décrivent la manière de s'y prendre pour réaliser l'objet social. Il s'agit donc d'imaginer tout ce que l'association pourrait développer comme leviers pour atteindre son but. Pour éviter de se trouver dans une situation où un projet n'entre pas dans le champ des moyens prévus, on prévoira d'ajouter « *et par tout autre moyen permettant de réaliser l'objet de l'association* ».

En définissant ses moyens de manière générique dans un article des statuts, l'association donne à ses dirigeants la liberté d'engager tout type d'actions (chantiers, projets) qui rentre dans ce cadre.

Les moyens changent peu avec le temps. À l'opposé, les actions peuvent évoluer au gré des événements ; il peut être intéressant de ne pas les détailler dans les statuts mais de renvoyer leur définition au règlement intérieur. Cela permet de les faire évoluer avec plus de souplesse, sans passer par une modification statutaire.

Les moyens sont en relation étroite avec les ressources de l'association. Ressources humaines et financières se combinent pour définir les forces de l'association. Une association de défense des colocataires dont les seules ressources financières résident dans la cotisation de 20 € versée par chacun des dix colocataires n'aura pas la possibilité de se payer un grand avocat ; par contre, si l'un des colocataires est juriste et motivé, qu'il bénéficie du soutien d'un(e) secrétaire disponible et efficace, tout redevient possible. L'association doit donc adapter les moyens qu'elle choisit aux ressources sur lesquelles elle peut compter ; il en va de sa survie.

Les ressources de l'association

Qu'elles soient humaines, techniques ou financières, les ressources de l'association déterminent ses forces (et ses faiblesses). Toutes les associations peuvent compter sur leurs bénévoles et les cotisations des adhérents. Les ressources des activités se construisent progressivement, avec des compétences et des moyens. Les ressources « externes », subventions, dons, sont plus rares et plus difficiles à recueillir.

La principale richesse de l'association est la ressource humaine, la mise en commun effectuée par les bénévoles au profit du projet associatif constitue une ressource (en principe) illimitée et gratuite.

La mission des dirigeants consiste à réunir les ressources financières et à mobiliser les ressources humaines bénévoles. Trop souvent les dirigeants ont tendance à se focaliser sur l'une ou l'autre de ces deux fonctions. La gestion des ressources est une fonction dynamique. Dans le domaine financier, le dirigeant doit prévoir, anticiper, effectuer des choix et rendre des comptes. À l'égard des bénévoles, le dirigeant doit aussi savoir constituer, préserver et renouveler le capital humain de l'association, en suscitant enthousiasme et motivation à propos du projet associatif.

Le rayonnement et la zone d'influence

La zone d'influence de l'association est le territoire sur lequel elle est capable de rayonner. La plupart du temps, ce territoire est géographique mais il peut également s'agir d'une sphère sociale particulière (par exemple, association d'anciens élèves d'une école d'ingénieurs).

L'association doit projeter ses actions à l'intérieur d'un territoire défini avec précision. Qu'il soit seul ou qu'il puisse compter sur une armée de bénévoles (tous compétents, disponibles et en pleine forme !), le dirigeant de l'association doit viser une zone d'influence adaptée aux ressources dont il dispose. Ce qui semble trivial est bien souvent oublié par les dirigeants, c'est l'écueil de la démesure, le syndrome de dispersion dont souffrent de trop nombreuses associations : à vouloir trop embrasser…

Il est donc essentiel de se mettre au clair sur le « public » concerné par l'association et ses différentes actions. De plus, nous verrons que pour des raisons strictement fiscales, les associations à vocation humanitaire ont tout intérêt à préciser dans leurs statuts le type de public qu'elles visent. Cela n'empêche pas l'association de mener des chantiers sur des territoires différents.

L'association sportive donne un bon exemple de territoire à définir sur deux plans : la zone d'influence géographique – le quartier, la commune, le département, la région – et les objectifs strictement sportifs – initiation, pratique, compétition, haut niveau.

Examinons au travers de nos modèles comment ces ingrédients se combinent dans une logique de fonctionnement propre à chaque cas.

Définir votre modèle associatif

Pour vous aider à vous positionner, nous vous proposons deux modèles de fonctionnement associatif. Ces modèles restent un schéma, mais votre association présente nécessairement de nombreux points communs avec l'une et/ou l'autre de ces logiques de fonctionnement. Les identifier à l'avance vous fera gagner un temps précieux et vous évitera des déconvenues.

Deux logiques différentes

Le premier modèle s'intitule « ici et maintenant ». Il correspond à des associations dont le but est fortement ancré dans le concret. Ces structures sont exclusivement tournées vers l'action au quotidien, avec un rayonnement limité à leur zone géographique d'influence. La logique d'action de l'association se situe essentiellement dans le domaine de la gestion et de l'administration au quotidien d'activités.

Ce modèle correspond aux associations de pratique dont l'objet est de proposer à leurs membres la pratique encadrée d'une activité. Les associations de défense fonctionnent également souvent sur ce modèle, dès lors que les intérêts qu'elles protègent sont ponctuels et clairement identifiés.

Le second modèle s'intitule « construire et partager ». Il correspond à des associations qui formulent leur but en terme d'objectif à atteindre. L'horizon de l'association se situe dans le moyen/long terme et souvent bien au-delà de sa zone locale d'influence. Dans la définition de ses moyens, l'association « construire et partager » obéit à une logique d'action qui est plutôt tournée vers la gestion de différents projets. Ces projets résultent de l'initiative des bénévoles ou des opportunités qui émergent du réseau de l'association. Les objectifs de ces actions sont formulés tant en termes qualitatifs que quantitatifs ; les moyens mis en œuvre visent des « terrains d'action » qui peuvent être très disparates.

Ces associations comportent souvent une dimension éthique et/ou militante fortement marquée. Ce modèle correspond souvent aux associations à vocation sociale ou humanitaire et à certaines associations culturelles.

Quelle est la logique de fonctionnement de chacun de ces modèles ?

Ici et maintenant

L'association « ici et maintenant » se consacre à l'organisation d'une activité précise, la gestion d'un lieu ou d'un équipement. Elle s'adresse à des utilisateurs, voire des clients, qui attendent de la structure un service concret et se désintéressent souvent de son fonctionnement. De ce fait, ces associations ont une bonne capacité à lever des participations financières élevées auprès de leurs adhérents.

Dans ce modèle, le but général et les moyens se confondent souvent. La zone d'influence est essentiellement locale, quelquefois exiguë ou centrée sur une niche de population, mais toujours délimitée avec précision. L'organisation de l'association « ici et maintenant » doit être rigoureuse et son fonctionnement parfaitement cadré ; un règlement intérieur s'impose pour discipliner l'exercice des activités et donner un cadre précis à la relation avec les clients/utilisateurs.

Sur le plan des ressources, l'association de type « ici et maintenant » présente une faible capacité à mobiliser les bénévoles (hormis ceux qui peuvent participer directement à l'exercice de l'activité, comme les moniteurs sportifs par exemple) parce que les tâches qu'elle propose relèvent le plus souvent de l'administration et manquent de ce fait d'intérêt. Pour ce type d'association, le recrutement et la fidélisation des bénévoles doivent être considérés comme une priorité absolue. En revanche, l'association « ici et maintenant » bénéficie de la bonne « lisibilité » de son activité et de son rayonnement essentiellement local lorsqu'elle sollicite des subventions. Pour une commune, il est plus simple de financer le club de sport municipal qu'une association d'aide au tiers-monde.

Sur le plan des collaborations externes, l'association de type « ici et maintenant » appartient à des réseaux institutionnalisés (fédération, etc.) et privilégie les actions de lobbying.

Construire et partager

L'association de type « construire et partager » formule son but en terme d'idéal et décline ensuite les moyens d'y parvenir selon les ressources dont elle dispose.

Sa zone d'influence peut être large, quelquefois transfrontalière. Souvent même, le public visé n'est pas défini, dans la mesure où l'association souhaite s'adresser au plus grand nombre, ou bien le public est défini de manière transversale, l'association s'adressant à des groupes disparates.

L'organisation de l'association « construire et partager » se structure autour de projets à plus ou moins long terme. Elle doit donc être souple et donner leur place aux initiatives de ses bénévoles. Sa capacité à mobiliser le bénévolat est forte puisqu'elle fait appel aux sentiments. En revanche, elle aura souvent des difficultés à lever des cotisations élevées et à disposer d'une base d'adhérents large. Pour recueillir des subventions, elle souffrira de la faible lisibilité de son but et/ou de la dilution de sa zone d'influence.

Sur le plan des collaborations externes, l'association de type « construire et partager » privilégie les logiques de réseaux informels.

	Ici et maintenant	**Construire et partager**
Valeurs	Secondaires	Prioritaires
Objectifs prioritaires	Réalisations à court terme et pérennité de la structure	Développements à Moyen/Long terme
Horizon/Visibilité	Cycles longs	Cycles rythmés par les projets
Disponibilité des ressources	Actions pérennes Les ressources acquises se renouvellent plutôt naturellement	Moyens fugaces Il faut régulièrement recadrer les actions
Origine des ressources	Internes (produits d'activités)	Externes (subventions/dons)
Niveau des ressources	Proportionnel aux activités déployées et contraint par l'environnement	Motivé par les objectifs
Réseau	Institutionnel	Informel
Type de partenariats	Vertical/Horizontal (géographique et sectoriel)	Transversal (dans toutes les directions)
Profil des bénévoles	Opportunistes	Fidèles
Motivation des bénévoles	Pour des missions	Pour des projets

Exemple

Défendre la mémoire d'un grand homme

Je suis ingénieur agroalimentaire et j'habite dans la même commune que l'un des descendants de Nicolas Appert (1756-1815), inventeur du procédé de la conserve alimentaire. Nous sommes devenus amis par hasard et il occupe la maison de famille où se trouvent encore quelques objets ayant appartenu à l'inventeur.

Notre projet est de fonder une association pour la préservation de la mémoire de Nicolas Appert. Pour l'instant, les projets sont les suivants : création d'une bibliothèque rassemblant les ouvrages concernant l'inventeur et les origines de la conservation alimentaire, création d'un musée rassemblant divers objets ayant appartenu à l'inventeur, notamment un prototype de la première machine à appertiser, édition d'un bulletin de liaison traitant de l'histoire de la conserve alimentaire.

Dans l'immédiat, notre association ne peut compter que sur nous (deux personnes). Actifs sur le plan professionnel, notre disponibilité est limitée mais nous sommes prêts à consacrer notre temps libre au projet associatif.

Comment formuler ce projet associatif ?

L'objet de l'association sera la préservation du souvenir de Nicolas Appert, inventeur du procédé de la conserve alimentaire. L'association pourrait être qualifiée d'association de défense. La dimension technique, culturelle, voire pédagogique de l'objet la situe clairement dans le modèle « construire et partager ».

Les moyens pour réaliser l'objet seront la création d'une bibliothèque et d'un musée, l'édition d'un bulletin, autant de chantiers qui peuvent évoluer selon les idées et les opportunités qui se présenteront à l'association. Réalisant que les coûts de fabrication et de diffusion d'un bulletin sont prohibitifs, l'association pourra abandonner ce chantier et se tourner par exemple vers la création d'un site Internet, mieux à même d'assurer la diffusion de l'objet dans une zone d'influence parfaitement transversale et délicate à identifier.

La zone d'influence de l'association est multiple. Il s'agit d'abord d'une zone locale puisque l'association s'enracine dans la commune de naissance de l'inventeur. La zone d'influence est également transversale puisque l'association va recruter ses membres et sympathisants autour d'un thème « fédérateur », la conserve alimentaire. Appartiendront à cette zone d'influence les grandes industries agroalimentaires, l'univers de la gastronomie et les milieux universitaires qui se consacrent aux techniques agroalimentaires et à l'histoire des idées et des techniques.

Les ressources de l'association sont très limitées pour l'instant : on constate l'absence de financements institutionnels et un nombre restreint de bénévoles. Mais en développant sa zone d'influence, l'association disposera de gisements de ressources humaines (historiens, chercheurs) et financières (subvention de la commune, parrainage de grandes entreprises, collaboration avec des instituts universitaires). Il est clair que cette association se constituera progressivement son propre réseau, de manière informelle, en multipliant les points d'entrée dans les différents univers qui composent sa zone d'influence.

Par tous ces aspects, l'association s'identifie clairement au type « construire et partager » au moment où se définit le projet associatif. Mais **projetons-nous** deux ans plus tard alors que le musée et la bibliothèque sont devenus une réalité : se pose alors la question d'un changement de modèle. En effet, à la tête de deux chantiers comme une bibliothèque et un musée qu'il conviendra d'entretenir et de développer, l'association se retrouve alors dans une logique de gestionnaire, de type « ici et maintenant ».

La référence à un système de valeurs

De plus en plus, les associations sont amenées à affirmer leur identité à travers des concepts forts. Cette affirmation leur permet de se faire connaître et reconnaître, à la fois par les personnes à qui elles s'adressent et par les pouvoirs publics avec qui elles travaillent.

Lorsqu'elle choisit de se doter d'un système de valeurs, l'association est conduite à les afficher et les traduire dans son mode de fonctionnement interne. Une exigence de transparence s'impose également à elle : ces préoccupations se retrouveront dans la rédaction des statuts et du règlement intérieur.

L'association citoyenne

La notion de citoyenneté trouve très naturellement à s'appliquer aux structures associatives, car l'idéal démocratique et républicain est commun à ces deux pratiques. Mais la citoyenneté n'est pas pour autant l'apanage du secteur associatif. On peut s'amuser à constater qu'un réseau associatif milite pour la sortie du nucléaire au nom de la citoyenneté alors que, dans le même temps, une entreprise publique qui est en charge du parc des centrales atomiques revendique son caractère citoyen.

Quelles sont alors les dimensions communes à la citoyenneté ?
* un idéal avec des valeurs mobilisatrices ;
* des droits et des devoirs garantis dans un cadre, l'État le plus souvent ;
* des pratiques effectives pour participer activement à l'animation de la vie collective.

Les associations citoyennes produisent un discours qui s'élabore essentiellement à partir du faire et de l'action. Elles réalisent, mettent en œuvre des projets, c'est ce qui fonde leur légitimité. À la demande sociale, elles répondent par des actes, des structures, qui trouvent leur place dans le champ économique et social. Elles font émerger des initiatives qui participent à la vie de la Cité et à l'enrichissement démocratique.

Quelles en sont alors les implications ?
* **Les statuts.** La référence citoyenne est essentiellement liée à la mise en œuvre de pratiques, à l'intérieur comme à l'extérieur de l'association. Elle doit donc figurer dans le règlement intérieur et l'imprégner. On peut souligner la prééminence de cet idéal en le mentionnant dans les statuts, par exemple au niveau des moyens.

▷ **Le fonctionnement interne.** Le bureau (en général composé au minimum du président, du trésorier et du secrétaire de l'association) a un champ d'attributions limité à l'exécution des opérations courantes de l'association. Le véritable pouvoir de décision appartient le plus souvent à un conseil d'administration élargi, et directement issu (élu) de l'assemblée générale. Le CA prend ses décisions à la majorité des voix. Ce CA a notamment pour tâche la gestion des rapports avec les pouvoirs publics et la reconnaissance attendue.

Le règlement intérieur prévoit les dispositions nécessaires pour traiter les demandes et les initiatives issues de la base de l'association.

▷ **L'assemblée générale.** Elle est le moment privilégié de l'association citoyenne. L'association veille à mobiliser ses adhérents pour obtenir une participation significative. Les statuts peuvent donc prévoir un quorum (voir p. 104).

Les dirigeants ont l'obligation de rendre compte des actions entreprises, la collectivité des adhérents peut se prononcer sur l'opportunité de poursuivre ou de renforcer celles-ci.

▷ **Les membres.** Dans une association citoyenne, il est difficile d'envisager des statuts différents selon la qualité de membre. Les droits des adhérents s'appuient le plus souvent sur le principe « une voix = un vote ». Pour garantir la mobilisation et le respect des valeurs de l'association, l'adhésion de chaque membre peut s'effectuer par le biais de la signature d'un « contrat d'adhésion » ou d'une charte du bénévole, stipulant droits et devoirs.

On peut également prévoir des « membres de droit », comme symbole de l'engagement citoyen.

Le concept de développement durable

Madame Bruntland, Premier ministre norvégien, a défini ce concept en 1987 : « *Le développement durable répond aux besoins des générations présentes sans compromettre la capacité des générations futures de répondre aux leurs.* »

Dans les années soixante-dix, des experts se sont inquiétés du fait que la croissance économique avait un impact négatif sur l'environnement et qu'elle pouvait, à terme, hypothéquer les conditions de vie sur la planète. Le développement durable est une alternative, destinée à préserver l'avenir. Il se fonde sur des modes de production et de consommation qui peuvent être perpétués sans dégrader l'environnement humain ou naturel et qui permettent à tous de satisfaire leurs besoins fondamentaux : se nourrir, se loger, se vêtir, s'instruire, travailler, vivre dans un environnement sain…

Le développement durable appelle un changement de comportement de chacun (simple citoyen, associations, entreprises, collectivités territoriales, gouvernements, institutions internationales), une plus grande solidarité entre les générations et entre les peuples, une gestion plus réfléchie, plus équitable de la planète et de ses ressources naturelles.

C'est un concept qui conduit l'association à intégrer des exigences suivant trois principes :

• **le principe de solidarité** entre les peuples et les générations, le développement devant profiter à toutes les populations ;

• **le principe de précaution** en se donnant la possibilité de revenir sur des actions lorsque leurs conséquences sont aléatoires ou imprévisibles ;

• **le principe de participation** en associant le plus grand nombre aux prises de décision.

Quelles en sont alors les implications ?

▷ **Les statuts.** La notion de développement durable est une des valeurs fondatrices de l'association. Elle doit donc figurer dans les statuts, par exemple au niveau de l'objet : *« L'association met en réseau les acteurs du développement durable des pays du Nord et du Sud. »*

Il conviendra cependant de préciser l'interprétation qui est faite de la notion de développement durable dans le contexte particulier de l'association ; la référence doit être explicite.

Exemple

Ainsi le **préambule aux statuts** suivants fixe la règle du jeu *a priori* et dans des conditions claires en avant-propos : *« L'association décide de se doter d'un conseil de développement pour associer les milieux économiques, sociaux, culturels et associatifs à l'élaboration de la charte de développement durable. Les modalités de désignation des membres de ce conseil et ses règles de fonctionnement, sont définies à l'article X du règlement intérieur. »*

▶ **Le fonctionnement interne.** Par application du principe de précaution propre au développement durable, le règlement intérieur doit prévoir la constitution d'organes pour mesurer *a posteriori* les conséquences des actions mises en œuvre par l'association. C'est un impératif de cohérence pour légitimer en interne ce qu'elle prône en externe.

Ces organes doivent jouir de prérogatives institutionnelles reconnues et sanctionnées pour alerter et corriger l'impact des entreprises de l'association. On pourra énoncer les principes d'organisation au niveau des statuts et prévoir les modalités de fonctionnement au niveau du règlement intérieur. En ce qui concerne la prise de décision, la collégialité et la recherche du consensus sont privilégiés.

▶ **L'assemblée générale peut poser des problèmes de participation.** Les associations de ce type sont souvent articulées autour de réseaux disparates, géographiquement éloignés. On évitera donc les règles de quorum trop contraignantes.

▶ **Les membres.** L'association a intérêt à prévoir différentes catégories de membres pour refléter la diversité des implications et des motivations, : membres fondateurs (les garants des principes), membres d'honneur (pour les compétences ou la notoriété), membres de droit (pour les institutionnels), membres actifs, voire membres associés (pour les acteurs associés ponctuellement aux projets de l'association). Le principe de participation implique un mode de fonctionnement collaboratif entre les différents membres de l'association : les modalités d'adhésion, de cotisation, et de pouvoirs seront donc peu contraignantes. On insistera plus sur l'adhésion aux valeurs, par la signature d'un manifeste par exemple.

L'éthique

L'éthique est un ensemble de règles morales qu'un individu ou une collectivité s'impose comme fil conducteur de ses pratiques ou de ses comportements. C'est une manière d'affirmer un certain nombre de valeurs, de droits et de devoirs, des interdits, des obligations ou ce qui est simplement permis… **L'association qui affirme ses choix en adoptant un code éthique complète son projet associatif par des considérations sur la qualité dans la mise en œuvre de ses activités.**

L'éthique est une notion très répandue dans le secteur socio-médical, car c'est un domaine qui ne se préoccupe que de l'humain. Les codes d'éthique y trouvent donc un champ d'application naturel. Mais les associations sont avant tout des entreprises humaines. Elles sont donc concernées par les processus de mise en valeur des qualités humanistes qui les fondent. Tous les types d'association peuvent se sentir concernés.

De même, le contenu d'une charte d'éthique peut porter sur différents aspects de la vie associative, par exemple :

- les droits et devoirs des membres (pour une association à caractère social) ;
- la transparence des comptes et de la gestion (pour une association caritative) ;
- la rémunération des tiers (pour une association culturelle) ;
- les modalités de fonctionnement, la dignité de la communication ou la confidentialité des fichiers informatiques.

La question de la mise en œuvre d'un code d'éthique est plus délicate. Elle passe par :

- la définition et le partage des valeurs de la charte éthique par tous les membres de l'association ;
- la mise au point d'un référentiel (qu'on peut appeler code, charte, engagement), qui donne une forme reconnue par tous à l'engagement éthique de l'association ;
- la mise en place d'un suivi de l'application du référentiel. La forme la plus couramment utilisée est la constitution d'un groupe qui évalue en permanence la mise en œuvre du référentiel. Par exemple, un comité pourra être constitué, composé éventuellement de personnalités externes à l'association (reconnues pour leur autorité dans les domaines énoncés par le référentiel) ou de personnalités complètement extérieures au domaine, mais représentant des corps constitués.

Exemple

Un code d'éthique pour l'entraîneur sportif

Je considère chaque joueur avec respect et qualité.

J'agis toujours dans le meilleur intérêt des joueurs.

Je considère que le développement de la personne prime toujours sur le développement du sport.

Je reconnais et respecte les règles écrites et non écrites de mon sport.

Je respecte toutes les décisions des arbitres.

Je considère la victoire ou la défaite comme une conséquence du plaisir de diriger une équipe.

Je fais preuve de courtoisie et de respect envers les joueurs, les entraîneurs et les partisans des autres équipes.

Je reconnais dignement la performance de l'adversaire dans la défaite.

J'accepte la victoire avec modestie sans ridiculiser l'adversaire.

Je fais preuve d'honnêteté avec les joueurs et le sport.

J'honore mes engagements écrits et verbaux envers les joueurs et l'association.

Je refuse de gagner par des moyens illégaux ou par tricherie.

J'utilise un langage précis sans injure ni expression vulgaire.

Je projette une image reflétant les valeurs positives de mon sport et de l'entraîneur.

Quelles en sont alors les implications ?

▶ **Les statuts.** La référence éthique est une valeur qui caractérise fortement l'association. Elle peut en faire un point du règlement intérieur ; mais le projet associatif gagne en clarté si les statuts font référence à un code ou une charte.

▶ **Le fonctionnement interne.** Le point sensible concerne la mise en œuvre de la charte éthique. Qui va l'élaborer, qui veillera à son application sur le terrain, comment organiser sa pérennité et les nécessaires adaptations dans le temps ? Tous ces points doivent être mentionnés dans le règlement intérieur.

Le comité éthique indépendant devra être doté d'un statut non hiérarchique par rapport aux autres organes dirigeants. Le mode de nomination pourra prévoir l'intégration de personnes externes à l'association sans pour autant porter atteinte à la liberté et l'indépendance de l'association. Les liens prévus entre le comité éthique et les personnes et organes dirigeants devront organiser les pouvoirs d'initiative et de contrôle sur les actions entreprises par l'association.

▶ **Les adhérents.** La qualité de l'adhésion aux valeurs sera la démarche privilégiée (par contrat d'adhésion explicite).

La démarche qualité

La démarche qualité répond au besoin d'une collectivité qui souhaite contrôler sa progression. Elle peut se résumer de manière triviale par un slogan : « Dire ce qu'on fait et faire ce qu'on dit. » Engager une démarche qualité, c'est d'abord une action volontariste, une manière de progresser, qui répond à des finalités précises et dont les principes clés sont :

• un engagement commun qui réaffirme le projet associatif, ses buts, sa mission ;

• le lien avec un référentiel de travail qui décrit les méthodes de travail, d'évaluation des actions et des progrès ;

• la mise en place d'une transparence dans la communication interne et externe.

Historiquement, la certification qualité s'est appliquée d'abord au monde industriel, sur des produits issus de la normalisation. Aujourd'hui, les associations n'entrent encore pas dans le champ habituel de l'accréditation par des organismes habilités à délivrer une certification de Qualité. Mais les exigences sociales, environnementales, financières deviennent de plus en plus précises.

Demain, *at last but not the least*, tout le secteur public sera mobilisé par cette démarche, et les associations n'y échapperont pas car elles sont concernées par les caractéristiques essentielles de la démarche qualité :

*   l'écoute et la prise en compte des attentes des bénéficiaires des services rendus ; c'est la vocation même de l'association ;

*   l'implication de toutes les personnes qui collaborent dans l'organisme visant la qualité ; or la motivation des bénévoles et des salariés est le moteur même de la vie de l'association ;

*   la mesure des progrès réalisés ; c'est la justification du mieux disant social que visent les associations.

Déjà, les organismes certificateurs (AFAQ, BVQI, AFNOR…) s'ouvrent à la certification de services, et les grandes associations ont l'opportunité d'engager une démarche qualité sur une partie de leur activité.

Quelles en sont alors les implications ?

*   La démarche qualité impose **une mobilisation toujours forte au niveau des individus**, variable globalement selon le niveau de mise en œuvre (partiel sur un aspect ou général à l'activité de l'association). Ce chemin vers la qualité demande une implication qui approche le professionnalisme des méthodes et du comportement des individus, autant dans la réflexion que dans l'action. Il s'agit donc d'un processus vivant qui imprègne l'association, mais pas d'un formalisme qui affecte les statuts ou le règlement intérieur.

*   La traduction de ce travail, à travers **la mise au point du référentiel**, implique autant les dirigeants que les bénévoles occasionnels, à travers des cercles de consultation, d'orientation, de décision, de suivi ; il s'agit donc de construire de manière formelle des groupes de travail temporaires qui vont exprimer la manière de faire pour toute l'association.

*   Le préalable à cette démarche est **la formation de référents**, qui vont acquérir à l'extérieur, auprès des organismes porteurs de certification, les éléments nécessaires à la conduite des opérations de formation à la qualité.

Exemple

Garantir aux donateurs de bonnes pratiques

Le but de cette certification proposée par le BVQI (Bureau Veritas Quality International) est de permettre aux personnes qui effectuent des dons à des organismes faisant appel à la générosité du public d'avoir la certitude que l'argent versé est utilisé de façon conforme aux objectifs annoncés.

La certification repose sur le respect des points suivants :

- l'organisme utilise ses ressources pour agir conformément aux missions qu'il s'est fixées et qui sont connues des donateurs ;

- le fonctionnement de l'organisme est garanti par la définition des responsabilités et des pratiques ;

- les droits des donateurs sont définis et respectés. L'information à leur égard est sincère ;

- les informations transmises par l'organisme sont transparentes et cohérentes.

Définir les rôles

Les fondateurs d'une association devraient toujours se demander à qui s'adresse l'association, quelle est la cible visée par leur projet. Si la réponse est quelquefois donnée par l'objet de l'association (les riverains de l'usine, le troisième âge de telle commune, les personnes en difficultés sociales dans tel bassin de population, etc.), il est toujours nécessaire de définir à qui s'adresse l'association, avec quel public elle veut exister.

Il est donc fondamental d'énoncer les parties, leur qualité, la nature de leur contribution, leurs droits et leurs obligations. Cette *distribution des rôles* est indispensable pour assigner à chacun sa place dans l'institution et lui proposer une participation adaptée à ses attentes, sa disponibilité, ses compétences.

Après avoir identifié les parties prenantes, il faut organiser la place de chacun sur un plan juridique : adhérents, utilisateurs de l'association, dirigeants, ces différents acteurs devant collaborer au sein de l'association selon des règles claires et connues de tous.

Les parties prenantes

Même si le projet est unique, il existe de nombreuses façons de s'y lier, et les motivations de chacun restent de toute manière une affaire personnelle.

Avant de désigner à chacun la place qui lui revient, il est nécessaire de se mettre d'accord sur la terminologie. Membres, adhérents, bénévoles, tout cela n'est pas équivalent. Nous proposons une grille pour identifier les différents types de participation.

Les fondateurs

Ce sont des personnes ayant participé à la fondation de l'association. Il peut s'agir de personnes privées bénévoles mais également d'élus ou de fonctionnaires territoriaux agissant dans le cadre de leurs prérogatives. Lorsqu'ils sont encore présents dans l'association, les fondateurs peuvent se sentir investis d'une mission particulière (« les gardiens du temple »...). **Dans toutes les associations, l'esprit des fondateurs continue à survivre d'une manière ou d'une autre.**

Il est toujours bon que l'institution garde vivante la mémoire de sa genèse mais les fondateurs doivent accepter de voir croître l'organisme et devenir autre chose que ce qu'ils avaient imaginé.

Les membres actifs

Ils participent occasionnellement à la mise en place des activités (accompagnement, aide à la mise en place ou au rangement, surveillance d'un entraînement...) ou régulièrement à la mise en œuvre des projets.

La nature et l'étendue de leur engagement bénévole sont fonction à la fois de leur disponibilité et de leurs compétences. La durée de cet engagement est également très variable d'une personne à l'autre.

Les bénévoles sont par définition actifs. Ce sont les véritables membres de l'association dans la mesure où l'article premier de la loi de 1901 définit l'association comme le contrat par lequel des personnes « *mettent en commun d'une façon permanente leurs connaissances ou leur activité dans un but autre que de partager des bénéfices* ».

Les bénévoles peuvent accepter d'assumer des fonctions dirigeantes (en général, président, trésorier ou secrétaire) ; ils consacrent alors une partie de leur temps à la gestion de l'association, acceptant de « prendre des responsabilités ». Les dirigeants constituent un petit groupe qui s'investit particulièrement dans le fonctionnement associatif et prend en charge l'organisation des activités sur un plan concret.

Les « membres bienfaiteurs »

Les membres bienfaiteurs limitent leur contribution à une participation financière. Sur un plan strictement juridique, on peut se demander si ces personnes peuvent prétendre à la qualité de membre, au regard des exigences de mise en commun exprimées par l'article premier de la loi de 1901. À l'inverse, on pourrait soutenir que la liberté contractuelle des fondateurs permet de créer une catégorie d'adhérents dont la contribution est exclusivement financière.

Les membres « bienfaiteurs » se contentent de soutenir financièrement l'association sans s'y engager, ni en profiter. Ce sont souvent d'anciens bénévoles qui trouvent ainsi le moyen de rester lié au projet.

Les utilisateurs/clients/bénéficiaires

Il s'agit du public de la salle de spectacle, des acteurs de la troupe d'amateurs, des lecteurs de la bibliothèque, des sportifs pratiquants dans le club, des familles confiant leurs enfants à la MJC et, d'une manière générale, de tout utilisateur du bien ou du service proposé par l'association.

Selon le bénéfice qu'ils en retirent, les « utilisateurs » de l'association sont disposés à participer financièrement de manière plus ou moins importante. Leur contribution financière est la stricte rémunération du service dispensé par l'association ou, plus rarement, du produit qu'elle propose. Le public de cette catégorie ne participe pas à la mise en commun et n'a pas en principe la volonté de se lier avec la structure au-delà de l'exercice de l'activité.

Sur le plan juridique, il est difficile de les qualifier d'adhérents, même s'ils acquittent une cotisation. Dans les contentieux fiscaux, l'administration refuse de leur reconnaître cette qualité (voir plus bas la notion d'association fermée). Au civil, les juges considèrent qu'ils sont liés à l'association par un contrat de droit commun.

Mais il arrive que les clients/utilisateurs soient séduits par le projet ou par l'équipe et décident de donner un peu de leur temps pour devenir ainsi de véritables bénévoles. Toutes ces personnes se lient à leur manière au projet associatif ; **elles ont toutes vocation à adhérer à l'association et à en devenir sociétaire.**

✓ **Proposer différents statuts selon la nature de l'engagement**

L'association améliore la lisibilité de son projet en proposant aux nouveaux entrants un statut adapté à leurs motivations :

- *les membres bienfaiteurs (voir plus haut) ;*
- *les membres bénévoles (ou membres actifs) ;*
- *les membres amis (utilisateurs, clients, bénéficiaires).*

Le statut de membre

Dans l'association, **la volonté de se lier est marquée par l'adhésion**. Le législateur de 1901 a prévu une absolue liberté pour le citoyen et pour l'association : nul ne peut être contraint d'adhérer à une association (dans la pratique, des exceptions à ce principe sont imposées, principalement pour encadrer l'exercice de certaines activités : associations de pêche, de chasse, ordre professionnel…). Mais en contrepartie **l'association a le droit absolu de choisir ses membres** et d'écarter qui bon lui semble.

Les conditions d'adhésion

Les membres fondateurs sont libres de constituer un groupement ouvert au plus grand nombre (association ouverte) ou alors réservé à quelques-uns (association fermée).

L'adhésion des membres peut être soumise à des conditions qui doivent être connues de tous et énoncées dans les statuts ou dans le règlement intérieur : âge, qualification professionnelle, cooptation, etc.

Zoom

Refuser un candidat à l'adhésion ?

L'association est donc libre de refuser l'adhésion d'un candidat et, en principe, elle n'a pas à motiver sa décision. Toutefois, il faudra prendre garde de ne pas entourer le refus de circonstances portant préjudice à l'adhérent (atteinte à la notoriété, conditions vexatoires) car l'association engagerait sa responsabilité.

On peut exiger que les demandes d'adhésion soient présentées de manière formelle en respectant les modalités prévues par les statuts ou le RI.

Selon les associations, la qualité de membre est accordée plus ou moins facilement. De nombreuses structures se financent uniquement avec les cotisations ; elles cherchent donc à étendre leur base d'adhérents pour multiplier les cotisations.

Lorsque le but de l'association n'est pas généraliste, elle voit se réduire sa base potentielle d'adhérents. Il en va ainsi pour toutes les associations de type « construire et partager », où le recrutement des adhérents se fait très progressivement. Le critère financier n'est alors plus prépondérant ; ce qui compte, c'est la personne du nouvel adhérent et sa manière de partager l'idéal de l'association. D'autres modes de recrutement se mettent alors en place : le parrainage (faire présenter le nouveau membre par un ancien), l'agrément des nouveaux membres par le bureau ou toute autre instance de l'association. Les clubs privés et les autres associations fermées (dans lesquelles les services rendus sont réservés aux seuls adhérents) pratiquent la cooptation.

Le consentement de l'adhérent doit être manifeste. Pour cette raison, une personne ne peut devenir adhérente sans en avoir fait la demande ; les membres de droit qui n'ont besoin ni d'adhérer formellement ni de cotiser doivent néanmoins avoir manifesté leur accord.

Zoom

Que penser de l'adhésion systématique et obligatoire ?

Certaines associations, souvent celles qui proposent un service à forte valeur ajoutée ou les grandes structures, transforment l'adhésion en simple formalité, sans donner au sociétaire la possibilité de manifester réellement son consentement.

Pour aussi cavalière qu'elle soit, cette pratique n'en est pas moins légale, dès lors qu'il existe un contrat conclu par le sociétaire qui rend obligatoire l'adhésion. Tel peut être le cas pour une salle de sport ou la mise à disposition habituelle d'un local par une association de quartier.

La capacité juridique de l'adhérent est exigée pour pouvoir adhérer à une association, que ce soit pour les personnes physiques ou les personnes morales (pour les collectivités publiques : circ. 1er minis. n° 2010 du 27 janvier 1975 relative aux rapports entre les collectivités publiques et les associations assurant des tâches d'intérêt général).

Le mineur peut donc être adhérent, excepté si l'adhésion entraîne des conséquences pécuniaires significatives. Sauf lorsqu'il est interdit par un texte spécifique, le droit d'association des mineurs est la règle en France, depuis que notre pays a ratifié la Convention internationale des droits de l'enfant. Cette Convention est entrée en vigueur le 6 septembre 1990.

Dans son article 15, la Convention énonce que « les États reconnaissent les droits de l'enfant à la liberté d'association et à la liberté de réunion pacifique ».

Dès lors que le montant de la cotisation n'excède pas une somme modeste, on peut considérer que l'adhésion est possible sans autorisation du titulaire de l'autorité parentale. Dans les associations sportives, la participation et la représentation des mineurs est organisée de manière institutionnelle.

Le versement d'une cotisation

Dans de nombreuses associations, la confusion entre l'engagement bénévole et le fait de verser une cotisation financière est telle qu'on aboutit à une situation paradoxale ; les quelques bénévoles qui s'investissent sur le terrain sont quasiment les seuls à s'acquitter scrupuleusement de leur cotisation.

Il faut rappeler que **le versement d'une cotisation est un usage généralisé dans les statuts mais en rien une obligation légale.** Si l'adhésion est souvent matérialisée par le versement d'une cotisation (symbolique ou pas), ceci n'a rien d'obligatoire. Ce qui lie le bénévole à l'association et lui confère sa qualité de membre, c'est la mise en commun, le don de soi. Ainsi les statuts ou le règlement intérieur peuvent prévoir de moduler la cotisation, voire de la supprimer, en fonction des services rendus à l'association. Il est bien entendu que cette éventuelle gratuité porterait sur la cotisation d'adhésion seulement et pas sur le prix des services rendus.

Les enjeux de l'adhésion

Le nombre des adhérents et la définition de leurs prérogatives sont deux questions qui comportent de multiples enjeux :

▶ **Le premier enjeu est lié au rayonnement et aux ressources.** Traditionnellement, le rayonnement de l'association est évalué à partir du nombre d'adhérents, notamment par les collectivités locales lorsqu'elles examinent les demandes de subvention. Ensuite, dans bon nombre d'associations, les cotisations des membres constituent la principale (voire la seule) ressource financière.

✓ *Les formalités d'adhésion dans la pratique*

Il est d'usage que l'adhésion soit conditionnée par le paiement d'une coti-sation. Ce paiement sera accompagné de la signature du bulletin d'adhé-sion dans lequel le nouvel adhérent reconnaît avoir pris connaissance des statuts et du règlement intérieur. Un exemplaire est remis à l'adhérent, avec le cas échéant copie des documents obligatoires, et le trésorier conserve un exemplaire du bulletin signé (cf. notre exemple sur le document télé-chargeable).

▷ Mais **le principal enjeu du recrutement des adhérents est vraisemblable-ment juridique** car, dès qu'il entre dans l'association, l'adhérent a des devoirs et des droits.

L'obligation juridique de mise en commun qui constitue l'essence du contrat d'association est délicate à interpréter dans la pratique. Lorsque l'association s'adresse à des usagers ou à des clients, ceux-ci n'ont pas l'intention de mettre en commun quoi que ce soit ; ils ne participent pas à l'association mais se contentent d'en profiter. On peut alors se demander si le statut d'adhérent est bien adapté à leur situation (voir plus bas).

L'autre devoir de l'adhérent concerne le respect des statuts et du règlement intérieur. À cet égard, l'association dispose d'un véritable pouvoir discipli-naire, lui permettant d'exclure l'adhérent qui ne respecterait pas les disposi-tions des statuts ou du règlement intérieur. Ce pouvoir disciplinaire est particulièrement important dans les associations de pratique, notamment les associations sportives où il est indispensable de « discipliner » l'exercice des activités. Cette question sera évoquée en détail à propos du règlement inté-rieur. Dans des cas extrêmes, l'association peut obtenir la condamnation en justice de l'adhérent qui n'aurait pas satisfait à ses devoirs statutaires.

La participation aux assemblées générales

Dans toutes les associations qui adoptent des statuts types (en général, des modè-les passe-partout proposés en préfecture), la principale prérogative de l'adhérent concerne la participation aux assemblées générales ; elle se matérialise par son droit de vote. **L'assemblée générale est l'organe souverain de l'association** ; elle a le droit de contrôler et de sanctionner l'activité de l'association, y compris de décider de sa dissolution. Elle peut également révoquer à tout moment les dirigeants et décider de mettre en jeu leur responsabilité. Le sociétaire a le droit d'exiger la tenue d'une assemblée générale.

On constate malheureusement certaines dérives : dans la plupart des associations qui ont une base large, la proportion des adhérents participant aux AG est minime ; dans de nombreuses associations, l'AG n'est pas le lieu d'un débat démocratique mais une simple formalité destinée à entériner *a posteriori* la gestion passée des dirigeants.

Cette érosion de la dynamique citoyenne dont souffrent tant d'associations s'explique en grande partie par les modalités d'attribution de la qualité d'adhérents.

La plupart des associations recherchant une base large attribuent la qualité d'adhérent à tous ceux qui approchent de près ou de loin l'association, y compris les usagers qui n'ont pas de volonté de se lier au projet associatif. Les assemblées générales sont alors désertes, seuls les bénévoles réellement impliqués dans le fonctionnement répondent à la convocation. Par ailleurs, les dirigeants en fonction, fortement impliqués, craignent quelquefois de se voir dépossédés de leur projet par un groupe d'adhérents qui serait en mesure de les révoquer. L'assemblée est alors vécue comme un examen pénible où les débats importants sont soigneusement esquivés ; cela prive l'assemblée de sa fonction première et la transforme en formalité légale, inutile et rébarbative. On se doute que les adhérents sont alors peu motivés pour fréquenter ce genre de cérémonie.

La solution à ce dilemme réside certainement dans **la différenciation des adhérents selon la nature de leur participation**.

Zoom

Distinguer les simples usagers par un statut spécial

Le Conseil d'État dans un avis ancien (3 février 1981) a suggéré une solution consistant à créer pour les simples usagers de l'association une carte « des amis de l'association » ouvrant droit à ses services mais sans droit de vote à l'assemblée ou avec une voix simplement consultative.

Cette solution est frappée au coin du bon sens. La création d'un collège spécifique regroupant les personnes qui sont en relation avec l'association sans s'y engager comme bénévoles devrait être envisagée plus souvent par les fondateurs.

Un statut de membre particulier, avec une traduction manifestée par une carte par exemple, se met en place aisément. Cette carte peut être attribuée gratuitement (par exemple, dans les associations à vocation sociale où les usagers sont souvent impécunieux) ou contre paiement d'une cotisation. Elle permet d'associer l'usager à la dynamique de l'association et de collecter sa participation financière, sans lui donner les prérogatives juridiques de l'adhérent.

Le bénévole « dirigeant »

Un statut particulier

Le dirigeant est un bénévole qui a décidé d'assumer des fonctions particulières dans l'association ; **il porte une mission au service de l'association et de son but ; il accepte d'en prendre la responsabilité vis-à-vis des adhérents**. Pour cette raison, le statut des dirigeants est particulier.

Sur le plan juridique, le dirigeant a la qualité de mandataire telle qu'elle est définie par les articles 1984 et suivants du Code civil. Il doit gérer l'association dans le respect de l'objet statutaire, en « bon père de famille », et rendre des comptes à son mandant qui est l'assemblée générale. Cette assemblée générale des adhérents peut le révoquer librement et à tout moment (art. 2004 C. civ.) et engager sa responsabilité civile. À l'extérieur, le président représente l'association face au tiers. C'est lui qui signe ses contrats et qui peut engager une action en justice au nom de l'association.

Une réponse ministérielle précise les conditions dans lesquelles les mineurs peuvent participer à la vie associative : « *... les mineurs peuvent donc exercer leur droit de vote à l'assemblée générale des associations dont ils sont membres, être élus au conseil d'administration et contribuer efficacement à la vie et au développement de leur groupement, sans qu'ils puissent toutefois être investis de la mission de le représenter dans les actes de la vie civile, ou être chargés de la gestion financière...* » Des directives ont été données aux services préfectoraux à l'effet d'enregistrer les déclarations des associations dont plusieurs dirigeants sont des mineurs sous la seule réserve que le président et le trésorier, respectivement chargés de la représentation de l'association dans les actes de la vie civile et de sa gestion comptable, soient, eux, majeurs ou émancipés (Rép. min. n° 19419, JO du 28 août 1971, p. 4019). Toutefois, même non émancipé, le mineur peut être mandataire. La seule limite concerne la mise en jeu de sa responsabilité qui sera difficile.

Dirigeant de droit et de fait

Les dirigeants de droit sont ceux qui apparaissent officiellement et qui sont déclarés comme tels à la préfecture. Mais il arrive que des bénévoles, voire des personnes extérieures à l'association, assument en fait des fonctions de dirigeant parce qu'ils prennent part à la direction de l'association ou de ses activités. Vis-à-vis des tiers, ces dirigeants de fait agissent sur la base d'un mandat apparent.

Le dirigeant de fait est quelquefois une personne qui souhaite rester dans l'ombre. Les raisons à cela peuvent être multiples : personnes sanctionnées d'une interdiction de gérer, conclusion d'un contrat de travail avec l'association… Cette situation est bien entendu porteuse de risques pour l'association. Nous développons plus bas les différentes questions posées par la situation du dirigeant de fait salarié d'une association qui abrite, en fait, son activité professionnelle. **Mais la qualification de dirigeant de fait peut également trouver à s'appliquer aux bénévoles qui prennent des responsabilités dans l'association.**

L'exigence fiscale du bénévolat

Sur le plan fiscal, l'obligation d'une gestion désintéressée emporte différentes conséquences (l'interdiction de partage de l'actif, voir p. 290) dont la principale est certainement le caractère obligatoirement désintéressé des fonctions de dirigeant. Cette exigence est codifiée à l'article 261-7-1-d du Code général des impôts.

L'association doit être gérée et administrée à titre bénévole par des personnes n'ayant elles-mêmes, ou par personne interposée, aucun intérêt direct ou indirect dans les résultats de l'exploitation. Cela implique que les membres du conseil d'administration, du bureau ou d'une autre instance dirigeante ne doivent recevoir aucune rémunération directe ou indirecte.

Même si le dirigeant de l'association est rémunéré pour une activité dans l'association autre que ses fonctions de dirigeant, l'administration fiscale pourra considérer que la gestion n'est pas désintéressée.

Pour l'essentiel, l'organisme ne doit procéder à aucune distribution directe ou indirecte de bénéfice, sous quelque forme que ce soit. Cette disposition vise :
- les rémunérations directes (salaires et honoraires) ou indirectes (remboursements forfaitaires de frais, avantages en nature, prestations ou prêts à des conditions préférentielles) ;
- les distributions directes de résultat et tous les avantages injustifiés, de quelque nature qu'ils soient ;

- la prise en charge de dépenses personnelles, les rémunérations exagérées ou injustifiées, les rémunérations de comptes courants, les prélèvements en nature, les prêts à des taux préférentiels. Par exemple, si le montant des salaires alloués ne correspond pas à un travail effectif ou est excessif eu égard à l'importance des services rendus, compte tenu des usages professionnels, le caractère désintéressé de la gestion ne peut pas être admis.

L'exigence fiscale du bénévolat concerne les dirigeants de droit comme de fait. La sanction fiscale d'une rémunération des dirigeants serait immédiate : elle entraînerait l'assujettissement de l'association à tous les impôts commerciaux (TVA, impôt sur les sociétés, CET).

(Zoom)
Deux exceptions notables

Deux exceptions notables sont tolérées par l'administration fiscale :

- **les rémunérations modiques**. Sous certaines conditions (voir p. 177), la rémunération des dirigeants est autorisée dans la limite des trois quarts du SMIC, (SMIC au 1er janvier 2011 : 1 365 €), sans que soit remis en cause le caractère désintéressé de l'activité (instruction fiscale du 18 décembre 2006) ;
- **le remboursement des frais réels** exposés dans l'intérêt de l'association.

NB : une troisième tolérance est prévue pour les associations dont le budget est supérieur à 200 000 €.

L'exercice d'une activité professionnelle au travers d'une association, une solution à proscrire

Aux termes de la loi de 1901, le bénévolat est donc le pilier du système associatif. Pour cette raison, il est très délicat d'utiliser la structure juridique associative pour abriter une activité professionnelle.

On entend quelquefois dire que l'exercice d'une activité sous la forme associative permet d'échapper aux cotisations sociales sur les salaires, aux impôts ou à la TVA. Tout cela est parfaitement faux. Dès lors que l'association emploie du personnel salarié, elle est tenue comme n'importe quel employeur au paiement des cotisations sociales. Nous verrons plus loin (p. 288) que lorsque l'activité revêt un caractère lucratif ou que les dirigeants perçoivent une rémunération, l'association est assujettie à tous les impôts commerciaux, comme n'importe quelle entreprise. Si vous songez à exercer une activité professionnelle quelconque au travers d'une association et à vous rémunérer pour cela, vous risquez de vous trouver rapidement dans une situation inconfortable.

Deux montages sont répandus :

▶ Vous pouvez vous nommer président (trésorier ou secrétaire) de l'association et vous attribuer une rémunération. De cette manière, sous réserve de la rédaction des statuts, vous serez « maître à bord » et vous percevrez une rémunération. Si cette rémunération est supérieure aux trois quarts du SMIC (voir plus haut), votre association devient de ce fait obligatoirement assujettie aux impôts commerciaux, ce qui vous oblige à tenir une comptabilité détaillée, à facturer la TVA à vos clients (sous réserve de la franchise en base, voir p. 297), à acquitter l'impôt sur les sociétés et la taxe professionnelle. Par ailleurs, votre rémunération sera assujettie aux cotisations sociales mais vous ne bénéficierez pas de l'assurance chômage.

Dans ce cas vous ne retirez aucun avantage du statut associatif, vous supportez toutes les contraintes et les coûts d'une entreprise mais sans profiter des mesures qui favorisent la création d'entreprise ou du régime avantageux de l'auto-entrepreneur.

▶ Seconde solution à proscrire, se cacher derrière des hommes (ou des femmes) « de paille ». Puisque l'on ne peut être dirigeant rémunéré sans échapper aux impôts, vous abandonnez l'idée de participer au bureau de l'association et vous trouvez des amis ou des proches qui vont occuper les fonctions dirigeantes dans l'association. Vous n'apparaîtrez donc pas au bureau. Par contre, vous conclurez un contrat de travail avec l'association qui vous rémunérera en contrepartie de vos fonctions.

Cette seconde solution est encore moins satisfaisante. Elle vous rend tributaire de vos prête-noms avec qui vous êtes condamné à bien vous entendre ; elle fait peser sur ces personnes qui auront accepté de vous rendre service une certaine charge car ils sont juridiquement responsables de tout ce qui peut arriver dans le cadre de l'association. Enfin, cette solution ne vous met pas à l'abri d'un assujettissement aux impôts commerciaux puisque le fisc s'intéresse aux dirigeants de droit (ceux qui apparaissent à la préfecture) mais aussi aux dirigeants de fait (ceux qui agissent dans l'ombre ; en l'occurrence, vous, qui aurez gardé la mainmise sur votre activité).

✓ *Tester un projet professionnel par le biais d'une association*

Il existe un seul cas où le recours à une association peut être envisagé : lorsqu'il s'agit de « tester » un projet professionnel nécessitant une structure juridique.

Exemple

Par exemple

Admettons que vous soyez employé municipal et que votre passion soit la danse de salon. Vous avez décidé d'étudier sérieusement la possibilité de devenir professeur de danse de salon, d'organiser des cours et – pourquoi pas – d'en vivre.

Avant d'atteindre votre point mort (c'est-à-dire un nombre d'élèves suffisant pour financer votre rémunération), il vous faudra certainement quelques années. En attendant, il paraît difficile d'abandonner votre activité professionnelle. Il faut donc bien trouver un moyen pour commencer l'activité dans un cadre qui préserve votre situation actuelle.

L'association est alors parfaitement indiquée. Créez une association ayant pour objet la pratique et la diffusion des danses de salon dont vous serez éventuellement le dirigeant. Rapprochez-vous de la mairie pour obtenir une salle et un créneau horaire adapté ; souscrivez une bonne assurance de responsabilité civile et lancez-vous (tracts, publicité dans le journal municipal, site Internet, forum des associations, etc.).

Dans un premier temps, vous donnerez vos cours à titre bénévole. Si l'activité monte en charge, vous pourrez envisager de conclure un contrat de travail avec l'association pour vous verser une petite rémunération (toujours inférieure aux trois-quarts du SMIC).

Si après quelque temps, vous disposez d'un nombre suffisant d'élèves, vous pourrez « sauter » le pas. Il suffira de mettre en sommeil l'association ou de la dissoudre et d'adopter un statut juridique adapté (travailleur indépendant ou SARL). Le transfert de l'activité de l'association à une structure commerciale ne pose en principe pas de problème. Si vous avez réalisé des investissements dans le cadre de l'association, il suffira de revendre les biens à la nouvelle structure juridique.

La rédaction des statuts

Les statuts sont obligatoires. Ils sont rédigés par les fondateurs, en général, à partir d'un modèle ou de statuts types. Les statuts se présentent sous la forme d'articles numérotés, chaque article concernant un aspect fondamental de l'organisation.

Le cadre juridique associatif peut accueillir toute sorte d'activité, du moment qu'elle est licite, qu'elle ne porte pas atteinte aux bonnes mœurs ou à l'intégrité du territoire national et à la forme républicaine du gouvernement.

Quant au fonctionnement interne, l'association peut l'organiser très librement par les statuts puisque le législateur de 1901 a posé peu de règles impératives.

Le statut associatif est donc à la fois ouvert et souple, ce qui le rend attrayant comparé à d'autres formes juridiques – comme la société, par exemple, dont le fonctionnement est réglé par la loi dans le détail.

> ✓ *La recherche de la simplicité*
>
> *En rédigeant vos statuts, recherchez toujours la simplicité. Il s'agit de fixer les grands principes sans y introduire trop de détails (un cadre trop contraignant peut devenir très limitatif ou faire l'objet de contestations ultérieures à l'intérieur même de l'association).*

Quelques mentions sont obligatoires et doivent faire l'objet de certaines précautions. D'autres aspects constituent des points plus ou moins « sensibles » selon l'activité et l'organisation envisagées. Nous les évoquons à la suite.

Comment procéder à la rédaction des statuts ?

Habituellement, le(s) fondateur(s) s'inspirent des modèles proposés en préfecture. Ceux-ci sont appelés « statuts types », bien qu'on ne puisse à proprement parler de standard dans ce domaine. Au mieux, ils les adaptent ensuite, sans porter une véritable réflexion sur les conséquences de telle ou telle disposition. C'est une démarche qui présente des risques de fragilité.

Même s'il est préférable de partir d'un cadre général, les fondateurs auront à cœur de **rédiger des statuts qui expriment au mieux leur projet**. Pour cela, nous proposons une marche à suivre :

▶ Positionnez votre projet par rapport aux deux modèles proposés plus haut (voir p. 21).

▶ Reportez-vous aux statuts correspondants (voir tous les modèles en annexe sur document téléchargeable).

▶ Intégrez en priorité l'ensemble des aspects obligatoires.

▶ Traitez attentivement les différents points sensibles.

▶ En parallèle, listez tous les aspects concrets du fonctionnement que vous n'aurez pas traités dans les statuts pour les intégrer au règlement intérieur.

Les aspects obligatoires

Certains aspects doivent être obligatoirement traités par les statuts ; il s'agit de la **dénomination** de l'association, de son **objet** et de sa **domiciliation** (ce dernier aspect est traité p. 75). Nous estimons également que les statuts doivent comporter obligatoirement une description des **prérogatives de l'assemblée générale** des adhérents.

Le choix d'un nom

Le nom figure en général dans l'article premier des statuts. Il ne comporte pas obligatoirement le terme « association ». Le nom est le principal outil de la communication de l'association ; à ce titre il doit être explicite, d'usage facile. D'ailleurs, les dénominations sont protégées ; elles donnent des droits à ceux qui les utilisent. De ce fait, le choix d'un nom doit faire l'objet de certaines précautions juridiques. On se souviendra que le nom de l'association a vocation à devenir celui de son site Internet ; les précautions développées plus bas à propos de la recherche d'antériorité s'appliquent donc également au nom de domaine (voir p. 86).

On constate un certain conservatisme chez les fondateurs qui très souvent adoptent une dénomination banale, du type « association pour la défense de l'écureuil de la forêt de Saou ». La dénomination est alors parfaitement explicite, mais elle est longue et fastidieuse à annoncer, ce qui incite à utiliser un acronyme du type ADEFS, parfaitement incompréhensible et contre-performant sur le plan du marketing.

Pour les associations de type « ici et maintenant » qui souvent recherchent l'audience la plus large possible, **la principale qualité de la dénomination doit être son caractère explicite** ; le nom doit exprimer clairement l'objet associatif en précisant si nécessité l'ancrage local de l'association. L'exemple de l'ancienne Association française de lutte contre la mucoviscidose (AFLM) qui a changé son nom pour « Vaincre la mucoviscidose » est éclairant. Les associations de type « construire et partager » pourront plus facilement adopter une dénomination de fantaisie, sans rapport explicite avec l'objet associatif.

Seconde exigence, la brièveté. N'oubliez pas que la dénomination sera reproduite sur l'ensemble des documents de l'association, et particulièrement le matériel promotionnel. La dénomination doit donc bien « sonner », se lire et se mémoriser facilement.

✓ *À privilégier*

Privilégiez les dénominations qui vont renforcer chez les adhérents le sentiment d'appartenir à un club. Pourquoi ne pas préférer à « l'association pour la pratique de la randonnée autour de la ville de Crest » une dénomination comme « les randonneurs crestois » ?

Sur le plan juridique, il faut se souvenir que les dénominations font l'objet d'une certaine protection. L'usage d'une dénomination (nom commercial, dénomination sociale, enseigne ou marque) donne un droit à celui qui l'utilise. **C'est l'antériorité de l'usage qui est déterminant.** La dénomination choisie pour l'association ne doit pas porter atteinte aux droits de personnes physiques ou morales qui auraient la même dénomination et dont l'usage serait antérieur à la création de votre association.

Pour cette raison, on recommande d'effectuer une recherche d'antériorité avant de se fixer définitivement sur une dénomination :

▶ Tout d'abord, il faut vérifier qu'une autre association n'utilise pas déjà la dénomination que vous avez choisie. Pour ce faire, il est possible de consulter sur le site du *Journal officiel* (sur le lien « Les annonces publiées au JO Associations ») toutes les annonces parues en matière de création d'association. Le lien est très pratique puisque la recherche se fait en tapant le nom de l'association.

> ✓ *Étendez votre recherche*
>
> *Vous pouvez étendre votre recherche à toutes les personnes inscrites au répertoire de l'INSEE, appelé SIRENE, qui inventorie les personnes physiques ou morales immatriculées au Registre du commerce et des sociétés, au Répertoire des métiers, employant du personnel salarié, soumises à des obligations fiscales ou bénéficiaires de transferts financiers publics. Ce répertoire est consultable sur Internet (www.sirene.tm.fr).*

▶ Enfin, il faut vérifier que la dénomination envisagée n'est pas une marque commerciale inscrite comme telle à l'INPI (Institut national de la propriété industrielle). Cette vérification peut se faire par minitel, sur le Registre national des marques (serveur Icimarques, 08 36 29 36 30) ou sur Internet (www.icimarques.com).

Pour la généralité des associations, ces recherches sont suffisantes. Soit aucune dénomination antérieure n'a été trouvée et il est possible d'adopter la dénomination envisagée sans aucun risque, soit la recherche a révélé l'existence antérieure de la dénomination envisagée. Dans ce second cas, vous pouvez abandonner votre première idée et recommencez la recherche sur une autre dénomination ou bien maintenir votre projet en évaluant les risques.

Quel risque court-on à adopter une dénomination qui fait déjà l'objet d'un usage par un tiers ? La question est délicate et la réponse dépend de nombreux facteurs. La protection de la dénomination repose sur la notion de concurrence déloyale et de préjudice. Adopter une dénomination existante ne doit pas être un moyen de concurrencer une entreprise ou une autre association qui exerce une activité similaire ou qui souffrirait du risque de confusion dans l'esprit des consommateurs. Cette identité de dénomination ne doit pas non plus créer un préjudice à la structure existante, par exemple sous forme d'une atteinte à sa notoriété. Tout cela est apprécié par les juges qui prennent en compte la notoriété de la **dénomination**, l'**activité** et la **zone d'influence**.

Zoom

Prévoyez plusieurs noms possibles

Si dans votre zone d'influence une entreprise commerciale ou une autre association porte la dénomination envisagée et exerce une activité similaire à la vôtre, renoncez à votre première idée et trouvez un autre nom.

Si par contre cette entreprise est de taille modeste et se trouve en dehors de votre zone d'influence, vous courrez peu de risques à adopter la même dénomination.

Attention : quelles que soient votre activité, votre zone d'influence et la taille de votre association, ne vous amusez pas à la dénommer « Renault » ou « Microsoft », vous risqueriez d'être rapidement dans l'obligation de changer de dénomination.

Une fois enregistrée auprès de la préfecture, votre association a droit à la protection de sa dénomination. Cette protection concerne uniquement l'activité statutairement déclarée comme l'objet de l'association. Si votre association a une activité commerciale ou que vous souhaitez vous protéger contre une concurrence déloyale (parce que votre activité présente une certaine originalité, par exemple), vous pouvez faire enregistrer la dénomination comme une marque commerciale auprès de l'INPI.

Le siège social

Le siège social de l'association doit obligatoirement figurer dans les statuts. Nous traitons ultérieurement la domiciliation de l'association (voir p. 74).

> ✓ *Prévoir le transfert éventuel du siège*
>
> *Il peut être utile d'ajouter une clause autorisant le bureau ou les dirigeants à transférer le siège dans le ressort de la commune ou du département. Cette faculté doit en principe être accordée aux dirigeants, sous réserve de ratification par la plus prochaine assemblée générale des adhérents.*

La formulation de l'objet associatif

Le deuxième article des statuts présente en général l'objet de l'association. Il décrit les buts généraux de l'association et répond à la question du « pour quoi », en écho à la volonté des fondateurs.

La formulation de l'objet doit permettre :
- d'identifier précisément le projet associatif (pratiquer, défendre, soutenir, assister…) ;
- d'identifier les valeurs qui vont servir de fondement au fonctionnement de l'association (éthique, citoyenneté) ;
- de servir de référence aux moyens qui seront plus tard mis en œuvre, c'est-à-dire les actions concrètes menées par l'association ;
- de délimiter les pouvoirs des dirigeants et le champ d'action du mandat qui leur est confié par l'association.

Pour ces raisons, il est nécessaire d'être aussi précis que possible dans la formulation de l'objet, en évitant de se cantonner à une formulation « générique », mais sans entrer pour autant dans le détail des actions qui seront conduites par l'association.

Dans la rédaction, on veillera donc à séparer l'objet associatif des moyens par lesquels l'association envisage de réaliser son objet. Ces moyens pourront être décrits dans un article séparé. En cas de modification des statuts, seules les modifications du nom, du siège social et de l'objet doivent être publiées au *Journal officiel*. En séparant bien l'objet des autres préoccupations de l'association, on limitera ainsi les modifications de statuts à une simple déclaration préfectorale. La définition des moyens peut même ne pas figurer dans les statuts. Elle figurera alors dans le règlement intérieur.

L'exercice d'une activité économique

En rédigeant l'article relatif à l'objet ou celui sur les moyens, on prendra garde à respecter les obligations qui pèsent sur l'association si elle se livre à une activité économique. De nombreuses associations exercent une activité économique, quelquefois sans même le savoir, dans la mesure où elles revendent des biens qu'elles ont acquis (négoce) ou lorsqu'elles produisent des biens ou des services qu'elles facturent à leurs clients. Le fait par exemple pour une association sportive de vendre des tenues de sport constitue une activité économique. En fait, dès que l'association se procure des recettes autrement que par les cotisations, dons et subventions, en échangeant des biens ou services contre une rémunération, elle se livre à une activité économique.

L'exercice d'une activité économique n'est en rien incompatible avec le statut associatif. L'absence de but lucratif ne signifie en aucune façon que l'association s'interdit « de gagner de l'argent », voire même de dégager des bénéfices ; il s'agit simplement d'interdire la répartition de ces bénéfices entre les membres de l'association. Ces bénéfices éventuels doivent être intégralement réinvestis dans l'association. Par ailleurs, le but humanitaire ou philanthropique de l'activité (par exemple, vendre des produits artisanaux africains pour financer la construction d'une école en Afrique) ne modifie en rien la nature économique ou commerciale de l'activité ni les obligations qu'elle met à la charge de l'association sur le plan juridique, comptable et fiscal.

Si l'exercice d'une activité économique par l'association est légalement possible, il entraîne des conséquences juridiques et fiscales lorsque l'activité est habituelle :

▶ Tout d'abord, les pouvoirs publics ont le souci de lutter contre les pratiques anticoncurrentielles, en établissant une parfaite égalité de traitement juridique et fiscal entre les agents économiques, quel que soit leur statut.

▶ Ensuite, des entreprises commerciales se trouvant en situation de concurrence avec l'association pour une activité identique peuvent estimer que les avantages dont bénéficie l'association (subventions, exonérations fiscales, participations bénévoles) entraînent des distorsions dans les conditions de concurrence. Cette concurrence déloyale peut être source de préjudice pour l'entreprise qui demandera au juge de sanctionner l'association, voire de lui interdire l'exercice de l'activité litigieuse.

Différentes obligations sont mises à la charge des associations se livrant à une activité économique par l'ordonnance du 1er décembre 1986 (complétée par la circulaire du 12 août 1987). Le Conseil de la concurrence a également statué sur cette question dans un avis du 10 février 1998.

Zoom

La mention obligatoire de l'activité économique

La première de ces obligations est de mentionner l'activité économique dans les statuts dès lors qu'elle est habituelle. Cette obligation est codifiée à l'article 442-7 du Code de commerce et sanctionné par une amende de 1 500 € et des sanctions administratives.

Plus grave, la Cour de cassation (Crim. 19 octobre 1992) a sanctionné des dirigeants dont l'association pratiquait une activité commerciale non prévue aux statuts.

Il peut être souhaitable d'aller plus loin dans la description de l'activité économique pour se prémunir contre un risque de requalification fiscale ou une action
en concurrence déloyale, en précisant dans quelles conditions l'activité est exercée notamment. Un article des statuts ou du règlement intérieur précisera alors :

• l'orientation de la politique tarifaire de l'association (prix comparables à ceux
du marché ou hors marché) ;

• les cibles de clientèle (produits et services réservés aux adhérents ou offerts au
plus grand nombre) ;

• l'orientation des activités en direction de populations particulières (publics
en insertion, personnes âgées, insolvables…).

Selon l'avis du Conseil de la concurrence cité plus haut, **le souci de l'intérêt
général dans l'exercice de l'activité économique peut mettre l'association à
l'abri d'une action en concurrence déloyale.**

But non lucratif et réalisation d'économies

L'absence de caractère lucratif posée par la loi de 1901 interdit à l'association de
procurer à ses adhérents *« un gain pécuniaire et matériel qui ajouterait à leur
fortune »* (Cass. Ch. réunies, 11 mars 1914). Ni l'esprit, ni la lettre de la loi de
1901 n'empêchent de rechercher au travers d'une association une diminution
des dépenses des adhérents ou la réalisation d'économies. **Rien n'empêche de se
fixer comme but la réalisation d'économies pour les adhérents.** C'est le cas des
coopératives ou groupements d'achat constitués sous forme d'association entre
des particuliers ou des entreprises.

L'exercice d'une activité réglementée

Certaines activités sont réglementées. Pour exercer ces activités, **l'association
doit répondre à des conditions particulières, effectuer des formalités déclaratives ou bien encore obtenir un agrément administratif.** Nous donnons en
annexe sur document téléchargeable une liste de ces activités réglementées et
nous développons plus loin (voir p. 154) le cadre réglementaire des principales
activités exercées sous forme associative.

Exemple

La juste désignation de l'activité exercée dans l'objet statutaire

Dans le cadre de la rédaction de l'objet statutaire, il faut être attentif à désigner correctement l'activité exercée. En effet, certaines activités sont exclusives de toutes autres. Par exemple, l'association réclamant le statut d'agence de voyage ne peut exercer aucune autre activité. Ainsi une association consacrée au développement d'un village africain ne pourra donc se livrer à la fois à du commerce équitable et obtenir le statut d'agence de voyages.

C'est également le cas des organisateurs de spectacle à qui la licence ne sera accordée que si l'objet précise expressément que l'activité principale consiste en l'organisation de spectacles.

Pour lever toute ambiguïté, il peut être utile de faire référence dans les moyens au cadre réglementaire dans lequel est exercée l'activité économique. Par exemple, une association organisme de formation peut préciser dans son objet que l'activité se situe dans le cadre du livre IX du Code du travail réglementant la formation professionnelle continue.

Les prérogatives de l'assemblée générale

Parmi les dispositions qu'il est préférable de codifier dans les statuts figurent certainement les prérogatives fondamentales de l'assemblée générale des adhérents. Si la loi de 1901 fait peu d'allusions à l'assemblée générale, c'est le seul organe dirigeant qu'elle mentionne et la jurisprudence a depuis longtemps consacré l'assemblée des adhérents comme l'organe souverain de l'association.

Pour cette raison, **nous préconisons de fixer dans les statuts quelques principes directeurs régissant le fonctionnement de l'assemblée et ses rapports avec les autres organes de direction.** Ces principes concernent :
• la périodicité de l'assemblée générale ;
• la hiérarchie des décisions selon leur caractère d'importance ;
• la protection des droits fondamentaux de l'adhérent.

La périodicité de l'assemblée
Les associations tiennent dans leur majorité une assemblée par an. Ce parti pris présente deux avantages : il garantit aux adhérents la possibilité de se prononcer sur les comptes de l'exercice écoulé et il organise un rendez-vous régulier entre l'association et ses membres, facteur de cohésion au sein de la structure.

> ✔️ *En cas de précision de date pour la tenue de l'assemblée générale*
>
> *Si l'on précise une date pour l'AG (ce qui n'a rien d'obligatoire), on veillera à la fixer de manière à permettre au comptable de « boucler » la comptabilité de l'exercice, en général un à deux mois après la clôture de l'exercice comptable.*

Tenir plus d'une assemblée par an relève souvent de la gageure mais cela peut être utile lorsque les adhérents doivent se prononcer sur le budget prévisionnel de l'association.

Décisions ordinaires et extraordinaires

Toute décision présentant une portée extraordinaire devra être soumise à une assemblée générale dite extraordinaire, c'est-à-dire comportant des conditions de quorum et de majorité restrictives. Ces décisions « délicates » peuvent être inventoriées par les statuts, de manière exhaustive ou non ; elles sont évidemment différentes selon la taille de l'association.

D'une manière générale, il s'agit de décisions revêtant un caractère exceptionnel et n'entrant pas dans le champ de la gestion courante. Pour une « petite » association, la conclusion d'un emprunt bancaire, la réalisation d'un investissement ou l'embauche de salariés peuvent revêtir un caractère exceptionnel.

Les droits fondamentaux de l'adhérent

L'assemblée des adhérents a vocation à contrôler, voire sanctionner, la gestion des dirigeants. Les modalités de ce contrôle doivent être envisagées au stade de la rédaction des statuts.

Ce sont les fondateurs qui expriment leur vision du fonctionnement associatif. Sauf exceptions (voir l'exemple de l'agrément des associations sportives p. 73), le mode de fonctionnement de l'association est laissé complètement libre. Le caractère démocratique vis-à-vis des adhérents peut être plus ou moins affirmé.

La liberté des fondateurs permet la mise en place de systèmes alternatifs : cooptation, collégialité, unanimité, etc. La marge de manœuvre des rédacteurs pour organiser la pérennité du pouvoir est importante (voir plus bas, le principe de révocabilité des dirigeants).

✓ **Ce qui peut relever d'une assemblée générale extraordinaire**

Les circonstances suivantes devraient toujours relever d'une assemblée générale extraordinaire :

- *l'acquisition ou la vente d'un immeuble ;*
- *la décision d'agir en justice ;*
- *toute modification statutaire ;*
- *des circonstances économiques et/ou une situation financière exception-nelles (don important, situation de crise financière, non-renouvelle-ment d'une subvention…) ;*
- *la dissolution de l'association.*

Droit de participer à l'assemblée générale

Les juges protègent le droit de l'adhérent à être convoqué et informé des résolutions débattues par un ordre du jour en bonne et due forme. Certaines précautions doivent donc être prises pour organiser correctement les assemblées générales (voir p. 100). Quelles que soient les modalités prévues par les statuts ou le règlement intérieur pour la convocation des assemblées, elles doivent être scrupuleusement respectées, sous peine de voir l'assemblée frappée d'annulation.

Selon le nombre d'adhérents, les fondateurs prévoiront une convocation par courrier. Si le nombre d'adhérents est important, cette opération peut entraîner un coût prohibitif. On pourra également procéder par voie d'affichage, ce qui est indiqué notamment si l'association réunit physiquement ses adhérents dans un seul lieu (association sportive, de pratique, association culturelle). Les associations à vocation communale se contenteront d'une publication dans le bulletin municipal. Ce sont les associations de défense et toutes les associations de type « construire et partager » qui sont en général dans l'obligation de procéder par l'envoi d'un courrier. La convocation ouverte (affichage, annonce de presse) contiendra un ordre du jour sommaire.

Principe de révocabilité des dirigeants

Ce droit s'exerce par le biais de l'assemblée générale qui entend les dirigeants à propos de l'activité de l'association. La question est souvent posée de savoir si les statuts peuvent organiser « une présidence à vie ». En principe rien n'interdit de limiter très rigoureusement la possibilité pour l'assemblée générale de révoquer les administrateurs et autres dirigeants, par exemple :

- en exigeant un juste motif ;
- en énumérant limitativement la nature des fautes et des manquements pouvant conduire à la révocation ;
- en stipulant des conditions de quorum et de majorité spéciales ;
- en prévoyant le versement d'une indemnité ou la réalisation d'un préavis plus ou moins important.

Cependant, **la jurisprudence a été amenée à poser certaines limites en affirmant que le contrôle et la révocation des dirigeants sont des droits que l'assemblée doit être en mesure d'exercer.** Il convient d'interdire des situations franchement abusives qui sont en contradiction avec l'esprit associatif et les règles de fond du mandat : tout mandataire doit rendre des comptes et le mandant dispose en toutes circonstances du droit de révocation du mandat.

📖 Textes de référence
- Art. 1992 et 1993 C. civ.
- Art. 2004 C. civ.

Les tribunaux estiment que le mandat ne peut être irrévocable dès lors qu'il est à durée indéterminée. Il serait licite de prévoir que les dirigeants nommés aux statuts ne peuvent être révoqués pendant trois, cinq ou dix ans. Il serait par contre hasardeux d'attribuer des fonctions « à vie » à un dirigeant, sans prévoir de possibilité de révocation. Une telle disposition permettrait à un seul ou à quelques-uns de confisquer le projet de l'association et serait finalement contraire à l'esprit de la loi qui suppose un fonctionnement tourné vers l'intérêt collectif.

Un règlement intérieur pour compléter les statuts

Le règlement intérieur permet d'organiser le fonctionnement de l'association dans son menu détail, mais sans rigidité puisque, selon ce qu'auront prévu les statuts, ses modifications seront faciles et dépourvues de formalisme.

Le règlement intérieur s'impose à tous les membres de l'association, de la même manière que les statuts, mais il est beaucoup plus souple dans son maniement. On comprend donc facilement tout l'intérêt du règlement intérieur.

Chaque fois que l'association envisage de se doter d'un règlement intérieur (et nous le préconisons dans tous les cas), **ce document doit être prévu par les statuts.** Ce sont les statuts qui déterminent les organes qui ont compétence pour rédiger et modifier le règlement intérieur, par exemple, le bureau ou le conseil d'administration, voire le président seul.

Dans les associations adoptant les statuts types, la rédaction et la modification du RI pourront être confiées au bureau. Si l'on veut promouvoir un fonctionnement citoyen, le RI et ses modifications seront soumis à la plus prochaine assemblée générale pour validation.

Il est également possible de « découper » le RI en chapitres correspondant aux différents domaines qu'il convient d'organiser : droits et devoirs des bénévoles, fonctionnement du bureau ou de l'organe dirigeant, règles relatives aux assemblées générales, règlement comptable et financier… Chacune de ces questions sera confiée à un petit groupe de travail ou comité qui proposera à l'AG ou à l'organe dirigeant un texte à adopter.

Les points sensibles

La référence à un système de valeurs

Nous avons décrit plus haut (voir p. 25) plusieurs systèmes de valeurs qui peuvent servir de référentiel à l'association.

Les associations de type « construire et partager » auront naturellement tendance à désigner un système de valeurs dans leurs statuts. Cependant, l'adoption de certains référentiels détermine :
- l'objet statutaire de l'association ;
- les choix des moyens à mettre en œuvre ;
- l'existence d'organes spécifiques au sein de l'association ;
- un mode de relation particulier entre les membres et/ou les organes.

Dans ces cas, **les statuts doivent mentionner explicitement ce référentiel.**

Qualité et pouvoir des membres

On a dit plus haut que les membres fondateurs sont libres de constituer un groupement ouvert au plus grand nombre (association ouverte) ou alors réservé à quelques-uns (association fermée). Dans ce dernier cas, les statuts doivent préciser les conditions à remplir pour le candidat adhérent ; celles-ci doivent être connues de tous : âge, qualification professionnelle, cooptation, etc. Ces conditions peuvent également être posées dans le règlement intérieur plutôt que dans les statuts.

L'association est donc libre d'accepter ou de refuser un nouvel adhérent mais elle doit le faire dans les respects de ses principes statutaires ; les fondateurs ont toute faculté de définir des droits différents pour les membres selon la nature de leur participation au projet. Différents collèges ou commissions peuvent ainsi être institués, avec des droits de vote spécifiques. La désignation des dirigeants et le contrôle de leur gestion peuvent être réservés à tout ou partie seulement des adhérents, selon la nature de leur engagement.

En ce qui concerne les règles organisant l'engagement bénévole au sein de l'association, il est préférable de les renvoyer au règlement intérieur (voir p. 35 et p. 166), notamment pour tout ce qui concerne le pouvoir disciplinaire à l'égard des adhérents.

L'exonération des impôts commerciaux

Les critères d'exonération des impôts commerciaux sont développés en troisième partie (voir p. 286). Nous donnons ici un bref aperçu des mentions statutaires qui seront examinées par l'administration fiscale pour déterminer si l'association est imposable. Ces mentions figurent dans le questionnaire de l'administration fiscale donné en annexe sur document téléchargeable.

Les exigences fiscales pour laisser l'association en dehors du champ d'application des impôts commerciaux portent sur quatre aspects principaux :

- le bénévolat des dirigeants ;
- le caractère non lucratif des activités ;
- la participation des adhérents ;
- les modalités d'attribution du patrimoine de l'association.

Traiter ces quatre questions dans les statuts ou le règlement intérieur exige que soient précisés certains aspects du fonctionnement financier de l'association. Et il vaut mieux se poser les bonnes questions avant que l'on vous les pose…

Vis-à-vis de l'administration fiscale, il est préférable que ces différents aspects soient précisés dans les statuts (ou le règlement intérieur). On se reportera aux modèles de statuts que nous donnons en annexe sur document téléchargeable.

À propos de toutes ces questions, **les statuts fixeront seulement les grandes lignes, donnant des indications générales.** Les détails du fonctionnement seront renvoyés au règlement intérieur.

En ce qui concerne le bénévolat des dirigeants

Les statuts (ou le règlement intérieur) peuvent prévoir expressément que les dirigeants exercent à titre bénévole et renoncent à toute rémunération, ou bien que leur rémunération restera en tout état de cause aux trois-quarts du SMIC et toute autre limite légale.

Les modalités d'attribution d'une rémunération aux dirigeants ainsi que les formalités de remboursement de leurs frais seront décrites au règlement intérieur.

En ce qui concerne les critères de non-lucrativité

Les statuts (ou le règlement intérieur) doivent donner toutes précisions nécessaires pour apprécier le caractère concurrentiel ou non de l'activité. C'est l'application de la règle des 4 P (voir p. 294).

En plus de la nature exacte des activités exercées à titre habituel, on précisera dans les statuts les grandes lignes du rayonnement de l'association et de sa zone d'influence. Ces informations générales concerneront les publics de l'association, notamment si celle-ci vise l'intérêt général ou les catégories défavorisées.

Les détails de la politique tarifaire de l'association seront renvoyés au règlement intérieur (voir p. 243).

En ce qui concerne la participation des adhérents

Les associations dites « fermées » (réservant à leurs seuls membres les services qu'elles proposent) qui évoluent dans les secteurs sportif, éducatif ou culturel et social (voir p. 288) peuvent bénéficier d'une exonération fiscale parce qu'elles fonctionnent à destination de leurs seuls adhérents. Ces associations doivent décrire dans les statuts (ou le règlement intérieur) de quelle manière les adhérents sont des membres actifs de l'association et non de simples usagers (mise en commun, information, droit de vote et d'expression aux assemblées générales, éligibilité au CA).

Les modalités d'exercice des prérogatives des adhérents seront renvoyées au règlement intérieur (voir chapitre 3).

En ce qui concerne l'attribution de l'actif

Les statuts doivent obligatoirement prévoir qu'à la dissolution de l'association, son patrimoine sera attribué à une autre association. C'est l'exigence du caractère non lucratif qui trouve une nouvelle fois à s'appliquer avec cette interdiction de partager le patrimoine de l'association entre les membres.

L'obtention d'agréments

L'agrément des associations sportives (voir p. 73), par exemple, leur permet d'obtenir différents avantages, mais il est surtout indispensable pour percevoir les subventions de l'État. Pour obtenir l'agrément, les associations sportives doivent s'inscrire obligatoirement dans un système fédéral et présenter des garanties sur la démocratie interne et la transparence de la gestion.

Plus précisément, les statuts de l'association sollicitant l'agrément doivent obligatoirement suivre le tronc commun d'intérêt général (voir p. 69). Ils comporteront les dispositions suivantes :

▶ Dispositions relatives au **fonctionnement démocratique de l'association** :
  - la participation de chaque adhérent à l'assemblée générale,
  - la désignation du conseil d'administration par l'assemblée générale au scrutin secret et pour une durée limitée,
  - un nombre minimal, par an, de réunions de l'assemblée générale et du conseil d'administration,
  - les conditions de convocation de l'assemblée générale et du conseil d'administration à l'initiative d'un certain nombre de leurs membres,
  - l'égal accès des femmes et des hommes à ses instances dirigeantes,
  - la possibilité pour les jeunes mineurs de plus de 16 ans d'être électeurs et éligibles au CA et, par ailleurs, la possibilité pour les mineurs de moins de 16 ans d'être représentés aux assemblées générales par un des parents, même s'il n'est pas membre de l'association ;

▶ Quant aux dispositions relatives à la **transparence de la gestion**, les statuts doivent obligatoirement prévoir :
  - qu'il est tenu une comptabilité complète de toutes les recettes et de toutes les dépenses,
  - que le budget annuel est adopté par le conseil d'administration avant le début de l'exercice,
  - que les comptes sont soumis à l'assemblée générale dans un délai inférieur à 6 mois à compter de la clôture de l'exercice,

– que tout contrat ou convention passé entre le groupement, d'une part, et un administrateur, son conjoint ou un proche, d'autre part, est soumis pour autorisation au conseil d'administration et présenté pour information à la plus prochaine assemblée générale.

Les statuts doivent prévoir que la composition du conseil d'administration doit refléter la composition de l'assemblée générale.

Les statuts doivent, en outre, comprendre des dispositions destinées à garantir les droits de la défense en cas de procédure disciplinaire et prévoir l'absence de toute discrimination dans l'organisation et la vie de l'association.

✓ **Attention**

Si vous envisagez de vous affilier ultérieurement à un organisme fédéral ou à un groupement quelconque, avant de déposer vos statuts pensez à les soumettre à votre autorité de tutelle ; par exemple :

- *certains groupements d'associations étudiantes en font un préalable ;*
- *si vous êtes une association sportive, prenez contact avec la direction départementale Jeunesse et Sport avant de rédiger vos statuts, pour éviter tout problème au moment où vous demanderez un agrément.*

2

DONNER SON ASSISE MATÉRIELLE À L'ASSOCIATION

Vous avez réfléchi sur les ingrédients du succès et les parties en présence, formulé de manière claire le projet associatif. Votre projet de statuts exprime l'idéal des fondateurs et les principes fondamentaux du fonctionnement interne.

Vous devez maintenant ancrer votre association dans la réalité pour qu'elle puisse prendre son envol. L'assise matérielle de l'association est étroitement liée à la personnalité morale qu'elle acquiert avec **les formalités obligatoires de dépôt et autres agréments** qu'elle est susceptible d'obtenir.

Ensuite l'association doit trouver **un lieu pour exercer son activité**. De multiples possibilités s'offrent à elle mais la possession de locaux doit être entourée de certaines précautions.

Pour exister économiquement, l'association devra encore disposer d'**un compte bancaire** qui lui permettra d'encaisser les cotisations et autres recettes, et de régler ses dépenses de fonctionnement.

Enfin, parmi les attributs matériels de l'association, il faut désormais s'intéresser à la **visibilité de l'association sur Internet**.

Les formalités légales

Les associations de personnes peuvent se former librement sans autorisation ni déclaration préalable, mais elles ne jouissent de la capacité juridique et des avantages énumérés à l'article 6 de la loi du 1er juillet 1901 que si elles effectuent une déclaration et la font publier au *Journal officiel*.

Dépôts et documents obligatoires

Les formalités en préfecture

Il faut déposer ou expédier à la préfecture ou à la sous-préfecture dont relève le siège social un dossier comprenant :
- une déclaration en deux exemplaires sur papier libre (un original et une photocopie) mentionnant (voir modèle en annexe sur document téléchargeable) :
  - le titre de l'association,
  - l'objet,
  - l'adresse du siège social et de ses établissements éventuels,
  - le numéro de téléphone d'un responsable de l'association,
  - la liste des personnes chargées à un titre quelconque de son administration ou de sa direction, en précisant pour chacune d'elles leur état civil complet, cette déclaration devant être datée et signée par le président et un membre du bureau ;
- les statuts en un seul exemplaire, sur papier libre, daté et signé par deux membres du bureau (un original et une photocopie) ;

- le formulaire destiné à la publication au *Journal officiel*, dans son intégralité, accompagné d'un chèque de 39,06 € à l'ordre du JO (tarif au 1er janvier 2007) ;
- une attestation justifiant l'établissement du siège social (accord écrit du propriétaire, du locataire ou du responsable des lieux, ou copie du bail établi au nom de l'association, s'il y a lieu) ;
- les unions ou fédérations d'associations doivent faire connaître, quant à elles, le titre, l'objet et l'adresse de leurs filiales ou sections ainsi que le nom de leur représentant.

Dans les cinq jours (en théorie) suivant votre dépôt de dossier, la préfecture vous fera parvenir un récépissé de déclaration, valant récépissé de déclaration (et non contrôle formel de la licéité des statuts).

Le cas de l'Alsace-Moselle

La création d'une association en Alsace-Moselle ne relève pas de la loi du 1er juillet 1901, mais de celle du 19 avril 1908 (Code civil local issu de la loi allemande, articles 21 à 79).

Les statuts doivent comporter un certain nombre de mentions obligatoires :
- le but de l'association : contrairement aux associations de loi 1901, une association loi 1908 n'est pas restreinte dans ses objectifs. Elle peut notamment acquérir librement des biens immobiliers, recevoir des dons et legs, acheter, vendre, louer ;
- la dénomination de l'association ;
- la localisation de son siège social, qui détermine de quel tribunal d'instance elle relève ;
- le fait qu'il s'agit d'une association qui devra être inscrite.

En outre, les statuts doivent également contenir des dispositions sur :
- l'adhésion et la radiation des membres ;
- les cotisations ;
- les conditions de convocation de l'assemblée générale et ses modalités de fonctionnement (rédaction des procès-verbaux de séances…) ;
- les conditions de modification des statuts ;
- la composition nominative de la direction ;
- la signature des sept membres fondateurs ;
- la date de l'adoption des statuts par les membres fondateurs.

Il faut s'adresser au greffe du registre des associations du tribunal d'instance par un courrier comprenant :

- les statuts, en triple exemplaire, paraphés à chaque page par chacun des sept membres fondateurs ;
- le procès-verbal de l'assemblée générale constitutive, en double exemplaire, signé par le président et le secrétaire ;
- la liste, en double exemplaire, des membres du comité (état civil, profession, fonction au sein de l'association).

L'inscription de l'association doit être suivie d'une publication dans un journal d'annonces légales.

Le registre spécial : un document fondamental

Toute association a l'obligation de tenir un registre spécial sur lequel devront être consignés les changements intervenus dans sa direction et les modifications apportées à ses statuts (loi du 1er juillet 1901, art. 5 ; décret du 16 août 1901, art. 6).

Le registre spécial permettra en cas de besoin, aux autorités administratives ou judiciaires dès qu'elles en feront la demande, de suivre les événements statutaires et le fonctionnement de la personne morale (décret du 16 août 1901) :

- **Sa forme.** Ce registre est lié à la vie de l'association, il devra être conservé indéfiniment. Ce genre de registre est en vente dans les librairies spécialisées mais il peut également s'agir d'un simple cahier. Le registre spécial doit être numéroté sans discontinuité, de la première à la dernière page, puis paraphé sur chaque feuille par la personne habilitée à représenter l'association. Cette définition exclut le principe des « feuilles volantes ». Le registre doit être tenu et conservé au siège de l'association.

- **Mentions obligatoires.** Doivent figurer sur ce registre spécial les mentions suivantes (loi du 1er juillet 1901, art. 5 et 7, décret du 16 août 1901, art. 3) :
  - les changements de personnes chargées de l'administration ou de la direction ;
  - les nouveaux établissements fondés ;
  - le changement d'adresse du siège social ;
  - les acquisitions ou aliénations du local destiné à l'administration et à la réunion de ses membres ;
  - les modifications apportées aux statuts ;
  - les dates des récépissés délivrés par la préfecture ou sous-préfecture lors du dépôt des déclarations modificatives.

Le non-respect de cette formalité peut entraîner des sanctions par l'autorité administrative, pouvant aller jusqu'à la dissolution de l'association.

Conformément aux dispositions de l'article 5 de la loi du 1er juillet 1901, « *les associations sont tenues de faire connaître en préfecture, dans les trois mois, tous changements survenus dans leur administration ou direction ainsi que toutes les modifications apportées à leurs statuts* ». Ces modifications doivent être transcrites sur le registre spécial à feuillets numérotés.

✓ **Important**

Pour toute modification, précisez le numéro d'enregistrement de votre dossier inscrit sur le récépissé délivré à la préfecture lors de l'enregistrement de l'association.

Après toute modification des statuts, (ou en cas de dissolution de l'association), adresser à la préfecture :
- une déclaration, en deux exemplaires, sur papier libre, datée et signée par plusieurs membres du bureau ;
- la copie du procès-verbal de l'assemblée ayant voté les modifications (ou la dissolution) ;
- le formulaire destiné à la publication au *Journal officiel* ;
- indiquer le numéro de téléphone de l'association ou d'un responsable du bureau ;
- en cas de dissolution, préciser à quelle(s) autre(s) association(s) est attribué l'actif (s'il n'y a plus d'actif, le préciser).

✓ **La passation des pouvoirs**

En cas de modification de la composition des organes dirigeants, la déclaration et les formalités relatives à cette modification incombent à la nouvelle équipe. Toutefois, pour s'assurer que leur responsabilité vis-à-vis des tiers est bien dégagée, les anciens dirigeants pourront s'assurer auprès de la préfecture que la formalité a bien été faite, voire se procurer une copie du procès-verbal pour le communiquer à la préfecture.

Les agréments

Certaines associations, selon leur secteur d'activité, peuvent solliciter de l'autorité administrative un agrément. L'agrément administratif facilite la coopération avec les pouvoirs publics et ouvre éventuellement droit à des avantages spécifiques. Pour certaines activités (par exemple, services à la personne rendus à des publics « fragiles »), l'agrément est obligatoire et conditionne la possibilité d'exercer l'activité.

Il existe une quarantaine d'agréments possibles, depuis l'agrément « Sport » – le plus répandu – jusqu'à des agréments très spécifiques, comme l'habilitation à gérer des centres d'hébergement d'urgence pour migrants. Selon les cas, les bénéfices que l'association retirera de son agrément sont plus ou moins significatifs et il est recommandé de bien se renseigner avant de se lancer dans le montage du dossier qui peut être assez contraignant.

Pour les associations dont le rayonnement est national, l'instruction de la demande est faite au niveau du Ministère concerné. Pour les autres, le dossier doit être présenté aux services préfectoraux du siège de l'association. Auparavant, les procédures d'agrément étaient distinctes selon la nature de l'activité et chaque Ministère posait ses propres exigences. Depuis la **circulaire du 18 janvier 2010**, la procédure a considérablement changé et on doit se féliciter qu'une certaine normalisation ait eu lieu par le biais de ce qu'il est convenu désormais d'appeler le « tronc commun ».

Toute association sollicitant un agrément se doit dans un premier temps de respecter les conditions posées dans le tronc commun dit d'intérêt général. Ces conditions sont vérifiées lors d'une première demande d'agrément et lorsque l'association les remplit, il en est fait mention au Répertoire national des associations (RNA) qui est à la disposition de l'administration. Ensuite, chaque Ministère (ou service préfectoral) instruit l'agrément spécifique en fonction de ses propres critères.

Le tronc commun d'agrément

La circulaire citée plus haut définit les exigences à respecter pour remplir le tronc commun qui se décline en trois chapitres principaux.

L'association répond à un objet d'intérêt général

▷ l'association ne défend pas des intérêts particuliers et ne se borne pas à défendre les intérêts de ses membres ;

▷ l'association doit être ouverte à tous sans discrimination et présenter des garanties suffisantes au regard du respect des libertés individuelles ;

▷ l'association doit poursuivre une activité non lucrative, avoir une gestion désintéressée (voir page 41), ne procurer aucun avantage exorbitant à ses membres et ne pas agir pour un cercle restreint ;

▷ l'association doit faire preuve de sa capacité à travailler en réseau avec d'autres partenaires, notamment associatifs.

L'association a un mode de fonctionnement démocratique

▷ réunion régulière des instances ;

▷ renouvellement régulier des instances dirigeantes ;

▷ assemblée générale accessible avec voix délibérative à tous les membres tels que définis dans les statuts, ou à leurs représentants de structures locales ;

▷ l'assemblée générale élit les membres de l'instance dirigeante ;

▷ pour les documents sur lesquels ils seront amenés à se prononcer, les membres devront en disposer suffisamment à l'avance par tout moyen (courrier, Internet, consultation sur place...) précisé dans le règlement intérieur ou les statuts ;

▷ les modalités de déroulement des différents votes devront être précisées dans les statuts ou le règlement intérieur.

L'association respecte la transparence financière

▷ les comptes doivent être accessibles à tous les membres ;

▷ les comptes sont publiés au Journal officiel ou adressés annuellement à toutes les administrations avec lesquelles l'association a des relations financières, administratives. Dans le cas d'une publication au Journal officiel, l'association se bornera à donner la date de cette publication ;

▷ la pérennité de l'association ne doit pas dépendre exclusivement d'un même financeur. La proportion des fonds publics ne doit pas être de nature à qualifier l'association d'association para-administrative.

✓ *À noter*

On remarque que certaines des ces exigences recouvrent en partie le dispositif fiscal de l'article 200 du CGI (voir p. 247). Il faut peut-être voir dans cette correspondance les prémices d'une normalisation de la notion d'intérêt général sur le plan juridique et fiscal, préfigurant un régime unifié pour l'association d'intérêt général, *une structure ayant vocation à être un partenaire privilégié des pouvoirs publics et habilitée à délivrer des reçus fiscaux pour les dons et cotisations perçues.*

Les associations concernées

Les associations sportives et centres de formation d'une association sportive

L'agrément s'obtient auprès de la DDJS (Direction départementale de la jeunesse et des sports). C'est l'agrément le plus ancien (ordonnance du 2 octobre 1943). À l'époque, il s'agissait de réserver aux associations agréées le bénéfice éventuel de subventions.

Textes de référence
- Loi du 17 juillet 2001
- Décret n° 2002-488 du 9 avril 2002
- Circulaire du 18 janvier 2010

Les associations de protection de la nature et de l'environnement

L'agrément s'obtient auprès du préfet du département ou auprès du préfet de région si l'activité concerne plusieurs départements.

Les associations de défense des consommateurs

L'agrément s'obtient auprès de la Direction régionale des entreprises, de la concurrence, de la consommation, du travail et de l'emploi (Direccte).

Les associations intermédiaires et les associations de services à domicile

L'agrément s'obtient auprès de la préfecture, par le Comité départemental d'insertion par l'activité économique ou de la Direction régionale des entreprises, de la concurrence, de la consommation, du travail et de l'emploi (Direccte) voir pour les services à domicile.

Les effets de l'agrément

L'agrément permet de bénéficier de certains avantages, notamment :

▶ La possibilité, sous certaines conditions, d'ouvrir une buvette dans l'enceinte d'un établissement consacré à des activités physiques et sportives ;

▶ La possibilité pour les associations sportives, de jeunesse ou d'éducation populaire de constituer une commission composée de mineurs de plus de 12 ans pour la conception d'un projet collectif ayant pour objet les activités physiques et sportives, leur promotion ou leur développement. La commission peut être chargée, sous le contrôle et la responsabilité de l'association dont elle dépend, de l'exécution du projet (Loi n° 2000-627 du 6 juillet 2000, art. 56) ;

▶ La possibilité d'obtenir des subventions de l'État (loi du 16 juillet 1984, art. 8 relatif aux associations sportives) ;

▶ La faculté de participer aux instances consultatives de l'administration des sports ;

▶ La possibilité de bénéficier de taux préférentiels pour le paiement de cotisations sociales (calcul forfaitaire des cotisations sociales pour les animateurs vacataires dès lors que la durée de travail ne dépasse pas 480 heures par an, sous réserve du respect de conditions très strictes, selon un arrêté du 27 juillet 1994 et la circulaire ACOSS du 28 juillet 1994) ;

▶ La possibilité de bénéficier de taux réduits sur les redevances à acquitter auprès de la SACEM (art. L. 132-21 du Code de la propriété intellectuelle).

Les conditions d'agrément : l'exemple des établissements sportifs

Le demandeur doit être un groupement sportif, constitué en association. Cette association doit être affiliée à une fédération sportive agréée (exception faite des groupements constitués pour la pratique de disciplines ne donnant pas lieu à l'organisation de compétitions et de ceux qui ont pour seul objet de coordonner l'action d'autres groupements sportifs agréés).

L'agrément est notamment fondé sur l'existence de dispositions statutaires garantissant le fonctionnement démocratique de l'association ainsi que la transparence de sa gestion (voir p. 136). L'association devra ainsi :

• respecter en son sein la liberté d'opinion et les droits de la défense (cela vise notamment les procédures disciplinaires) ;

• s'interdire toute discrimination illégale (sociale, religieuse, politique) ;

- veiller à l'observation des règles déontologiques du sport définies par le Comité national olympique et sportif français ;
- respecter les règles d'encadrement, d'hygiène et de sécurité applicables aux disciplines sportives pratiquées, et procéder à la déclaration d'établissement d'activités physiques et sportives auprès de la direction départementale ;
- respecter la loi relative à la prévention et à la répression de l'usage des produits dopants.

Attribution et refus d'agrément

La décision relative à l'attribution d'agrément est prise par le préfet qui, dans la pratique, dans le cas d'une association sportive par exemple, délègue sa signature au directeur départemental de la Jeunesse et des Sports.

Par arrêté préfectoral un numéro d'agrément est attribué à l'association (décret du 13 février 1985). En cas de refus, celui-ci doit être motivé par l'autorité administrative.

Les unions d'association

Les unions d'associations, appelées aussi fédérations, confédérations, groupements, sont des associations comme les autres, ayant comme membres d'autres associations.

Pour qu'une association puisse faire partie d'une union, il faudra veiller à ce que les statuts l'y autorisent ou que l'assemblée générale de l'association adopte une résolution dans les mêmes conditions que s'il s'agissait d'une modification des statuts (quorum de participants et majorité des voix).

L'exercice d'une activité économique

De nombreuses associations exercent une activité économique, quelquefois sans même le savoir, dans la mesure où elles revendent des biens qu'elles ont acquis (négoce) ou qu'elles produisent, dans la mesure aussi où elles effectuent des prestations de service.

Les obligations qui pèsent sur ces associations sont énoncées dans l'ordonnance du 1er décembre 1986 complétée par la circulaire du 12 août 1987. Ces textes sont relatifs à la lutte contre les pratiques para-commerciales (qui portent préjudice au secteur marchand de l'économie) et visent tout particulièrement le secteur associatif. Nous en résumons les principales obligations qui, en dehors des mentions statutaires obligatoires, s'appliquent :

- obligation d'émettre une facture pour chaque vente de produit ou service (voir p. 344) ;
- obligation de respecter les réglementations spécifiques aux activités exercées (tourisme, vente de préparations alimentaires, protection du consommateur) ;
- autorisation préalable d'installation pour vendre sur les lieux publics ;
- mention dans les statuts des activités économiques habituelles (voir p. 51).

L'association exerçant une activité économique doit tenir une comptabilité de type commerciale (à partie double) et **elle est soumise à toutes les obligations fiscales des entreprises commerciales,** sauf exonération particulière (voir p. 296).

Siège social, locaux et domiciliation

Deux questions se posent en des termes différents : celle du siège social et celle du local associatif. **Le siège social est le domicile légal de l'association ; il est obligatoire et doit figurer dans les statuts.** Il est possible de fixer le siège social au domicile du président ou de tout autre membre de l'association. **Le local associatif est le lieu physique où l'association accueille ses adhérents pour exercer son activité. Cet endroit doit être adapté à l'activité exercée, notamment sur le plan de l'hygiène et de la sécurité.** Il peut s'agir d'un immeuble privé mais également d'un bien du domaine public. L'association peut être locataire, occupante à titre gratuit ou, plus rarement, propriétaire d'un patrimoine immobilier.

La fixation du siège social

Le lieu du siège social détermine l'adresse officielle de l'association, le tribunal géographiquement compétent et, le plus souvent, l'adresse postale de l'association.

Le siège social est statutaire et sa modification doit être notifiée à la préfecture. En principe, le transfert du siège est de la compétence de l'assemblée générale, mais on pourrait laisser au bureau ou au seul président le pouvoir de transférer le siège si nécessité (sauf à changer la nationalité de l'association). Compte tenu des formalités obligatoires et de la nécessaire continuité des activités, le siège de l'association devra bénéficier d'une certaine stabilité.

Lorsque l'association est locataire en titre ou propriétaire de locaux, elle aura tout intérêt à y fixer son siège social. S'il s'agit de locaux prêtés ou mis à disposition de manière tacite et/ou précaire, la domiciliation peut poser problème. La fixation du siège au domicile d'un dirigeant ou d'un bénévole est dans la plupart des cas une bonne solution. Dans certaines communes, il peut également être possible de domicilier l'association « en mairie ».

Domicile d'un bénévole

Il est toujours possible de fixer le siège social au domicile du président, d'un autre dirigeant, voire d'un simple bénévole. À condition qu'il s'agisse bien d'une simple domiciliation postale, le bénévole locataire ou propriétaire ne peut se voir refuser la possibilité d'héberger une association à son domicile.

Les locataires et les copropriétaires consulteront leur bail ou le règlement de copropriété pour vérifier leurs droits et leurs obligations (par exemple, l'autorisation de mentionner une personne morale domiciliée sur la boîte aux lettres).

On notera que l'assurance multirisque garantissant l'habitation ne couvrirait pas les dommages causés par l'exercice de l'activité associative au domicile d'un bénévole.

Autant que possible, c'est chez un dirigeant que l'association sera domiciliée. De cette manière, celui-ci recevra directement le courrier de l'association et sera en mesure d'accueillir les réunions administratives.

Sur le plan formel, on doit rédiger une attestation de domiciliation. Nous en donnons un modèle en annexe sur document téléchargeable.

Domiciliation en mairie

Certaines municipalités donnent aux associations la possibilité de se domicilier « en mairie » ou à la maison des associations si la commune en possède une. Il s'agit d'une solution intéressante, notamment si l'association exerce son activité dans des locaux municipaux. Cependant, le maire n'a aucune obligation d'accéder à la demande de l'association.

Un lieu pour exercer les activités

Certaines associations (comme les associations de défense, par exemple) n'ont pas besoin de locaux autres que le domicile d'un bénévole pour accueillir une réunion périodique. Dans ce cas, l'association peut se contenter de son siège statutaire.

Les autres associations (notamment toutes les associations de pratique) doivent réunir physiquement leurs adhérents pour l'exercice de l'activité. Il est donc nécessaire de disposer de locaux adaptés à l'activité, tant pour le confort des adhérents que pour la sécurité de tous. Différents cas de figure sont envisageables ; il convient de distinguer selon la nature publique ou privée des locaux et selon les différents statuts juridiques d'occupation.

L'hébergement dans des locaux publics

Une association peut occuper un immeuble, des installations ou des équipements du domaine public pour la réalisation de son objet et l'exercice des activités associatives. Les communes, et, dans des cas plus rares, les départements et les régions mettent à disposition des associations les locaux qu'elles possèdent.

La mise à disposition de locaux publics à une association nécessite :

▶ **Une décision de l'autorité administrative**, propriétaire des locaux (décision en conseil municipal, conseil général ou conseil régional…). L'autorisation accordée à l'association est strictement personnelle et ne peut faire l'objet d'une transmission à une autre association.

Zoom

Une délibération du conseil municipal

Pour justifier de sa domiciliation, l'association devra obtenir une délibération du conseil municipal. Une décision du seul maire ou de ses services techniques autorisant la domiciliation pourrait être entachée d'illégalité, car c'est le conseil municipal qui est le seul administrateur des propriétés de la commune.

▷ **La signature d'une convention liant la collectivité publique à l'association utilisatrice** (voir modèle en annexe sur document téléchargeable). Cette convention permet de préciser les conditions d'utilisation, la description de l'activité autorisée, la responsabilité, son coût, la prise en charge des frais de fonctionnement, sa durée, les règles de dénonciation et de reconduction. La convention doit être rédigée avec soin et personnalisée ; elle vise à prévenir les litiges qui pourraient survenir entre le propriétaire et l'occupant.

▷ **Le versement d'une redevance**, mais cette condition peut être purement symbolique (loyer de 1 € par an, par exemple).

Toutefois, l'association occupant le domaine public n'a aucun droit acquis. Le contrat de mise à disposition – écrit ou tacite – peut être modifié ou résilié à tout moment par l'administration contractante. Lorsque la modification est unilatérale, l'administration doit en principe la justifier par des raisons d'intérêt général, sous le contrôle du juge administratif. Seul un bail emphytéotique (voir p. 78) pourrait conférer à l'association un droit réel sur l'immeuble.

La conclusion d'un bail

La conclusion d'une convention de location entre un locataire et un propriétaire privé permet de protéger le locataire Mais il n'y a pas de régime spécifique pour les associations contrairement aux particuliers ou aux commerçants. Cette convention – le bail – relève de la liberté contractuelle, ce qui laisse une grande marge de négociation pour déterminer les modalités de la location.

> ✓ *Ne pas oublier l'état des lieux avant de conclure un bail*
>
> *Il doit être détaillé. Ne vous contentez pas de termes généraux et subjectifs qui peuvent donner lieu à interprétation. L'état de chaque pièce, les installations, les équipements doivent être détaillés. Il doit être signé par le propriétaire et par le locataire.*

Le bail libre, non réglementé

C'est le régime commun des associations. Il règle notamment la durée, les possibilités de sous-location, la nature de l'activité exercée, le délai de préavis, les modalités de reconduction, le dépôt de garantie. Nous donnons en annexe sur document téléchargeable un exemple de bail adapté à une association.

Le bail d'habitation

L'association étant une personne morale, elle ne peut pas bénéficier des dispositions de la loi du 22 juin 1982, dite loi Quillot, ni de celle du 6 juillet 1989, dite loi Mermaz.

Le bail commercial

Le bail commercial (décret du 30 septembre 1953) **s'applique obligatoirement aux associations qui exploitent un établissement d'enseignement et aux associations qui sont immatriculées au registre du commerce et des sociétés ou au répertoire des métiers.**

Cependant, par application de la liberté contractuelle, un propriétaire privé peut décider de conclure avec n'importe quelle association un bail sous la forme commerciale. Ce régime sera très protecteur pour l'association qui sera assurée de se maintenir au moins 9 ans dans les lieux en bénéficiant d'un loyer fixe ou indexé.

Le bail emphytéotique

C'est un bail conclu pour une durée comprise entre 18 et 99 ans. Il doit être établi devant notaire et faire l'objet d'une publication au bureau des hypothèques. Le bail emphytéotique n'est pas renouvelable par tacite reconduction.

L'acquisition de locaux

L'acquisition d'un immeuble par une association est une opération lourde de conséquences qui doit être mûrement réfléchie et décidée par un vote en assemblée générale. Si l'achat est financé par un crédit bancaire, le banquier exigera une copie du procès-verbal de l'AG autorisant l'acquisition.

Par application du principe de spécialisation de l'objet associatif, **l'association ne peut posséder que les immeubles qui sont strictement nécessaires à l'administration de l'association, à la réunion de ses membres ou à l'accomplissement de l'objet statutaire.**

Une fois l'opération autorisée et réalisée, le formalisme est assez rigoureux : dans les 3 mois suivant l'acquisition, l'association doit faire parvenir à la préfecture du siège social dont elle dépend une déclaration mentionnant la description de l'immeuble acquis et son prix. Cette opération doit être détaillée dans le registre spécial.

Zoom

Une association doit-elle acquitter la taxe d'habitation ?

Les associations doivent s'acquitter de la taxe d'habitation au titre des locaux meublés dont elles ont la disposition en qualité de propriétaire, locataire ou d'occupant gratuit.

Les locaux frappés par la taxe d'habitation doivent être réservés à l'usage privatif des personnes qui en ont la disposition. Sont notamment considérés comme tels :

- un local meublé et réservé exceptionnellement aux réunions des membres de l'association ;
- les salles à manger qui leur sont réservées ;
- les locaux servant de siège social ou de bureau permanent.

En revanche, ne sont pas imposables les locaux meublés dans lesquels le public a un accès habituel. Ne sont donc pas taxables :

- un édifice public du culte et ses dépendances tels qu'une salle, ouverte au public, servant exclusivement aux offices religieux ;
- la salle d'exposition d'une association ou d'un musée ;
- les salles de compétition, vestiaires et locaux d'hygiène des groupements sportifs. Toutefois, tous les locaux réservés aux adhérents pour la pratique du sport sont imposables.

Par ailleurs, par exception au droit commun, sont exonérés de taxe d'habitation :

- les locaux passibles de la taxe professionnelle, lorsqu'ils ne font pas partie de l'habitation personnelle des contribuables ;
- les bâtiments servant aux exploitations rurales ;
- les locaux destinés au logement des élèves dans les écoles et pensionnats ;
- les logements loués par des associations en vue de les sous-louer ou de les mettre à disposition des personnes défavorisées. Seuls sont concernés les organismes agréés par le préfet ou ayant conclu une convention avec l'État, qui bénéficient, à ce titre, d'une aide pour loger à titre transitoire des personnes défavorisées (ALT) ;
- les associations ou autres gestionnaires de foyers de jeunes travailleurs migrants et de résidence sociale.

Sachez enfin que les locaux communs et administratifs restent taxables au nom du gestionnaire

L'ouverture d'un compte bancaire

Pour le choix de la banque, on aura tendance à privilégier les réseaux mutualistes qui sont rompus au financement des petites structures ou qui ont toujours affirmé leur sensibilité associative. Cependant, aujourd'hui, la plupart les établissements bancaires sont intéressés par la clientèle des associations et proposent des produits et services adaptés au monde associatif.

Ce que le banquier demande

Pour ouvrir un compte à votre association, le banquier doit disposer des pièces suivantes :
- copie des statuts et de la publication au JO ;
- décision de l'AG ou du CA donnant pouvoir bancaire aux dirigeants ;
- liste des membres détenant la signature bancaire visée par le président.

Pour les associations ayant déjà une existence, il est impératif de joindre :
- les derniers comptes rendus d'AG ;
- les derniers exercices comptables.

Les banquiers apprécient tous les documents qui peuvent conforter la réalité financière de votre organisme, comme :
- des comptes prévisionnels ;
- des promesses de subvention ;
- toute convention conclue avec les corps constitués ;
- justificatifs des agréments.

En outre, les personnes disposant de la signature sur le compte bancaire devront se déplacer à l'agence avec leur pièce d'identité pour déposer leur signature (carton de signature).

Précautions élémentaires à propos du fonctionnement du compte

Le compte bancaire est un outil indispensable mais potentiellement dangereux. Il exige donc certaines précautions qui sont de la responsabilité des dirigeants.

Les principaux risques sont liés à la perte ou au vol des instruments de paiement (chéquier, éventuellement carte de paiement). Par ailleurs, le suivi régulier des opérations bancaires permet de détecter rapidement toute anomalie (erreur de la banque, fraude à l'intérieur de l'association).

Le suivi du compte bancaire

Le compte bancaire doit faire l'objet d'un suivi régulier. La fréquence de ce contrôle et ses modalités pratiques dépendent de la quantité d'instruments de paiement en circulation, du nombre d'opérations initiées et de leur montant moyen. Une petite association où seul le président dispose d'un chéquier pour régler de menues dépenses de fonctionnement ne nécessite pas le même suivi qu'une association humanitaire disposant de plusieurs cartes de crédit.

Les moyens de paiement

Le risque d'usage frauduleux est d'autant plus important que les moyens de paiement au nom de l'association sont nombreux. Chèques, cartes de paiement, transferts informatiques et espèces présentent tous des risques différents.

> ✔ *Faire viser une fois par an le rapprochement bancaire*
>
> *Il faudra toutefois être vigilant dans les procédures de contrôle du compte en banque. Faire viser une fois par an le rapprochement bancaire (voir p. 307) par une personne différente de celle qui tient les comptes et de celle qui signe les chèques.*

Le chéquier

Traditionnellement, les associations sont équipées d'un ou plusieurs chéquiers. Le nombre de personnes disposant de la signature est variable selon la configuration et les besoins du fonctionnement. Les commerçants sont de plus en plus réticents à accepter les chèques tirés sur des associations et exigent souvent la production d'une pièce d'identité et d'un état nominatif des signatures autorisées. Les banques proposent quelquefois de faire figurer sur les chèques, en complément de la dénomination, le nom des personnes physiques habilitées à signer les chèques. Cela permet de faciliter les transactions.

La carte de crédit

Pour certaines activités où les achats sont nombreux et portent sur des montants importants (spectacle, humanitaire, manifestations exceptionnelles), la tentation est grande de multiplier les chéquiers en circulation ou de céder aux sirènes de la carte de crédit. À propos des cartes de paiement, les risques sont connus : ils concernent la divulgation du code et la possibilité de procéder à des paiements non sécurisés (sans validation par le code secret) sur Internet. Les parades consistent à ne pas divulguer le code secret et ne pas le conserver au même endroit que la carte. Pour éviter une utilisation frauduleuse sur Internet, la carte sera soigneusement conservée par la personne habilitée. Pour choisir le type de carte, on privilégiera les cartes dites « business » ou « entreprise » qui s'accompagnent de relevés de paiements fréquents et détaillés.

Les transferts informatiques

Cette solution, de plus en plus souvent facturée, est préconisée par les banques chaque fois que l'association procède à des paiements récurrents (salaires, loyers, abonnements divers…). Ces transferts sont initiés à partir du site Internet de la banque dont l'accès est sécurisé par un code. Les risques sont liés à la divulgation de ce code. On s'attachera à disposer d'autant de codes d'accès qu'il existe d'utilisateurs et à limiter l'usage et le nombre de personnes habilitées.

Les espèces

Toutes les associations disposent d'une caisse. Celle-ci est alimentée par les recettes en espèces (versement de cotisation, produit des activités et manifestations) ou par des retraits sur le compte bancaire. Quel que soit le montant, la détention d'espèces est toujours risquée. Il est possible dans la plupart des cas de se passer d'une caisse « espèces ».

✓ *Une solution sécurisée : le remboursement des dépenses*

Dans la plupart des associations, le montant moyen des dépenses reste faible et il est alors recommandé de systématiser le remboursement des frais avancés par les bénévoles. Ce sont les bénévoles qui font l'avance des menues dépenses et le président ou le trésorier émettent sur justificatifs un chèque de remboursement. Une note de frais (voir modèle joint sur le document téléchargeable) est conservée comme pièce comptable avec les références du chèque de remboursement.

Cette solution impose une petite gêne et un léger formalisme mais elle permet d'éviter la circulation des moyens de paiement et de soumettre toutes les dépenses à l'œil vigilant du trésorier.

Exister sur Internet

Disposer d'une adresse de messagerie

Votre association doit pouvoir recevoir et émettre des courriers électroniques (courriels ou e-mails). **C'est le minimum indispensable que vous devez consacrer à la modernité informatique.**

Vous n'êtes pas obligé de souscrire un contrat chez un fournisseur d'accès Internet (FAI) uniquement pour votre association. La majeure partie des internautes qui ont déjà une adresse Internet de messagerie bénéficient d'une réserve d'adresses supplémentaires. Il suffira qu'un des membres de l'association crée une adresse supplémentaire spécifique auprès de son fournisseur d'accès pour qu'elle vous serve de boîte aux lettres officielle.

Publier le projet associatif sur Internet

Inutile de présenter l'Internet ni de souligner la croissance permanente du nombre d'internautes qui se connectent au réseau. **Créer son site Internet, c'est donner une assise à la communication de cette organisation que va devenir votre association.** Publier sur le web, en informant sur votre projet associatif, sur l'organisation et les aspects pratiques de votre association, c'est communiquer rapidement, en permanence avec tous les acteurs qui vont participer au développement de votre association :

- les membres adhérents, les sympathisants et tous ceux qui cherchent des informations précises sur vos activités, l'organisation de l'association, les renseignements utiles, pratiques et qui sont en évolution permanente ;
- les partenaires extérieurs, à qui vous proposez une transparence, une lisibilité et une image de dynamisme.

Avec l'apparition des blogs, il existe désormais une vraie alternative au site classique, développé en langage HTML. Le blog est une solution idéale pour les associations qui, du fait de leur petite taille ou de moyens limités, peinent à accéder à l'Internet.

> *71 % des français ont un accès Internet sur leur lieu de travail ou à domicile, d'où la nécessité de communiquer avec eux par les NTIC (sites, forums, réseaux sociaux, blogs...).*

Créer un site

En créant votre site, et en le mettant régulièrement à jour des nouvelles informations, vous confortez la relation que vous entretenez avec l'environnement de votre association, notamment tous les pouvoirs publics. Vous pourrez aussi proposer des liens, par exemple avec le site Internet de votre municipalité, avec d'autres associations, qui vous assurent une présence accrue sur le territoire naturel de votre association *via* le réseau Internet.

Créer son site est une opération devenue courante et d'une technicité abordable, grâce :

- à la multiplicité des outils informatiques en libre-service qui deviennent de plus en plus simples d'utilisation, d'une part ;

Zoom

Les CMS, des outils pour créer son site

Les *Content management systems* (CMS) permettent de créer un site Internet sans connaissances informatiques particulières. Ils nécessitent néanmoins de disposer d'un hébergement. Certains CMS sont libres et gratuits, comme SPIP ou WordPress, par exemple :

- SPIP est un système français, très orienté sur la publication (fonction multirédacteurs) mais assez dépouillé en termes de présentation dans sa version de base. En général, SPIP est couplé à d'autres ressources ;
- WordPress est très agréable à utiliser et même de grands débutants (avec un peu de patience) pourront ainsi créer un site de qualité. La communauté WordPress est très active et de nombreux forums permettent de se faire aider.

- aux compétences humaines de plus en plus nombreuses, d'autre part ; il existe sûrement, dans votre association ou autour de vous, dans d'autres associations, des passionnés qui se feront un plaisir de mettre en œuvre le cahier des charges que vous définirez.

Au-delà de la création du site, **le point le plus délicat concerne sa mise à jour.** Il convient d'y réfléchir dès la conception pour que la mise à jour des informations puisse s'effectuer de la manière la plus simple. Le plus beau site du monde deviendra rapidement obsolescent si la fréquence de renouvellement et la pertinence des informations sont insuffisantes.

Ouvrir un blog

Le blog est un site Internet simplifié, organisé sous forme d'articles (ou billets) qui se succèdent chronologiquement. La blogosphère explose littéralement et à l'heure où nous écrivons, on compte plus de 10 millions de blogs en France.

Les avantages du blog sont nombreux. De nombreuses plates-formes de blogs sont gratuites et certaines d'entre elles ne nécessitent même pas d'hébergement (par exemple, Blogger de Google). Créer et animer un blog ne nécessite aucune compétence technique.

Idéalement le blog associatif est collectif (plusieurs auteurs exprimant différents points de vue), illustré (les réalisations de l'association, les moments forts), interactif (les commentaires permettent aux tiers de se lier, même furtivement).

Sur le plan interne, la mise en place d'un blog dans l'association permet aux bénévoles impliqués dans le quotidien de témoigner de leur engagement et des valeurs portées par l'association. Ce témoignage valorise l'engagement bénévole et peut constituer une forme de contrepartie pour le bénévole, une récompense sociale.

Sur le plan externe, le blog permet de mettre en scène le projet associatif, de l'illustrer de manière vivante et interactive. Qu'ils soient adhérents ou pas, les lecteurs du blog pourront « coller » à l'activité de l'association, suivre en temps réel le développement de ses projets et appréhender jour après jour ses centres d'intérêt et ses valeurs.

Les noms de site

Le choix de l'extension

Un nom de site est composé :
- d'un **nom** (celui d'une société, d'une association, d'un particulier…) ;
- et d'une **extension** (appelée aussi suffixe) : *.fr, .de, .asso, .net, .com, .org*, etc.

L'Internet est gouverné par une instance internationale qui a délégué à des organismes la gestion de chaque zone (*.fr, .com*…). Ces organismes sont nommés NIC, ou registre. En France, l'AFNIC (http://www.afnic.fr) consigne les règles de nommage sur Internet. L'AFNIC est le centre d'information et de gestion des noms de domaine Internet *.fr* (France) et *.re* (île de la Réunion).

Le choix du nom

Choisir un nom de site, c'est d'abord **choisir un nom simple à retenir**, qui identifie votre association. Si vous réutilisez le nom de votre association, il vous faudra souvent l'adapter, car certains caractères ne sont pas autorisés, notamment les apostrophes. Il faut donc observer des règles syntaxiques. Il faut aussi vérifier que ce nom n'est pas déjà utilisé, ce qui arrive très fréquemment. Vous devrez alors choisir une variante.

Ensuite, il vous faut choisir un partenaire habilité par l'AFNIC pour réserver votre nom. Ce passage obligé par un intermédiaire, car l'AFNIC ne traite pas en direct, vous coûtera entre 10 et 100 euros par an, selon les prestations associées. Désignez un responsable administratif vis-à-vis des autorités de régulation, et vous pouvez obtenir votre nom de site en 24 heures.

Faire héberger son site

Créer un site, c'est d'abord lui trouver un lieu où vous pourrez transférer et stocker les pages qui présentent votre association. **L'hébergeur doit disposer en permanence d'un nombre d'accès suffisant pour permettre la connexion de nombreux internautes et présenter des garanties de sécurité informatique.** Vous avez le choix entre deux types de solutions qui vont engager l'avenir car si vous devez déménager ultérieurement, vous risquez de perdre vos contacts en chemin.

Les pages « perso »

Les fournisseurs d'accès Internet, ceux qui proposent des adresses de messagerie, proposent presque tous un espace personnel (de taille suffisante, en général à partir de 1 Go) pour stocker des pages Internet et donc héberger un site. **Le grand avantage de cette solution est la gratuité de l'hébergement.**

Dans ce cas, le fournisseur d'hébergement impose une adresse de site du genre *http://monassociation.nomdufournisseur.fr*, ce qui conduit à **deux types d'inconvénients** :

▶ **L'adresse** est plus compliquée, et donc plus difficile à retenir que si elle ne comporte que le nom de l'association (voir paragraphe suivant).
▶ **L'espace de stockage** est peu ou mal reconnu par les moteurs de recherche (voir paragraphe sur le référencement), ce qui pénalisera votre visibilité sur le web.

Les hébergeurs professionnels

Il existe de nombreux fournisseurs d'hébergement qui proposent des formules commerciales avec différents types de services associés et des options variées. Une des plus intéressantes concerne les statistiques sur la fréquentation de votre site. Vous aurez la possibilité d'adopter le nom de votre choix.

Le référencement

Les dernières statistiques révèlent un chiffre de plusieurs milliards de pages publiées sur le net, et la croissance de ces informations est exponentielle. La plupart des internautes utilisent des outils de recherche tels que les annuaires et les moteurs pour trouver les sites qu'ils recherchent. Par ailleurs, une analyse des comportements des internautes montre que 80 % d'entre eux ne vont pas au-delà de la deuxième page de résultats. Fort de ces constats, **le référencement auprès des outils de recherche devient un travail incontournable pour assurer la visibilité de votre site.**

Il existe en effet deux types d'outils :

▶ **Les moteurs de recherche** utilisent des logiciels pour visiter les pages et les indexer, soit de manière automatique en résumant le contenu, soit en utilisant des balises « métas » présentes dans le code source. C'est le cas pour Alta-Vista et Google.

▶ **Les annuaires** sont différents dans leur principe. Ils résultent d'une démarche volontaire de l'auteur du site qui demande son inscription en suggérant une description et en indiquant une rubrique de l'annuaire dans laquelle il figurera. Un internaute viendra alors vérifier le site et décidera s'il devra figurer dans la rubrique suggérée selon des critères spécifiques ; c'est ainsi que procède Yahoo !, par exemple.

Dans la réalité, la majorité des outils de recherche combine les deux approches. Les annuaires, même s'ils permettent une navigation dans les rubriques et sous-rubriques thématiques, autorisent une recherche par mots clés. À présent, les moteurs de recherche privilégient le contenu textuel des pages.

Le problème des sites en Flash. Le Flash est un format multimédia créé par Macromedia, destiné principalement à faire des animations de pages web. Il a l'avantage d'être très léger (temps de chargement réduit), avec de nombreuses possibilités graphiques très séduisantes qui en font l'outil à la mode de l'écriture des sites Internet.

Une animation en Flash (ou un menu ou toute autre interface) se présente sous la forme d'un fichier graphique. Donc, **les pages d'accueil des sites en animation flash se voient pénalisées par les moteurs de recherche** puisque ces derniers s'appuient sur les textes des pages pour les indexer dans leurs bases de données (elles sont ignorées).

Le référencement des pages écrites Flash est particulièrement technique et requiert un savoir-faire spécifique qui passe par des solutions coûteuses.

3

FORMALISER LE FONCTIONNEMENT PAR LE RÈGLEMENT INTÉRIEUR

L'association est nécessairement un projet collectif. De ce fait, la réalisation du but associatif et la mise en œuvre des moyens nécessitent **une certaine organisation interne** et **une discipline minimale** de fonctionnement. Même l'autogestion la plus radicale suppose que soient posées préalablement quelques règles de fonctionnement interne.

Ensuite l'association est conduite à échanger avec des tiers, usagers, prestataires, fournisseurs, représentants des corps constitués. La mise en place de ce réseau, tant sur le plan relationnel que juridique (contrats), suppose que tous les acteurs soient parfaitement informés de **l'identité des organes dirigeants** de l'association et de **leurs prérogatives**.

Enfin les dirigeants doivent être attentifs à fonctionner en toute transparence ; en agissant seuls, « selon leur idée », sans rendre de comptes, les dirigeants confisquent le projet associatif et seraient susceptibles d'engager leur responsabilité. C'est en principe l'assemblée générale des adhérents qui contrôle et sanctionne les dirigeants. Mais toute autre formule peut être imaginée par les fondateurs. Quelles que soient les modalités empruntées, **le contrôle des dirigeants** doit être prévu et réglementé.

La réflexion sur le fonctionnement institutionnel de l'association doit être formalisée. C'est le rôle du règlement intérieur. **Le règlement intérieur n'est pas obligatoire** et beaucoup d'associations n'en disposent (malheureusement) pas.

Pour organiser le fonctionnement pratique de l'association, nous recommandons fortement de recourir au RI (plutôt que de le faire dans les statuts). Le règlement intérieur a vocation à être « la feuille de route » de l'association. En échappant aux statuts, les détails du fonctionnement intérieur peuvent être modifiés selon les circonstances (développement ou réduction des activités, embauche de salariés…) ou les personnes (nouvelle organisation liée au changement de tout ou partie de l'équipe dirigeante, rapprochement avec une autre association…).

Ainsi le RI a vocation à régir :

▶ Les institutions de l'association (collèges dirigeants, organes de contrôle et comités consultatifs).

▶ Les attributions et prérogatives des organes dirigeants (fonctions clés et tâches fondamentales).

Zoom

Le RI pour se protéger contre les dérives du projet associatif

Dans l'organisation au quotidien, un subtil équilibre doit être trouvé entre la discipline (qui peut conduire à une dérive autoritaire) et une certaine ouverture aux personnes et à leurs initiatives (qui peut dégénérer en dérive anarchique).

La dérive autoritaire

La structure est confisquée par un seul ou par un petit groupe. L'indigence ou le flou des règles écrites est mise à profit par des individus pour confisquer le pouvoir, en décidant arbitrairement de l'organisation et du fonctionnement.

La dérive anarchique

Les membres et usagers interfèrent négativement dans l'organisation des activités. Le fonctionnement est conçu comme « autogéré » mais les fonctions clés du projet associatif ne sont pas réellement prises en charge. Les dirigeants ont peu ou pas de légitimité et le projet associatif est ballotté au hasard des initiatives et des circonstances.

En précisant les droits et les obligations des différentes parties au contrat d'association, le RI constitue un bon rempart contre les dérives et abus.

▶ La réglementation financière (procédures comptables, modalités de remboursements des frais, règles prudentielles applicables aux engagements et aux
paiements…). L'exigence d'un règlement financier est spécifique aux structures importantes ou à celles qui supportent des obligations particulières en
matière de transparence financière.

▶ Les droits et les obligations des bénévoles (le statut du bénévole). Ces questions sont traitées au chapitre 13 (voir p. 387).

▶ Les droits et les obligations des usagers (par exemple, aspects disciplinaires
dans les associations de pratique). Ces questions sont traitées au chapitre 5
(voir p. 153).

Nous développons ici les seuls aspects relatifs au fonctionnement institutionnel de l'association : les fonctions clés dans la direction de l'association et les
modalités de désignation, de contrôle et de révocation des dirigeants ; il s'agit
des applications concrètes de principes fondamentaux qui ont été posés par les
statuts.

Bien évidemment, lorsque l'association se réfère à un système particulier de
valeurs (fonctionnement citoyen, recherche du développement durable, système
qualité ou référence à une éthique), ces valeurs doivent se retrouver dans les institutions telles qu'elles sont formalisées par le RI.

Organisation et composition des organes dirigeants

La priorité consiste à doter l'association d'un organe exécutif (bureau, conseil
d'administration, comité directeur), qui sera représenté par une ou plusieurs
personnes (président, directeur…).

Quel qu'il soit, **cet organe doit être composé de personnes physiques, membres
de l'association et disposées à assumer la responsabilité de sa gestion.** Ces personnes prendront la qualité de dirigeant.

Plutôt que les statuts, c'est le règlement intérieur qui détermine le mode de désignation des dirigeants. Plusieurs solutions sont concevables.

Le mode citoyen

Il repose sur une logique démocratique et républicaine. **Les dirigeants sont choisis au sein de la communauté. Tout adhérent a vocation à devenir dirigeant s'il propose sa candidature.** Les dirigeants sont élus directement par l'assemblée générale ou bien par le conseil d'administration (lui-même une émanation directe de l'AG).

La durée du mandat des dirigeants est limitée à une période relativement courte (1 à 3 ans) ; le mandat est révocable périodiquement, par exemple lors de chaque AG. La révocation n'est pas entourée de conditions restrictives (majorité renforcée, preuve d'une faute, préavis…).

Ce mode de fonctionnement correspond peu ou prou à la formule issue des statuts types distribués en préfecture. Cette formule a fait preuve de son efficacité et elle constitue une **solution adaptée** aux besoins des petites associations, notamment celle de type « ici et maintenant ».

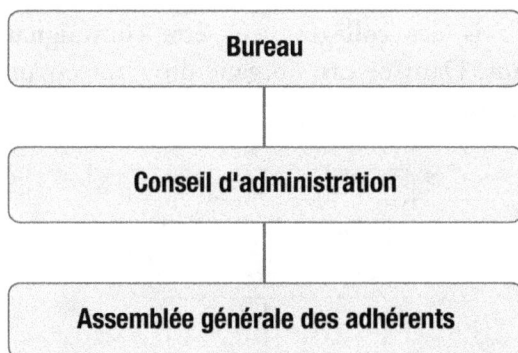

```
┌─────────────────────────────────────┐
│              Bureau                  │
└─────────────────────────────────────┘
                   │
┌─────────────────────────────────────┐
│      Conseil d'administration        │
└─────────────────────────────────────┘
                   │
┌─────────────────────────────────────┐
│  Assemblée générale des adhérents    │
└─────────────────────────────────────┘
```

Le mode collégial

Les fonctions clés de l'association sont identifiées avec précision et réparties entre des comités (ou commissions, collèges) qui étudient les dossiers, donnent un avis ou conduisent certains projets.

Exemple

Un exemple de composition

Le conseil de la fédération est composé de 12 membres au moins. Il se constitue selon un principe de cooptation dont les conditions sont définies dans le règlement intérieur. La composition du conseil dans son ensemble est soumise à ratification par l'assemblée générale. En cas de non-ratification, l'équipe sortante doit revoir sa composition jusqu'à l'établissement d'une liste de membres susceptible d'obtenir l'agrément de l'assemblée générale.

Un organe dirigeant est constitué avec des personnes qui sont issues directement de la collectivité des adhérents ou bien désignées par les collèges en leur sein. Selon la valeur juridique des avis donnés par les collèges, le fonctionnement interne sera différent :

▶ **L'avis des collèges peut être simplement consultatif.** Dans ce cas, l'organe dirigeant n'est pas tenu de le suivre et c'est lui qui détient réellement le pouvoir de décision.

▶ Au contraire, **l'avis des collèges peut être contraignant et s'imposer à l'organe dirigeant.** Dans ce cas, l'organe dirigeant est un simple exécutant des décisions des collèges.

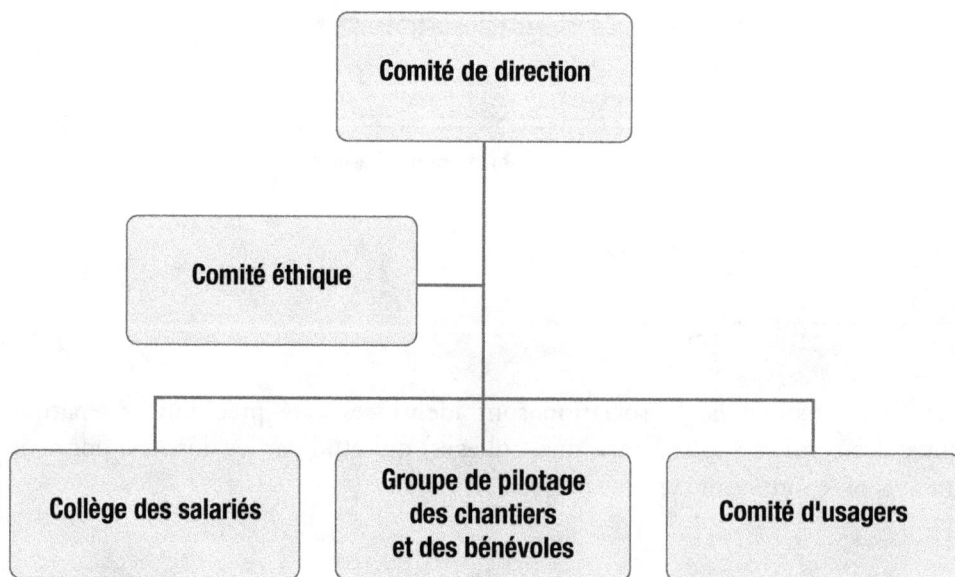

Le mode hiérarchique

Ici, c'est un groupe de personnes qui détient le pouvoir en fonction d'une certaine légitimité (fondateurs, « sages », experts, adhérents « militants »…). Ce groupe est institutionnalisé d'une manière ou d'une autre dans les statuts ; par exemple, il s'agit de membres d'honneur.

Les dirigeants sont choisis par ce groupe, en son sein. Les possibilités de révocation sont très limitées, voire inexistantes. Le renouvellement de l'équipe dirigeante se fait plutôt par cooptation et/ou parrainage.

Fonctionnement des organes dirigeants

La prise de décision

Une fois l'organe dirigeant constitué, il reste à définir de quelle manière il prendra ses décisions. Les fonctions dirigeantes impliquent de nombreuses prises de décision. Dès lors qu'un groupe restreint doit se concerter pour décider, il faut poser en amont les règles du processus décisionnaire et les faire savoir à tous ; c'est l'une des fonctions du RI.

Ici encore, de nombreuses solutions sont envisageables mais **quelle que soit la solution adoptée, elle doit permettre aux dirigeants de poser des actes qui expriment réellement le projet de l'association.** Plusieurs processus décisionnaires peuvent être envisagés :

- **Le vote.** Il peut se faire à la majorité simple ou qualifiée (2/3, par exemple) ou bien encore à l'unanimité. On peut prévoir qu'en cas de partage des voix, le président dispose d'une voix prépondérante. Ce mode de décision sera privilégié dans les associations de type « ici et maintenant » et dans les associations citoyennes.

- **Le consensus.** Il s'agit plutôt d'une méthode de travail que d'un processus décisionnaire à proprement parler. À propos d'une décision, le débat sera prolongé au sein du groupe dirigeant jusqu'à ce qu'émerge une solution de compromis. Ce mode de décision sera plus souvent adopté par des associations de type « construire et partager » et des associations culturelles.

▶ **Le droit de veto.** On peut prévoir que certains dirigeants (fondateurs, représentant d'un corps constitué ou d'une certaine catégorie d'adhérents) disposent de la faculté de s'opposer à une décision. Une telle disposition donne un pouvoir exorbitant à celui qui le détient ; elle est donc à manier avec précaution.

Les fonctions clés

Quelle que soit la forme adoptée pour l'organe dirigeant, l'essentiel est que les trois fonctions clés soient prises en charge dans les meilleures conditions :
- **la fonction opérationnelle** liée à l'action au quotidien ;
- **la fonction financière** qui s'intéresse « au nerf de la guerre » ;
- **la fonction administrative** qui gère les obligations légales de l'association.

Ces trois fonctions correspondent peu ou prou aux **profils du président, du trésorier et du secrétaire.** Pourtant il faut avoir soin de distinguer les fonctions et les personnes : il n'est écrit nulle part que c'est le trésorier qui doit faire la comptabilité ou le secrétaire qui doit rédiger les annonces légales. Si d'autres bénévoles acceptent de prendre en charge certaines tâches matérielles, les dirigeants peuvent se concentrer sur leurs missions fondamentales au service de l'association.

Le fait d'adopter les statuts types et de désigner un président, un trésorier et un secrétaire suggère implicitement une organisation du travail et une certaine répartition des rôles. Souvent les adhérents sont effrayés par la prise de fonctions dirigeantes parce qu'ils perçoivent mal ce que l'on attend d'eux. Par exemple, si le trésorier pilote la fonction financière et assume la responsabilité des grands équilibres financiers, cela n'implique aucunement qu'il a la charge de saisir les écritures dans le logiciel de comptabilité.

Pour cette raison, la répartition des tâches ne doit pas rester implicite. Le bon fonctionnement de l'association implique la réalisation d'une multitude de tâches dans de nombreux domaines. **Si rien n'impose que ces tâches soient toutes réalisées par les dirigeants, ce sont eux cependant qui** *in fine* **assument la responsabilité du bon déroulement des opérations.** Lorsqu'ils délèguent des tâches aux bénévoles, les dirigeants ont intérêt à s'en souvenir.

La fonction opérationnelle

La fonction opérationnelle vise à mettre en œuvre les différents moyens qui permettent la réalisation de l'objet associatif. Elle consiste à négocier et à conclure tous les engagements de l'association. **Dans les associations « ici et maintenant »,** la fonction opérationnelle organise la pratique des activités en sécurisant les conditions d'exercice. Dans les associations « construire et partager », il s'agit de sélectionner les chantiers, d'en assurer le pilotage et d'organiser l'engagement des bénévoles.

Dans toutes les associations, la fonction opérationnelle recouvre également les tâches de représentation, tant à l'égard des pouvoirs publics (visite en mairie, forum des associations) qu'auprès des partenaires.

Enfin la fonction opérationnelle consiste à négocier et à conclure tous les engagements de l'association. C'est le pouvoir de représentation juridique de l'association, expressément reconnu au président ou à l'organe exécutif, qui lui permet d'agir au nom de l'organisme en toutes circonstances, sous réserve du respect des statuts et des décisions souveraines de l'assemblée générale.

La conduite des chantiers de l'association

La fonction opérationnelle recouvre la direction effective de l'association. Elle commence par la sélection des projets, et se poursuit par la mise en œuvre des moyens et le pilotage des activités au quotidien. Elle implique un processus de prise de décision pour donner les impulsions. Une fois les chantiers mis en route, la fonction opérationnelle s'attache à la mobilisation et l'accompagnement des bénévoles, et au pilotage des projets d'une manière générale.

La dimension « pilotage » est particulièrement marquée dans les associations de type « construire et partager » car il leur faut rester centré sur leurs objectifs opérationnels. En ce qui concerne la conduite de l'activité au quotidien, la priorité chez les associations « ici et maintenant » est certainement la sécurisation des activités.

Le management des bénévoles

La principale ressource de l'association est éminemment rare et volatile ; **le souci de tout bon dirigeant est donc tout naturellement de l'utiliser à bon escient.**

À l'égard de la ressource bénévole, la fonction opérationnelle comporte plusieurs missions. La priorité de chaque instant doit être de recruter et de renouveler les bénévoles, dont l'engagement au sein de la structure est souvent limité dans le temps.

Nous verrons plus loin comment assurer au quotidien la mobilisation des bénévoles et leur donner la contrepartie qu'ils sont en droit d'attendre (voir p. 383).

La fonction financière

La maîtrise du domaine financier est déterminante pour le succès du projet associatif ; la fonction financière est donc stratégique et elle doit faire l'objet de précautions particulières. Trop souvent les petites associations ont tendance à nier la contrainte financière en s'en désintéressant ou en la négligeant. Or la contrainte financière est inhérente au projet ; elle est source de dynamique. Il est toujours plus bénéfique de l'apprivoiser plutôt que de la passer sous silence.

La rareté de la ressource financière impose une utilisation rationnelle et prudente de l'argent, que le budget de fonctionnement soit important ou modeste. C'est là la première priorité de la fonction financière et la mission principale du trésorier.

Par ordre décroissant de priorité, nous listons ici les principales tâches que recouvre la fonction financière :
- le suivi des dépenses et des comptes bancaires ;
- la préparation et le suivi du budget ;
- les relations financières en interne et avec les tiers ;
- la transparence du fonctionnement financier ;
- les demandes de subventions.

Il faut mentionner à part toutes les tâches qui sont relatives à la comptabilité : mise en place du système comptable, saisie des écritures, édition des documents de synthèse. Dans toutes les associations qui tiennent une comptabilité, ces tâches relèvent autant du suivi financier que de la fonction administrative.

Le suivi des dépenses et de la banque

Quelles que soient la taille de la structure et l'ampleur des ressources financières mises en œuvre, le premier travail consiste à **sécuriser les mouvements de fonds**, et notamment les flux qui sortent de l'association (dépenses, remboursements de frais, investissements, salaires…).

Le suivi du compte bancaire et des instruments de paiement est détaillé plus haut (voir p. 81) ; il doit être la première préoccupation du trésorier.

La préparation et l'exécution du budget

Le projet associatif et le but de la structure sont dimensionnés par rapport aux **ressources que l'association est capable de mobiliser** : il s'agit des ressources financières (cotisations, recettes, subventions…) et des ressources humaines (bénévolat).

On expliquera plus loin (voir p. 239) que le projet associatif repose sur une certaine aptitude de l'association à collecter des recettes. Cette marge de manœuvre doit être évaluée dans le cadre de la réflexion budgétaire pour projeter l'association dans l'avenir. Le budget évalue également le coût du fonctionnement de la structure de l'association et celui des actions menées par l'association.

Les relations financières en interne et avec les tiers

La première source de recettes de l'association réside dans les cotisations ou adhésions qu'elle perçoit auprès de ses membres. Dans bon nombre d'associations, il s'agit de la seule recette qui doit couvrir l'ensemble des dépenses. À cela s'ajoute pour toutes les associations prestataires de services le prix des services rendus aux usagers de l'association.

Le recouvrement des adhésions et du prix des services rendus doit être une priorité de la fonction financière.

Les demandes de subventions

La collecte de subventions ouvre en général à l'association de nouveaux horizons. Les « petites et moyennes » associations (celles qui disposent d'un budget total inférieur à 75 000 €), soit 810 000 structures, bénéficient d'un financement public d'une hauteur de 1 875 milliards d'euros, soit une moyenne de 2 315 euros. Pourquoi pas votre association ?

La collecte de subventions est un sport d'endurance ; ne réussit pas qui veut. Pourtant, après quelques tâtonnements, plusieurs démarches et de nombreux coups de fil, votre association peut maîtriser elle aussi les outils et les techniques du dossier de demande de subventions (voir p. 264).

La production et la diffusion de l'information financière

Les dirigeants doivent des comptes à leurs adhérents et à tous ceux qui sont impliqués de près ou de loin dans le fonctionnement financier de l'association : dispensateurs de subventions, parrains et mécènes, administrations…

La transparence à propos de la situation financière de l'association constitue une « ardente obligation » pour les dirigeants de l'association.

La fonction administrative

Elle est relative aux obligations juridiques de l'association, tant celles qui résultent de la loi que des statuts ou du règlement intérieur. Elle recouvre donc les quelques obligations imposées par la loi de 1901 et toutes celles liées à une activité réglementée de l'association.

Une autre tâche fondamentale de la fonction administrative consiste à assurer le bon déroulement de l'AG (convocation, comptes rendus). Dans le même ordre d'idées, la responsabilité de la bonne circulation des informations à destination des adhérents incombe à la fonction administrative.

Enfin, c'est dans le cadre de cette fonction que sera assuré l'archivage de tous les documents juridiques et comptables de l'association.

Les formalités obligatoires

Il s'agit :

- des déclarations en préfecture (création, certaines modifications statutaires – voir p. 65 –, changement de dirigeants, acquisition d'un immeuble, dissolution) ;
- des publications au *Journal officiel* ;
- de la tenue du registre spécial (voir p. 67) ;
- de la publication des comptes (compte de résultat, bilan, rapport du commissaire aux comptes) auprès du JO lorsque les subventions ou les dons dépassent 153 000 € ;
- des obligations relatives au décret n° 2006-887 du 17 juillet 2006 qui a mis en place un dispositif destiné à assurer une plus grande transparence dans les relations entre associations et collectivités territoriales. Ainsi les communes de plus de 3 500 habitants ont notamment l'obligation de mettre à la disposition des habitants un bilan certifié conforme des associations auxquelles la commune a versé une subvention supérieure à 76 300 € ou représentant plus de 50 % du budget de l'organisme. La certification peut être assurée par le président de l'association.

Préparation et tenue des AG

La préparation des assemblées générales doit se dérouler dans un ordre précis :

- mise en forme de l'ordre du jour fixé par les organes dirigeants (voir p. 103) ;
- communication aux adhérents avec la convocation et les pouvoirs, selon les modalités prévues dans les statuts (voir modèle en annexe sur document téléchargeable) ;
- tenue des listes des participants pour l'émargement (la signature de la feuille de présence), avec recueil des pouvoirs et des votes par correspondance ;
- suivi du vote des résolutions prévues à l'ordre du jour, avec mise en place de scrutateurs. En effet, dans les assemblées nombreuses, on prévoira en début de séance deux personnes qui effectueront le comptage des votes de manière contradictoire. En cas de différence, le comptage des votes se poursuivra jusqu'à l'obtention de résultats identiques. Pour chaque résolution votée, on

veillera à compter successivement les suffrages pour les trois alternatives : votes pour, abstentions, votes contre ;

- report, enfin, des résultats des votes sur le procès-verbal de l'AG, reprenant l'ordre du jour, et signés en fin de séance par le président et le secrétaire ;
- compte rendu qui sera annexé au procès-verbal des rapports présentés et des échanges entre les participants.

Les comptes rendus

Qu'il s'agisse d'assemblées plénières ou de réunions en petit comité, il sera toujours d'un grand bénéfice d'établir des comptes rendus écrits, même succincts. L'association aura tout intérêt à se ménager la preuve des décisions prises et du respect des modalités statutaires.

C'est la meilleure manière d'assurer une communication efficace à deux points de vue :

- **La communication orale** est souvent partielle, imprécise, voire déformée. Elle est volatile, et donc les informations se perdent et s'oublient.
- **La communication écrite**, même sous forme de petits mémos, permet une diffusion systématique, ou plus ciblée selon le besoin. On pourra utiliser des vecteurs de diffusion selon la taille ou les moyens de l'association (par messagerie Internet, sur le site web de l'association, dans le journal de l'association, par des photocopies…).

Ces tâches de compte rendu ne doivent pas être toujours confiées à une seule et même personne, mais on s'astreindra à trouver au début de chaque réunion la personne qui assurera cette fonction de rapporteur. Toutefois, la rédaction de compte rendu relève d'une technicité certaine. Quand on a un bon rédacteur, il vaut mieux le garder.

La communication institutionnelle

D'une manière générale, il conviendra de communiquer les rapports d'activité et les comptes de l'association avec tous les partenaires de l'association, soit dans un but de transparence, soit pour assurer un suivi de relations et/ou un retour pour le soutien apporté. Dans cet ordre d'idées, il ne faut pas oublier :

- la municipalité, l'intercommunalité, le conseil général ;
- les partenaires du secteur d'activité, groupement ou fédération auxquels l'association est associée ;
- tous les partenaires financiers de l'association, les subventionneurs, les mécènes, les sponsors, le directeur de l'agence bancaire…

Contrôle et sanction des organes dirigeants

L'association doit fonctionner dans la transparence ; **la liberté d'agir des dirigeants a pour contrepartie l'obligation de rendre des comptes,** d'organiser le contrôle sur leurs actions, et la possibilité de se voir sanctionner (essentiellement par la révocation ou le non-renouvellement de leurs fonctions).

C'est en principe l'assemblée générale des adhérents qui contrôle et sanctionne les dirigeants. Mais toute autre formule peut être imaginée par les fondateurs. **Le RI est le document idéal pour formaliser les modalités du contrôle des dirigeants.**

Les modalités du contrôle

Fonctionnement citoyen

Il repose sur une logique démocratique et républicaine, comme on l'a vu plus haut. **Ici, l'AG est réellement l'organe souverain de l'association.** Les dirigeants présentent un ou plusieurs rapports d'activité qui sont soumis au vote des adhérents. Un vote défavorable entraîne *de facto* la révocation des dirigeants.

Fonctionnement collégial

En cas de désaccord entre les collèges et l'organe dirigeant, **c'est l'AG qui tranchera le litige** (par exemple, en révoquant les dirigeants ou, au contraire, en infirmant l'avis rendu par le collège). En AG sont également présentés des rapports d'activité. Un vote défavorable n'entraîne pas nécessairement la révocation des dirigeants car la responsabilité est diluée entre collèges et dirigeants.

Fonctionnement hiérarchique

L'AG est essentiellement consultative. Les rapports présentés par les dirigeants ne donnent lieu ni à un vote, ni à un quitus. L'assemblée dispose d'un pouvoir de révocation des dirigeants limité, voire inexistant.

Les organes constitués (collèges, comités)

Les limites d'initiatives et de responsabilités doivent être précisées dans le règlement intérieur, notamment dans les aspects relatifs aux rapports avec l'organe dirigeant.

Pour les associations de type « construire et partager », le règlement intérieur est un moyen de canaliser les énergies et de discipliner les initiatives. Il permet de poser les principes qui gouvernent le choix et la conduite des actions concourant au but associatif. **En organisant l'échange de vues et la concertation, le règlement intérieur permet d'institutionnaliser le processus de prise de décision à propos des actions à conduire.** L'adhésion des bénévoles au projet associatif sera ainsi renforcée.

L'assemblée générale des adhérents

Toute réalisation collective nécessite l'adhésion de tous ou du plus grand nombre. La mise en œuvre du projet associatif sera ainsi l'aboutissement de négociations et de compromis exprimant la diversité d'opinions des personnes qui adhèrent au projet associatif. Pour ces raisons, **l'assemblée doit être l'instance souveraine de l'association.** Elle réunit tous les membres dont la présence est prévue par les statuts. De ce fait, elle est l'expression du fonctionnement collectif de l'association.

Hormis les modifications statutaires, les cas où la loi de 1901 oblige à la tenue d'une assemblée générale sont rares : demande de reconnaissance d'utilité publique, dévolution des biens en cas de dissolution, émission d'obligations, approbations des comptes des associations sportives à statut renforcé. Elle est muette à propos de la consultation des adhérents. Le principe et les modalités de l'assemblée générale des adhérents sont donc laissés à l'initiative des rédacteurs des statuts et du règlement intérieur.

Zoom

La liberté sous contrôle du dirigeant

Les dirigeants doivent pouvoir prendre des décisions et agir facilement, sans entraves. Transformer l'association en organisation militaire ou soviétique n'aurait aucun sens. La contrepartie de cette grande liberté d'action est le contrôle exercé par un organe souverain de l'association. Au-delà de l'obligation juridique, ce contrôle est fondamental ; il permet à l'association de se « ressourcer » régulièrement, en maintenant vivant le lien avec les bénévoles.

RI : convocation et décisions de l'AG

La périodicité de l'assemblée ayant été traitée par les statuts, le règlement intérieur pourra définir les règles de quorum et de majorité pour l'exercice du vote par les adhérents ; ainsi les modes de scrutin pourront évoluer plus facilement pour s'adapter aux besoins de l'association.

La fixation de l'ordre du jour

L'ordre du jour est traditionnellement fixé par les organes dirigeants (bureau et/ou conseil). Dans un fonctionnement démocratique, il peut être complété par des questions directement issues des adhérents, sous réserve d'une notification soit directement par un adhérent, soit par un groupe d'adhérents dont on fixera le seuil minimal.

Dans un fonctionnement collégial, l'ordre du jour sera fixé après consultation de tous (ou partie) les collèges et comités de l'association.

Les règles de quorum

Le quorum est le nombre d'adhérents à réunir pour que l'assemblée puisse valablement délibérer. Le quorum est exprimé en valeur relative : il s'agit d'un rapport entre le nombre d'adhérents présents à l'assemblée et le nombre total d'adhérents, le dixième, le quart, le tiers, la moitié.

Les statuts types prévoient souvent des règles de quorum très contraignantes, ce qui constitue une source de complications inutiles. En effet, lorsque le quorum n'est pas atteint, l'assemblée ne peut pas se tenir et il faut procéder à une nouvelle convocation (ce qui est très frustrant pour les personnes qui se sont déplacées). Le plus souvent, l'exigence de quorum tombe pour la deuxième convocation, l'assemblée statuant valablement avec les seuls adhérents présents.

> ✓ *De la nécessité d'un quorum*
>
> *À notre sens, l'exigence d'un quorum n'est nécessaire que si l'assemblée statue à propos de questions graves, qui engagent l'essence même du projet associatif ou qui emportent des modifications statutaires.*
>
> *L'association citoyenne s'astreint à rechercher l'expression du plus grand nombre d'adhérents, dans ce cas l'exigence d'un quorum exprime bien cet idéal citoyen. Dans tous les autres cas, le quorum nous paraît constituer une fioriture juridique encombrante.*

Les règles de majorité

Elles définissent le nombre de voix nécessaires pour qu'une décision soit prise. Différents modes de scrutin peuvent être envisagés. On choisira entre différentes possibilités :
- la majorité simple (ou relative) ; le nombre de votes favorables est supérieur aux votes défavorables ;
- une majorité qualifiée (deux tiers, trois quarts des votants) ;
- l'unanimité.

La majorité qualifiée et l'unanimité doivent être réservées à ces circonstances particulières, notamment les modifications de l'objet, les actes d'acquisition ou d'aliénation du patrimoine, la demande de reconnaissance d'utilité publique.

Par ailleurs, les modalités de détermination de la majorité (et de l'unanimité) doivent être précisées avec soin. Le décompte se fait par rapport :
- aux seuls membres présents à l'assemblée, ce qui exclut les procurations et les votes par correspondance ;
- aux membres présents et représentés ;
- à tous les membres de l'association, même les absents ;
- la majorité des suffrages exprimés exclut les abstentions et les votes blancs.

4

CHOISIR UNE COMPTABILITÉ ADAPTÉE

Le choix d'un système d'information et de comptabilisation financière est une opération stratégique. Il convient de se déterminer *a priori*, avant de commencer son activité. Ce choix sera cohérent avec la dimension que les fondateurs veulent donner à leur projet associatif. Les enjeux se situent sur le plan humain (qui va tenir le tiroir-caisse ?), matériel (que faut-il prévoir ?) et en termes de procédures (comment va-t-on s'y prendre ?).

Objectifs de la comptabilité associative

À quoi sert la comptabilité dans une association ?

La comptabilité sert à communiquer

▶ **Avec les membres de l'association.** Le projet associatif requiert de dégager des moyens financiers et de s'insérer dans le tissu économique. Dans ces conditions, il apparaît naturel de mesurer les flux financiers qui circulent en provenance et à destination de l'association, de manière à assurer aux membres une visibilité de l'activité financière de l'association. **La présentation des informations financières doit donc être compréhensible par tous.**

D'autre part, une fois tous les 12 mois (au minimum), ou plus selon les statuts de l'association, l'assemblée générale des adhérents doit :

– approuver, ou désapprouver, la gestion de l'année écoulée pour les activités réalisées et les résultats de l'exercice financier, et ce en fonction des orientations qu'elle avait définies précédemment,

– éventuellement voter le budget pour la période à venir et un rapport d'orientation qui constitueront les directives à suivre par les administrateurs qu'elle élira ou renouvellera.

▶ **Avec les partenaires de l'association.** L'objectif est ici d'assurer la transparence du fonctionnement **vis-à-vis des partenaires extérieurs, mairie, sponsors, banque, pour faire connaître et justifier le projet associatif et ses enjeux.**

Cette transparence donne une image de l'association, qui va rassurer les partenaires financiers. En communiquant régulièrement sur les aspects comptables et financiers, l'association crée des relations de confiance. En donnant une image claire et soignée, l'association gagne en crédibilité.

Ce fonctionnement pose des exigences aux administrateurs et plus particulièrement au président et au trésorier. L'association peut aussi confier certaines tâches à des salariés. Il est préférable de définir ces différentes fonctions dans un règlement intérieur. L'association pourra également confier certaines tâches à des personnes extérieures (notamment un expert-comptable).

La comptabilité sert à gérer

Les dirigeants de l'association ont pour vocation d'assumer la gestion de l'association. Il faut leur fournir des informations permettant de mettre en adéquation moyens financiers et politique de l'association.

Il est nécessaire d'analyser l'évolution des actions, des activités, quantitativement comme qualitativement. Cette évolution ne peut se mesurer que si l'on établit des comptes régulièrement, avec des méthodes et des périodes identiques. **Cela permet, en temps voulu, de peser sur les paramètres de la gestion, de modifier ses choix de moyens, de lancer des demandes de subventions, modifier ses tarifs…**

En complément de l'évaluation qualitative des actions menées par l'association, l'analyse des données financières permet :
- d'établir un diagnostic de la situation financière de l'organisme mettant en lumière l'équilibre recettes/dépenses et la situation de trésorerie pour mesurer la pérennité de l'association et ses possibilités d'expansion ;
- de suivre l'évolution des activités, d'une année sur l'autre, dans la mesure où l'on établit les comptes avec la même méthode ;
- de prévoir les moyens à mettre en œuvre pour assurer la survie de l'association ou son développement maîtrisé.

Rappel des obligations légales

La comptabilité est une obligation juridique

Dès que l'association s'insère dans le tissu économique, soit qu'elle exerce une activité économique, soit qu'elle est dans l'obligation de justifier de l'utilisation de fonds publics (les subventions), elle doit tenir une comptabilité, en application du Code général des impôts et du Code de commerce.

En conséquence, la tenue d'une comptabilité plus ou moins développée s'impose. **Un simple registre d'enregistrement peut suffire, mais il est intéressant de procéder à quelques ventilations, permettant de mieux percevoir les différentes activités, les frais généraux**, etc. Ce travail est peu contraignant et facilite la compréhension de la gestion financière de l'association.

Si la loi du 1er juillet 1901 ne définit aucune obligation comptable générale pour les associations, des textes ultérieurs ont prévu des obligations spécifiques en matière comptable. Ces obligations traduisent l'exigence de transparence financière liée au rôle grandissant des associations, dans la sphère économique, d'une part, dans l'exécution de missions d'intérêt général financées en tout ou partie sur fonds publics, d'autre part.

Zoom

Les associations soumises à obligations comptables

Les textes déterminent des obligations comptables, notamment pour :

- les associations soumises au tronc commun d'intérêt général (voir p. 69) ;
- les associations ayant une activité économique ;
- les associations émettant des obligations ;
- les associations reconnues d'utilité publique lorsque l'agrément le prescrit ;
- les associations recevant des fonds publics ;
- les organismes de formation ;
- les associations collectant la participation des employeurs à l'effort de construction ;
- les associations d'intérêt général recevant des versements par l'intermédiaire d'associations relais ;
- les groupements sportifs sous forme d'association à statut particulier.

Qu'est ce que la certification des comptes ?

Certifier les comptes, c'est attester que les comptes sont réguliers et sincères et donnent une image fidèle du résultat des opérations de l'exercice écoulé et de la situation financière de l'association. C'est donc un contrôle qui porte sur un certain nombre de points sensibles :

- les plus-values d'actifs et les produits financiers ;
- les subventions d'investissement et de fonctionnement ;
- les dons ;
- les contributions volontaires ;
- les congés à payer ;
- les charges à payer et les provisions.

Le bilan certifié conforme renvoie à la notion de comptabilité conforme au plan comptable général adapté aux associations : il comporte le bilan, le compte de résultat et les annexes.

Qui certifie les comptes ?

Il faut distinguer les associations selon leur nature :

▶ Certaines associations ont l'obligation légale de nommer un commissaire aux comptes pour certifier leurs comptes. Il s'agit :

- des associations d'une certaine taille (deux critères parmi les trois : 50 salariés, 310 000 € de ressources, 1 550 000 € de total de bilan),
- des associations émettant des obligations,
- des fédérations sportives,
- des organismes de formation d'une certaine taille (deux critères parmi les trois : plus de 3 salariés, ressources supérieures à 153 000 €, total du bilan supérieur à 230 000 €),
- des associations de pêche et de chasse,
- des associations d'insertion par l'activité économique,
- des associations bénéficiant d'un financement public supérieur à 150 000 €.

▶ Pour les **autres associations**, le bilan est certifié par le président de l'association (CGCT art. L. 2313-1).

✓ *Conseil*

*Dans la pratique, les exigences des pouvoirs publics, (municipalité, conseil général, conseil régional) montrent que les documents communiqués doivent être visés par le **président** et par le **trésorier**.*

*En Alsace-Moselle, l'usage associatif conduit à confier à un **réviseur** (externe à la comptabilité, mais non professionnel comme un commissaire aux comptes) l'examen de la sincérité et de la fidélité des comptes. Cette saine habitude pourrait être utilement mise en place dans de nombreuses associations sur tout le territoire national.*

Les principes de la comptabilité associative

Le lexique comptable

La comptabilité emploie une terminologie très précise qui recouvre un ensemble de pratiques et de techniques, à vocations diverses.

La comptabilité générale

Elle a pour but d'enregistrer toutes les opérations affectant le patrimoine de l'entreprise ou de l'association. Elle obéit à des règles qui sont énoncées par le conseil de la comptabilité, et s'exécute suivant une norme, qui est le plan comptable général, (PCG), un modèle général pour la présentation comptable de toutes les organisations, commerciales ou non.

L'exercice de la comptabilité est réglementé. Nul ne peut porter le titre d'expert-comptable ou de comptable agréé s'il n'est inscrit au tableau de l'ordre et s'il n'a préalablement prêté serment d'exercer sa profession avec conscience et probité, de respecter et faire respecter les dispositions législatives en vigueur dans ses travaux. En effet, les principes de la comptabilité générale doivent être garantis par une autorité :

• par un ordre professionnel, lorsque la mise en œuvre de la comptabilité est confiée à une personne extérieure à l'association, dans le cadre d'une mission rémunérée ;

• par le trésorier et le président de l'association, qui assument la bonne exécution et la probité des opérations.

La comptabilité auxiliaire

C'est un sous-ensemble de la comptabilité générale. Dans le cadre d'une comptabilité d'engagement, **l'association est tenue d'enregistrer les charges et les produits lorsqu'ils sont constatés, indépendamment du paiement.**

◯◯ *Exemple*

Gérer les décalages

Par exemple, la facture d'un imprimeur peut être reçue le 15 octobre pour un paiement le 15 décembre. Pendant 2 mois, il y aura donc une dette de l'association vis-à-vis de l'imprimeur. C'est précisément l'objet de la comptabilité auxiliaire que d'enregistrer et de suivre les opérations particulières avec les tiers (usagers, clients et fournisseurs de l'association).

La comptabilité analytique

La comptabilité analytique permet de cerner les coûts et les recettes par type d'activité de l'association. C'est une extension de la comptabilité générale, qui enregistre les dépenses et les recettes par nature mais ne s'occupe pas de la destination des mouvements (à quoi ça sert). De ce point de vue, **la comptabilité analytique s'apparente plus à une méthode de gestion**, puisqu'il s'agit d'affecter chaque charge et produit à une activité de l'association. La comptabilité analytique ne répond à aucune exigence légale ou réglementaire, **c'est un « plus » pour l'association qui se développe dans différentes directions**.

La comptabilité analytique est parfaitement adaptée à la comptabilité en partie double (voir p. 123). La plupart des logiciels de comptabilité offrent cette possibilité, avec des degrés divers de sophistication (affectation multicentre, affectation en montant ou en pourcentage, niveaux de regroupement). Toutefois, il est aussi possible de l'utiliser en comptabilité en partie simple. Un cahier à colonnes ou un tableur informatique permet de fournir une analyse convenable.

Lors de l'assemblée générale, le trésorier présente, activité par activité, charges, produits et résultat. Toutefois, l'approche analytique est souvent délicate à mettre en œuvre complètement lorsqu'il s'agit de répartir les frais généraux par activité. Les modalités de répartition donnent alors souvent lieu à des discussions délicates reflétant des points de vue ou des intérêts différents au sein de l'association.

Les budgets

Le budget sert à prévoir les dépenses et les recettes de l'exercice à venir pour traduire en termes financiers les orientations de l'association. **Souvent appelé aussi**

budget prévisionnel ou budget d'exploitation, il concerne l'ensemble des charges et des produits prévisibles qui affecteront l'exploitation de l'exercice futur.

Mais une association en fort développement, avec différentes sources de financement, peut aussi construire un budget d'investissement, concernant tous les équipements durables qui vont constituer le patrimoine de l'association. Le **budget d'investissement va permettre de mettre en regard ressources, emplois, amortissements et rythmes d'acquisition.** Un budget d'équipement peut se construire sur plusieurs années.

On peut aussi concevoir des budgets particuliers pour des opérations ponctuelles, surtout si elles sont nouvelles pour l'association qui manque alors de visibilité : par exemple, une manifestation exceptionnelle ou particulière dans l'année, ou encore l'édition d'un fascicule.

La trésorerie

C'est l'ensemble des liquidités de l'association (banque et caisse). Elles varient tout au long de l'année, en fonction du rythme des paiements et des encaissements. Dans une association où les dépenses interviennent en début d'exercice et les recettes en fin d'exercice, même si le budget prévisionnel est en équilibre, le risque peut exister de se trouver après quelques mois d'exercice dans l'incapacité provisoire de respecter ses engagements. **Il conviendra alors d'établir le budget de trésorerie qui prévoira l'étalement dans le temps des entrées et des sorties, du strict point de vue du solde du compte en banque.**

Exemple

Le cas d'une association qui organise un concert exceptionnel

Cet événement est préparé depuis un an. Il mobilise tous les adhérents. Le projet est soutenu par la municipalité et le conseil général. Le budget prévisionnel de l'opération se décompose de la manière suivante :

1. Frais divers (bureau, tél…)	100			
2. Achats buvette	200			
3. Location de salle	400	8. Billetterie	3 000
4. Assurance	200	9. Buvette	500
5. Communication et publicité	300	10. Subventions	2 000
6. Redevance SACEM	250	11. Sponsoring	500
7. Rémunération (artistes)	5 000	12. Utilisation de fonds propres	450
Total dépenses	**6 450**	**Total recettes**	**6 450**

Le concert est prévu le 15 mars. L'accord de subventions est signifié le 15 février et elles seront versées fin mai. Le solde du compte banque est 1 500 euros au 1er mars.

Le budget de trésorerie de l'association peut donc s'établir comme suit :

Date	01/03	15/03	30/03	15/04	30/04	30/05
Solde initial	1 500	300	- 700	- 700	- 950	- 950
Entrées	0	4 000	0	0	0	2 000
		(8 + 9 + 11)				(10)
Sorties	1 200	5 000	0	250	0	0
	(1 + 2 + 3 + 4 + 5)	(7)	(6)			
Solde final	**300**	**- 700**	**0**	**- 950**	**- 950**	**1 150**

Dans ces conditions, le budget de trésorerie fait apparaître un manque de disponibilité en banque de 700 € à 950 € pendant 2 mois et demi. Si les dispositions ne sont pas prises au préalable auprès de la banque de l'association, les chèques émis courent le risque d'être refusés.

Prévenir les accidents de trésorerie en prenant des dispositions préalables, calculées et négociées, est bien préférable à la gestion en urgence de situations de crise. Par exemple, il est possible de trouver des organismes financiers qui vont financer l'avance de subvention (à Paris, le Crédit municipal entre autres).

Le plan comptable

C'est la référence commune à toutes les associations. **C'est le cadre dans lequel les opérations sont enregistrées et classées.** Le plan comptable associatif est une adaptation du plan comptable général (PCG) conduite par le Conseil national de la vie associative (CNVA) et l'ordre des experts-comptables. Il tient compte de l'instruction fiscale du 15 septembre 1998 et de celle du 16 février 1999.

Il est organisé en huit classes de comptes (ou groupe de comptes) :

- Classe 1   Les comptes de **fonds permanents**
- Classe 2   Les comptes d'**immobilisation**
- Classe 3   Les comptes de **stocks**
- Classe 4   Les comptes de **tiers**
- Classe 5   Les comptes **financiers**
- Classe 6   Les comptes de **charges**
- Classe 7   Les comptes de **produits**
- Classe 8   Les comptes **spéciaux**

Chaque classe (ou groupe) de comptes est divisée en neuf sous-classes, elles-mêmes divisées en neuf sous-comptes (qui sont eux-mêmes re-divisables en cas de besoin). On obtient ainsi un plan comptable complet de plus de 650 comptes. Mais vous n'êtes pas obligé d'utiliser tous les comptes. **Dans la pratique, l'immense majorité des associations pourra se contenter de la liste que nous donnons** (voir en annexe sur document téléchargeable) **avec environ 350 comptes.**

Les associations qui ont peu de mouvements pourront se contenter de n'utiliser que le niveau des comptes à 2 chiffres, ce qui donne un plan comptable opérationnel, avec moins de 50 comptes (voir modèles en annexe sur document téléchargeable).

La notion de charges et de produits

Les dénominations de « charges et de produits » correspondent à des appellations très précises en comptabilité :

▶ **Une charge** est l'acquisition ou la mise à disposition d'un produit, d'un service ou d'un bien qui ne sera utilisé que le temps de l'exercice comptable, c'est-à-dire 12 mois. Il en va ainsi de l'électricité, des loyers et des frais de fonctionnement, des salaires et des charges, pour ne donner que quelques exemples. En sont exclus tous les biens qui ont une durée d'utilisation sur plusieurs années (ce sont des immobilisations), par exemple, un four de cuisson pour atelier d'émaux, un véhicule de transport, des tables de ping-pong.

   On fera également la différence entre une charge et une dépense, qui recouvrent deux réalités différentes : l'utilisation de la charge et son paiement.

▶ De la même manière, **les produits** ne concernent que les ressources affectées à l'année en cours. Des subventions d'équipement ne sont pas des produits mais des fonds permanents (qui restent dans l'association pendant plusieurs exercices).

Les principes de base

La comptabilité de l'association doit respecter **cinq principes comptables fondamentaux** :

▶ **La régularité.** On entend par régularité la conformité aux règles et aux procédures en vigueur. Les comptes annuels qui ont pris en compte tous les textes légaux et réglementaires applicables sont donc réguliers.

▶ **La sincérité.** Cette notion est plus subjective. Le législateur la définit ainsi : *« La sincérité est l'application de bonne foi de ces règles et procédures en fonction de la connaissance que les responsables des comptes doivent normalement avoir de la réalité et de l'importance des opérations, évènements et situations. »*

▶ **La prééminence de la réalité sur l'apparence.** Ce principe a été mis en place par le Conseil national de la comptabilité. Il a pour but d'enregistrer les événements de la vie associative conformément à leur nature et à la réalité financière, sans s'en tenir uniquement à leur apparence juridique.

✓ *L'importance du bénévolat*

L'application de ce principe conduit à prendre en compte la valorisation des contributions volontaires effectuées à titre gratuit pour l'association. Le compte de résultat pour les associations a été aménagé à cet effet (voir p. 359).

▶ **L'image fidèle.** Ce concept est indissociable de celui de sincérité. Il ne suffit pas d'enregistrer les opérations pour donner une image fidèle. Si besoin est, des informations complémentaires doivent être fournies dans l'annexe qui figurera avec les comptes annuels (bilan et compte de résultat).

▶ **La prudence.** Les comptes doivent être établis sur la base d'appréciations prudentes pour éviter de transférer sur l'avenir les incertitudes liées à l'exercice présent. Par exemple, ce principe conduit à prendre en compte les charges dès qu'elles sont connues.

Les règles

La ligne de conduite de la comptabilité doit suivre **cinq règles d'établissement des comptes** :

▶ **La continuité de l'activité.** D'une manière générale, il convient d'établir les comptes comme si l'association devait poursuivre ses activités.

▶ **L'indépendance des exercices.** Cette règle conduit à découper la vie de l'association, qui est continue, en périodes appelées exercices comptables. La durée d'exercice normale est de 12 mois. En cas de démarrage en cours d'année, il est toléré que le premier exercice dure jusqu'à 18 mois.

Cet exercice peut être calé sur l'année civile comme sur l'année scolaire, ou à votre gré (il est souvent préférable de choisir un rythme annuel fondé sur le rythme des activités de votre association). Cependant, certaines associations soumises à des réglementations encadrées (organismes de tourisme, associations de services aux personnes...) doivent suivre les textes législatifs.

L'application de cette règle sur l'indépendance des exercices rend nécessaire d'incorporer toutes les charges et les dettes, d'une part, les produits et les créances, d'autre part, nés au cours de l'exercice, qu'il y ait eu paiement ou non. Cette opération s'appelle la régularisation des produits et des charges à la clôture de l'exercice.

▶ **La permanence des méthodes comptables.** La présentation des informations comptables doit être identique d'un exercice à l'autre. Mais au-delà de la présentation des différentes rubriques, les méthodes d'évaluation doivent aussi être identiques.

En cas de changement, il faut justifier en annexe la nature de ces modifications et expliciter leur incidence sur le résultat.

▶ **Le respect des coûts historiques.** Les biens entrés dans le patrimoine de l'association doivent être valorisés à leur coût d'entrée. Ceci est valable même si leur valeur actuelle est inférieure. Dans ce dernier cas, il sera possible de passer un amortissement ou une provision.

▶ **La non-compensation.** Selon ce principe, les éléments d'actif et de passif doivent être évalués séparément, de même que les postes de charges et de produits du compte de résultat.

Adopter les outils comptables adéquats

Les options

Selon le volume des recettes et dépenses, le statut juridique (association déclarée, agréée...), l'importance du budget ou des subventions des collectivités territoriales, l'existence d'activités lucratives (même partielles), l'assujettissement à la TVA ou non..., l'association peut :

▶ **Se limiter à tenir une comptabilité de caisse dite « recettes-dépenses ».** D'un point de vue technique, il s'agit de la comptabilité à partie simple, d'une grande simplicité. La comptabilité à partie simple est une méthode qui ne permet l'inscription de chaque mouvement qu'une seule fois, dans un seul compte. Elle s'apparente à la comptabilité de caisse de la ménagère qui inscrit ses dépenses au jour le jour sur un cahier.

▶ **Établir une comptabilité complète,** dite comptabilité à partie double et produire des comptes annuels selon les normes imposées par le nouveau plan comptable, un compte de résultat, un bilan, voire une annexe. Cette méthode permet de vérifier l'exactitude des comptes, car tous les mouvements sont passés au débit d'un compte et au crédit d'un autre compte, et à la fin d'un exercice, la somme de tous les débits de tous les comptes est égale à la somme de tous les crédits de tous les comptes.

La tenue d'une comptabilité à partie double peut se réaliser selon deux modes :

– **la comptabilité de trésorerie**, qui enregistre les mouvements encaissements/décaissements au moment où ils se traduisent par un flux financier (dans la banque ou la caisse),

– **la comptabilité d'engagement**, qui enregistre les mouvements dès que l'on constate les dettes ou les créances par rapport aux tiers. On distingue alors la facture et le règlement, qui font l'objet chacun d'un traitement séparé.

Les critères et les enjeux

La comptabilité à partie simple

Elle est aussi appelée comptabilité supersimplifiée.

Caractéristiques

Elle présente deux inconvénients majeurs :

▶ Par sa structure, elle ne permet pas de faire la distinction entre les charges d'exploitation courantes et l'acquisition de biens durables. En conséquence, il sera très difficile de dégager un résultat annuel fiable et de dresser le bilan de la situation du patrimoine de l'association.

▶ Par sa nature, elle ne donne pas les moyens de contrôler les enregistrements pour rectifier les erreurs ou les omissions.

Elle a le seul avantage d'être extrêmement simple à mette en œuvre, ne nécessite pas de compétence comptable évoluée, ni même d'outil informatique.

Pour qui ?

Elle concerne uniquement les associations qui ne demandent pas de subventions, qui n'ont pas d'activité commerciale, et qui ont un nombre limité de mouvements financiers (nombre restreint d'adhérents, donc peu de cotisations). Elles possèdent peu ou pas de biens durables (équipement, matériel, véhicules…), ni de réserve financière importante ; leur patrimoine est donc faible et l'établissement du bilan revêt donc une importance moindre.

Le principal intérêt de ce type de comptabilité se résumera au suivi de la trésorerie. On pourra cependant préparer le passage à une comptabilité plus orthodoxe en suivant les recommandations du prochain titre.

Comment ?

La tenue d'une comptabilité supersimplifiée peut se faire sur **un cahier**. Vous pouvez soit vous procurer dans le commerce des cahiers imprimés qui ont été conçus à cet effet, mais un simple cahier d'écolier peut tout aussi bien convenir. Il vous suffira de l'organiser en colonnes, à la manière des exemples qui sont fournis en annexe sur document téléchargeable.

Si vous disposez d'un micro-ordinateur, vous pourrez utiliser **un tableur** (de type Excel, par exemple). Vous créerez un modèle vierge, que sera réutilisé tous les mois, par exemple.

Les comptabilités à partie double

Caractéristiques communes

Le point de passage obligé est la maîtrise de la notion de débit/crédit. Cette technique fait office d'épouvantail pour les non-initiés, mais il s'agit en fait d'une mécanique relativement simple qui demande juste l'acquisition de quelques repères de base – trois ou quatre –, qui servent ensuite de référentiel pour le reste des écritures. La passation des écritures peut se conformer aisément au plan comptable des associations et fondations, plus ou moins simplifié suivant les besoins.

Elle ne se pratique aujourd'hui plus que sur informatique, par des logiciels spécialisés qui gèrent la production des documents :

- **les journaux**, dans lesquels sont passées les opérations de même nature (banque, salaires, caisse…) ;
- **le grand-livre**, qui retrace le détail des opérations compte par compte ;
- **la balance**, qui tire les soldes (débit - crédit) de chaque compte.

On pourra choisir d'établir le compte de résultat et le bilan de façon manuelle ou informatiquement.

La comptabilité de trésorerie, ou encaissement/décaissement

On n'enregistre les mouvements financiers qu'au moment de l'encaissement et du décaissement sur le compte banque, CCP ou la caisse. Cela implique, en fin d'exercice, la passation des écritures de régularisation des comptes concernant les charges issues d'un exercice et qui seront payées sur le suivant, de même que pour les produits non encore perçus.

Comme support des écritures, on pourra utiliser un journal par compte de trésorerie, ce qui simplifie la tenue de la comptabilité.

La comptabilité d'engagement, ou créances/dettes

On enregistre les charges et les produits à la date où on les constate. Par exemple :
- à réception de la lettre signifiant l'attribution de subventions ;
- à réception de la facture de téléphone ;
- au moment de l'envoi des appels de cotisations aux membres.

Les paiements et encaissements sont passés indépendamment des charges et des produits. On utilise donc très fréquemment les comptes des tiers, de la classe 4 du plan comptable, avec notamment les usagers et les fournisseurs. **Le système d'information est donc complet et précis en permanence.**

Les opérations sont passées dans les journaux correspondant à la nature de l'opération : achats, ventes, salaires, opérations diverses, banque, CCP, caisse.

Pour qui ?

La comptabilité à partie double s'adresse à toutes les associations qui ont pour vocation de présenter des comptes fiables et normalisés :
- les associations qui demandent des subventions en présentant leur demande par dossier ;
- les associations agréées et réglementées ;
- les associations qui ont une activité économique ;

- d'une manière plus large, toutes les associations qui se construisent un patrimoine par acquisition régulière de biens ou d'équipements, ou qui ont un volume conséquent de transactions financières par leur nombre d'adhérents ou la diversité de leurs activités.

Plus la taille de l'association sera importante, plus s'imposera la nécessité de passer à une comptabilité d'engagement. Celle-ci évitera les incertitudes et les approximations de la comptabilité de trésorerie qui oblige la passation d'écritures de régularisation en fin d'année.

Comment ?

La comptabilité à partie double ne peut se concevoir que sur informatique. Même si historiquement elle s'est tenue sur des cahiers avec des méthodes par décalque permettant des reports successifs sur différents journaux, la comptabilisation manuelle est trop compliquée pour des non-professionnels.

Les logiciels de comptabilité actuellement disponibles dans le commerce (entre 150 et 200 €) permettent la tenue des opérations avec beaucoup de souplesse et de fiabilité, avec un minimum de technicité. Un bon paramétrage permettra la production des documents de synthèse, compte de résultat et bilan.

Les exigences minimales

Chaque année, dans les 3 mois suivant la fin de l'exercice (à voir selon les statuts), l'association est conduite à produire des comptes suivant une forme commune, compréhensible par tous lors de l'assemblée générale.

Le compte de résultat

Il dresse le solde des opérations d'exploitation (ancien nom, le compte d'exploitation), **c'est-à-dire la différence entre les charges et les produits enregistrés dans les comptes** (les classes 6 et 7). **Le compte de résultat concerne uniquement les opérations liées au fonctionnement.**

Il est établi en suivant la liste du plan comptable, pour chaque colonne, en reprenant les soldes de chaque ligne. Il est toujours équilibré par le résultat, positif (à gauche) ou négatif (à droite). À titre d'exemple simplifié, il se présente sous la forme suivante :

Charges		Produits	
Frais de bureau	120	Produits d'activités	850
Loyer	1 200	Cotisations	590
Frais de déplacement	85	Dons	300
Poste et télécoms	180		
Amortissement (dotation)	40		
Résultat excédentaire	115		
Total	**1 740**	**Total**	**1 740**

Le bilan

Le bilan montre la situation de l'association en termes de patrimoine. C'est la photographie, à un instant donné, de la situation financière de l'association.

En fin d'année on évalue les différents postes et on les présente sous forme de bilan, avec :

- à gauche, les emplois de l'association : l'actif ;
- à droite, les ressources de l'association : le passif.

Par nature, le bilan est toujours équilibré, le total du passif étant égal au total de l'actif.

Actif			Passif	
Immobilisations brutes	580		Fonds associatif	345
- Amortissements	70	510	Résultat excédentaire de l'exercice	115
Créances		120	Dettes	280
Banque		110		
Total		**740**	**Total**	**740**

Le rapport financier

La présentation du rapport financier en assemblée générale est un moment privilégié pour commenter la situation financière de l'association.

Au delà des états financiers, le rapport doit donner une vision dynamique et concrète des finances de l'association ; il permet ainsi aux dirigeants et aux adhérents d'échanger utilement à propos des enjeux et de la conduite du projet associatif.

Présenté en général par le trésorier de l'association, **il s'appuie sur le compte de résultat et le bilan**, et peut se décliner en plusieurs axes :

▶ **Aborder les évolutions et la situation par rapport aux grands équilibres financiers que constitue « l'entreprise association ».** Dans cette optique, il convient de maîtriser la technique financière et des outils de communication adaptés pour montrer aisément compréhensibles : on pourra communiquer sur des notions d'analyse telles que le fonds de roulement, le besoin de fonds de roulement, la capacité d'autofinancement ou la contribution aux frais fixes, par exemple.

▶ **Mettre en valeur les éléments significatifs de l'activité de l'exercice précédent pour dégager les enjeux en terme de gestion quotidienne** : les questions récurrentes dans les associations se rapportent souvent au montant et au nombre des cotisations, au montant des participations des activités proposées, à la pression financière due à la contraction du financement public ou au poids toujours jugé excessif des frais de structure pour faire fonctionner l'association.

▶ **Analyser qualitativement la vie financière.** Il y a beaucoup à dire sur la nature des échanges économiques : le degré de dépendance/indépendance financière par rapport à l'extérieur, la diversité sociale des bénéficiaires des activités, le poids financier du travail bénévole…

Toutes les questions ne peuvent pas être traitées dans une séance d'AG, qui doit rester limitée dans le temps. Mais avec le temps, année après année, le rapport financier peut parvenir à balayer le champ des questions et y répondre.

Budget prévisionnel de fonctionnement

Le budget est l'évaluation des charges et des produits à venir sur l'exercice à venir. Il traduit en termes financiers la mise en œuvre des objectifs tels qu'ils sont définis dans le projet associatif.

C'est un engagement de l'association à réaliser un certain nombre d'objectifs pour arriver à un résultat donné. Il est construit pour refléter les préoccupations de l'association en matière de gestion :

- **l'équilibre** qui est le gage de pérennité de l'association ;
- **la réalisation d'excédent**, pour dégager les moyens nécessaires au financement de projets ultérieurs ;
- **la maîtrise des situations de crise**, pour assurer la survie de l'association si les réserves financières le permettent.

Le budget se présente de la même manière que le compte de résultat (et souvent en regard de celui-ci) pour pouvoir apprécier les évolutions et les enjeux.

Charges			Produits		
	2009	Budget 2010		2009	Budget 2010
Frais de bureau	120	120	Produits d'activités	850	1 700
Loyer	1 200	1 200	Cotisations	590	750
Petit matériel		200			
Frais de déplacement	85	90	Subventions		100
Poste et télécoms	180	200	Dons	300	
Salaires et charges		700			
Amortissement (dotation)	40	40			
Résultat excédentaire	115				
Total	1 740	2 550	Total	1 740	2 550

Les principales contraintes dans l'élaboration du budget sont :

- **L'évaluation des recettes.** Les recettes sont toujours incertaines, les nouveaux projets aléatoires… **La règle d'or dans l'évaluation des recettes est la prudence** (minimiser les prévisions de recettes, à chaque poste).
- **L'exhaustivité des charges.** A-t-on tout prévu dans les coûts ? À l'inverse des recettes, il vaut mieux prévoir largement, quitte à surévaluer les charges.

Présenté en assemblée générale, le budget prévisionnel ne fait pas toujours l'objet d'un vote, dans la mesure où certains considèrent qu'il est difficile de voter pour approuver un futur par essence hypothétique. D'autres associations, en revanche, considèrent qu'il est judicieux de légitimer une autorisation de dépenses. On veillera sur ce point à ce que le règlement intérieur statue clairement sur les modalités de présentation et/ou d'approbation du budget.

Deuxième partie

Faire vivre l'association

Cette partie concerne les associations déjà constituées qui doivent organiser la montée en charge ou le développement de leurs activités. Lorsque l'association a adopté son rythme de croisière, les dirigeants se contentent parfois de gérer le quotidien, de manière un peu passive, oubliant qu'ils ont en fait la **charge d'animer** le projet associatif.

Pour continuer d'exister, de se développer, l'association doit faire vivre son objet au travers de ses activités et elle doit également le faire savoir autour d'elle. Cela implique **une véritable gestion de projet** – au sens où ce terme est entendu dans le monde de l'entreprise – et la mise en place d'actions destinées à augmenter le rayonnement de l'association dans sa zone d'influence.

Face à ces défis, le dirigeant doit faire preuve de compétence et d'efficacité. On ne s'improvise pas chargé de communication ou organisateur de spectacles du jour au lendemain. Il ne s'agit pas non plus de faire du dirigeant associatif un chef d'entreprise. L'association repose sur le partage d'un idéal et le don des bénévoles ; sa logique de fonctionnement est différente de la logique d'entreprise.

Avec le développement de l'association apparaissent souvent pour les dirigeants de nouvelles exigences qui relèvent d'une véritable démarche professionnelle. On peut donc parler d'un **métier de dirigeant associatif**, métier dont nous traçons pour commencer les grandes lignes (chapitre 5), avant d'aborder des aspects plus techniques relatifs à la **communication** (chapitre 6), aux **manifestations exceptionnelles** (chapitre 7) et aux **investissements** (chapitre 8).

5

CONDUIRE LE PROJET ASSOCIATIF

Les dirigeants sont désignés au sein de l'association pour conduire le projet collectif. La plupart du temps, il s'agit de bénévoles particulièrement impliqués qui acceptent de prendre des responsabilités. Pour certains d'entre eux, rien dans leur parcours personnel ou professionnel ne les a préparés à diriger un organisme mais il leur faut pourtant bien faire face à la multitude des situations qui constituent le quotidien de l'association.

La plupart des dirigeants qui réussissent disposent de deux qualités fondamentales, absolument nécessaires :

• la force d'impulsion ;
• le sens de l'organisation.

Mais ces dispositions ne sont pas toujours suffisantes. La direction d'un organisme – aussi petit soit-il – exige à la fois la capacité à créer une dynamique au service de l'objet associatif et l'aptitude à organiser le fonctionnement quotidien de l'association.

Nous développons ici quelques principes d'efficacité pour les associations et leurs animateurs.

Le « métier » de dirigeant associatif

Diriger une association est donc un vrai métier, quelquefois ingrat, souvent plein de surprises et de satisfactions, toujours exigeant. Comme tout métier, celui de dirigeant associatif connaît une éthique qui lui est propre, des savoir-faire spécifiques et des méthodes adaptées à la fonction :

▶ **L'éthique** du dirigeant associatif trouve sa source dans la spécificité de son statut : le dirigeant est le mandataire d'une collectivité de personnes réunies au service d'un idéal commun.

Cette réalité, à la fois sociale et juridique, permet de poser les grandes lignes de l'éthique du dirigeant que nous résumons en quatre points clés :

– **le respect de l'idéal commun** exprimé par l'objet associatif ;

– **la transparence** vis-à-vis de son mandant ;

– **le dialogue et l'écoute** pour servir la vocation sociale de l'association ;

– **une vision stratégique** pour assurer la pérennité de l'organisme.

▶ **Les savoir-faire** mis en œuvre par le dirigeant associatif sont multiples : **organisation, communication, gestion**. À cela s'ajoutent des spécificités propres au monde associatif : **l'art de mobiliser les bénévoles** et **la capacité à développer le réseau relationnel de l'association**, dans le cadre d'un « management associatif » qui reste à inventer (nous nous essayerons dans ces lignes à en poser les premières pierres).

Si l'on essaye de formuler l'essence du métier, on pourrait dire que celle-ci réside dans la gestion des différents projets par lesquels s'incarne l'objet de l'association. Dans une association en fonctionnement (y compris dans la plus « modeste »), il existe toujours différents chantiers ou projets : le spectacle de fin d'année, l'édition du bulletin de liaison, une campagne en vue du développement des adhésions, l'ouverture d'un nouveau cours, la mise en place d'un partenariat avec la MJC… **Le quotidien du dirigeant consiste à identifier ces projets, à les hiérarchiser et en organiser le « mûrissement ».**

▶ Pour travailler, le dirigeant doit disposer de **méthodes adaptées** aux exigences de sa fonction. Nous en proposerons ici quelques-unes : la **collégialité**, la **délégation**, la **planification**. Il s'agit en fait de « façons de faire » qui visent à gagner en efficacité et qui sécurisent la tâche du dirigeant en lui permettant « d'assurer ses arrières ».

En effet, le dirigeant doit aussi prendre garde à se protéger. Les dirigeants désignent souvent leur prise de fonction comme le moment où ils ont accepté de « prendre des responsabilités ». Derrière cette expression banale se cache une réalité juridique qui est souvent mal comprise des intéressés.

Comme mandataire, **le dirigeant est responsable de ses actes** vis-à-vis de son mandant, l'assemblée qui lui a confié les fonctions de direction. Dans des cas extrêmes (fautes graves, violation de la loi…), le dirigeant peut être mis en cause par des tiers extérieurs à l'association. Pour clarifier ces questions délicates, nous terminerons ce développement relatif au métier par un exposé détaillé du régime de responsabilité du dirigeant.

Les principes directeurs

Respecter l'objet associatif

Cette question se pose sur un terrain juridique, puisque le non-respect de l'objet associatif est susceptible d'engager directement la responsabilité des dirigeants. L'association se constitue et réunit ses membres autour d'un projet bien précis. L'objet de l'association est défini dans les statuts de manière précise et détermine ainsi le champ d'action de l'association et de ses dirigeants. **Tel qu'il est défini dans les statuts, l'objet de l'association est « la loi des parties », c'est-à-dire qu'il prend un caractère obligatoire et que la responsabilité de celui qui le viole** (association, dirigeant, adhérent) **peut être engagée.**

Les statuts de l'association s'analysent comme une sorte de contrat entre l'association et ses sociétaires, chacun attendant quelque chose de l'autre. Lorsque l'association n'exécute pas ses engagements statutaires, le juge n'hésite pas à la condamner à des dommages et intérêts. C'est par exemple le cas pour des associations de loisirs ou de tourisme proposant une activité précise dans un cadre déterminé ; elles sont alors tenues de respecter leurs engagements sous peine d'indemnisation des sociétaires.

Cette obligation de respecter le contrat vaut également pour les dirigeants. Tous leurs actes doivent donc concourir sans aucune ambiguïté à la réalisation de l'objet associatif. Parmi les fautes qui peuvent être reprochées au dirigeant, une des plus graves est certainement celle qui consiste à « être sorti de son mandat », c'est-à-dire d'avoir agi en dehors de l'objet associatif.

Les conséquences du non-respect du mandat peuvent s'avérer particulièrement graves pour le dirigeant. En effet, lorsque celui-ci commet une erreur dans le cadre de ses fonctions, c'est l'association qui est en général considérée comme responsable (voir p. 171). Mais cette relative irresponsabilité du dirigeant ne couvre que les fautes qui sont commises dans l'exercice de ses fonctions (manquement à une obligation légale, non-exécution d'un contrat conclu par l'association). Si le juge estime que le dirigeant a outrepassé son mandat, cela peut conduire à une condamnation personnelle du dirigeant, ce qui peut arriver dans une situation comme celle qui suit.

Exemple

La confusion des genres

Lors de la conclusion d'un contrat, le dirigeant n'a pas précisé agir ès qualités de dirigeant de l'association. Le tiers a été trompé ; il n'a pas compris qu'il traitait en fait avec l'association. Dans ce cas, le juge donnera raison à l'apparence. Pour cette raison, le dirigeant aura bien soin de préciser qu'il agit pour le compte de l'association. Cette précaution doit être prise notamment lorsque le dirigeant dispose de « plusieurs casquettes », chef d'entreprise, notable, élu ou qu'il entretenait des relations avec le cocontractant à un autre titre que celui de dirigeant de l'association.

> ### La signature
>
> *Pour éviter toute ambiguïté, les contrats conclus par l'association porteront la signature du dirigeant et le tampon de l'association. Les dirigeants peuvent également signer les contrats en faisant précéder leur paraphe de la mention « ès qualités ».*

Chaque fois qu'on assiste à une condamnation personnelle, le dirigeant s'est situé en dehors de l'objet associatif en prenant une décision étrangère aux buts poursuivis par l'association, tels qu'ils sont décrits dans les statuts. Ce genre de dérapage est plus fréquent qu'on le croit ; souvent par souci de bien faire, les dirigeants prennent des décisions sans lien avec l'objet associatif, tel qu'il est défini dans les statuts. L'organisation d'un voyage dans une association proposant statutairement des conférences, l'octroi d'un soutien financier à une troupe d'artistes par une association culturelle, les occasions de « sortir » de l'objet associatif sont nombreuses, notamment dans les associations de type « construire et partager » où l'objet est formulé en termes d'idéal et qui donnent une large place aux initiatives des bénévoles.

C'est d'ailleurs souvent à l'initiative des membres que l'association oublie ses buts statutaires. Les bénévoles sont entreprenants, ils ont des idées et prennent des initiatives, chacun ayant sa propre interprétation de l'objet statutaire.

✓ *La collégialité*

La solution consiste ici à faire largement appel au principe de collégialité, voire à l'assemblée générale si la décision à prendre revêt une importance particulière (voir p. 150). Plus la prise de décision est large, plus la responsabilité des dirigeants est dégagée.

Face à ce risque, les dirigeants doivent se souvenir qu'ils sont « les gardiens » du projet associatif et que ce sont eux qui assument en dernier ressort la responsabilité des faits et gestes de l'association.

Zoom

L'abus de pouvoir

Le dirigeant a commis un excès de pouvoir en prenant une décision qui n'était pas dans ses attributions telles qu'elles sont définies par les statuts ou le règlement intérieur, par exemple la conclusion d'un emprunt bancaire soumis à l'autorisation de l'assemblée générale.

Pour éviter ce risque, **les dirigeants nouvellement désignés prendront soin de relire les statuts et le règlement intérieur pour vérifier de quelle manière sont définies leurs attributions.** Il est en effet fréquent que les statuts prévoient des limitations de pouvoir pour les dirigeants. Ces limitations concernent en général les décisions graves ou exceptionnelles : conclusion d'un emprunt, d'un contrat de travail, acquisition ou cession d'un élément de patrimoine, engagement d'une dépense importante. **Chaque fois qu'il existe un doute à propos d'une décision en particulier, les dirigeants s'en remettront à un organe souverain**, le conseil d'administration ou l'assemblée générale.

Pratiquer la transparence et le dialogue

Des considérations qui précèdent découle tout naturellement la nécessité du dialogue et de la transparence. Dans les associations ayant adopté les statuts types des préfectures, l'exigence juridique de transparence se résume à la présentation des **différents rapports devant l'assemblée générale** des adhérents. Mais il serait naïf de réduire cet impératif à une simple exigence juridique, pour dégager la responsabilité des dirigeants.

Toute association, quel que soit son objet, remplit une fonction sociale : elle est créatrice de liens entre les personnes. À la différence d'autres communautés (entreprises, quartiers), le lien social à l'intérieur de l'association est voulu, il résulte d'une démarche libre et volontaire de chaque personne. Nous verrons que ce lien social constitue souvent la principale motivation des bénévoles et la contrepartie qu'ils attendent de leur engagement. Pour cette raison, **la transparence et le dialogue doivent participer de l'éthique de toute association,** dans la mesure où ils sont les principaux facteurs du lien social à l'intérieur de l'association : c'est la survie de l'organisme qui est en jeu.

Mais la transparence et le dialogue trouvent également à s'appliquer à l'extérieur de l'association. L'objectif est ici d'assurer la visibilité de la structure et de ses activités vis-à-vis de ses différents partenaires, notamment les bailleurs de fonds, et dans une optique de recrutement des nouveaux adhérents.

Garantir la transparence et le dialogue, c'est assurer à l'intérieur et autour de l'association la circulation des informations en utilisant tous les canaux dont dispose l'association. Tout d'abord, il faut compter sur la politique de communication interne et externe de l'association. Nous développons plus loin quelques outils et méthodes adaptés à la communication associative (voir p. 185). La communication interne est dite « descendante » ; l'information circule depuis les instances dirigeantes vers la base des bénévoles et usagers. La communication externe est destinée à diffuser des informations relatives à l'association en direction de la zone d'influence, des partenaires actuels ou potentiels de l'association et des adhérents potentiels.

Les canaux exploités par la politique de communication autorisent en général la circulation de l'information dans un seul sens, depuis les instances dirigeantes vers la base des bénévoles et de l'intérieur de l'association vers l'extérieur. Or, pour produire du lien social, l'association doit être un lieu d'écoute et de dialogue. **Les dirigeants doivent donc susciter l'échange réciproque d'informations, particulièrement à l'intérieur de l'association**. Pour cela l'association doit se doter d'espaces de parole qui permettent à tous de s'exprimer et d'échanger avec les autres : comité d'usagers, groupes de réflexion et de travail centrés sur les activités associatives, ou bien ouverts dans d'autres occasions comme l'assemblée générale, un pique-nique de fin d'année ou la conclusion d'une action ponctuelle menée par l'association.

Zoom

La création d'un comité d'usagers

Dans les associations de pratique, il est souhaitable d'organiser un espace de parole pour les usagers. De cette manière, l'association reste à l'écoute de ses « clients » et dépasse sa fonction de simple « prestataire de services », affirmant ainsi sa spécificité associative.

La fréquence de réunions de ce comité ne doit pas être excessive ; deux réunions par an peuvent être tout à fait suffisantes. Assistent au comité tous les usagers qui le souhaitent, les dirigeants mais également les salariés de l'association, notamment s'ils sont impliqués dans la pratique des activités (professeurs, moniteurs).

Les débats sont conduits par un dirigeant et la réunion peut être structurée autour de deux thèmes : bilan de l'existant et perspectives d'évolution. Il peut également être intéressant de thématiser la réunion en l'introduisant par un témoignage ou une petite conférence d'un expert. Cela permet de canaliser un peu les débats et d'ajouter de la valeur à la réunion.

Ce genre de réunion est toujours délicate à animer pour celui (ou ceux) qui condui(sen)t les débats. En effet, le comité d'usagers n'a pas en charge la gestion de l'association et la réunion ne doit pas tourner à la foire d'empoigne ou au comité d'autogestion. La nécessité de respecter le fonctionnement institutionnel de l'association doit être rappelée en début de séance. Mais à trop « cadrer » les débats, on prive les participants de leur espace de liberté et on risque de générer des frustrations. **Le bon compromis consiste à « entendre » les demandes, les idées – quelquefois, les doléances – des usagers et à indiquer quelle suite peut leur être donnée dans le cadre du fonctionnement régulier des organes de l'association**. Souvent, cette attitude permet d'ouvrir une porte aux usagers, en les invitant à se lier au projet associatif pour « porter » leur idée ou leur projet.

Pour conserver sa légitimité, **le comité d'usagers doit effectuer un suivi d'une réunion à l'autre et tenir les participants informés de l'avancement des doléances et des suggestions émises.**

Se doter d'une vision stratégique

C'est aux dirigeants qu'il appartient de « piloter » l'association. Ce terme est à prendre au pied de la lettre, le pilote est celui qui décide de l'itinéraire et qui agit sur les ressources mécaniques du véhicule ; l'image est transposable aux dirigeants associatifs.

Deux dimensions sont présentes dans cette fonction de pilotage : **l'orientation du projet associatif et l'utilisation des ressources de la structure.** Ces deux dimensions sont étroitement liées, comme il a été dit au chapitre 3, si l'on veut éviter les écueils de la dispersion et de l'épuisement ; elles se combinent dans ce que le monde de l'entreprise désigne sous le terme de « vision stratégique ».

La vision stratégique des dirigeants s'appuie sur la situation existante pour se projeter dans le moyen terme. Elle permet d'organiser dans les meilleures conditions les activités de l'association conformément aux buts statutaires, aux ressources disponibles et en tenant compte des contraintes tant internes qu'externes. Se doter d'une vision stratégique du projet associatif permet aux dirigeants de hiérarchiser les priorités de l'association pour organiser ses différents projets de manière efficace.

La vision stratégique doit reposer sur une analyse fine et objective de l'existant, du point de départ : **le contexte de l'association, l'état des ressources** et l'inventaire **des contraintes et des opportunités.**

L'analyse du contexte
Il s'agit en quelque sorte de l'étude de marché de l'association :

- Pour les associations prestataires de service, on doit conduire l'analyse du contexte comme on le ferait pour une entreprise commerciale : produits et services proposés, zone de chalandise, contexte concurrentiel, environnement réglementaire.

- Pour les associations de type « construire et partager », l'étude du contexte est plus délicate : elle demande un certain recul.

L'analyse des forces et des faiblesses

À partir d'un inventaire des ressources de l'association, humaines, techniques et financières, les dirigeants doivent identifier les points forts et les points faibles de leur structure.

Les forces et les faiblesses internes de votre association peuvent être examinées en termes de :

- bénévolat disponible ;
- savoir-faire ;
- organisation ;
- image ;
- ressources de financement.

Hiérarchiser les projets

Sur la base de cet inventaire de l'existant, il devient possible de structurer les activités de l'association en hiérarchisant les projets. Notamment au moment de la création de l'association où les projets sont parfois nombreux, surtout s'ils sont l'expression des vœux des adhérents. Il y a aussi les projets liés à un partenaire, par exemple ceux d'une municipalité qui met à disposition un local. Sans oublier ceux liés aux fondateurs ou au dirigeant qui s'investissent souvent plus que tout autre dans l'association. Par ailleurs, tous les projets ne sont pas réalisables en même temps, ni au même rythme. Il faut donc distinguer les **projets à long terme** et **les projets à court terme.**

Trois critères principaux permettent de hiérarchiser les projets :

▶ **La légitimité du projet**, qui s'apprécie principalement à partir de l'objet de l'association et des buts qu'elle s'est fixés. Le projet en gestation doit contribuer clairement à la réalisation de l'objet associatif. Lorsque l'association se réfère à un système de valeurs ou à un idéal, chacun de ses projets doit en être imprégné.

   Un autre facteur de légitimité réside certainement dans le degré d'adhésion des bénévoles au projet : il s'agit là d'une légitimité démocratique qui reste de toute manière indispensable à la conduite du projet. Quel que soit le bien-fondé d'un projet au regard des buts de l'association ou de son système de valeur, il sera difficile à conduire s'il ne rencontre pas une certaine adhésion de la part de la « base » des bénévoles.

▶ **L'opportunité du projet**, qui s'apprécie notamment à partir de l'analyse du contexte de l'association. Cette seconde exigence pose la question du « moment » du projet, du contexte particulier qui est celui de l'association au moment où elle déploie son nouveau chantier. L'association peut être « opportuniste » au bon sens du terme. Une association culturelle trouvera plus facilement des soutiens à son projet de festival « Victor Hugo » si cette manifestation est organisée l'année du centenaire de la naissance du grand homme. Pour les associations fortement impliquées dans la vie locale, le changement de l'équipe municipale peut être une opportunité à exploiter.

‣ **La faisabilité du projet**, qui s'apprécie notamment à partir de l'inventaire des forces, des faiblesses de l'association et des contraintes qu'elle supporte. Chaque projet a des exigences qui lui sont propres. Il appartient aux dirigeants de les cerner avec précision pour les confronter avec les ressources de l'association. Certains projets se déroulent sur un laps de temps très court (spectacles, manifestations exceptionnelles) ; ils nécessitent donc la mise en œuvre de ressources humaines importantes. D'autres projets sont le chantier d'un seul homme (création du site Internet de l'association, par exemple) mais ce chantier de longue haleine nécessitera un accompagnement de la personne-ressource (suivi du projet, moyens financiers, recours à la sous-traitance de certaines tâches).

Parmi les projets, tous n'ont pas forcément la même ampleur ou le même degré de faisabilité. Il faut donc faire le tri entre les projets d'envergure, à construire prudemment et vaillamment, et les projets aisément réalisables, que l'on peut mettre en œuvre pratiquement tout de suite.

Pour l'examen de faisabilité du projet, **on accordera une grande attention aux contraintes que supporte l'association et à ses points faibles.** Une association pour la promotion du commerce équitable, par exemple, qui n'est pas à l'aise avec les chiffres parce qu'aucun de ses bénévoles n'a ni le goût, ni la compétence pour la tenue des comptes, réfléchira à deux fois avant de se lancer dans une activité de commerce au détail.

Dégager des priorités

Habituellement, on a tendance à sous-estimer dans les projets les contraintes liées au temps et à la ressource financière. La multiplication des projets doit également être surveillée avec attention.

En général, l'association dispose de moyens limités, qui n'autorisent la mise en place que d'un nombre restreint de projets : des priorités doivent donc être dégagées. Pour ce faire, on peut classer les projets selon le critère proposé plus haut et ne **mettre en œuvre que ceux qui présentent une forte légitimité, un haut niveau de faisabilité et qui paraissent opportuns dans le contexte particulier de l'association.**

Les savoir-faire

Nous l'avons dit plus haut, le dirigeant doit maîtriser quelques savoir-faire pour réussir. Une bonne manière d'aborder l'organisation des activités au quotidien consiste à considérer que l'on se trouve en face de différents projets qu'il s'agit de mener à bien.

Autre domaine d'expression des fonctions dirigeantes, la représentation et les relations de l'association. Ce sont essentiellement les dirigeants qui vont tisser progressivement les liens du réseau relationnel de l'association.

Enfin, quelle que soit la taille de l'association, elle ne survivra que si règne en son sein une bonne entente et que les bénévoles y trouvent une juste récompense à leur engagement. C'est aux dirigeants qu'il appartient de créer ce climat de bonne entente et d'efficacité en pratiquant une gestion des rapports humains de qualité.

La gestion des projets

Nous avons évoqué plus haut (voir p. 139) la nécessité de structurer les différentes activités de l'association sous forme de projets.

Chaque activité mise en place dans l'association se définit dans un contexte déterminé, répond à des objectifs, peut se décliner de différentes manières et nécessite des moyens adaptés.

Qu'il s'agisse d'activités récurrentes, qui se répètent chaque année, ou d'une nouvelle activité, on aura intérêt chaque fois à considérer la chose d'un œil neuf. **Construire une activité comme un projet, c'est adopter un processus créatif, exclusif de tout laxisme ou amateurisme, mais aussi de toute routine.**

Pour structurer chaque activité dans toutes ses dimensions, il vaut mieux la décrire dans ses détails. Cette description offre plusieurs avantages :

▶ Elle permet de prendre des décisions en toute clarté, et contribue donc à sécuriser les dirigeants et les acteurs.

▶ Elle garantit une lisibilité par les tiers, et principalement les organismes susceptibles de subventionner les activités.

▶ Elle permet ensuite d'évaluer le résultat des actions entreprises, et donc d'éclairer les choix futurs.

Le rôle des dirigeants n'est pas de porter toutes les activités, mais plutôt d'accompagner les porteurs de projets d'action, en leur proposant un cadre et une méthode dans la conduite des opérations et en mettant à leur disposition une certaine quantité des ressources de l'association.

Nous donnons ci-dessous un exemple de structuration de projet.

✔ *Comment structurer un projet*

Intitulé de l'action

Origine de l'action : *depuis quand cette action a-t-elle été entreprise ? Quels éléments ont motivé sa création ? Dans quel contexte est-elle née ?*

Descriptif de l'action : *précisez les étapes et les lieux.*

Date de démarrage : *quelle en est la date prévue ? La durée ?*

Objectif(s) de l'action : *énoncez d'abord le ou les objectif(s) le(s) plus généraux, puis précisez les objectifs spécifiques.*

Programme du développement de l'action

Public visé : *précisez sa nature (zone géographique, âge, catégories socioprofessionnelles…).*

Partenaires privilégiés dans le cadre de l'action : *partenaires publics, partenaires privés, associations.*

Contenu de l'action :
- *originalité et aspects novateurs ;*
- *formes d'actions privilégiées ;*
- *rythme et horaires des interventions ;*
- *encadrement et supervision.*

Intervenants éventuels (*profil et nombre*)

Résultats ou attendus de l'action

Freins et difficultés à surmonter (*énoncez les domaines et problématiques*) :

- *mise en œuvre technique (conception, réalisation et suivi) ;*
- *bénéficiaires ;*
- *intervenants (animateurs, bénévoles…) ;*
- *partenaires du réseau ;*
- *autres aspects (précisez).*

Perspectives pour développer votre rayonnement, améliorer et/ou diversifier votre action.

Coût et mode de financement :

- *le coût global de l'action ;*
- *les différentes subventions ;*
- *l'apport de l'association ;*
- *la participation des usagers ;*
- *la valorisation du bénévolat ;*
- *les autres moyens mis à disposition (locaux, matériel, etc.).*

Évaluation et restitution : quelle forme prendra le bilan de l'action, et quand ? Vers qui est-il prévu de communiquer les résultats ?

La constitution d'un réseau

Notre époque est celle des réseaux, car jamais depuis qu'il existe, l'être humain n'a eu à disposition autant d'outils et d'occasions pour communiquer.

Comme l'individu, l'association est insérée de multiples manières dans les différentes strates de son environnement socio-économique. La somme de ces multiples points d'insertion délimite la zone d'influence de l'association (voir p. 20) ; **l'ensemble des relations entre l'association et sa zone d'influence définit le réseau de l'association.**

Le réseau est donc constitué de personnes mais également d'autres associations, d'institutions publiques, éventuellement d'entreprises qui connaissent l'association à un titre ou à un autre.

Les racines

S'il incombe aux dirigeants, dans le cadre de leur pouvoir juridique et de représentation, de développer les relations extérieures, il ne faut pas s'imaginer que le réseau de l'association s'identifie de manière pure et simple au réseau personnel des dirigeants. En utilisant les réseaux personnels des bénévoles, l'association va profiter d'un effet de levier pour accroître considérablement sa zone d'influence. On constate par exemple que le recrutement de nouveaux bénévoles par des anciens donne souvent de bons résultats. Le bénévole connaît la personne « parrainée » et peut évaluer si elle trouvera sa place dans l'association.

Le réseau se développe toujours sur le principe de la proximité, des affinités entre l'association et son environnement extérieur. La proximité est d'abord géographique. Pour dessiner son réseau, l'association doit procéder par cercles concentriques, de diamètre croissant (quartier, commune, communauté territoriale, département...) et identifier des partenaires potentiels sur son pourtour immédiat. À l'intérieur de sa zone d'influence, elle s'intéressera aux organismes de tous types ayant une activité similaire à la sienne, et à ceux dont l'activité est complémentaire.

Les prolongements

Le secteur associatif sera systématiquement mis à contribution (chaque fois que l'association organise une manifestation susceptible de recevoir du public, elle se doit d'inviter quelques représentants d'associations « voisines »). Le réseau est également défini par **le domaine d'activité de l'association :**

- L'association sportive trouve sa place dans un système fédéral.
- La troupe de théâtre s'insère dans le dispositif autour du spectacle vivant (DRAC, GUSO, etc.).
- L'association d'insertion sociale trouve son réseau dans l'économie sanitaire et sociale (UNIOPSS, DASS, etc.).

Les connexions

Selon son secteur d'activité, l'association trouve sur sa route **des partenaires spécialisés** qui partagent avec elle des préoccupations sectorielles (culture, sport, ONG, parents d'élèves, etc.). Ce réseau sectoriel procure des bénéfices immédiats, par exemple :

- Les associations sportives, pour peu que leur fédération soit un tant soit peu active, bénéficient d'un important soutien sur le plan juridique et réglementaire. Les fédérations proposent également d'intéressants contrats d'assurance de groupe pour la RC de l'association, ainsi que des formations.

Il est plus facile pour l'association de type « ici et maintenant » de se construire rapidement un réseau. Dès qu'elles se consacrent à une activité structurée, ces associations partagent avec de nombreuses autres structures un certain nombre de préoccupations et profitent du tissu institutionnel préexistant. Elles parviennent, par des actions de lobbying, à y trouver leur place.

▶ Pour les associations de type « construire et partager », les conjonctions d'intérêt seront plus fugaces et reposeront plus sur les liens entre les personnes. Le réseau se construira sur le moyen et le long terme, de manière plus informelle.

Le réseau de l'association

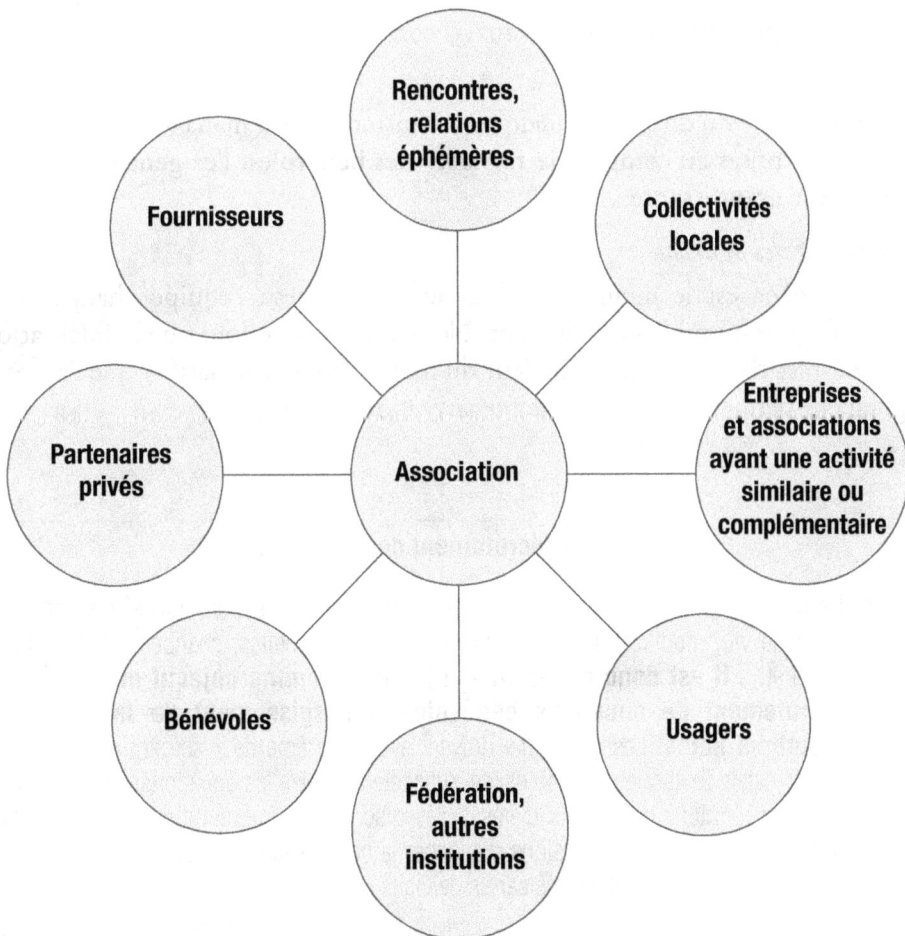

145

Le management des ressources humaines

Travailler avec les bénévoles

L'originalité la plus remarquable et la plus satisfaisante de la vie associative réside certainement dans l'opportunité de travailler avec des personnes qui offrent de leur temps et leur bonne volonté : les bénévoles. Cet apport des bénévoles dans l'association est une ressource précieuse – très souvent la seule dont bénéficient les « petites » associations – mais éminemment volatile et source de nombreuses exigences pour les dirigeants.

À travers les membres actifs se crée et s'entretient la dynamique de l'association. **C'est la tâche fondamentale des dirigeants d'association que d'installer les conditions dans lesquelles les bénévoles vont pouvoir trouver toute leur place, à côté des éventuels salariés et des dirigeants.** Cette question nous paraît suffisamment importante pour que nous y consacrions la dernière partie de cet ouvrage.

Du point de vue du dirigeant, quelques « constantes » du management associatif doivent être prises en compte : **le** *turnover* **des bénévoles, l'exigence de professionnalisme grandissante.**

Le turnover des bénévoles

Le phénomène est le même que dans les entreprises : l'équipe change et se renouvelle plus ou moins rapidement. Nous verrons plus loin que la fidélisation des bénévoles constitue un axe majeur du management associatif et que l'accompagnement permet de diminuer le *turnover* (voir p. 376).

Zoom

Le recrutement des bénévoles

De nombreux facteurs à l'origine de cette rotation échappent aux dirigeants : changement de vie, modification des obligations professionnelles, changement de centres d'intérêt… **Il est donc nécessaire d'intégrer comme objectif permanent le recrutement de nouveaux bénévoles, l'élargissement de la base des membres actifs**. Les dirigeants doivent avoir une âme de « sergent recruteur » et savoir saisir toutes les occasions de susciter de nouvelles vocations. Les dîners en ville, les réunions de parents d'élèves, les discussions impromptues dans les salles d'attente, voilà autant d'occasions d'engager la conversation, d'évaluer le « potentiel » du candidat et de distribuer des cartes de visite.

Bénévolat, efficacité et fidélité

Encore trop souvent, le bénévolat est synonyme d'amateurisme dans l'esprit des intéressés. L'engagement bénévole – justement parce qu'il est bénévole – n'emporterait pas les mêmes exigences de rigueur et d'efficacité que l'engagement professionnel. Cet état d'esprit chez certains bénévoles induit deux conséquences fâcheuses : le manque de fiabilité dans les tâches qui leur sont confiées et la fragilité de leur engagement sur le moyen terme.

Différentes démarches peuvent être initiées pour faire évoluer cet état d'esprit ; elles participent également d'une stratégie de fidélisation des bénévoles :

▶ Tout d'abord, on constate que plus les fonctions ou les tâches attendues des bénévoles sont exigeantes, plus se réduit le nombre de candidats. Pour faire face à cette pénurie, **une solution logique consiste à favoriser la progression des bénévoles de la base vers le sommet de l'association,** un peu à l'image des entreprises qui proposent un « plan de carrière » à leurs jeunes recrues. Il ne s'agit pas de « demander toujours plus » au bénévole, mais d'ajuster le plus précisément possible son « offre de services » avec les besoins de l'association.

Dans les comportements des bénévoles, on constate deux faits qui paraissent à première vue paradoxaux : tout d'abord, ce sont souvent les personnes qui semblent « surbookées » qui sont les personnes les plus disponibles pour accepter de nouvelles tâches ; ensuite les gens ont tendance à sous-estimer leurs capacités, ils ne se portent pas volontaires pour certaines tâches simplement parce qu'ils manquent de confiance en eux.

▶ **Une seconde piste consiste à doubler les postes.** Les bénévoles sollicités pour assumer des tâches seront rassurés si vous arrivez à prévoir une solution de remplacement à leur éventuelle défaillance ; un autre bénévole peut se substituer à lui.

▶ *Primus inter pares,* le dirigeant d'association peut s'appliquer le principe à lui-même. Les dirigeants « à vie » épuisent les associations, le renouvellement trop rapide aussi. D'où la nécessité de savoir mettre des termes à ses mandats, en fonction des plans et objectifs à terme annoncés. On préparera ainsi conjointement le renouvellement des équipes.

Travailler avec le temps

Entre le moment où un responsable d'association demande à un bénévole de prendre en charge une activité, si modeste soit-elle, il y a souvent un écart entre la demande et la réalisation. **Il faut donc s'y prendre bien avant que le besoin de la mission ne devienne trop urgent.**

La nécessité de prévoir le remplacement des personnes est une priorité. La lassitude et la volatilité dans les associations imposent de traiter la question de la durée. En établissement clairement avec le bénévole la durée pendant laquelle il accomplira sa tâche, l'association saura anticiper le renouvellement.

La question des compétences

Les bénévoles sont tous compétents. Mais ils exercent parfois leur compétence ailleurs que dans l'association : **d'où la nécessité d'un véritable accompagnement individualisé, incluant la formation** (voir p. 378).

Exemple

Dans cette association d'anciens élèves, un bénévole s'est proposé un jour de prendre en charge l'approvisionnement en vins des nombreux banquets organisés par l'association. À la fin du deuxième banquet, il confiait à son entourage qu'il était satisfait de ses choix de vins, lui qui n'en avait jamais bu une seule goutte de sa vie…

La cohabitation avec le personnel salarié

Les bénévoles viennent souvent dans l'association de manière occasionnelle. Puis, parfois, régulièrement. Éventuellement, ils doivent également collaborer avec des salariés. Dirigeants, salariés, bénévoles, chacun dispose d'une légitimité particulière. Lorsque l'association s'entoure de salariés, notamment pour encadrer la pratique des activités, la place des salariés est liée à leur expertise et à leurs qualifications.

Pourtant le professionnalisme des salariés n'a pas vocation à éclipser la légitimité institutionnelle des dirigeants, ni la place attendue pour les bénévoles. Dès que l'association devient employeur de personnel salarié, c'est avec les dirigeants que se met en place le lien hiérarchique. C'est également aux dirigeants qu'incombe le respect de la réglementation sociale (voir p. 404).

Savoir combiner l'énergie des bénévoles et le professionnalisme des salariés est un réel gage de succès pour l'association. L'exercice est néanmoins délicat. Il suppose d'**aménager l'action des deux types d'acteurs en organisant la confiance réciproque et le partage de valeurs communes.**

L'autorité des dirigeants est déléguée aux salariés dans le cadre du contrat de travail. Sur un plan juridique, la nature des attributions et l'étendue des pouvoirs conférés aux salariés doivent être précisées avec soin. La nature du lien de subordination oblige le salarié à se conformer aux directives des dirigeants et à rendre des comptes de leur activité. **On doit se poser la question de la manière dont le contrat de travail peut rendre compte de l'esprit associatif et comment formuler l'obligation pour le salarié de se conformer aux valeurs fondamentales de l'organisme.**

Les méthodes et outils

Pour conduire les projets de l'association et organiser l'activité des bénévoles, les dirigeants peuvent s'appuyer sur des méthodes et des outils qui ont fait preuve d'efficacité. **Les techniques d'organisation et de management pratiquées dans l'entreprise s'avèrent souvent utiles.** Il existe à ce sujet une abondante littérature et les bénévoles issus de l'entreprise sont familiarisés avec ces modes de fonctionnement, qui n'en seront que plus faciles à adapter dans un nouveau contexte.

Nous développons ici deux méthodes et deux outils, certains spécifiques au secteur associatif, d'autres issus du monde de l'entreprise :

- **La collégialité** est une méthode pour prendre une décision à plusieurs ; elle implique une démarche collective et la collaboration active de toutes les parties prenantes. C'est un travail exigeant pour les dirigeants mais parfaitement adapté à l'idéal associatif.
- **La délégation de pouvoir** est connue dans l'administration et les entreprises. Elle repose sur une réalité juridique bien précise et permet d'organiser une certaine « démultiplication » des dirigeants. Lorsqu'ils délèguent leurs pouvoirs à des bénévoles ou des salariés, les dirigeants ont tout intérêt à organiser les missions confiées de manière écrite et précise.
- En ce qui concerne les outils, nous avons plusieurs fois souligné la place fondamentale du **règlement intérieur.** L'association pourra y formaliser ses propres façons de travailler, de la prise de décision jusqu'à l'organisation des activités au quotidien.
- Le second outil à privilégier est **le budget.** Traduisant la vision financière du projet associatif, la gestion budgétaire donnera un cadre sécurisé à l'action des dirigeants. Le budget est le support d'une vision à terme de l'association ; l'approche prévisionnelle permet d'assurer la pérennité de l'organisme en sécurisant l'avenir à court terme.

Adopter un fonctionnement collégial

Les dirigeants sont souvent confrontés à la nécessité de prendre une décision collective, de poser un acte d'autorité qui les engage tous ensemble. Pour garantir un fondement solide aux décisions du bureau ou de l'organe dirigeant, il est intéressant de pratiquer la collégialité. **Lorsque la décision arrêtée est véritablement le fruit d'un processus collectif de réflexion et de maturation, sa légitimité est forte au sein de l'association.**

La collégialité, notamment lorsqu'elle s'applique à la prise de décision, est donc une méthode de travail à privilégier entre dirigeants. La recherche d'un consensus entre les parties prenantes à la décision présente de nombreux avantages ; la démarche est cependant lourde à mettre en œuvre et elle peut conduire à des situations de blocage.

Zoom

La pratique collégiale

Elle fonctionne à l'intérieur d'un cercle défini préalablement : bureau, CA ou tout autre groupe dénommé collège ou commission. À l'intérieur de ce groupe, tous les membres ont le même droit de faire valoir leur point de vue. En confrontant les avis de chacun, la discussion doit permettre de faire émerger progressivement un consensus. En contrepartie du droit de faire valoir son point de vue, le participant a l'obligation d'écouter les autres et d'accepter les compromis. Dans un fonctionnement collégial, ce n'est plus la vision d'un seul qui prévaut mais une vision commune qui devient acceptable pour tous.

Plus le groupe est réduit, plus le processus est rapide et efficace. Dans un groupe plus large, la collégialité est souvent ressentie comme un frein à l'action, un facteur d'inertie. La recherche d'un consensus peut amener des situations de blocage. Le dirigeant sera alors tenté de « passer en force » pour surmonter les dernières réticences.

Pratiquer la délégation

Déléguer consiste à faire faire par d'autres ce que vous n'avez pas le temps, la compétence – ou tout simplement le goût – de faire. Décrit ainsi, il n'apparaît pas que la délégation soit un art extrêmement délicat à pratiquer. Mais qu'on ne se trompe pas, il est difficile de « bien » déléguer et les implications se situent dans de nombreux registres. **Déléguer, c'est tout d'abord accepter de renoncer à une partie de ses pouvoirs.** Même si cela n'est que partiellement vrai sur un plan juridique (la délégation est révocable et le dirigeant garde la faculté de contrôler le délégataire), la délégation oblige à « lâcher prise ».

Certains dirigeants peuvent y voir l'aveu d'une certaine incompétence, d'une disponibilité insuffisante ou d'une motivation défaillante. Il n'en est rien, et il faut se persuader que le stéréotype du dirigeant associatif omniprésent, multicompétent et parfaitement disponible est nuisible à la fois pour l'association elle-même et pour l'image de marque du bénévolat. Conduire un projet associatif est par définition un travail d'équipe, une équipe à géométrie variable qu'il convient de dimensionner pour chacun des chantiers de l'association.

Pour les dirigeants, savoir confier certaines tâches à d'autres bénévoles est bien au contraire **un signe de compétence et un gage d'efficacité**. La délégation, notamment au profit des bénévoles dans les associations de pratique, est souvent tacite ; il convient pourtant d'organiser les délégations de pouvoir pour s'assurer qu'elles sont bien efficaces.

Le règlement intérieur, en décrivant les postes au sein de l'association, en définissant la place des bénévoles, permet d'organiser les délégations de pouvoir aussi bien à l'occasion du fonctionnement quotidien que pour les circonstances exceptionnelles.

Reposant sur la confiance réciproque, la délégation doit néanmoins remplir certaines conditions qui déterminent également sa validité au plan juridique.

✓ *Les conditions nécessaires à la délégation*

Pour être efficace, la délégation suppose :

- *Une information explicite. La délégation doit être sans ambiguïté. Pour ce faire, on procédera au moyen d'un document écrit dans lequel la mission confiée sera décrite de manière précise.*
- *Des pouvoirs en adéquation avec la mission confiée. La délégation doit être donnée à une personne disposant de la compétence, des moyens et de l'autorité nécessaire pour accomplir sa tâche.*
- *Une acceptation claire. La délégation suppose confiance mutuelle et accord des volontés. Elle ne se présume pas ; trop souvent les quiproquos naissent de situations où l'accord entre les parties est implicite. Elle doit être bornée dans le temps.*

▦ Deux outils : le règlement intérieur et le budget

Dans la conduite des différents chantiers, les dirigeants auront à mettre en œuvre les ressources de l'association – ressources humaines et moyens financiers – en optimisant leur « consommation ». Pour ce faire, deux outils doivent être rapidement adoptés par les dirigeants : le règlement intérieur et le budget. Chacun à leur manière, ces deux documents permettent aux dirigeants de construire la pérennité de l'association en sécurisant son fonctionnement au quotidien, sur le plan opérationnel (RI) et financier (budget) :

▷ **Le budget** est au pilotage financier ce que le tableau de bord est à la conduite automobile. Dans sa fonction de pilote, le dirigeant doit pouvoir s'appuyer sur un instrument de navigation fiable et pratique. **L'approche budgétaire permet aux dirigeants de sécuriser l'horizon financier de l'association à court et moyen terme**. Elle est donc essentielle pour assurer la pérennité de l'organisme. La technique budgétaire est décrite en troisième partie, mais disons tout de suite à quelle nécessité répond la pratique budgétaire.

Les dirigeants se doivent de gérer les finances de l'association en « bon père de famille » ; cela suppose principalement qu'ils se montrent prévoyants et prudents. La pratique budgétaire et la planification des dépenses répondent donc à une impérieuse nécessité. Le budget permet aux dirigeants de savoir « où ils en sont » et de rendre compte de la réalisation financière du projet associatif. Il dégage l'horizon financier de l'association, en la projetant dans le temps.

▷ **Le règlement intérieur** décrit et organise les interactions entre les différentes parties prenantes à l'association. Concernant le fonctionnement des dirigeants et la prise de décision, le RI peut organiser les modalités collégiales de prise de décision au sein des différents organes (collèges) de l'association. Vis-à-vis du déroulement des activités dans les associations de pratique, **le RI devient un véritable code de bonne conduite à destination des adhérents et des usagers**. La définition des droits et des obligations de chacun permet une plus grande responsabilisation de tous les membres de l'association, ce qui allège d'autant la tâche des dirigeants.

Dans les associations de pratique ou à vocation humanitaire, dont les bénévoles sont impliqués dans l'organisation ou l'encadrement des activités, le RI doit comporter une charte des bénévoles (voir des exemples en annexe) qui définit la place donnée aux bénévoles (nature des missions), l'étendue et la nature de leurs engagements (responsabilité, devoir de réserve, comptes rendus) et les contreparties offertes par l'association (confiance, valorisation, formation).

Maîtriser les conditions d'exercice des activités

L'exercice des activités associatives doit être parfaitement sécurisé pour éviter toute prise de risque inutile. Le souci est également de préserver les dirigeants en toutes circonstances contre une mise en jeu de leur responsabilité civile ou pénale. **Pour sécuriser les activités, il faut assurer le respect de la réglementation dans le fonctionnement au quotidien et assurer les risques résiduels**, ceux qui concernent des événements extraordinaires entraînant des conséquences plus ou moins graves (accidents et risques divers). La mise en œuvre du cadre réglementaire propre aux différentes activités de l'association incombe aux dirigeants. C'est à eux qu'il revient d'identifier correctement les contraintes légales en vigueur et d'en faire assurer le respect à l'intérieur de l'association. Ils disposent pour ce faire d'un outil privilégié, le règlement intérieur (RI).

Dans certaines associations, les bénévoles ou usagers participent physiquement à une activité impliquant des risques physiques ou travaillent avec des personnes protégées (mineurs, personnes souffrant de handicaps). Dans ce cas, l'association est tenue vis-à-vis des participants à une obligation générale de sécurité (voir p. 161) qui doit être mise en œuvre à l'initiative et sous la responsabilité des dirigeants. Pour ce faire, **les dirigeants disposent d'un pouvoir disciplinaire à l'égard des participants**, dont les modalités peuvent également figurer au RI.

Pour les risques résiduels, **le dirigeant veillera à voir la responsabilité civile de l'association parfaitement assurée.** Les bénévoles doivent à cet égard être considérés comme des tiers entre eux pour que l'assurance couvre également leur préjudice. L'assurance de responsabilité civile est la garantie d'assurance fondamentale pour l'association et rares sont les cas où les dirigeants pourront se dispenser de souscrire ce genre de police.

Pourtant l'assurance responsabilité civile (RC) pour les associations n'est pas légalement obligatoire, **sauf pour certaines activités désignées par la loi** :
• les centres de vacances ;
• les centres de loisirs sans hébergement ;
• les établissements ayant la garde de mineurs handicapés ou inadaptés ;
• les associations et groupements sportifs ;
• les associations à but non lucratif qui organisent des voyages.

Il faut regretter que de nombreuses associations, par souci d'économie ou par inconscience des dirigeants, ne soient pas assurées sur le plan de la responsabilité civile.

Il appartient également aux dirigeants d'évaluer les autres risques liés à l'activité associative (occupation de locaux, réception du public, prestations de bouche) et de souscrire les garanties d'assurance adaptées pour couvrir les biens et les personnes.

Respecter le cadre légal des activités

Les activités des associations sont multiples et la réglementation est souvent complexe, voire confuse. Chaque fois qu'il a un doute, le dirigeant doit s'informer auprès de personnes qualifiées (services techniques, conseil juridique, pouvoirs publics) et se ménager la preuve qu'il a bien entrepris les efforts nécessaires pour s'assurer du respect de la réglementation.

Compte tenu de la diversité des domaines d'intervention possibles, il n'est pas possible de détailler ici l'ensemble des régimes juridiques obligatoires mais certains points méritent d'être rappelés :

- les réglementations sectorielles (tourisme, formation, spectacles, activités intermédiaires, etc.) ;
- la réglementation liée à l'accueil du public ;
- les obligations de qualification du personnel et des équipements pour les activités et publics à risques.

D'une manière générale, **l'association doit s'assurer qu'adhérents et usagers veillent aux impératifs légaux dans tous les domaines suivants : sécurité, hygiène, principe de précaution, protection des personnes sensibles.**

Lorsque ces autorisations sont données à une personne physique représentant l'association, un problème peut se poser en cas de changement de dirigeant.

Les réglementations sectorielles

Certaines associations sont régies par des dispositions spécifiques à cause de la nature particulière de leur activité. Il s'agit notamment des associations sportives et des associations agréées de tourisme, des associations de jeunesse et d'éducation populaire. La liste des activités réglementées est donnée en annexe sur document téléchargeable. **Que l'association exerce à titre habituel ou occasionnel une activité réglementée, elle doit se conformer aux textes en vigueur.**

Certains dispositifs prévoient un régime allégé dès lors que l'activité est occasionnelle (voir pour un exemple p. 199 pour la licence d'entreprise de spectacle et la rémunération des artistes par les organisateurs occasionnels de spectacle). Encore faut-il que l'activité soit à la fois annexe et occasionnelle. Dès lors que l'activité est mentionnée dans les statuts, l'association peut difficilement échapper au strict respect de la réglementation. Nous développons quelques exemples de réglementation sectorielle : le sport, la formation, le tourisme et l'organisation de spectacles vivants.

Les associations sportives

Zoom

La réglementation pour les associations sportives

L'obligation de sécurité des associations sportives. Dans le cas des associations sportives, les tribunaux considèrent que l'obligation de sécurité est de nature contractuelle. Cette distinction a pour conséquence de permettre à l'association de prévoir des clauses limitatives ou exonératoires de responsabilité.

Par ailleurs, lorsque les membres n'ont pas de participation active et qu'ils sont obligés de s'en remettre entièrement à l'association, l'obligation de sécurité est considérée comme une obligation de résultat. Cela a pour conséquence de renverser la charge de la preuve : c'est l'association qui doit prouver qu'il y a cas de force majeure ou que la victime a concouru au dommage par sa propre faute.

L'obligation d'assurance. L'association sportive est tenue de souscrire une assurance en responsabilité civile pour tous ceux et celles qui fréquentent l'établissement. Par « tous », il faut entendre les sportifs compétiteurs, les non-licenciés, les entraîneurs, dirigeants, secrétaires salariés du club. Il en va de même lorsqu'il s'agit de l'organisation de manifestations sportives.

En outre, les groupements sportifs sont tenus d'informer leurs adhérents de leur intérêt à souscrire un contrat d'assurance de personne couvrant les dommages corporels auxquels peut les exposer leur pratique sportive. Ils peuvent aussi leur proposer différentes formules de garanties qu'ils pourront éventuellement contracter en sus, le tout en rapport avec leurs besoins.

L'obligation d'affichage :
- diplômes et titres des personnes exerçant dans l'établissement et cartes professionnelles d'éducateurs sportifs ;
- récépissés de la déclaration, des textes relatifs aux garanties d'hygiène et de sécurité, et normes techniques applicables à l'encadrement des activités ;
- attestation du contrat d'assurance ;

- tableau d'organisation des secours.

L'obligation de détenir une trousse de secours actualisée.

L'obligation de détenir un moyen de communication (pour alerter rapidement les secours).

L'obligation d'informer le préfet de tout accident grave.

L'obligation de présenter des produits et des services normalisés :

- matériel aux normes ;
- personnel d'encadrement qualifié, (diplôme d'état ou homologué).

Le contrôle médical :

- il est obligatoire pour l'obtention d'une licence sportive ;
- produire un certificat médical d'aptitude à la pratique.

Modification de la déclaration. Informer la DDJSS de toute modification – nouveaux dirigeants, statuts, lieu d'exercice.

Les activités de formation

Zoom

La réglementation en matière de formation professionnelle continue

Toute personne physique ou morale qui exerce, à titre principal ou accessoire, l'activité de dispensateur de formation professionnelle doit, avant de conclure une convention de formation ou un contrat de formation professionnelle avec son commanditaire, lui communiquer toute une série d'informations préalables, dans le respect des règles applicables en matière de publicité.

Tout organisme de formation doit par ailleurs établir le règlement intérieur applicable aux stagiaires.

Toute infraction à ces obligations peut être punie d'une amende de 4 500 € et/ou d'un emprisonnement d'un an.

La déclaration d'activité. Tout prestataire de formation doit, dès la conclusion du premier contrat ou de la première convention de formation professionnelle, déposer auprès de la préfecture de région, avec un ensemble de pièces dont la liste est fixée par arrêté, une déclaration d'activité.

Cette déclaration est effectuée à l'aide des formulaires Cerfa n° 10782*02 (bulletin de déclaration d'activité d'un prestataire de formation). La déclaration d'activité a remplacé la déclaration d'existence préalablement exigée.

Le bilan pédagogique et financier. Chaque année, le dispensateur de formation retrace son activité dans un formulaire spécifique, le bilan pédagogique et le bilan financier retraçant l'activité de dispensateur de formation professionnelle.

Transmis par la préfecture de région (service régional de contrôle), ce document doit lui être retourné, dûment rempli (et accompagné du bilan, du compte de résultat et de l'annexe si le chiffre d'affaires hors taxes est supérieur à 15 244,90 €), avant le 30 avril de l'année suivant celle concernée par le bilan.

L'absence de bilan pédagogique et financier pendant deux années consécutives entraîne la caducité de la déclaration d'activité, et donc l'impossibilité d'exercer l'activité de dispensateur de formation.

Des règles comptables spécifiques :

- **des documents à établir, une comptabilité distincte**. Le dispensateur de formation est tenu d'établir chaque année un bilan, un compte de résultat et une annexe. En cas d'activités multiples, la comptabilité doit permettre de suivre, de façon distincte, l'activité de formation professionnelle ;

- **un plan comptable spécifique**. Les dispensateurs de droit privé à activités multiples ou à activité unique, si celle-ci représente plus de 15 244,90 € de chiffre d'affaires, doivent suivre leur comptabilité conformément au plan comptable adapté aux organismes de formation ;

- **la désignation d'un commissaire aux comptes**. Les dispensateurs de formation de droit privé doivent désigner un commissaire aux comptes s'ils atteignent deux des trois seuils suivants :

  - 3 salariés en contrat à durée indéterminée,
  - 153 000 € de chiffre d'affaires hors taxes ou de ressources,
  - 230 000 € au total du bilan.

L'organisation de spectacles vivants

Zoom

La réglementation en matière d'organisation de spectacles à titre habituel

Toute personne morale proposant à titre habituel des spectacles doit disposer à cet effet d'une licence d'entrepreneur de spectacles. Cette licence est délivrée à la personne physique du dirigeant.

Comment obtenir la licence d'entrepreneur de spectacles ? La licence d'entrepreneur de spectacles est désormais obligatoire pour tout responsable de structure associative ou commerciale dont l'activité habituelle est la production de spectacles.

Les licences sont déconcentrées et les directeurs régionaux des affaires culturelles sont les autorités compétentes pour instruire les dossiers de licences d'entrepreneurs de spectacles par délégation des préfets.

Réglementation de la profession du spectacle. La réglementation de la profession du spectacle débute avec l'ordonnance du 13 octobre 1945 relative aux spectacles, qui définit et organise la profession d'entrepreneur de spectacles et met en place la licence.

Cependant, la loi n° 99-198 du 18 mars 1999 (JO du 19 mars 1999), qui n'abroge pas complètement l'ordonnance initiale, en garde les dispositions relatives à la protection des salles qui, depuis 1945, ont assuré, malgré des difficultés certaines, le maintien des salles de spectacles et des garanties économiques liées à leur exploitation.

La licence peut se définir comme étant une autorisation professionnelle qui a pour but de professionnaliser le secteur très varié du spectacle vivant en demandant à tout candidat d'offrir des garanties à la fois administratives et juridiques. Elle permet, par ailleurs, le contrôle du régime de protection sociale des artistes qui sont en situation de salariés vis-à-vis de leur employeur, l'entrepreneur de spectacles. La délivrance et le renouvellement de la licence permettent de vérifier la régularité de la situation de l'entrepreneur de spectacles au regard de ses obligations sociales et réglementaires.

La loi de 1999 donne une définition des notions de spectacle vivant et d'entrepreneur de spectacles. Le spectacle vivant est défini par la présence physique d'au moins un artiste du spectacle percevant une rémunération lors de la représentation en public d'une œuvre de l'esprit.

La définition de l'entrepreneur de spectacles s'articule autour de trois métiers qui ne sont pas incompatibles entre eux : exploitants de lieux de spectacles aménagés pour les représentations publiques, producteurs de spectacles ou entrepreneurs de tournées, diffuseurs de spectacles.

Qui doit demander la licence ? Tout entrepreneur de spectacles, qu'il s'agisse d'une structure associative ou commerciale, qu'elle soit privée ou publique, doit être titulaire de la licence, le fait générateur étant l'emploi d'artistes.

Toutefois, peuvent exercer occasionnellement l'activité d'entrepreneur de spectacles, sans être titulaires d'une licence, dans la limite de six représentations par an, toute personne physique ou morale qui n'a pas pour activité principale ou pour objet l'exploitation de lieux de spectacles, la production ou la diffusion de spectacles ; de même les groupements d'artistes amateurs bénévoles faisant occasionnellement appel à un ou plusieurs artistes du spectacle percevant une rémunération.

Ces représentations doivent faire l'objet d'une déclaration préalable à l'autorité administrative compétente un mois au moins avant la date prévue.

Quelle licence demander ? Les entrepreneurs de spectacles vivants sont classés en trois catégories :

- **la licence de 1ʳᵉ catégorie**. Elle concerne les exploitants de lieux de spectacles aménagés pour les représentations publiques, et qui les exploitent effectivement. Ils en assument l'entretien et l'aménagement pour les louer à un diffuseur ou à un producteur/diffuseur ;
- **la licence de 2ᵉ catégorie**. Elle concerne les producteurs de spectacles ou entrepreneurs de tournées qui ont la responsabilité d'un spectacle, et notamment celle d'employeur à l'égard du plateau artistique. Ils choisissent et montent les spectacles, ils coordonnent les moyens humains, financiers, techniques et artistiques nécessaires et en assument la responsabilité. Les entrepreneurs de tournées dont l'activité se limiterait à une activité de diffusion de spectacles pourront obtenir une licence de diffuseur ;
- **la licence de 3ᵉ catégorie**. Elle concerne les diffuseurs de spectacles qui ont la charge, dans le cadre d'un contrat, de l'accueil du public, de la billetterie et de la sécurité des spectacles ; lorsque le diffuseur exploite lui-même le lieu, il doit également être titulaire de la licence d'exploitant de salle. Elle concerne aussi les entrepreneurs de tournées qui n'ont pas la responsabilité d'employeur à l'égard du plateau artistique.

Les pièces à fournir. Pour une première demande, il faut fournir :

- une fiche individuelle d'état civil ;
- un extrait (bulletin n° 3) du casier judiciaire ;
- une copie des statuts de la société ou de l'association ;
- le programme des activités artistiques prévues et le type d'artistes employés.

Il est utile de prendre contact avec la direction régionale des affaires culturelles dont on dépend pour connaître exactement les pièces nécessaires à la constitution du dossier.

Qui est titulaire de la licence ? Personnelle et incessible, la licence est attribuée à une personne en sa qualité de responsable d'une structure. Nul n'est admis à diriger, soit directement soit par personne interposée, une entreprise de spectacles s'il n'est personnellement muni de la licence :

- lorsque l'activité d'entrepreneur de spectacles vivants est exercée par une personne physique, la licence est délivrée à cette personne sur justification de son immatriculation au Registre du commerce et des sociétés, ou, le cas échéant, au Répertoire des métiers ;
- lorsque l'activité d'entrepreneur de spectacles vivants est exercée par une personne morale, la licence est accordée au représentant légal ou statutaire de celle-ci, sous réserve des dispositions suivantes : l'identité de la personne ainsi désignée est transmise pour information à l'autorité administrative compétente au plus tard dans un délai de quinze jours à compter de cette désignation.

La licence d'entrepreneur de spectacles vivants est délivrée aux candidats qui remplissent les conditions suivantes :

- être majeur ;
- être titulaire d'un diplôme de l'enseignement supérieur ou justifier d'une expérience professionnelle de 2 ans au moins ou d'une formation professionnelle de 500 heures au moins dans le domaine du spectacle ;
- justifier de la capacité juridique d'exercer une activité commerciale.

En outre, la délivrance de la licence 1 (exploitants de lieux de spectacles aménagés pour les représentations publiques) est soumise aux conditions suivantes :

- être propriétaire, locataire ou titulaire d'un titre d'occupation du lieu de spectacle qui fait l'objet de l'exploitation ;
- avoir suivi, auprès d'un organisme agréé, une formation à la sécurité des spectacles adaptée à la nature du lieu de spectacle ou justifier de la présence dans l'entreprise d'une personne qualifiée dans le domaine de la sécurité des spectacles.

Le renouvellement de la licence est subordonné à la justification de la régularité de la situation des obligations au regard du droit du travail, de la Sécurité sociale et de la propriété littéraire et artistique. En cas de manquement à ces obligations, la licence peut être retirée.

Quelle est la durée de validité de la licence ? Les licences sont attribuées pour une durée de 3 ans. Leur renouvellement sera réputé acquis lorsque l'autorité compétente n'a pas notifié sa décision dans un délai fixé par décret.

Ce régime d'autorisation tacite permet d'éviter qu'un retard de procédure ne pénalise l'activité des entrepreneurs.

Quels contrôles ? Il n'y a pas de contrôle de la qualité artistique du projet présenté par le candidat à la licence, mais un contrôle de la régularité de sa situation au regard des différents principes réglementaires énoncés ci-dessus. Le service instructeur vérifie également la régularité de la situation du demandeur au regard des lois sociales.

Au-delà des officiers et agents de police judiciaire, les inspecteurs du travail et les agents de contrôle des organismes sociaux sont habilités à constater l'infraction caractérisée par l'exercice de l'activité d'entrepreneur de spectacles sans licence, à l'occasion de leurs contrôles dans les entreprises. Les sanctions visent tant les personnes physiques qui doivent être titulaires de la licence que les personnes morales.

Les administrations et organismes chargés du contrôle de l'application du droit du travail, de la Sécurité sociale et de la propriété littéraire et artistique devront communiquer aux directeurs régionaux des affaires culturelles, autorités compétentes pour instruire les dossiers de licences d'entrepreneurs de spectacles par délégation des préfets, les éléments d'information qui leur seront utiles pour instruire les procédures de retrait de la licence d'entrepreneur de spectacles vivants.

L'obligation complémentaire de sécurité dans les activités présentant un risque

Dès lors que l'activité de l'association présente un risque, celle-ci a l'obligation d'assurer la sécurité des gens qui y participent, qu'ils soient adhérents ou pas. Cette notion de risque est interprétée de manière très large par les tribunaux. Ceux-ci ont pu considérer par exemple que l'organisation d'une vente de charité comportait des risques mettant à la charge de l'association organisatrice une obligation complémentaire de sécurité.

L'obligation à la charge de l'association est une obligation de moyens. L'association doit donc prendre toutes les précautions utiles pour assurer la sécurité des personnes. La victime devra dans le cadre d'une action en justice apporter la preuve que l'association a failli à son obligation. Il ne s'agit pas d'une responsabilité absolue ; l'association pourra toujours prouver le cas échéant que la victime a elle-même commis une faute (voir un exemple : Cass. 1re Civ. 16-12-97) ou qu'il s'agit d'un cas de force majeure.

La réglementation liée à l'accueil du public pour les ERP

Un établissement recevant du public (ERP) est **un bâtiment, un local, une enceinte, dans lequel des personnes sont admises soit librement, soit moyennant une rétribution ou une participation quelconque, ou dans lequel sont tenues des réunions à tout venant ou sur invitations, payantes ou non** (article R 123.2 Code construction habitation).

La classification

Pour tenir compte de réalités différentes, le législateur a classé tous les lieux recevant du public pour appliquer des règlements appropriés. **La catégorie est déterminée en fonction de l'effectif du public pouvant être accueilli dans l'établissement** selon les seuils suivants :

- 1re catégorie, au-dessus de 1 500 personnes ;
- 2e catégorie, de 701 à 1 500 personnes ;
- 3e catégorie, de 301 à 700 personnes ;
- 4e catégorie, 300 personnes et au-dessous, à l'exception des établissements compris dans la 5e catégorie ;
- 5e catégorie, établissements dans lesquels l'effectif du public n'atteint pas le chiffre minimum fixé par le règlement de sécurité pour chaque type d'exploitation (chiffre inférieur à chacun des nombres du tableau).

Type	Établissements assujettis	Seuil maximum de la 5e catégorie		
		S/Sol	Étages	Tous les niveaux
L	Salles d'audition, de conférences, de réunions Salles réservées aux associations Salles de quartier	100		200
	Salles de projection, de spectacles	20		50
	Cabarets	20		50
	Salles polyvalentes à dominante sportive Salles polyvalentes non classées type X	20		50
	Salles de réunions sans spectacle	100		200
M	Magasins de vente	100	100	200
	Centres commerciaux	100	100	200
N	Restaurants, cafés, brasseries, débits de boissons, bars, etc.	100	200	200
O	Hôtels, motels, pensions de famille			100
P	Salles de danse, bals, dancing Salles de jeux	20	100	120
R	Établissements d'enseignement Internats primaires et secondaires Collectifs des résidences universitaires	100	100	200
	Écoles maternelles, crèches, garderies	Interdit	1	100
	Internats Colonies de vacances			20 30 20
S	Bibliothèques Centres de documentation	100	100	200
T	Halls Salles d'exposition	100	100	200
U	Établissements de soins			20 lits
	Établissements spécialisés (handicapés, personnes âgées, pouponnières…)			20 lits
	Établissements de jour, consultants			100
V	Établissements de culte	100	200	300
W	Administrations Banques, bureaux	100	100	200

X	Établissements sportifs couverts	100	100	200
Y	Musées	100	100	200
CTS	Chapiteaux, tentes et structures			50
GA	Gares aériennes Gares souterraines Gares mixtes			200
OA	Hôtels, restaurants d'altitude			200
PA	Établissements de plein air			300
EF	Établissements flottants			
SG	Structures gonflables			
REF	Refuges de montagne			

L'autorité responsable

Le Code général des collectivités territoriales confie au maire une responsabilité de police générale sur sa commune (L. 2912-2). C'est ainsi qu'il doit prendre toute disposition pour assurer la sécurité des personnes et des biens en cas de danger grave et imminent. En outre, il exerce dans le domaine de la sécurité des établissements recevant du public un pouvoir de police spéciale en vertu de l'article R 129-19 du Code de la construction et de l'habitation. À ce titre, il est amené à délivrer les permis de construire, à autoriser les travaux non soumis à permis de construire et à faire procéder aux visites de réception et contrôles périodiques ou inopinés par la commission de sécurité.

Le maire s'appuie, pour prendre sa décision, sur l'avis de la commission de sécurité. Toutefois, celui-ci n'est que consultatif, le législateur ayant souhaité que les réalités locales puissent être prises en compte.

Un dossier soumis à l'avis de la commission de sécurité

Les dossiers soumis à la commission de sécurité compétente en vue de recueillir son avis doivent comporter **toutes les précisions nécessaires pour qu'on puisse s'assurer qu'il a été satisfait aux conditions de sécurité prévues à la réglementation en vigueur,** notamment en ce qui concerne la nature de l'établissement et les conditions d'exploitation, la situation et la superficie, le mode de construction du gros œuvre et des toitures.

Des interlocuteurs nombreux

On veillera à ne pas sous-estimer le temps nécessaire aux démarches suivantes, ni l'éventualité de coûts d'aménagement consécutifs :

- la mairie, pour toute demande de permis de construire ou autorisation d'ouverture ;
- la préfecture, pour toutes demandes d'information sur l'ouverture de votre lieu d'accueil et la commission de sécurité ;
- le service départemental incendie ;
- la direction départementale de l'équipement (DDE) ou à la direction départementale des affaires sanitaires et sociales (DDASS) pour la réglementation concernant **l'accessibilité des personnes handicapées** en leur fournissant une notice des mesures prises dans l'établissement.

Les obligations de qualification

Qui dit métier, dit compétences, et donc qualification. **De nombreux domaines sont concernés par la professionnalisation des activités** (par exemple, voir p. 165). C'est un gage de qualité supplémentaire que peuvent afficher de nombreuses associations. Mais la qualification des emplois, bénévoles ou non, s'impose comme une obligation pour les activités réglementées, et plus spécialement dans les secteurs médicaux et sociaux.

Nous développons deux exemples où la réglementation impose une obligation de formation : les animateurs de centres de vacances et les éducateurs sportifs.

Les animateurs de centres de vacances ou de centres de loisirs

Par l'arrêté du 21 mars 2003 (JO du 26 mars 2003), **les fonctions d'animateur des centres de vacances et des centres de loisirs peuvent être exercées par les titulaires du brevet d'aptitude aux fonctions d'animateur (BAFA)**. Le BAFA est un diplôme destiné à permettre d'encadrer à titre non professionnel, de façon occasionnelle, des enfants et adolescents en centres de vacances ou de loisirs (CVL).

✔️ *Les aides*

Certaines structures attribuent des aides financières aux candidats BAFA, sous certaines conditions mais pas systématiquement dans tous les départements (DDJS, CAF, conseil régional, certains comités d'entreprise pour les enfants de leur personnel ou organisateurs de CVL, certaines ANPE pour les candidats en situation de recherche d'emploi…).

Cependant, un titre ou un diplôme figurant sur une liste arrêtée par le ministre chargé de la Jeunesse permet une équivalence. Il s'agit notamment des :

- brevet d'État d'éducateur sportif (BEES) 1er degré ;
- brevet professionnel de la jeunesse, de l'éducation populaire et du sport (BPJEPS) ;
- brevet d'État d'animateur technicien de l'éducation populaire et de la jeunesse (BEATEP) ;
- brevet d'aptitude professionnelle d'assistant animateur technicien (BAPAAT), option loisirs du jeune et de l'enfant ;
- certificat de qualification professionnelle 1er degré de l'animation ;
- diplôme universitaire de technologie (DUT), spécialité carrières sociales ;
- certificat d'aptitude aux fonctions de moniteur-éducateur (CAFME) ;
- moniteur interarmées d'entraînement physique et sportif ;
- certificat d'aptitude professionnelle (CAP) petite enfance ;
- diplôme d'études universitaires générales (DEUG) STAPS.

Mais la compétence ne s'arrête pas au diplôme. La réglementation sur les conditions d'exercice des activités évolue régulièrement. L'arrêté du 20 juin 2003 (modifié par l'arrêté du 3 juin 2004) fixe les modalités d'encadrement et les conditions d'organisation et de pratique de certaines activités physiques dans les centres de vacances et les centres de loisirs sans hébergement.

L'éducateur sportif

En matière d'activité sportive, l'article 43 de la loi du 16 juillet 1984 qualifie même de faute pénale le fait de dispenser contre rémunération des activités physiques et sportives sans être titulaire d'un diplôme d'État.

(Zoom)

Le BEES

Le brevet d'État d'éducateur sportif permet d'exercer contre rémunération une activité d'enseignement, d'encadrement ou d'expertise dans une discipline sportive, il comprend trois degrés ;

- **le BEES 1er degré** (diplôme de niveau IV) donne la qualification nécessaire à l'organisation et à la promotion des activités physiques et sportives. Pour accéder à la formation il faut être âgé de 18 ans et posséder un bon niveau de pratique sportive dans la discipline choisie. La formation est articulée en deux parties complémentaires, elle comprend une formation commune à toutes les disciplines sportives et une formation spécifique à chaque sport. La validation se fait par examen ou par contrôle continu des connaissances ;

- **le BEES 2ᵉ degré** (diplôme de niveau II) donne la qualification nécessaire pour la conduite d'un entraînement pour des athlètes de valeur en vue de la compétition, la formation de cadres, la gestion et la promotion d'une structure ouverte aux activités physiques et sportives ;
- **le BEES 3ᵉ degré** (diplôme non homologué) donne la qualification nécessaire à l'expertise et à la recherche, permet d'accéder à des fonctions techniques de haut niveau. Pour accéder au 3ᵉ degré il faut être titulaire du 2ᵉ degré depuis au moins 4 ans ou être sportif de haut niveau.

Instaurer une discipline de fonctionnement

Dès lors que les activités associatives prennent forme, une organisation concrète doit se mettre en place au service du but à atteindre. Pour manager efficacement son association et dégager leur responsabilité, **les dirigeants ont tout intérêt à fixer certains aspects sur le papier et à leur donner ainsi un caractère obligatoire pour tous les membres.**

Plutôt que de laisser la plus grande latitude aux bénévoles pour organiser le quotidien, il est préférable de poser par écrit les principales règles de fonctionnement que l'association entend voir respecter par ses membres ; c'est le rôle du règlement intérieur qui a déjà été évoqué plus haut.

La participation des bénévoles

L'exigence d'une discipline de fonctionnement est particulièrement nette pour les associations de pratique impliquant la participation active des bénévoles. D'une manière générale, toutes les associations de type « ici et maintenant » trouvent avantage à encadrer l'activité en proposant une règle du jeu écrite et claire sous la forme d'un règlement intérieur.

Le service rendu aux usagers

Vis-à-vis des usagers de l'association prestataire de services, **le règlement intérieur prend une valeur quasi contractuelle.** Il définit les services offerts par l'association et précise les droits et les devoirs des usagers.

Les dirigeants prendront en assemblée générale toute disposition pour que les règles applicables au déroulement des activités soient intégrées au RI (horaires, exigences particulières, équipement, état physique, production d'un certificat médical). Les dirigeants et leurs préposés (bénévoles ou salariés) disposeront alors d'une grande latitude pour faire respecter les règles, quitte à limiter l'accès aux activités aux seuls usagers remplissant toutes les conditions requises (ponctualité, équipement, état physique, règlement de cotisation).

La discipline financière

Un contrôle minimal s'opérera sur le fonctionnement du compte bancaire (relevés de comptes), les dépenses engagées (talons des chéquiers) et les remboursements de frais des bénévoles. Le **règlement financier** et des **règles de prudence** de l'association régiront son rapport à l'argent (voir p. 342).

Souscrire un contrat d'assurance efficace

La garantie minimale à souscrire pour un dirigeant prudent est la couverture de la responsabilité civile de l'association, l'obligation d'indemniser les tiers au cas où l'association leur porterait préjudice. Qu'elle soit souscrite auprès d'un assureur généraliste ou bien par l'adhésion à un contrat de groupe (fédération), **la garantie de RC doit être large et s'appliquer aussi bien à l'activité statutaire qu'aux manifestations exceptionnelles.**

D'une manière générale, il n'est plus nécessaire de fournir chaque année à l'assureur la liste nominative des adhérents, ni d'effectuer une déclaration spéciale pour les manifestations exceptionnelles. Cependant, les dirigeants auront soin de se conformer aux conditions particulières de leur contrat.

✔ *Les principales activités où l'assurance de RC est obligatoire*

Certaines associations en raison de leurs activités (associations sportives, associations communales de chasse, associations de tourisme, centres de loisirs sans hébergement, association en charge de mineurs handicapés ou inadaptés) ont l'obligation d'assurer leur responsabilité civile.

L'assurance « responsabilité civile » doit garantir :
• l'association en tant que personne morale ;

- les personnes impliquées dans les activités (membres, salariés, bénévoles…). Pour que les dommages causés soient pris en charge, il faut que les personnes soient considérées comme tiers entre elles pour les dommages qu'elles pourraient s'occasionner les unes aux autres ;
- les risques liés aux activités de l'association (activité habituelle, occasionnelle ou exceptionnelle).

Les activités habituelles doivent être mentionnées explicitement dans les conditions particulières du contrat qui pourra également faire mention des manifestations exceptionnelles. Pour ces manifestations, on pourra procéder à une déclaration préalable à l'assureur qui délivrera une lettre de couverture.

La garantie des bénévoles

Le bénévole occasionnel ou permanent ne bénéficie pas de la législation sur les accidents de travail ; l'assurance « responsabilité civile » doit couvrir la responsabilité de l'association envers les bénévoles. **Il faut vérifier que la garantie est bien accordée pour une aide bénévole régulière ou occasionnelle.**

Zoom

À noter

Certains bénévoles, participant à l'action d'organismes sociaux menant, à titre principal et permanent, des actions à caractère social, médico-social et éducatif, avec le concours de travailleurs sociaux ou d'équipes pluridisciplinaires, bénéficient de la législation sur les accidents de travail (article L. 412-8 6° et D. 412-78 à D. 412-81 du Code de la Sécurité sociale).

L'assurance de la responsabilité civile des dirigeants

On sait qu'en dehors de la responsabilité attachée au fonctionnement de l'association en tant que personne morale, les dirigeants peuvent voir leur responsabilité personnelle engagée. Il s'agit d'un contrat distinct de celui couvrant la responsabilité civile générale de l'association, dans la mesure où les intérêts à protéger ne sont pas les mêmes. Il couvre la responsabilité civile des dirigeants (président du conseil d'administration, vice-président, trésorier, secrétaire et tout dirigeant de fait) vis-à-vis des tiers. **La garantie des dirigeants ne porte que sur les conséquences de leur négligence ou de leur imprudence, mais non de faits intentionnels.**

(Zoom)

Une assurance gratuite de responsabilité civile pour les dirigeants bénévoles

La Fondation du bénévolat propose une assurance gratuite de responsabilité civile pour les dirigeants et les bénévoles impliqués dans le fonctionnement de la structure.

La garantie doit être souscrite en ligne ; il suffit d'inscrire son association sur le site de la fondation à cette adresse : http://www.fondation-benevolat.net/ et de déclarer ensuite l'identité et les fonctions des personnes que l'on souhaite assurer.

Les dirigeants assurés sont couverts contre les conséquences pécuniaires de la responsabilité civile qu'ils encourent du fait de « fautes, erreurs, oublis, omissions, inexactitudes, fausses interprétations de textes légaux ou réglementaires » commis dans l'exercice de leurs fonctions.

Les locaux et les biens

Que l'association soit propriétaire, locataire ou occupant à titre gratuit, **elle doit souscrire une assurance multirisque qui couvre les incendies, dégâts des eaux, explosions, actes de terrorisme, catastrophes naturelles, tempêtes, vols et vandalisme.**

L'occupant d'un local doit garantir soit sa responsabilité locative vis-à-vis du propriétaire, sauf s'il existe une renonciation à recours figurant au bail de location et reprise dans le contrat d'assurance multirisque (incluse dans le contrat, elle évite que la société d'assurance du propriétaire ne se retourne contre les dirigeants ou les collaborateurs de l'association), soit le local lui-même s'il est propriétaire.

Généralement, l'assurance multirisque habitation couvre aussi la responsabilité envers les biens, les voisins et les tiers : c'est la garantie « recours des voisins et des tiers ». Dans le cas d'occupation occasionnelle, une extension de l'assurance « responsabilité civile » suffit mais il faut vérifier si le contrat prend en compte ce risque.

La protection juridique

L'association peut être confrontée à des litiges. L'assureur propose la souscription d'une garantie « protection juridique » dont l'objet est de délivrer une information juridique, assister l'association dans ses droits et devoirs dans tous litiges (amiable, judiciaire), prendre en charge les frais de procédure à l'exception du montant des amendes et condamnations. **C'est un service d'assistance juridique. Il est important que le contrat soit établi à partir du descriptif exact des activités de l'association.**

La mise en jeu de la responsabilité est un risque qui peut être couvert auprès d'un assureur en souscrivant un contrat d'assurance adapté. En revanche, en matière de responsabilité pénale, il n'y a pas de possibilité de transfert du risque à l'assureur. Seules des garanties de type « protection juridique » permettent à l'association de bénéficier d'aides pour la conduite de l'action judiciaire.

Les relations du dirigeant avec l'association

Le régime de responsabilité du dirigeant

À l'égard des dirigeants, **l'exigence de sérieux et de professionnalisme est bien concrète.** Les dirigeants sont responsables devant l'assemblée générale qui dispose la plupart du temps de la faculté de les révoquer (voir p. 103), voire de rechercher la mise en jeu de leur responsabilité civile. Par ailleurs, si des dysfonctionnements graves apparaissent, les dirigeants peuvent être jugés responsables des conséquences dommageables des activités de l'association.

Dans quelles conditions la responsabilité civile des dirigeants d'association peut-elle être engagée ?

La responsabilité civile d'une personne peut être engagée dès lors qu'elle a commis une faute, que cette faute cause un préjudice à un tiers et qu'il existe un lien de causalité direct entre la faute et le préjudice éprouvé. Trois catégories de personnes sont susceptibles de reprocher aux dirigeants une faute : l'association elle-même, ses membres ou des tiers, c'est-à-dire des personnes n'ayant aucun lien avec l'association.

La mise en cause des dirigeants par l'association elle-même

Ce cas est relativement rare mais **il peut se produire en cas de changement de l'équipe dirigeante, la nouvelle équipe reprochant à l'ancienne des fautes de gestion :**

▶ Pour que la responsabilité du (ou des) dirigeant(s) puisse être mise en jeu, **il faut prouver dans le cadre d'une action en justice qu'ils ont personnellement commis une faute créant un préjudice pour l'association.**

Cela suppose d'intenter une action en justice, ce qui est en principe réservé aux dirigeants de l'association. En effet, un sociétaire ne peut pas agir seul en justice pour le compte de l'association ; son action ne serait pas recevable. Cette action en justice suppose donc qu'il y ait eu un changement de dirigeant.

▶ Ensuite, **il est nécessaire de prouver que le dirigeant a commis une faute dans l'exercice de son mandat.** Pour apprécier la gravité de la faute commise, le juge tiendra compte du statut du dirigeant : un bénévole sera jugé moins sévèrement qu'un dirigeant salarié. La faute doit avoir été commise personnellement par le dirigeant. Un dysfonctionnement de l'association qui ne résulterait pas clairement d'un manquement du dirigeant à ses fonctions telles qu'elles sont définies par les statuts et/ou le règlement intérieur ne pourrait être considéré comme une faute personnelle du dirigeant.

Il s'agira la plupart du temps d'une faute de gestion dans le cadre du mandat qui a été confié par l'association à son dirigeant mais des fautes plus graves – détachables des fonctions – peuvent également être invoquées, comme le fait d'avoir agi en dehors de l'objet associatif, d'avoir excédé ses pouvoirs ou d'avoir utilisé ou profité de l'association à des fins personnelles. Dans ce dernier cas, la responsabilité pénale du dirigeant pourra également être recherchée.

▶ Enfin, **il est nécessaire de prouver que la faute commise a causé un préjudice direct et réel à l'association.** La Cour de cassation a jugé (Cass. 1re Civ. 3-2-87) que des irrégularités comptables graves n'engageaient pas la responsabilité des dirigeants dès lors qu'ils avaient laissé l'association dans une situation financière florissante.

On voit donc qu'il est assez difficile pour l'association d'engager la responsabilité de ses dirigeants, sauf dans le cas extrême où ceux-ci ont outrepassé leurs attributions.

Mise en cause des dirigeants par les adhérents ou par des tiers

Ici encore, **le plaignant devra prouver devant le juge qu'une faute a été commise par le dirigeant et qu'elle lui a causé directement un préjudice.** Le plus souvent, c'est l'association en temps que personne morale qui est mise en cause, mais l'action en justice peut viser à la fois l'association et ses dirigeants.

Vis-à-vis des adhérents et des tiers, le dirigeant est protégé par son statut de mandataire. S'il commet une faute dans le cadre de ses fonctions, c'est l'association qui est responsable, contrairement à la théorie générale du mandat. Cette solution a été privilégiée par les tribunaux (voir, par exemple, Cass 2ᵉ Civ. 5-3-97) dans un souci de protection des plaignants, la solvabilité de l'association étant en principe supérieure à celle de ses dirigeants.

Cette irresponsabilité du dirigeant ne couvre que les fautes qui peuvent être commises dans le cadre de l'exercice de ses fonctions (manquement à une obligation légale, non-exécution d'un contrat conclu par l'association). Ainsi **l'irresponsabilité n'est pas absolue.** Dans certains cas, le juge peut mettre en cause la responsabilité personnelle du dirigeant si celui-ci s'est situé en dehors de son mandat. Cela peut arriver dans les situations suivantes :

▸ **Le dirigeant n'a pas précisé agir ès qualités de dirigeant de l'association.** Le tiers a été trompé et le juge donnera raison à l'apparence.

▸ **Le dirigeant s'est situé en dehors de l'objet associatif** en prenant une décision étrangère aux buts poursuivis par l'association, tels qu'ils sont décrits dans les statuts.

▸ **Le dirigeant a commis un excès de pouvoir** en prenant une décision qui n'était pas dans ses attributions telles qu'elles sont définies par les statuts ou le règlement intérieur, par exemple la conclusion d'un emprunt bancaire soumis à l'autorisation de l'assemblée générale.

▸ **Le dirigeant a commis une faute suffisamment grave pour engager sa responsabilité personnelle.** Dans ce cas, la gravité de la faute est du domaine de l'appréciation souveraine des juges du fond. Il est certain que le statut bénévole du dirigeant entrera en ligne de compte pour l'appréciation du caractère de gravité de la faute commise. Il pourrait s'agir, par exemple, du dirigeant d'une association sportive qui, de mauvaise foi, informe ou laisse penser à ses adhérents qu'ils sont assurés par le biais de l'association pour la pratique du sport alors qu'ils ne le sont pas.

Dans quelles conditions la responsabilité pénale des dirigeants d'association peut-elle être engagée ?

La responsabilité pénale est engagée lorsqu'il y a commission d'une infraction ou d'un délit. La mise en jeu de la responsabilité pénale ne vise plus à la réparation du préjudice mais bien à sanctionner la faute. Pour cette raison, un principe fondamental du droit pénal est celui de l'interprétation stricte des infractions et délits. Ainsi ne peuvent être sanctionnées que des fautes qui sont légalement définies par le Code pénal. La sanction est également définie par la loi ; il peut s'agir d'une amende ou d'une interdiction ; dans les cas les plus graves, d'une peine de prison.

Depuis 1994, l'association en tant que personne morale est pénalement responsable des infractions commises par ses organes et dirigeants. Cependant, il existe certains cas où c'est le dirigeant personnellement qui sera tenu pour pénalement responsable.

Infractions liées au fonctionnement associatif

Les textes édictent certaines obligations à la charge du dirigeant relativement au fonctionnement de l'association. Dans ce cas, **l'infraction et la sanction visent spécifiquement le dirigeant qui ne s'est pas acquitté d'une obligation relative au fonctionnement statutaire de l'association.** Certaines de ces obligations sont sanctionnées pénalement, c'est-à-dire que le dirigeant qui ne les respecte pas est passible de sanctions pénales.

Nous donnons ici les deux principales obligations sanctionnées pénalement à la charge du dirigeant associatif :

- Toute modification des statuts ou changement de dirigeants doit faire l'objet d'une déclaration modificative auprès de la préfecture. La sanction de cette obligation est une amende de 1 500 €. Cette obligation pèse sur les nouveaux dirigeants.
- Il doit être tenu un registre spécial sur lequel sont consignées les modifications statutaires ainsi que les changements de dirigeants. La sanction de cette obligation est une amende de 1 500 €.

Infractions étrangères à l'objet associatif

Le dirigeant est irresponsable pénalement des infractions commises dans la mesure où il a agi pour le compte de l'association. Mais les juges appliquent strictement le principe de la représentation et considèrent que le dirigeant est personnellement responsable et non plus l'association dès lors que :

- l'infraction est étrangère à l'objet associatif ;
- l'infraction a été commise dans l'intérêt personnel du dirigeant.

La question des délégations de pouvoirs

Le dirigeant peut avoir délégué ses pouvoirs à un salarié qui a commis personnelle-ment l'infraction. Dans ce cas, la responsabilité pénale du dirigeant n'est pas engagée, à condition que la délégation soit faite clairement et sans ambiguïté au profit d'une personne apte à l'assurer correctement.

La responsabilité financière des dirigeants d'association peut-elle être engagée ?

Cette question est certainement l'une des plus préoccupantes pour les dirigeants associatifs, notamment ceux qui ont le courage de prendre des fonctions dans un organisme dont la solidité financière a été mise à mal par une gestion imprudente ou par les circonstances.

Il faut tout d'abord poser le principe que **les dirigeants associatifs ne sont pas tenus des dettes du groupement dès lors qu'elles ont été contractées valablement et dans le cadre de l'objet associatif,** sauf dans certains cas si l'association fait l'objet d'une procédure collective.

Une première conséquence doit être tirée de ce principe.

La dette ne doit pas résulter d'un acte anormal de gestion

Lorsque la dette est étrangère à l'objet associatif (dépenses somptuaires par rapport aux moyens financiers et/ou à l'activité de l'association, dépenses réalisées dans l'intérêt personnel du dirigeant), celui-ci peut être tenu pour responsable de la dette indépendamment des conséquences pénales de ces agissements.

Lorsque la dette contractée excède les pouvoirs du dirigeant, celui-ci peut également être tenu pour responsable de son paiement.

L'ouverture d'une procédure collective

Le principe de la faillite est applicable aux associations. En cas de cessation de paiement, l'association peut être soumise à la procédure de redressement ou de liquidation judiciaire, c'est-à-dire « mise en faillite ». Il n'est pas dans notre propos de détailler ici des procédures complexes issues du droit des sociétés, mais il faut savoir que, dans le cadre de ces procédures, la responsabilité financière du dirigeant peut être mise en cause par les tribunaux de différentes manières :

▷ **L'action en comblement de passif** s'applique si la liquidation a fait apparaître une insuffisance d'actif et que l'on peut reprocher aux dirigeants des fautes de gestion y ayant contribué. Dans ce cas, le dirigeant est condamné à payer tout ou partie des dettes avec ses deniers personnels.

▷ **L'extension de la procédure collective à la personne des dirigeants** peut être prononcée dès lors que le juge considère qu'il y a eu confusion des intérêts de l'association et du dirigeant fautif. C'est le cas où l'association a été utilisée à des fins personnelles. Dans ce cas, le dirigeant en tant que personne physique est « attrait » à la procédure collective et son patrimoine est confondu avec celui de l'association.

▷ **La faillite personnelle du dirigeant** peut également être prononcée si l'association a une activité économique et que le dirigeant incriminé a commis une faute de gestion ayant contribué à la situation. Dans ce cas, la confusion des patrimoines est accompagnée de sanctions consistant à priver le dirigeant de ses droits (notamment gérer et administrer une entreprise).

L'obtention du quitus de gestion

Il s'agit d'une disposition nécessaire mais nullement suffisante (voir p. 353).

Les relations financières du dirigeant avec l'association

Les relations financières entre les dirigeants et l'association doivent faire l'objet d'une attention extrême, car il s'agit d'un sujet qui devient facilement sensible (y compris dans les petites structures).

De récents scandales ont jeté le discrédit sur des associations solides et reconnues, porteuses de grandes causes, voire chargées de mission de service public. Des dirigeants roulant carrosse, des détournements de fonds et autres abus de biens sociaux : tout cela n'est pas vraiment la réalité des petites associations.

Reconnaître les dirigeants

Dans les petites structures qui disposent de moyens modestes, on constate quelquefois la dérive inverse : ce sont les dirigeants qui soutiennent financièrement l'association, en lui consentant des prêts, en faisant l'avance de dépenses – quelquefois significatives – qu'ils renoncent ensuite à se faire rembourser. Cette attitude de dévouement extrême peut conduire à des situations malsaines. Les risques que de telles situations font encourir à l'association et à ses dirigeants ne sont pas à négliger ; nous les développons plus bas (voir p. 177 et p. 342) et nous serons amenés à poser des règles prudentielles strictes à propos des mouvements de fonds entre l'association et ses dirigeants. Plus raisonnablement, de nombreux dirigeants ont une vision extensive du bénévolat, qui les conduit non seulement à refuser toute forme de rémunération mais également à renoncer aux remboursements des frais qu'ils exposent pour le compte de l'association.

Pour altruiste qu'elle soit, cette attitude ne sert pas nécessairement l'association. Lorsque l'on mesure les exigences de la fonction et que l'on constate la pénurie de dirigeants dont souffre le monde associatif, on est bien conduit à se demander si la générosité affichée par de nombreux dirigeants ne donne pas une image dissuasive des fonctions de direction, de nature à décourager des candidats qui auraient l'énergie et les compétences pour assumer des fonctions dirigeantes, sans vouloir pour autant « en être le leur poche ». **Le statut des dirigeants dans l'association doit donc être confortable si l'on veut susciter des vocations. Il est bien entendu que « confortable » ne signifie pas « somptuaire ».**

Protéger les dirigeants

Le minimum nous paraît être de garantir aux dirigeants un strict remboursement des dépenses avancées pour le compte de l'association et des frais personnels exposés dans le cadre des fonctions dirigeantes. Afin d'éviter toute ambiguïté et toute gêne de la part des intéressés, la procédure de remboursement doit être formalisée. Nous donnons pour cela des indications au chapitre 11 consacré à la fonction financière. Si le dirigeant s'évertue à renoncer au remboursement de ses frais ou de dépenses exposées pour l'association, ceux-ci peuvent être considérés comme un don sur le plan fiscal et ouvrir droit à la réduction d'impôt de l'article 200-1 du CGI. Ce mécanisme qui peut profiter à tout bénévole, indépendamment de l'exercice de fonctions dirigeantes, est décrit dans le détail au dernier chapitre relatif au statut du bénévole (voir p. 388).

Autre élément de confort du dirigeant, l'assurance de sa responsabilité civile. Dans certains cas, la responsabilité civile personnelle des dirigeants peut être recherchée, notamment, pour le cas d'une faute commise par le dirigeant dans l'exercice de ses fonctions.

La « judiciarisation » croissante de notre société et la solvabilité souvent faible des associations contribuent à une mise en cause de plus en plus fréquente des dirigeants, notamment en cas de dommages corporels dans la pratique d'activités de loisirs. Or il est possible d'assurer la responsabilité civile personnelle des dirigeants. Cette assurance ne décharge pas les dirigeants de toute obligation, notamment celle de gérer l'association en bon père de famille, mais elle constitue en cas de faute une limitation de responsabilité. On peut dire que l'assurance de RC personnelle du dirigeant participe à son confort en lui permettant « de dormir sur ses deux oreilles ». La souscription par l'association d'une telle assurance est recommandée pour toutes les associations de pratique, qu'il s'agisse d'un sport ou d'un loisir comportant un tant soit peu de risques (utilisation d'outils, de machines, d'appareillage) mais également pour les associations amenées à recevoir des publics de manière habituelle (organisateur de spectacles, de conférences).

Comme pour tous les contrats d'assurance, on sera attentif à la rédaction des garanties. Certains contrats excluent la faute lourde ou celle commise en dehors de l'objet statutaire (voir p. 133). Une telle garantie peut s'avérer coûteuse si elle est souscrite de manière isolée. Pour cette raison, on privilégiera les contrats d'assurance « multirisque association » comportant en plus de la RC association une garantie de la RC personnelle des dirigeants.

Le tabou du bénévolat appliqué au dirigeant associatif

Toutes les associations ne trouvent pas pour les diriger des retraités ou des personnes suffisamment fortunées pour pouvoir s'engager à titre bénévole. Depuis 1998, **la possibilité de rémunérer le dirigeant associatif est expressément reconnue par la réglementation fiscale sans que soit remis en cause le caractère désintéressé de la gestion associative.**

Cette rémunération fiscalement autorisée ne doit pas dépasser **les trois quarts du SMIC**, le plafond s'appliquant individuellement à chaque dirigeant rémunéré par l'association. Il est bien entendu nécessaire que le principe de la rémunération des dirigeants soit décidé en assemblée générale, assemblée qui pourra même fixer le montant de la rémunération. On peut imaginer que la rémunération des dirigeants soit versée au moyen du chèque emploi-association (voir p. 408). À l'heure où nous rédigeons, rien ne paraît devoir s'y opposer.

Si le montant de la rémunération du ou des dirigeants doit être en adéquation avec les tâches assumées, la « petite » association n'aura par définition que rarement les moyens de rémunérer ses dirigeants à un prix de marché. Nécessairement modeste, le salaire versé aura plus un caractère de dédommagement que de véritable rétribution du temps passé et des compétences engagées.

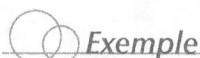

L'exemple d'une association de randonnée pédestre

La randonnée pédestre est la passion commune que se sont découverte trois couples. Parents d'élèves fréquentant un même établissement scolaire dans une ville moyenne du Sud-Ouest, ils emmènent, à tour de rôle ou ensemble, leurs enfants sur les pentes et les contreforts des Pyrénées, à la découverte de l'environnement et du patrimoine de leur région. Passionnés d'écologie, bons pédagogues et amoureux de leur région, ils attirent de nouveaux participants. Très rapidement, de nouveaux enfants viennent les rejoindre, avec ou sans leurs parents. À la fin de l'année, un premier bilan permet de mettre en évidence que plus de 40 personnes (adultes et enfants) ont participé à deux randonnées au moins, et tous sont enthousiastes à l'idée de continuer l'année suivante.

Mais plusieurs problèmes se posent :

- Emmener des enfants sans leurs parents engendre une responsabilité qu'ils assumaient volontiers au début quand il s'agissait de relations personnelles. Mais avec la multiplication des randonnées et la diversité des participants, le risque d'accident individuel augmente et les animateurs peuvent avoir à répondre d'une éventuelle négligence.

- Les parcours, à la découverte du patrimoine et de la nature environnante, empruntent des itinéraires qu'il conviendrait de pérenniser, en débroussaillant, parfois en nettoyant certaines parties. Comment s'y prendre ?

- Tout le monde ne participe pas toujours aux frais de route ; les charges augmentent pour les trois couples organisateurs : frais de téléphone, trousses de secours, cartes… Il faudrait demander une participation à chacun, certes minime, mais systématique et dans la transparence.

Dans ces conditions, les trois couples décident de se structurer en créant une association. Elle aura pour vocation de s'adresser au bassin de population de l'agglomération de Carcassonne, adultes et enfants de plus de 8 ans, et proposer des randonnées dans tout le département.

Ensemble, ils échangent leurs idées. Ils dégagent les valeurs qu'ils partagent et peuvent dresser le profil de l'association qu'ils désirent voir vivre : l'écologie et le développement durable sont des concepts qui leur tiennent à cœur. Les fondateurs en font la valeur de base de leur association. Ils rédigent une charte du randonneur écologique en dix points qui va leur permettre d'évoluer dans la transparence et constituer un outil de communication.

En approfondissant la question, ils tombent d'accord sur deux principes de fonctionnement à appliquer :

- Ils privilégient la randonnée pédestre en petit comité solidaire, à l'opposé des sorties en groupes nombreux et hétérogènes. Ils ne se sentent pas vraiment concernés par les aspects de compétition sportive.

- Le moteur du développement durable est fondé sur l'éducation : l'association se doit de participer à la sensibilisation des jeunes, en s'appuyant sur le milieu scolaire notamment.

Forts de leurs choix stratégiques, les fondateurs se penchent ensuite sur l'organisation qui va leur permettre de mettre en œuvre leurs projets.

Ils se donnent trois axes de travail :

- Nouer des relations avec les institutionnels et recueillir avis, conseils, recommandations, soutiens.

- Activer la mobilisation de tous ceux qui ont joyeusement participé pendant toute l'année passée pour les sensibiliser au projet et entretenir le dynamisme pour l'année future.

- Travailler sur le terrain pour améliorer l'offre de randonnées, recenser les secteurs à éviter, ceux à débroussailler, voir les possibilités d'hébergement près des sites historiques.

Pour appréhender les questions dans leur globalité, ils se rapprochent d'un maximum d'interlocuteurs : municipalités, intercommunalités, Office national des forêts, direction départementale de l'équipement, éducateurs, associations…

La Fédération nationale de la randonnée pédestre leur procure des statuts types proposés aux associations. Cette démarche leur assure une certaine conformité en vue de l'obtention d'un agrément Jeunesse et Sport dont ils espèrent tirer avantage plus tard (au bout d'une année minimum), en terme de subventions.

En outre, l'affiliation à la fédération permet de bénéficier d'un certain nombre de facilités :

- En matière d'assurance. La fédération dispose de nombreuses formules individuelles ou familiales, avec responsabilité civile et accidents corporels.

- En matière de formation. Les fondateurs et le groupe de sympathisants qu'ils ont constitué sont tous néophytes et ne disposent d'aucun bagage spécifique à leur activité, leur permettant de valoriser un réseau de sentiers par exemple. Sur le plan sanitaire, seule le professeur dispose d'un brevet de secourisme. Or à travers la fédération, plus de 300 formations sont accessibles.

Ils disposeront ainsi du soutien nécessaire pour mener à bien leurs projets.

Cependant, ils ont besoin d'adapter ces statuts pour tenir compte des spécificités de leur association :

- Ils ajoutent un préambule qui affiche leur engagement dans la défense de l'environnement et la référence à leur charte.

- Ils rédigent les buts de l'association de manière similaire à ceux de la fédération : l'objet de l'association est de « *développer la randonnée pédestre, tant pour sa pratique que pour la découverte, participer à la sauvegarde de l'environnement, le tourisme, et les loisirs, et intervenir dans le domaine de la protection de la nature et de l'environnement, et en particulier pour la protection des itinéraires* ».

- Pour permettre une stabilité de la charte, et lui permettre d'évoluer, les conditions de révision sont précisées dans un article des statuts : « *Les modifications de la charte de l'association doivent être approuvées par une assemblée générale extraordinaire, sur proposition du bureau de l'association, réunissant plus de 50 % des adhérents. Le quorum requis pour l'adoption des modifications est de 75 % des votants.* »

En faisant la liste des aspects statutaires nécessaires en vue de l'agrément, ils décident de :

- Renforcer le caractère démocratique de l'association en instituant le principe de collégialité. Le bureau sera donc constitué (outre le président, le secrétaire et le trésorier) de trois personnes au minimum représentant les commissions de travail : relations avec les adhérents, choix et organisation des randonnées, relations avec les institutionnels et l'environnement.

- Renforcer la parité hommes/femmes en incluant une clause sur le renouvellement du conseil d'administration : « *Les membres sortants sont désignés par le sort, sur une liste préservant parmi les membres restants une situation de parité hommes/femmes.* »

- Établir un règlement intérieur pour compléter les aspects de la vie de l'association qui ne sont pas présents dans les statuts, essentiellement sur les relations avec les adhérents.

En effet, le règlement intérieur de la fédération stipule que tous les randonneurs d'une association affiliée doivent être titulaires d'une licence, familiale ou individuelle. Les fondateurs décident donc de lier l'adhésion à l'association à la prise d'une licence fédérale.

Mais leur principale préoccupation, au moment de lancer l'association, est une préoccupation à moyen terme. Même s'ils ne se prennent pas pour les propriétaires de l'association, les fondateurs se sentent investis du devoir moral d'éviter une dérive incontrôlée. Un développement trop rapide des randonnées, l'arrivée de nouveaux membres avec des motivations différentes (sportives, tourisme pédestre) pourrait entraîner un dévoiement du projet associatif où ne se reconnaîtraient pas les participants actuels. Ils instaurent donc un certain nombre de dispositions dans le règlement intérieur :

- Pour préserver le côté familial de leur association, « *une personne (ou une famille) désirant adhérer au club doit être présentée par un "parrain" (un membre de l'association depuis plus d'un an)* », qui se sera assuré que le postulant partage les valeurs de l'association. Cette modalité présente en plus l'avantage de limiter le rythme d'accroissement du nombre d'adhérents, ce qui permet à l'association d'avoir le temps de structurer les activités.

- Pour s'assurer que cette adhésion aux valeurs soit bien réelle, « *l'adhésion doit être accompagnée par un engagement à suivre la charte du randonneur écologique* ».

C'est dans ces conditions que les fondateurs prennent leurs responsabilités. Ils constituent leur assemblée constituante à trois, adoptent la charte, les statuts et le règlement intérieur et se répartissent les tâches :

- La professeur d'éducation physique s'occupe du choix et de l'organisation des randonnées. Elle pense pouvoir trouver rapidement une amie qui va l'aider efficacement dans les relations avec les écoles. Elle prend en charge la tenue du fichier des participants pour faire un appel de cotisations, puis faire la première assemblée générale fondatrice.

- Pierre Blazy, vétérinaire et amoureux de la nature, veut bien s'occuper des relations avec l'environnement (le développement durable dans le département, préservation et mise en valeur des patrimoines locaux…). Il peut en plus commencer à tenir les comptes de l'association.

- La présidence de l'association revient à celle qui tient les relations avec la mairie où se domiciliera l'association. Secrétaire de mairie, elle facilite les relations institutionnelles. Elle peut rendre accessible la mise à disposition de matériel pour entretenir les sentiers et des ressources pour héberger leur site Internet. Elle se préoccupe des assurances et se rapproche de la Fédération de la randonnée pédestre.

Le réseau de l'association est bien mis en place, il est déployé selon divers axes : institutionnel, professionnel, sectoriel. Il s'appuie sur la base la plus large possible, chacun des membres étant concerné par les relations avec l'environnement. Il peut servir à dynamiser la vie de l'association en communiquant ses valeurs et ses projets.

6

SE FAIRE (RE)CONNAÎTRE

Informer, écouter, mettre en forme sont des pratiques nécessaires pour enrichir la vie de l'association. La finalité peut être multiple : partage des objectifs, motivation des choix, mise en place des projets, constitution de réseau, lien associatif. La communication de l'association peut prendre différents canaux, mais elle doit être cohérente et durable.

Par la variété de ses outils, l'effet multiplicateur de la communication peut fonctionner. À chacun d'être inventif en fonction de sa situation : d'une chaîne téléphonique pour prévenir les bénévoles à la présentation des rapports en assemblée générale, la palette des interventions est large.

Quelques éléments de pédagogie sont à respecter : en organisant la transparence au sein de l'association, les dirigeants doivent être attentifs à l'inflation qui guette certaines structures. On constate quelquefois que l'essentiel des énergies dans l'association est utilisé pour tenir des réunions, rédiger des comptes rendus de ces réunions, discuter à perte de vue à propos du souhaitable, de l'indispensable et du nécessaire. Sauf à se définir comme un club de rencontres et d'échanges, l'association, y compris celle de type « construire et partager », ne doit pas perdre de vue qu'elle vise un but et qu'elle doit faire preuve de pragmatisme et d'efficacité.

Lorsque l'on organise la circulation de l'information, il faut se souvenir que toute information n'est pas toujours bonne à communiquer. **La circulation de l'information obéit au principe de calibrage :**

▶ La pédagogie consiste à transmettre des informations avec le mode d'emploi qui est nécessaire à leur interprétation.

✓ *Communiquer des mauvaises nouvelles*

L'information à propos du déficit financier constaté par l'association sur son dernier exercice comptable doit être communiquée avec précaution. Quelles sont les causes de ce déficit, de quelles réserves l'association dispose-t-elle pour faire face à ce déficit, quelles sont les mesures prises ou envisagées pour remédier au foyer de pertes : toutes ces informations permettent de donner un contexte à la « mauvaise » nouvelle et de lui restituer sa place véritable.

▶ Communiquer à l'extérieur de l'association, c'est aussi la représenter. La forme devient aussi importante que le fond.

Soigner la communication interne

Il y a de nombreuses bonnes raisons de s'occuper de la communication interne :

▶ C'est d'abord **un code de bonne conduite** pour respecter les individus dans leurs désirs et prévenir les frustrations.

▶ C'est aussi **un gage d'efficacité** dans la formation des idées, des projets.

▶ Mais c'est en plus **un moyen de renforcer les motivations**, en créant des liens entre les individus et les structures de l'association. À terme, il peut se dégager un esprit d'équipe, ou quelque chose comme le sentiment d'appartenance à un club.

Exemple

Instaurer le dialogue : faire feu de tout bois

Chaque occasion qui voit la réunion de tout ou partie des membres de l'association donne l'opportunité d'ouvrir un espace de dialogue. Il s'agit d'une habitude à prendre pour les dirigeants, par exemple en systématisant la pratique du « débriefing » ou bilan, en français, à l'issue des diverses actions menées au sein de l'association.

Le débriefing consiste à réserver un petit temps à l'issue d'une manifestation, d'une action particulière, pour permettre aux personnes qui y ont participé d'échanger sur leur ressenti, leur (in)satisfaction, leurs idées d'amélioration ou d'évolution pour les prochaines actions similaires, etc. On peut, par exemple, organiser ce bilan à l'issue du forum municipal des associations entre les personnes qui ont tenu le stand de l'association, ou bien terminer l'assemblée générale par un débat « à bâtons rompus » à propos de son déroulement et du degré de satisfaction des participants.

C'est un excellent moyen d'alimenter la dynamique des bénévoles, notamment en direction de ceux qui n'ont pas participé personnellement à l'action en question.

▶ En outre, le premier média, support de l'information vers l'extérieur, ce sont les membres de l'association eux-mêmes. Un des aspects de la communication à l'intérieur de l'association est donc de **mieux se faire connaître de l'extérieur.**

Du noyau des fondateurs à l'ensemble des adhérents, en passant par l'équipe des bénévoles actifs, nombreux sont les cercles de personnes où il faut travailler la communication. Rien n'est plus désagréable que d'entendre des membres actifs se plaindre d'un manque de communication : c'est autant d'occasions gâchées.

Comment arriver à une bonne circulation de l'information ? On s'appuiera sur plusieurs pratiques pour construire une culture d'association commune et cohérente, tout en prenant garde d'éviter la surinformation.

Créer du lien social

Maîtriser la conduite de réunions

Au-delà des relations entre personnes et des échanges d'information, les réunions sont des moments privilégiés pour favoriser la compréhension des problèmes, déceler les enjeux et prendre des décisions. **Encore faut-il veiller à préparer les réunions, limiter la durée, écouter les remarques et les objections de chacun, et suivre les conclusions ou résolutions, par un résumé ou compte rendu succinct, à l'attention de tous, présents et absents.**

La boîte à idées

Pour communiquer, dans une association où beaucoup de membres n'ont pas les mêmes horaires, c'est pratique. Petites informations et grandes idées peuvent transiter dans une boîte à suggestions. **Encore faut-il qu'une personne s'oblige à répondre à chacun et transmettre la bonne idée.**

Les lieux de parole

Les réunions sont souvent trop courtes pour laisser une place nécessaire à l'expression de chacun ; pourtant ce devrait toujours être un objectif de président de séance. Quelquefois aussi, l'ordre du jour est centré sur un thème particulier ; quelle place accorder alors aux autres questions ?

Il faut donc **aménager des temps et des lieux qui permettent une expression libre** des bénévoles, des sympathisants et de tous ceux qui voudraient pousser leur intérêt pour l'association dans une voie nouvelle. Pour pallier la contrainte du temps limité, on pourra aussi imaginer de **systématiser une plage ouverte aux questions libres et aux échanges d'informations lors de chaque réunion.**

La fête

Les adhérents sont souvent prêts à s'associer à tout événement qui répondra à leur besoin de lien social. L'association donne prétexte à faire la fête. La joie de se retrouver est propice aux échanges, les moments de convivialité scellent aussi le futur dans le souvenir du passé. Il convient d'entretenir les relations sociales par des moments festifs ; **un rythme minimal d'une fois par an est souhaitable pour réunir tous ceux qui le désirent** autour d'une galette, d'un jeu ou d'une musique, pour marquer l'anniversaire de création de l'association, ou à toute autre occasion.

Le forum Internet

Constitué entre les membres de l'association, le forum en ligne est un formidable outil pour créer du lien social.

Les forums virtuels se présentent en fait comme des messageries publiques (l'ancêtre du forum en ligne est la simple liste de discussion, succession chronologique d'e-mails adressés à un ensemble de destinataires). La fonction « messagerie » permet aux personnes inscrites de discuter entre elles en échangeant des messages. Le fil de discussion (thread) qui se constitue ainsi est publié en ligne au fur et à mesure et chacun peut la consulter ou y participer.

Le forum est particulièrement adapté aux besoins des associations de type « construire et partager », également à toutes les structures à forte implication citoyenne ainsi qu'aux associations militantes et les associations de défense. On trouve, par exemple, de nombreux forums consacrés à la défense et au soutien des personnes malades et de leur famille, à la défense d'intérêts privés.

Le forum permet également d'afficher sur Internet les informations pratiques relatives aux activités associatives (programme, réunions, tâches à pourvoir, comptes rendus d'avancement des chantiers, dates et modalités des manifestations…).

Des outils permettent de créer gratuitement un forum facile à administrer (la référence est certainement phpBB, qui nécessite un hébergement mais très peu de compétences techniques). Certains services en ligne permettent même de se passer d'hébergement. Dans ce cas, il faut faire attention aux conditions générales du service et à sa fiabilité.

Au début, on se contente de créer quelques catégories génériques pour classer les discussions. On désigne des modérateurs qui ont en charge la surveillance des conversations (modération *a priori* ou *a posteriori*). En général, il faut atteindre un certain seuil d'inscrits avant de voir le forum s'animer ; les modérateurs jouent également un rôle d'animation sociale.

Le forum, un outil polyvalent

Le forum procure également certains bénéfices d'un site Internet. Les dirigeants peuvent y disposer d'un espace réservé qui permet de s'organiser en interne. Le bon référencement du forum sur les moteurs de recherche permet également d'en faire un outil de communication tourné vers l'extérieur. En cherchant sur Internet, les tiers intéressés par les activités ou la cause de l'association peuvent être convaincus par votre projet associatif et décider de s'y lier.

Maîtriser le calibrage des informations

L'écrit est à la fois une alternative et un complément à la communication directe et verbale : il permet d'informer avec des messages clairs et se caractérise par une très bonne mémorisation. Il peut se décliner sous la forme d'un journal interne ou d'une simple lettre d'information périodique, de fiches d'informations sur certains aspects de la vie de l'association et de ses activités, d'un compte rendu sur le site Internet de l'association.

Les contraintes du journal interne

Dès que l'association diffuse son journal interne à l'extérieur, et surtout s'il doit être imprimé, l'association doit se conformer à l'article 7 de la loi du 29 juillet 1881 sur la liberté de la presse ; la formalité obligatoire à accomplir préalablement à la parution d'un journal ou de toute publication périodique est la déclaration d'intention de paraître. Cette déclaration doit être faite auprès du parquet du tribunal de grande instance du lieu du siège social de l'imprimerie. Le directeur de la publication veillera à respecter également les obligations de dépôt légal et de dépôt administratif des exemplaires à chaque parution.

En matière d'informations comptables et financières, un graphique simple permet de faire passer bien des messages à l'intérieur comme à l'extérieur de l'association.

À l'écoute de l'environnement

Pour améliorer la qualité et les performances de la communication interne, les dirigeants ont plusieurs indicateurs :
- **jauger la connaissance des membres de l'association** vis-à-vis des objectifs, des activités et de l'organisation de l'association. Quand l'association grandit, les relations se distendent entre les bénévoles et les dirigeants ;
- **évaluer l'image de l'association** auprès des bénévoles, des adhérents, des différents publics ;

Exemple

Travailler l'image de l'association

Un président rencontre le maire pour discuter des projets de l'association et solliciter son soutien. Celui-ci lui demande de patienter encore jusqu'à l'année suivante parce que l'association n'est pas encore assez reconnue par toute l'équipe municipale. Faites une interview du maire, avec sa photo.

- **mesurer le degré de satisfaction** dans les participations aux réunions, aux activités (fidélité, renouvellement, participation…).

Préparer sa communication externe

Gérer l'accueil

Avant de mettre en place une politique de communication – sous forme informative ou publicitaire –, il vaut mieux s'assurer que les moyens de gestion des retours soient bien en place. **Cette attention doit porter tout particulièrement sur l'accueil téléphonique, la gestion du courrier par la poste, le fax ou l'Internet** (voir p. 83).

La gestion du téléphone doit constituer une priorité : dans la mesure du possible, choisissez une solution qui puisse perdurer dans le temps. Vous risqueriez de perdre des contacts utiles ou des demandes intéressantes avec un numéro qui change souvent. Le numéro de téléphone avec lequel on peut joindre l'association doit changer le moins souvent possible. Quelle que soit la solution adoptée, (le numéro du président, celui d'un membre de l'association ou un téléphone mobile qui circule entre les différents membres de l'association qui assurent un roulement dans la permanence), **la continuité de l'accueil doit pouvoir être assurée**. N'oubliez pas de mettre en place un répondeur-enregistreur avec un message clair en cas d'absence.

Créer une identité visuelle

La communication est aussi affaire de répétition. **Pour mieux se faire connaître, il faut penser à se faire reconnaître.** Par l'harmonie de votre présentation, votre image sera votre signature graphique et s'imposera dans le temps. Mais cette image renseigne sur les valeurs sous-jacentes de l'association. Il faut donc y prendre garde.

La démarche habituelle pour créer cette identité visuelle est la mise en place d'une charte graphique, c'est-à-dire toutes les règles graphiques (logo, couleurs, typographie) que votre association devrait employer pour harmoniser les documents de tous types (courriers, affiches, tracts…). Ce travail passe d'abord par la création d'un logo (logotype) qui va véhiculer la personnalité de votre association.

La création d'un logo est souvent confiée à des professionnels du graphisme, car il s'agit d'un véritable travail de transformation des concepts fondateurs de l'identité de l'association ainsi que de sa projection dans l'avenir. La construction d'un logo répond à des codes (de couleurs, de cohérence, d'originalité) qui vont évoquer votre association. Pour parvenir à un logo porteur d'une reconnaissance immédiate et partagée, il est préférable d'associer plusieurs personnes dans le travail d'étude et de validation.

S'insérer dans la vie municipale

Quel que soit le rayonnement de l'association (local, départemental, régional), l'association gagnera à être reconnue sur le territoire où elle a son siège social et où elle développe ses activités.

Une démarche indispensable : rencontrer les élus de la commune pour informer, expliquer, sensibiliser aux buts de son association. Différents interlocuteurs sont concernés : le maire, bien entendu, mais également l'adjoint en charge du secteur d'activité dont vous relevez, l'adjoint en charge des relations avec les associations. Les fonctionnaires municipaux, dans chaque service, sont aussi des interlocuteurs privilégiés. **Dans ces premières prises de contact, évitez de les solliciter tout de suite pour d'éventuelles subventions.**

Pensez à participer à la vie de la commune : de très nombreuses municipalités organisent tous les ans un forum pour les associations. Même si vous considérez que l'intérêt pour votre association n'est pas évident, c'est souvent l'occasion de faire des rencontres intéressantes.

Cette démarche peut être étendue à d'autres communes. Depuis la loi du 12 juillet 1999, l'intercommunalité est amenée à prendre un poids croissant. **Il est fort possible que votre activité relève du champ de compétence de la communauté de communes ou de la communauté d'agglomération.**

Travailler avec la presse

Dès la création de votre association, vous avez commencé à publier des informations (la publication au *Journal officiel* de votre déclaration d'existence). Ne vous arrêtez pas en si bon chemin. La presse est un bon relais pour populariser votre travail. Tous les supports sont potentiellement mobilisables : radio, télévision locale, presse écrite. Il va falloir connaître les journalistes, les correspondants locaux, les supports et leurs modes de fonctionnement spécifiques (bouclage, mode de transmission des informations pour les images…). **C'est un travail de longue haleine qui requiert un savoir faire spécifique.** Vous avez peut-être intérêt à trouver dans l'association la personne la plus qualifiée pour faire ce travail d'attaché de presse, ou même de collaborer avec une autre association.

✔ *Quelques conseils proposés par trois journalistes*

Pour le journaliste, un des rôles de l'association est de faire de la veille événementielle. Le journaliste compte aussi sur les associations pour l'informer.

*Aux associations de proposer des bons sujets, des bons interlocuteurs, des bons témoignages, des choses qui surprennent, inhabituelles. Le choix se fait plus en fonction de **l'originalité d'une idée** que de la notoriété d'une association.*

*Les journalistes veulent avoir affaire avec des **gens de terrain**.*

*Le dossier de presse doit être original, bien présenté, et éviter ce qui est trop commercial. Méfiance sur les dossiers trop léchés, trop « attaché de presse professionnelle ». Le plus intéressant, c'est **le contenu**, l'information ; ce qui prime, c'est : quand ? Quoi ? Est-ce neuf ?*

*Attention à la **présentation des publications**. Tout ce qui ressemble à des journaux municipaux (avec la photo des élus à chaque page) finit systématiquement à la poubelle.*

*Étudiez la **composition des rédactions**. Dans un grand journal du soir, par exemple, la rubrique médecine-santé compte trois journalistes qui mettent tout en commun (fax, dossiers). Inutile d'envoyer vos dossiers ou vos invitations en triple exemplaire.*

***Les relations personnelles**, ce n'est pas indispensable mais c'est important. Un contact déjà établi améliore les choses. On parle mieux d'un sujet avec quelqu'un qu'on connaît, avec qui on a déjà travaillé.*

Donnez de la valeur ajoutée à vos relations. Faites appeler par des personnes qui maîtrisent le sujet. Ne faites pas téléphoner quelqu'un qui ne connaît rien au contenu, simplement pour s'assurer que nous avons bien reçu le dossier de presse ou pour nous demander si nous venons à la conférence.

Réagissez ! Vous avez le droit d'appeler pour faire part de vos réactions après un reportage ou un article, même et surtout si vous n'êtes pas contents.

7

ORGANISER DES MANIFESTATIONS DE BIENFAISANCE ET DE SOUTIEN

Lorsque l'association ne dispose que des cotisations de ses adhérents, son budget est très réduit. C'est notamment pour ces associations – sans aucunes « ressources » (mais pas seulement pour elles) – que sont prévues les six manifestations de bienfaisance ou de soutien.

Chacune de ces manifestations est l'occasion de conduire une ou plusieurs activités parfaitement lucratives (spectacle vivant, buvette, loto) en totale franchise d'impôts. **Dans la mesure où ces manifestations reposent largement sur l'engagement des bénévoles, elles sont susceptibles de dégager des excédents financiers plus ou moins importants.** Les bénéfices des manifestations exceptionnelles viennent donc donner de l'aisance financière à l'association et élargissent son horizon financier.

Si leur motivation est souvent lucrative, ces manifestations sont avant tout des événements sociaux, des moments forts de la vie associative où le projet collectif prend forme à travers la collaboration des bénévoles, « dans la joie et la bonne humeur »…

Économie des manifestations exceptionnelles

Réussir une manifestation, c'est à la fois bien fixer ses **objectifs** et s'organiser pour maîtriser les **facteurs de réussite**.

Les buts

Communication externe et accroissement des ressources de l'association sont toujours deux préoccupations récurrentes dans l'association. Elles procèdent d'une dynamique réciproque qui n'échappe pas à la logique du fameux questionnement sur l'œuf et la poule : pour augmenter les ressources de l'association, il faut élargir la base associative par des opérations de communication, et pour organiser des opérations de communication, il faut disposer de ressources adéquates. Comment concilier cet antagonisme ?

La réponse à cette interrogation varie selon le cours de l'histoire de l'association : son plan de développement, ses moyens financiers accumulés, l'état de ses réseaux de sympathie et d'influence, le niveau de mobilisation possible de ses adhérents et de ses bénévoles ; **selon la phase d'évolution où elle se situe, l'association dégagera une priorité, non exclusive, pour privilégier un des deux axes suivants : élargir sa base associative ou tirer profit de sa notoriété.**

Créer une opération de communication

Choisir un public, définir un message, trouver les moyens appropriés sont les préparatifs indispensables.

Soigner la qualité de sa communication

La réussite du projet associatif passe par le rayonnement de l'association dans son bassin géographique ou auprès de son public naturel. Elle doit se signaler en mettant en valeur ses caractéristiques et ses projets pour bénéficier d'un soutien le plus large possible. Mais on ne peut tout montrer ou tout dire en même temps, d'où la **nécessité de « cibler » sa communication en choisissant un axe, un thème.**

Dès que l'association dispose d'un message clair à faire passer, elle est déjà en situation d'organiser une manifestation. Elle peut définir et choisir le type de manifestation correspondant aux objectifs recherchés en veillant à l'adéquation entre l'objectif et la nature de la manifestation. Encore devra-t-elle trouver les moyens de s'assurer que le message est bien transmis.

Exemple

Mesurer le résultat

Une association culturelle organise un banquet à l'occasion du bicentenaire de la naissance de Victor Hugo. Son objectif est de réconcilier culture et convivialité. Différents ingrédients sont réunis : recettes culinaires d'époque, jeux culturels, musique et animations de circonstance.

Une enquête menée à la sortie de cette manifestation a montré que la majorité des participants avait apprécié l'aspect festif et convivial du banquet, mais que seule une minorité avait été nourrie sur un plan culturel. L'objectif n'était atteint que partiellement.

Dimensionner correctement les manifestations

Les manifestations exceptionnelles ont toujours pour objectif de réunir le maximum de personnes. L'idée sous-jacente est qu'il y aura plus de chances de sensibiliser et de mobiliser des nouveaux participants. Mais cette démarche n'aura des chances d'aboutir que si l'association dispose des moyens de toucher individuellement chaque participant par le message qu'elle cherche à faire passer. Si vous organisez une journée « Portes ouvertes », par exemple, vous devez vous assurer que vous disposez d'une capacité d'accueil adaptée au public que vous attendez, surtout en termes de bénévoles qui vont accompagner les visiteurs.

La notion de risques sur l'image de l'association est aussi à prendre en compte : par exemple, une association veut organiser un spectacle. Elle envisage de remplir une salle avec 200 personnes, ce qui semble un objectif raisonnable pour l'association. Pourtant, si elle veut créer un événement marquant, le vrai succès serait d'en mobiliser 400, ce qui en outre justifierait la location d'un bel espace, valorisant à la fois pour les participants et pour l'association. Au-delà du risque financier, la question du risque d'image est bien réelle : si des facteurs impondérables surviennent et que la participation se réduit à une centaine de personnes, la salle semblera vide, l'image de dynamisme sera écornée et la soirée gâchée.

Financer des activités

Organiser des manifestations exceptionnelles pour financer les activités, c'est une solution souvent utilisée par les associations, surtout celles qui ne disposent pas de ressources liées à leurs activités. C'est le cas des associations de défense ou des associations du secteur social et humanitaire.

Le succès financier est souvent délicat à assurer, car ces associations n'ont pas le droit à l'erreur, ne pouvant pas combler un éventuel déficit par d'autres ressources. Elles doivent donc modérer les moyens mis en œuvre. En outre, le projet clairement manifesté étant de réaliser un bénéfice, il devient plus difficile dans ces conditions de prétendre à des financements publics par des subventions. Pour limiter les risques financiers, ces associations auront intérêt à mettre en place des manifestations dont le coût sera représenté par le travail des bénévoles ou sera pris en charge grâce à des solutions de mécénat ou de parrainage. En limitant les charges fixes, l'association augmentera ses chances de dégager un résultat positif.

Dans tous les cas, une manifestation exceptionnelle se gère comme un projet (voir p. 265). Elle se prépare avec un découpage qui permet d'identifier les étapes, depuis la préparation, puis les différentes phases de mise en œuvre, jusqu'à l'établissement d'un bilan qualitatif et quantitatif des actions entreprises et la restitution du résultat aux différents acteurs de la manifestation. Dans ce contexte, **la préparation d'un budget réaliste est une phase quasi obligatoire, au regard des objectifs de rentabilité assignés à la manifestation exceptionnelle.**

Les enjeux

Sécuriser la réalisation

Même si les six manifestations exceptionnelles sont transparentes pour l'administration fiscale, elles ne sont pas anodines vis-à-vis des pouvoirs publics. D'une manière générale, **dès que l'association reçoit du public, elle doit veiller à respecter la réglementation spécifique à la manifestation.** Nous dressons ci-après le contexte applicable à certaines catégories de manifestations.

Ces réglementations imposent **un certain nombre de déclarations**, le plus souvent préalables à la manifestation. Ces dispositions sont incontournables. Les négliger peut entraîner l'annulation de la manifestation. Nombreux sont les cas où la visite d'une commission de sécurité le matin même d'une manifestation a conduit à la fermeture de la salle. Dans tous les cas, il faut penser à couvrir les risques encourus par le public **en contactant votre assurance** pour signaler la manifestation et vérifier la couverture des risques.

Renforcer la cohésion interne

La réussite d'une manifestation repose sur la participation des bénévoles, et sur la bonne organisation des tâches entre eux. C'est dans cette dynamique de l'action que se créent les ferments du lien entre les bénévoles. Au fil des manifestations, les relations tissées entre les individus renforcent le lien avec l'association et constituent un socle d'adhérents qui vont porter l'association.

Différents modèles de manifestations

Organiser un spectacle

Nous traitons ici le cas des manifestations exceptionnelles, relevant de l'organisation occasionnelle de spectacles, à l'exclusion de l'association entrepreneur de spectacles soumis à la licence (voir ce régime, p 158).

Le contexte réglementaire

Dans la limite de six représentations par an, l'association peut donc produire des spectacles. Cette disposition s'applique uniquement aux associations qui n'ont pas pour activité principale ou objet « *l'exploitation de lieux de spectacles, la production ou la diffusion de spectacles* », ou qui ne sont pas constituées de la manière suivante : « *groupement d'artistes amateurs bénévoles faisant appel occasionnellement à un ou plusieurs artistes du spectacle percevant une rémunération* ». Cette dernière distinction est rarement évoquée, mais elle concerne particulièrement les artistes amateurs qui se produisent avec un (ou des) professionnels.

Les préparatifs

L'autorisation préalable

Tout spectacle doit être autorisé par le maire, et pour Paris, Lyon, Marseille, par la préfecture de police. Les spectacles forains, exhibitions de chant et de danse dans les lieux publics et tous spectacles de curiosités ou de variétés sont soumis à une autorisation du maire de la localité où ils ont lieu (art. 13 de l'ordonnance n° 45-2339 du 13 octobre 1945, modifiée, relative aux spectacles). Les tournées théâtrales exclusivement consacrées à des spectacles d'art dramatique, lyrique ou chorégraphique ne sont pas soumises à cette autorisation. Il en est de même des concerts symphoniques, orchestres divers et chorales.

Cette autorisation s'obtient par simple demande, un mois avant la date prévue. Elle peut être refusée pour différents motifs :
*   non-respect de la sécurité (salle ou équipements non conformes, par exemple) ;
*   risque de trouble de l'ordre public ;
*   non-respect de la législation.

Certaines manifestations nécessitent des formalités complémentaires :
*   l'implantation de panneaux sur la voie publique (en mairie) ;

- la sonorisation sur la voie publique (mairie) ;
- l'installation d'un chapiteau (préfecture).

Veiller aux conditions de sécurité

L'obtention d'une autorisation implique que la salle ait fait l'objet d'une visite de sécurité pour agrément du lieu. Si ce n'est pas le cas, vous pouvez vous adresser à la commission consultative départementale de sécurité et d'accessibilité pour l'accueil du public qui siège dans chaque préfecture. Avant cela, vous aurez à prévoir un certain nombre de tâches.

Zoom

La sécurité du spectacle

Prévoir l'organisation pour l'évacuation du public
- désigner un responsable ;
- mettre en place une équipe compétente comportant le nombre de personnes nécessaires pendant tout le déroulement de la manifestation ;
- donner les consignes et les missions de chacun (rôle précis et position-nement) ;
- être toujours prêt à évacuer la salle en cas de besoin.

Sécuriser le spectacle
- utiliser des matériaux classés non feux pour les décors et les tentures ;
- être attentif aux installations électriques (compatibilité, respect des normes et des puissances électriques…) ;
- s'assurer de la conformité du montage des aménagements et de toute installation particulière (estrade, tribune, équipements scéniques supplémentaires, enregistrement vidéo). L'avis de la commission de sécurité peut s'avérer nécessaire ;
- obtenir l'autorisation préalable du service pour tout effet pyrotechnique ou de flamme nue.

Sécuriser la salle
- laisser libres et totalement dégagées les sorties de secours, les couloirs de circulation et d'évacuation (pas de chaises, de poussettes, de matériel quelconque, à l'intérieur comme à l'extérieur) ;
- respecter et faire respecter l'interdiction de fumer dans la salle ;
- participer activement avec l'équipe de la salle aux tests d'usage des équipements de sécurité (système d'alarme, éclairage de sécurité, rideau de fer…).

Sécuriser l'accès du public

Éviter les risques de débordements et appliquer les consignes Vigipirate ;

- vérifier l'autorisation d'accès (billet, invitation…) pour ne pas laisser des personnes extérieures perturber votre spectacle ;
- maintenir une surveillance permanente sur l'ensemble des issues et accès extérieurs à la salle ;
- respecter la capacité d'accueil de la salle ;
- organiser l'accueil des personnes handicapées ou à mobilité réduite.

Faire appel à la gendarmerie ou au commissariat de police

- déclarer la manifestation ;
- demander le passage d'une ronde de police au cours de la manifestation.

Les assurances

Diverses polices d'assurance sont possibles, en fonction de la configuration du projet préparé :

- **La RCO** (responsabilité civile organisateur) couvre les dégâts aux biens confiés (la salle, les équipements) et les dommages aux personnes.

- **L'assurance tous risques matériels** permet de couvrir spécifiquement le matériel de son, d'éclairage et matériel de scène.

- **L'assurance annulation** couvre les risques de force majeure et les frais engagés. Cette assurance devient intéressante dès que les frais engagés avant la manifestation sont importants (une avance à un artiste ou à un fournisseur, par exemple). Elle permet de prendre en compte l'indisponibilité fortuite des personnes indispensables.

Les droits d'auteurs

Pour les déclarations SACM et SACD, pensez à faire les demandes préalables 15 jours avant la manifestation auprès de :

- la SACEM pour les aspects tarifaires (une réduction des droits de 20 % est accordée pour déclaration préalable) ;
- la SACD pour le droit moral des œuvres dramatiques (voir paragraphe sur les déclarations).

Les formalités de mise en œuvre

Établir des contrats

Les spectacles organisés par une association sont rarement produits par les bénévoles eux-mêmes : l'association va faire appel à des artistes extérieurs. Pour travailler avec des artistes, même s'il s'agit d'un spectacle modeste ou d'une manifestation organisée avec une association voisine ou des artistes locaux connus, il convient de passer une convention écrite qui va permettre d'évoluer dans un cadre légal. Trois formes de contrat peuvent être envisagées, selon le contexte.

Le contrat de travail

Le contrat de travail (L. 762-1 du Code de travail) sera **individuel de préférence**. Il confère à l'artiste un statut de salarié sous le régime du CDD avec bulletin de salaire et déclarations sociales. Attention, si l'artiste cotise à la Maison des artistes, le versement des cotisations est à l'initiative de l'employeur. Il ne faut donc pas attendre un appel à verser.

Le contrat de coproduction

Il est établi entre l'artiste (ou son mandataire) et l'association organisatrice. **Il établit librement les droits et les devoirs de chacun**, et les deux parties décrivent leur partage des recettes et dépenses de la manifestation. C'est une solution relativement lourde dans son formalisme. Il conviendra de ne pas oublier les déclarations sociales pour les personnes physiques.

Deux modes de relation peuvent être envisagés :

- **La société en participation**. D'un point de vue juridique, le contrat type de coproduction est souvent analysé comme une société en participation (SEP). C'est un contrat par lequel plusieurs personnes conviennent de partager les bénéfices et les pertes résultant d'opérations accomplies par l'un d'eux en son nom personnel, mais pour le compte de tous.

  L'intérêt d'une SEP réside dans sa souplesse de mise en œuvre. Elle n'a pas de personnalité morale et ne fait pas l'objet d'une immatriculation au Registre du commerce (voir modèle en annexe sur document téléchargeable).

- **La coproduction bipartite** (ou convention de coproduction simple). Les contrats bipartites limitent l'apport en coproduction à une somme forfaitaire (et non plus un pourcentage du budget global comme dans la SEP). Il faudra donc signer autant de contrats qu'il y a de partenaires au projet.

C'est un contrat qui consiste en un **apport pour la création d'un spectacle sans participation aux bénéfices et aux pertes d'exploitation.**

Le contrat de cession

L'organisateur (l'association) achète un spectacle à un producteur (ou tourneur). Il s'agit d'un contrat commercial, il faut donc veiller aux incidences de la TVA. Au-delà de 3 000 €, des vérifications s'imposent à propos des obligations contractuelles. Les contrats de cession de droits et le contrat de coréalisation établissent les engagements et les prises de risque pour chacune des parties, notamment face aux cas d'annulation. Juridiquement, ce sont des contrats de vente avec, d'une part, un produit culturel, le spectacle, et, d'autre part, un prix déterminé (contrat de cession) ou déterminable (contrat de coréalisation).

Il convient de préciser que c'est la réalité de l'engagement des parties qui définit le contrat et non pas son intitulé. Ainsi, les juges ne sont pas liés par les intitulés des contrats et peuvent les requalifier en cas de litige.

✔ **Attention aux garanties**

Il peut arriver que dans un contrat de coréalisation, le minimum garanti prévu habituellement au profit du producteur soit accordé à l'organisateur. Dans ce cas, la jurisprudence considère qu'il s'agit d'une location de salle déguisée ce qui a pour conséquence de modifier le taux de TVA applicable (taux de 19,6 % au lieu de 5,5 % sur la somme correspondant au minimum garanti).

Dans les deux cas, le contrat établit les obligations réciproques pour chacune des parties :

- le producteur de contenu artistique, le groupe ou la compagnie, appelés **le producteur** ;
- Le fournisseur du lieu de la représentation, appelé **l'organisateur.**

Il n'existe pas de modèle type, puisqu'il s'agit à chaque fois d'une convention librement consentie entre deux parties, mais il est possible de dégager une trame dont on pourra s'inspirer dans la négociation préalable à l'établissement du contrat (voir modèle en annexe sur document téléchargeable).

En fait, le point essentiel dans la rédaction d'un contrat est de savoir quels engagements chacun va prendre pour que le spectacle, et les aléas qui y sont liés, se déroule dans des conditions qui respectent les intérêts et les attentes de chacun.

L'avantage du contrat, dans sa phase de négociation jusqu'à la rédaction, c'est **qu'il permet d'identifier les questions, les éventuels points non négociés ou à négocier, voire certains points de rupture.** Le contrat balaye un certain nombre de sujets allant de la communication à la technique, en passant par l'aspect financier, voire l'aspect social. S'il est relativement précis, il permet de mettre en évidence tous les problèmes.

La billetterie

Le billet doit comporter **trois volets avec une numérotation suivie** des billets ou des carnets. Les mentions suivantes doivent figurer sur les billets :

- la date et l'heure de la représentation ;
- le titre de la représentation ;
- le prix de la place et sa catégorie ;
- le nom de l'imprimeur.

Un volet sert de souche à la délivrance du billet, un autre est prélevé à l'entrée en salle, le dernier est réservé au spectateur.

Les habitudes conduisent à la facilité : un carnet à souche du commerce, éventuellement de différentes couleurs suivant les catégories de spectateurs, est très souvent utilisé par les associations. **Le minimum à assurer est de dater les billets et d'apposer le cachet de l'association.**

Les déclarations

Déclarations sociales : une facilité pour les associations

Pour l'emploi d'artistes ou de techniciens du spectacle relevant du régime des intermittents du spectacle (éclairagiste, décorateur…), **le Guichet unique du spectacle occasionnel (GUSO) permet d'accomplir gratuitement, en une seule fois et auprès d'un seul interlocuteur, les formalités de déclaration et de paiement des cotisations** dues à l'URSSAF ainsi qu'aux différents organismes appropriés, ASSEDIC, GRISS (CAPRICAS et CARCICAS), Congés spectacles, AFDAS et CMB. Pour les associations qui organisent occasionnellement des manifestations, c'est la solution la plus simple.

Le Guichet unique du spectacle occasionnel (BP 132 - 74001 Seynod Cedex) est aussi accessible au n° Azur 0810 863 342 ou sur Internet http://www.guso.com.fr et 3614 GUSO.

Droits d'auteurs

L'association organisatrice établira donc un état des dépenses et des recettes (ventilées par nature : buvette, restauration, vente de programmes…) qui permettra à la SACEM de calculer ses droits. **Même si l'entrée est gratuite, la SACEM perçoit une redevance forfaitaire minimale.** Ces documents doivent être adressés dans les 10 jours suivant la date du spectacle.

Monter une buvette

Le contexte réglementaire

La vente de boissons est réglementée. **L'exploitation d'un débit de boissons nécessite une autorisation préalable**, délivrée selon la classification des diverses boissons.

Zoom

Les licences

La licence de première catégorie (sans alcool) concerne les boissons du premier groupe : eaux minérales, jus de fruits ou de légumes non fermentés, limonades, sirops, infusions, lait, café, thé…

La licence de deuxième catégorie autorise la consommation sur place de boissons du deuxième groupe, les boissons non fermentées : vin, bière, cidre, hydromel, poiré, vin doux naturel, comportant moins de 3 % d'alcool fermenté.

La licence de troisième catégorie, autres vins doux naturels, vins de liqueur, apéritifs à base de vin, ainsi que les liqueurs de fraises, de framboises, de cassis ou de cerises ne tirant pas plus de 18 % d'alcool pur.

La licence de quatrième catégorie concerne les rhums, alcools naturels et certaines liqueurs édulcorées.

La licence de cinquième catégorie regroupe toutes les autres boissons alcooliques dont la vente est autorisée en France.

Dans la pratique, ce sont les maires pour accorder des dérogations temporaires d'ouverture de buvettes (des deux premiers groupes).

Les autorisations

Pour les cercles privés, aucune autorisation préalable n'est nécessaire, mais trois conditions doivent être respectées :
- un prix de vente qui ne dénote pas un caractère commercial ;
- seules les boissons des deux premiers groupes peuvent être proposées ;
- les adhérents sont les seuls consommateurs.

Pour les associations, à concurrence de cinq par an, et **pour les groupements sportifs**, à concurrence de 10 par an, à condition que les manifestations aient lieu dans des installations sportives :

▶ **La demande d'autorisation** doit être adressée au minimum 15 jours avant la manifestation exceptionnelle.

▶ **Pour la durée des manifestations publiques** qu'elles organisent, les associations qui établissent des cafés ou débits de boissons doivent obtenir l'autorisation du maire. Le législateur n'a pas prévu de limitation dans la durée des autorisations, par contre elles seront limitées à cinq par an pour chaque association.

▶ Dans ces débits de boissons temporaires ne peuvent être vendues ou offertes **que les boissons des deux premiers groupes** c'est-à-dire les boissons sans alcool et boissons fermentées non distillées (voir ci dessus). Les installations mises en place doivent respecter les zones de protection, notamment à distance des stades ou les écoles.

(Zoom)

L'ouverture de débits de boissons temporaires dans les installations sportives

Dans les enceintes sportives (stades, gymnases, salles d'éducation physique et, d'une manière générale, dans tous les établissements d'activités physiques et sportives), la vente ou la distribution de boissons alcoolisées est interdite.

Elle est soumise à l'article L. 3335-4 du Code de la santé publique modifié par l'article 18 de la loi de finances pour 2001 : seules les boissons du 1er groupe (sans alcool) peuvent être vendues ou distribuées dans les installations sportives. L'introduction de boissons alcoolisées sur les lieux d'une manifestation sportive est passible d'une amende de 7 500 € et d'un an d'emprisonnement.

La vente et la distribution de boissons des groupes 2 à 5 dans les stades, salles d'éducation physique, gymnases et, d'une manière générale, dans tous les établissements d'activités physiques et sportives sont en principe interdites. Cette interdiction concerne les licences à consommer sur place de 2e, 3e et 4e catégorie, les licences restaurants, les licences à emporter et les licences de cercle privé.

Les établissements d'hébergements touristiques classés dotés d'installations sportives réservées à leur seule clientèle peuvent bénéficier d'une dérogation permanente (arrêté du ministre de la Santé du 22 août 1991).

- Des dérogations peuvent être accordées par arrêté conjoint du ministre chargé du Tourisme et du ministre chargé de la Santé, au bénéfice de restaurants classés de tourisme, liés à des installations sportives.

- Des dérogations temporaires peuvent être accordées par les maires, pour les boissons des groupes 2 et 3 uniquement et pour un délai maximum de 48 heures. L'arrêté municipal accordant la dérogation doit impérativement être présenté au service local des douanes lors de la déclaration d'ouverture du débit, lorsqu'il y a vente de boissons du 3e groupe.

Qui peut obtenir la dérogation ?

- les groupements sportifs agréés dans la limite de dix autorisations annuelles ;

- les organisateurs de manifestations à caractère agricole dans la limite des deux autorisations annuelles par commune ;

- les organisateurs de manifestations à caractère touristique dans la limite de quatre autorisations annuelles au bénéfice des stations classées et des communes touristiques.

Les déclarations

Les débits de boissons temporaires avec alcool organisés dans le cadre de manifestations festives ne peuvent faire l'objet d'aucune publicité (affiches, tracts, presse…). Cette interdiction ne s'applique pas aux buvettes sans alcool. Les autorisations prendront la forme d'un arrêté municipal.

La mairie

La demande d'autorisation ou de dérogation doit être adressée à la mairie au cours du dernier trimestre de l'année précédant celle du déroulement de la manifestation ou, en cas de manifestation exceptionnelle, au moins 15 jours avant la date prévue de cette dernière. Vous devez préciser dans la demande : la date, la nature de la manifestation, les conditions de fonctionnement du débit de boissons (horaires d'ouverture, catégories de boissons concernées).

Les douanes

L'obligation (article 502 CGI) de déclaration préalable à la recette des douanes est supprimée pour les deux premiers groupes. En revanche, la déclaration préalable auprès des douanes est maintenue pour les buvettes « sportives » vendant des boissons du 3e groupe si l'autorisation municipale le spécifie.

Le vide-greniers

Le contexte réglementaire

Les ventes au déballage sont des ventes de marchandises effectuées dans des locaux ou sur des emplacements non destinés à la vente au public de ces marchandises, ainsi qu'à partir de véhicules spécialement aménagés à cet effet.

Sont considérés comme ventes au déballage les ventes réalisées sur des emplacements qui ne sont pas destinés à la vente, tels les parkings des grandes surfaces, les halls d'hôtel, les mails de circulation des galeries marchandes ou les parcs de stationnement.

Les opérations dénommées « foires à la brocante », « vide-greniers », « foires à tout »… doivent être considérées comme des ventes au déballage et les mêmes règles de droit leur sont applicables. Elles figurent à l'article L. 310-2 du Code de commerce (dispositions de la loi n° 96-603 du 5 juillet 1996, codifiées sans changement par l'ordonnance du 18 septembre 2000 relative au Code de commerce).

Chaque département, et chaque commune, peut établir des réglementations particulières concernant la possibilité d'organiser un vide-grenier. Pour tout renseignement complémentaire, rapprochez-vous d'une direction départementale de la concurrence, de la consommation et de la répression des fraudes. **Consultez les administrations avant de vous engager.**

Les autorisations

Il faut entreprendre une demande d'autorisation préfectorale (pour plus de 300 mètres carrés) ou municipale (pour moins de 300 mètres carrés). **Le dossier complet doit être déposé trois mois avant la vente avec un justificatif d'identité et un justificatif du titre d'occupation de local.** L'autorisation est délivrée par arrêté (municipal ou préfectoral).

La demande d'autorisation de vente au déballage doit comporter les pièces et renseignements suivants :

- l'identité du vendeur ou le nom de l'organisateur et des vendeurs ;
- la date du début de la vente envisagée et sa durée ;
- le lieu de la vente et ses caractéristiques ;
- la surface affectée à cette vente ;
- la nature des marchandises proposées ;
- La destination des fonds récoltés.

Exemple

À Paris

Les brocantes ou vide-greniers organisés sur le domaine public sont soumis au paiement d'une redevance, sauf si les associations organisatrices apportent la preuve que le produit des ventes est bien utilisé ou reversé à un organisme, au profit d'œuvres humanitaires ou caritatives, (délibération du Conseil de Paris du 20 octobre 1997, modifiée le 8 juin 1998).

Les modalités

Le registre

Vous devez tenir un registre qui doit mentionner :
- les noms, prénoms, qualité et domicile de chaque personne qui offre à la vente ou à l'échange des objets mobiliers (usagés ou acquis de personnes autres que celles qui les fabriquent ou en font commerce) ;
- la nature, le numéro et la date de délivrance de la pièce d'identité produite par celle-ci (avec l'indication de l'autorité qui l'a établie).

Le registre doit être coté et paraphé par le commissaire de police ou, à défaut, par le maire de la commune du lieu de la manifestation. **Il est tenu à la disposition des services de police et de gendarmerie, des services fiscaux, des douanes ainsi que des services de la concurrence, de la consommation et de la répression des fraudes** pendant toute la durée de la manifestation. Au terme de celle-ci, et au plus tard dans le délai de huit jours, il est déposé à la préfecture ou à la sous-préfecture du lieu de la manifestation.

La participation des particuliers

Un amendement parlementaire introduit dans la loi du 2 août 2005 en faveur des PME a bouleversé l'économie de l'article L.310-2 du Code de commerce qui réglemente les ventes au déballage et autres vide-greniers.

Ce dispositif autorise désormais explicitement les particuliers à participer aux ventes au déballage, en assortissant cette autorisation de trois limitations :
- un particulier ne peut vendre que des objets personnels et usagés ;
- un particulier ne peut participer à plus de deux ventes par an ;
- un particulier ne peut pas participer à des ventes au déballage qui se situent en dehors de la commune, de l'intercommunalité, de l'arrondissement départemental ou, pour les villes de Lyon, Marseille et Paris, dans l'arrondissement municipal où il a son domicile ou sa résidence secondaire.

Le reçu

En tant qu'organisateur, pensez à proposer une prise secteur pour permettre aux clients de tester les appareils électriques. Cela sera très apprécié. Pour les biens de valeur, suggérez aux clients d'obtenir un reçu.

Les jeux

Le contexte réglementaire

Les loteries sont des jeux désignant les gagnants par voie du sort. Elles sont, en principe, distinctes des concours, qui récompensent ceux qui ont subi une épreuve avec succès, comme des réponses à un questionnaire. Ce sont des outils publicitaires à manier avec précaution.

Les loteries sont, par principe, interdites (loi du 21 mai 1836) et les jeux d'argent sont réservés à La Française des Jeux. **Toutefois, des exceptions existent à cette interdiction** :
- les lotos traditionnels (« quines », « rifles »), à condition qu'ils soient organisés dans un cercle restreint, que la valeur maximale de chaque lot ne dépasse pas 400 € et qu'il ne consiste pas en une somme d'argent ; la mise doit être inférieure à 20 € ;
- les loteries organisées exclusivement pour des œuvres de bienfaisance, l'encouragement des arts et le financement d'activités sportives à but non lucratif ;
- les loteries dans les fêtes foraines, à condition d'offrir exclusivement des lots en nature, d'une valeur maximale égale à 30 fois la mise initiale, cette dernière ne pouvant excéder 1,50 € (décret n° 87-264 du 13 avril 1987).

Les loteries sont interdites dès l'instant où les quatre éléments constitutifs suivants du délit de prohibition sont réunis :

- l'offre au public (par la publicité) ;

- l'espérance d'un gain (les lots en jeu) ;

- l'intervention du hasard (tirage au sort) ;

- une participation financière du joueur, quelle qu'en soit sa forme, notamment par un achat.

Les loteries publicitaires sont autorisées mais réglementées par le Code de la consommation (articles L. 121-26 à L. 121-46 et R. 121-11 à R. 121-13). Il s'agit dans la plupart des cas de loteries avec pré-tirage, voire post-tirage. Ces opérations réalisées par voie d'écrit ne sont possibles que si la participation est gratuite. Les documents publicitaires relatifs à ces jeux doivent par ailleurs répondre à un certain formalisme quant à la présentation du bon de commande, aux extraits du règlement, à l'inventaire précis et lisible des lots mis en jeu (présentés par ordre de valeur) et au bulletin de participation ; tous ces documents doivent être clairement distingués et présentés.

Les lotos traditionnels

Ils sont dispensés de déclaration préalable dans les conditions suivantes :

▶ Ils sont organisés dans un cercle restreint. Des moyens excessifs dans la mise en œuvre de l'organisation (publicité, transport, équipement) révéleraient un caractère commercial et lucratif.

▶ Ils ont un but social, culturel, scientifique, éducatif, sportif ou d'animation locale.

▶ Ils se caractérisent par des mises de faible valeur.

▶ Ils ne proposent comme lots que des produits d'une valeur limitée à 400 euros, à l'exclusion de toute somme d'argent ou de chèque remboursable.

Les lotos peuvent donc dorénavant se dérouler toute l'année sur l'ensemble du territoire national, sous réserve que soient respectées les conditions énoncées ci-dessus, dans la limite de deux ou trois manifestations par an.

Dans ces conditions, **les lotos traditionnels peuvent se tenir librement, sous la responsabilité civile et pénale de leurs organisateurs.**

Faites vos comptes

Une personne, dans ce genre de soirée, dépense en moyenne 30 € (grilles et boissons). Les recettes atteignent vite 3 000 €. Pour les dépenses, achetez entre 500 et 800 € de lots et ajoutez les frais de photocopies, droits et taxes, location de la salle, achats de boissons, etc. Vous pouvez espérer environ 800 € de bénéfice.

Les loteries

Les conditions spécifiques

Les loteries peuvent être autorisées, dans le cadre du financement d'actes de bienfaisance, de l'encouragement des arts ou du financement d'activités sportives non lucratives.

Dans ces cas, **si le but non lucratif de l'association est certain, une autorisation peut être demandée à la préfecture du département où siège l'association** (voir modèle en annexe sur document téléchargeable). Le préfet pourra tenir compte :

- des spécificités locales ;
- de l'engagement de l'association à justifier l'utilisation des recettes dégagées ;
- du pourcentage de frais d'organisation (15 % maximum du capital d'émission – nombre de billets X montant unitaire des billets).

Les déclarations fiscales

Les lotos, loteries et tombolas doivent présenter un caractère exceptionnel par rapport à l'objet de l'association.

D'un point de vue fiscal, les recettes tirées de loteries ou de lotos entrent dans le champ d'application de l'exonération de tous impôts et taxes prévus au titre de six manifestations exceptionnelles par an. Le bénéfice de cette exonération est cependant subordonné à deux formalités :

- informer, au plus tard 24 heures avant la manifestation, par simple lettre, le service des impôts du siège social de l'association ;
- envoyer à ce même service des impôts un relevé détaillé des recettes et des dépenses, dans les 30 jours qui suivent la manifestation.

Toutefois, l'administration peut présumer une activité commerciale lorsqu'une association organise plus de trois lotos par an. Une requalification, effectuée par les services préfectoraux après enquête, peut alors soumettre l'association aux paiements des impôts commerciaux, en l'occurrence, TVA (taxe sur la valeur ajoutée) et IS (impôt sur les sociétés).

Organiser une manifestation sur la voie publique

Le contexte réglementaire

Les cortèges, défilés, rassemblements de personnes et toutes manifestations sur la voie publique doivent être déclarés à la mairie 3 jours au moins et 15 jours au plus avant la manifestation (décret-loi du 23 octobre 1935). Sont toutefois dispensées de cette déclaration les sorties sur la voie publique conformes aux usages locaux.

Les déclarations

Depuis le 1er décembre 1997, les manifestations sportives, récréatives ou culturelles à but lucratif (au sens de rechercher une recette visant à réaliser un excédent) et regroupant au moins 1 500 personnes doivent faire l'objet d'une déclaration au maire un mois au moins avant la date de la manifestation. **La déclaration décrit les mesures envisagées pour assurer la sécurité du public et des participants.** L'autorité de police peut alors imposer un service d'ordre ou un renforcement des dispositions prévues. Lorsque le service d'ordre doit être assuré par une collectivité ou les services de police, les frais peuvent être facturés à l'organisateur.

Les organisateurs doivent souscrire à un contrat d'assurance couvrant leur responsabilité civile, celle des participants et du public. L'assurance est obligatoire pour obtenir une autorisation administrative.

Le cas des compétitions sportives

L'autorisation préalable

L'autorisation est donnée par le préfet du département dans lequel le départ de l'épreuve a lieu. Par dérogation, les épreuves ne comportant pas la participation de véhicules à moteur sont autorisées par le sous-préfet quand elles se déroulent dans l'arrondissement. L'autorisation ne peut être accordée qu'après une enquête de l'autorité saisie. L'autorisation est donnée par le ministre de l'Intérieur lorsque le parcours sur lequel doit se dérouler l'épreuve inclut des voies situées dans plus de 20 départements distincts.

Comment la demander ?

Le dossier de demande est déposé à la préfecture (ou sous-préfecture), il comprend :

- une demande en double exemplaire précisant la nature de l'épreuve, la date et le nombre des concurrents attendus, les coordonnées de l'association organisatrice ainsi que la fédération à laquelle elle est affiliée, le calendrier sur lequel a été inscrite l'épreuve, les coordonnées de l'auteur de la demande ;
- l'avis favorable du directeur départemental de la jeunesse et des sports si l'organisateur n'est pas une association sportive affiliée à la fédération sportive délégataire du sport concerné ;
- le règlement de l'épreuve ;
- l'exemplaire signé de la police d'assurance (ou l'engagement de souscrire une telle police, l'exemplaire signé devant alors être présenté par l'organisateur à l'autorité ayant délivré l'autorisation 6 jours francs au moins avant la date de l'épreuve), l'engagement de l'organisateur de prendre à sa charge les frais de service d'ordre, ainsi que la réparation des dégradations consécutives à l'épreuve, les documents concernant l'itinéraire et l'horaire de l'épreuve.

À quel moment faire la demande ?

Voici les délais à respecter :

- 6 semaines pour les manifestations sportives sur route comportant des véhicules à moteur, n'ayant lieu que sur un seul département ; 3 mois quand elles ont lieu sur plusieurs départements ;
- 6 semaines pour les courses pédestres ou cyclistes ;
- 1 mois pour les manifestations sportives sur la voie publique ne comportant pas de classement en fonction de la vitesse ou du temps ;
- 3 mois pour des manifestations dans des lieux non ouverts à la circulation, en vue de l'homologation du terrain ; 1 mois sur un terrain déjà homologué ; 2 mois pour une demande exceptionnelle sur un terrain non homologué.

Les organisateurs qui, bénéficiant d'une autorisation, décident d'annuler l'épreuve doivent prévenir l'autorité qui a délivré l'autorisation 6 jours francs au moins avant la date prévue.

Comptabilité et fiscalité
des manifestations de bienfaisance et de soutien

La référence fiscale

L'article 261-7-1°-c du Code général des impôts **exonère de taxe sur la valeur ajoutée les recettes de 6 manifestations de bienfaisance ou de soutien organisées dans l'année, à leur profit exclusif,** par les associations, ainsi que par les organismes permanents à caractère social des collectivités locales et des entreprises.

✓ *L'exonération liée, petit paradis fiscal associatif*

*L'article 207-1-5 **du CGI** prévoit le système des exonérations liées. Parce qu'elles échappent à la TVA en application de l'**article 207-1-1** du même Code, les recettes des 6 **manifestations** de soutien ou de bienfaisance ne sont pas non plus assujetties aux autres impôts commerciaux, l'impôt sur les sociétés (IS) et la taxe professionnelle (TP).*

Ainsi l'association dont les recettes sont liées à des manifestations exceptionnelles peut échapper à l'ensemble des impôts commerciaux, la TVA, l'IS et la taxe professionnelle.

*Signalons à toutes fins utiles que le paradis fiscal des exonérations liées est réservé aux associations dont la **gestion est désintéressée.***

La nécessité d'un budget

Une manifestation exceptionnelle se gère comme un projet. Elle se prépare avec un découpage qui permet d'identifier les étapes, depuis la préparation, puis les différentes phases de mise en œuvre, jusqu'à l'établissement d'un bilan qualitatif et quantitatif des actions entreprises, et la restitution du résultat aux différents acteurs de la manifestation. Dans ce cadre, **la préparation d'un budget est une phase quasi obligatoire, au regard des objectifs de transparence et de la rigueur de gestion indispensable dans l'association.**

La mise en place d'un budget prévisionnel sera d'autant plus utile que les enjeux financiers seront importants. On veillera même à prévoir des budgets minimaux et maximaux, surtout par rapport aux recettes que l'on veillera à ne pas surestimer. **Le principe de réalisme et le soin de détail dans le budget sont des clés pour la réussite d'une manifestation.**

Exemple

L'exemple des radios libres

Dans le cadre de la libéralisation de la radiodiffusion, le début des années quatre-vingt a vu l'éclosion d'un grand nombre d'associations. Ces associations, porteuses d'un idéal, se sont rapidement confrontées à une dure réalité économique :

• course à la puissance de diffusion, (donc changement d'émetteurs de plus en plus chers) ;

• épuisement des bénévoles (donc rémunérations d'animateurs).

Ces contraintes ont étranglé financièrement les associations, dont certaines ont cherché leur salut dans des manifestations exceptionnelles, l'organisation de concerts de musique, pour soutenir financièrement leur projet.

Las, les résultats n'ont pas été à la hauteur des espérances : même si les artistes ont fait largement cadeau de leurs cachets, les frais de location de salle et de matériel, les droits musicaux, les frais de publicité ont englouti les maigres recettes car les spectateurs n'ont pas répondu de manière massive à l'appel des ondes. Pire, certaines associations se sont entêtées à espérer un soutien de leur auditoire. En renouvelant ces manifestations, elles se sont précipitées vers le dépôt de bilan.

L'exonération de la taxe sur les salaires

En principe, les salaires versés par une association non assujettie à la TVA sont soumis à une taxe sur les salaires (voir p. 284). Cependant, **les rémunérations versées au personnel recruté à l'occasion et pour la durée des manifestations de bienfaisance ou de soutien qui sont exonérées de taxe sur la valeur ajoutée** (en vertu de l'article 261-7-1°-c du Code général des impôts) **sont exonérées de taxe sur les salaires** en application de l'article 231 bis L du même code.

Une comptabilisation à isoler

Les associations doivent tenir une comptabilité de chacune de ces six manifestations pour la présenter en cas de contrôle. Les opérations faites au cours des six manifestations exceptionnelles de soutien dans l'année doivent faire l'objet d'un traitement particulier.

Si les mouvements sont peu nombreux, et qu'il ne s'agit que d'une, voire 2 manifestations, le comptable pourra se satisfaire d'un traitement des opérations à l'identique, et ressortir manuellement les opérations spécifiques. Sinon, deux modes de traitement peuvent être envisagés :

◗ **Par le plan comptable.** Les recettes et les dépenses spécifiques à chaque manifestation peuvent être enregistrées dans des comptes du plan comptable général, que l'association créera uniquement pour la manifestation, pour les isoler des autres recettes et charges : par exemple pour les recettes, elle utilisera le compte 706001, recettes de prestations manifestation n° 1. Idem pour les charges : 613001 pour l'assurance spécifique manifestation n° 1, ou 615001 pour la location spécifique manifestation n° 1.

Cette méthode est relativement simple mais demande un retraitement pour tirer un résultat comptable de la manifestation.

◗ **Par une comptabilité analytique** (voir p. 114). En créant une section analytique spécifique pour la manifestation, les opérations particulières liées à la manifestation utiliseront les mêmes comptes de la comptabilité générale, mais seront ventilées dans des sections appropriées.

Tous les logiciels de comptabilité munis des fonctions analytiques permettent de réaliser ces opérations de manière très simple, sans surcroît de travail. C'est la solution la plus élégante car elle permet de sortir les recettes et dépenses directes spécifiques. Attention cependant à l'interprétation du résultat : il faudrait tenir compte de toutes les charges indirectes qui ne sont pas ventilées (quote-part de photocopieuses, de frais de structure…). N'oubliez pas également de tenir compte du bénévolat spécifique.

8

GÉRER LES INVESTISSEMENTS

À un moment ou à un autre se pose la question de la réalisation d'un investissement : l'acquisition d'un véhicule pour la troupe de théâtre, d'un four à émaux pour le club de loisirs, d'une photocopieuse pour l'association de défense.

La décision d'investir diffère des autres dépenses parce qu'elle se situe dans un plan patrimonial. Il ne s'agit plus d'une dépense relevant du train de vie quotidien de l'association, mais bien d'une opération exceptionnelle dont les conséquences sont nombreuses. **En investissant, l'association se constitue ou développe son patrimoine, engageant ainsi l'avenir.**

La décision d'investir doit être mûrement réfléchie, et d'autant plus que l'investissement est important. Dans ce cas, il faut particulièrement étudier le plan de financement de l'opération et la possibilité d'obtenir un financement extérieur (subvention, prêt d'un établissement financier). Par ailleurs, **la détention d'un patrimoine est susceptible d'emporter des conséquences juridiques et fiscales qu'il faut également intégrer dans la prise de décision.**

La décision d'investir

Comme pour toute dépense, la décision d'investir doit toujours être réfléchie, même lorsque les montants en cause paraissent modestes. **Les dirigeants doivent être capables de justifier leur décision en démontrant que l'investissement réalisé était bien légitime par rapport à l'objet statutaire, opportun et adapté aux besoins de l'association.**

Face à un projet immobilier, cette légitimité doit être parfaitement assurée puisque le principe de spécialité patrimoniale limite les possibilités pour une association de posséder un immeuble à quelques cas bien spécifiques.

La détention d'actifs est quelquefois lourde de conséquences pour l'association. Pour cette raison, il est nécessaire d'envisager, avant d'investir, les alternatives à l'acquisition directe du bien par l'association. Il existe en effet différentes solutions qui permettent à l'association de ne pas acquérir le bien mais d'en avoir malgré tout la jouissance.

Les critères d'opportunité

La légitimité de l'investissement

Par définition, un investissement a vocation à rester durablement à la disposition de l'association : **il doit donc être nécessaire et utile aujourd'hui, mais également dans l'avenir.**

La gestion en bon père de famille impose aux dirigeants de se projeter à moyen terme pour s'interroger à propos de l'utilité future du bien acquis. À cet égard paraissent forcément légitimes les investissements qui sont requis pour la gestion structurelle de l'association (ordinateur pour la tenue des comptes, la gestion des adhérents et la conception des supports de communication, matériel et mobilier de classement des archives).

Les investissements réalisés doivent se situer clairement dans le cadre de l'objet associatif. On sera attentif chaque fois que l'investissement est requis par un projet spécifique de l'association et que sa réutilisation ne peut être garantie.

Lorsqu'il s'agit de remplacer un bien parce qu'il est hors d'usage, la légitimité de l'investissement paraît en général acquise. Cependant, il faut encore vérifier que le bien reste toujours utile et que les conditions d'utilisation sont satisfaisantes. Une association gérant des jardins municipaux qui est conduite à racheter un motoculteur tous les trois ans devra, par exemple, s'interroger à propos des conditions d'utilisation et de maintenance de l'appareil.

Le cas particulier des immeubles

L'association ne peut posséder que les immeubles qui sont strictement nécessaires à son administration, à la réunion de ses membres ou à la réalisation de son objet. La sanction de la violation de ce principe est la nullité de l'acte. La jurisprudence donne un exemple de l'application de ce principe (CA Paris, 27 septembre 1973). Une association de parents d'élèves dont l'objet statutaire est d'apporter un soutien à l'école ne peut se porter acquéreur des locaux de l'école.

Lorsqu'elle se situe clairement dans l'un des cas prévus par la loi, l'association peut décider d'acquérir un immeuble si ses moyens financiers le lui permettent.

En général, l'investissement immobilier répond aux contraintes suivantes :

▶ L'association ne peut pas bénéficier d'un local adapté à ses besoins dans un autre cadre juridique (location, mise à disposition, partage).

▶ L'association supporte à fonds perdus un loyer significatif et l'acquisition d'un immeuble permettrait de réaliser des économies.

▶ L'association dispose de réserves importantes qu'elle souhaite investir dans une optique patrimoniale.

Des précautions juridiques sont à prendre. Les dirigeants se feront utilement conseiller par **le notaire chargé de la transaction.** Celui-ci exigera certainement une délibération de l'assemblée générale des adhérents, encore qu'une telle délibération n'ait rien d'obligatoire.

Sur le plan financier, la propriété d'un immeuble est particulièrement lourde à assumer pour une association modeste. Il faut envisager le fait que chaque année l'association devra supporter les frais d'entretien de l'immeuble, l'assurance et les impôts fonciers, soit un budget qui peut représenter jusqu'à 10 % du coût d'acquisition de l'immeuble. Par ailleurs, si l'acquisition a été financée à crédit, les charges de remboursement obligeront l'association à dégager un excédent comptable de manière récurrente et pendant toute la durée d'amortissement de l'emprunt.

Les conséquences de la détention d'un patrimoine

Les charges et obligations induites par le patrimoine

Détenir du patrimoine expose toujours l'association à des charges supplémentaires. **Les biens acquis doivent être entretenus et maintenus en bon état de marche.**

Dans les associations de type « ici et maintenant », le patrimoine de l'association devient rapidement partie intégrante du service rendu aux bénévoles et aux usagers. L'association supporte alors une obligation de principe : maintenir le matériel en l'état, assurer sa conformité, l'adapter aux besoins de ses usagers et le remplacer si nécessaire. Ces exigences se traduisent toujours par des coûts pour l'association, liés à la maintenance ou au remplacement. On peut retenir une vitesse d'amortissement moyenne de 3 ans pour les petits équipements et de 5 années pour les aménagements.

Les conséquences juridiques et fiscales

L'association doit assurer le matériel. En cas d'assujettissement à la taxe professionnelle, tous les éléments du patrimoine rentrent dans l'assiette de cet impôt.

Les alternatives

Lorsque le bien envisagé paraît indispensable à l'activité mais que l'association ne peut pas, pour une raison ou une autre, envisager son acquisition, il existe des solutions alternatives. **La location et le crédit-bail permettent de jouir du bien sans en être propriétaire.** Leur coût est en général supérieur à celui d'une acquisition directe mais l'étalement du paiement du prix sous forme de loyer procure à l'association un avantage de trésorerie qui peut être décisif.

Si l'impossibilité d'acquérir le bien résulte de moyens financiers trop limités, la seule solution sera de se tourner vers l'extérieur pour obtenir un prêt du bien ou une prestation de service solutionnant le problème.

La location

La location d'un bien constitue en général une bonne alternative à son acquisition, si elle est conclue sur une durée courte et que le loyer n'est pas disproportionné.

Mais il ne faut pas se leurrer. Pour les biens de petits équipements (informatique, photocopieurs), la location proposée par le fabricant équivaut en général à une acquisition, compte tenu de la durée de location et du montant des loyers. **Les seuls avantages de la location sont alors dans ce cas liés à la maintenance et l'entretien qui sont souvent inclus dans le contrat et à la sortie de trésorerie qui est étalée dans le temps.**

Pour des équipements plus importants (gros matériels de reprographie, véhicule), le coût d'acquisition du bien serait prohibitif et la location constitue alors une alternative financièrement intéressante.

Le crédit-bail

Le crédit-bail est une formule de location, assortie d'une option d'achat qui peut être exercée à l'issue de la période de location. Cette option d'achat constitue pour le crédit-preneur (le locataire) un droit – et non une obligation – d'acquérir le bien à un prix souvent modique défini à l'avance, la valeur résiduelle.

Il faut savoir que l'option d'achat est valorisée dans le prix des loyers. Si l'on a aucune intention de se porter acquéreur du bien à l'issue de la location, il vaut mieux conclure une location simple. Par contre, si l'association veut se garder le droit d'acquérir éventuellement le bien (selon l'état du matériel et les besoins de l'association à l'issue de la période de location), il est intéressant de disposer d'une option d'achat.

La faisabilité

Un autre facteur important dans l'analyse est bien le montant de l'investissement et les modalités de son financement. C'est la question de la « faisabilité » du projet d'investissement qui doit se poser dans le cadre budgétaire.

Il est normal que l'association qui dispose d'un budget de fonctionnement équilibré et de recettes récurrentes en consacre une partie à l'investissement. Dans ce cas, l'investissement ne déséquilibrera pas la structure financière. En revanche, la petite association ne doit pas hypothéquer son fonctionnement en consacrant une fraction trop élevée de ses recettes de l'année à l'acquisition d'un actif.

En étudiant la faisabilité de l'investissement, c'est essentiellement la question de son financement qui doit être posée. L'association dispose de trois possibilités pour financer ses investissements :
- l'autofinancement ;
- le recours au crédit bancaire ;
- les subventions spécialement affectées aux investissements.

L'autofinancement

Prélèvement sur les réserves

Le recours à l'autofinancement suppose que l'association ait accumulé des réserves par le passé. **Le financement sera alors prélevé sur une épargne disponible en trésorerie.**

Souscription

L'association peut également faire appel à ses adhérents pour lever des fonds par souscription. Les sommes ainsi collectées doivent être inscrites dans les fonds propres de l'association, au fonds associatif ou à un compte de fonds dédié à l'investissement. **L'appel à la générosité du public** (quête sur la voie publique) **est réglementé** et suppose une autorisation municipale (voir p. 248).

Le recours au crédit bancaire

Si l'association ne dispose pas d'épargne mais qu'elle peut dégager un excédent de manière régulière (sur plusieurs années), la banque acceptera de lui prêter des fonds.

Plusieurs précautions doivent être prises dès lors que l'association contracte un emprunt bancaire, car il s'agit d'une opération à caractère exceptionnel qui engage l'avenir de l'association. Il faut tout d'abord vérifier qu'une telle opération est bien **autorisée par les statuts** et qu'elle est **de la compétence du président**. En effet, les statuts peuvent prévoir que la conclusion d'un emprunt bancaire est du domaine de l'assemblée générale, compte tenu du caractère exceptionnel de cette décision, voire même interdire à l'association tout endettement. Dans le silence des statuts, nous préconisons au président d'obtenir au moins **l'accord écrit de son bureau, voire celui de l'assemblée générale** si l'emprunt ne présente pas de caractère d'urgence.

La capacité de remboursement

Lorsque l'association dispose d'un excédent régulier, elle peut rembourser les échéances d'un emprunt amortissable à moyen ou long terme. La durée de l'emprunt sera fonction de la nature de l'actif financé et de la visibilité que l'association présente pour le banquier.

Sauf financement immobilier, l'association se financera sur une durée comprise entre 3 et 5 ans. Pour déterminer la capacité de remboursement de l'association, on évaluera l'excédent moyen annuel que l'association est en mesure de dégager, bon an, mal an. **La capacité à dégager un excédent d'exploitation doit être assurée pour la durée de l'emprunt et le montant du remboursement ne doit pas excéder 30 à 50 % de l'excédent prévisionnel.**

L'association ne doit pas devenir dépendante de ses banquiers. Pour cette raison, **les emprunts bancaires au bilan n'excéderont pas le montant des fonds propres** (fonds associatifs + fonds dédiés + report à nouveau).

En respectant ces deux limites, l'association peut prétendre à des financements bancaires pour ses investissements.

Quelle garantie bancaire ?

Des garanties intrinsèques. Les garanties prises sur l'association resteront des garanties intrinsèques, portant sur le patrimoine de l'association. Le banquier devra s'interdire de recourir à toute garantie personnelle des dirigeants. La caution d'une collectivité locale suppose une délibération du conseil municipal.

Les risques et limites de la caution personnelle. La caution est un contrat par lequel une personne se porte garant des dettes d'une autre. Elle est souvent requise par les banques au moment de l'octroi d'un crédit. Il peut arriver que la caution du dirigeant associatif soit requise. Il faut être conscient qu'il ne s'agit pas d'un simple engagement formel. En cas de non-paiement de la dette cautionnée, le créancier peut poursuivre la caution indépendamment de toute faillite. Si la caution est prévue pour un montant et une date précise, il n'est pas possible en principe de s'en dégager. Seules les cautions à durée indéterminée peuvent être dénoncées à tout moment.

Les subventions d'investissement

L'association peut recevoir de ses bailleurs de fonds des subventions spécialement destinées au financement d'un investissement, souvent pour l'entretien d'un immeuble ou l'acquisition d'un équipement particulier. En obtenant une subvention du montant total de son investissement, l'association ne subit aucun déséquilibre dans sa structure financière. Lorsque la subvention n'est que partielle, l'association doit faire la preuve de sa capacité d'autofinancement.

Sur le plan comptable, il est d'usage de neutraliser l'opération en inscrivant la subvention au passif du bilan et en procédant à l'amortissement du bien (voir p. 320). Dans la mesure du possible, la subvention doit être définitive. Sinon elle sera comptabilisée comme une dette et non dans les fonds propres.

Troisième partie

Maîtriser la gestion

Cette partie est plus particulièrement destinée au trésorier ou à la personne en charge de la gestion financière de l'association. Nous abordons de manière simple les principes de saine gestion d'une structure associative :

▶ Avec la direction opérationnelle de l'association, les dirigeants doivent également assumer des choix de gestion ; cela suppose d'avoir une vision claire du modèle économique sur lequel repose son association. Nous essayerons de vous donner **les clés de différents modèles** qui ressemblent certainement à votre situation personnelle (chapitre 9).

▶ Nous faisons également le point à propos du **régime fiscal des associations** (chapitre 10). Il appartient aux dirigeants d'évaluer les risques d'assujettissement de leur structure aux impôts commerciaux. La matière fiscale est technique ; dans les situations délicates, les dirigeants ne devront pas hésiter à s'adresser à un professionnel pour déterminer avec lui l'attitude à adopter vis-à-vis de l'administration fiscale.

▶ Quel que soit le modèle économique adopté, les dirigeants doivent avoir une vision claire des finances de l'association. La comptabilité et l'outil logiciel constituent des assistants irremplaçables. Nous développons les principes des différentes comptabilités et nous donnons un aperçu des **outils informatiques disponibles sur le marché** (chapitre 11). Mais la sécurité pour les finances de l'association viendra des procédures comptables et des règles de prudences mises en place, qui permettront de circonscrire les principaux risques financiers.

Les nombreuses questions évoquées dans cette troisième partie à propos de la gestion financière nous conduisent à dresser le cahier des charges de la fonction de trésorier.

Zoom

La mission du trésorier

Pas plus que les autres fonctions dirigeantes de l'association, la fonction du trésorier n'est prévue ou définie par la loi de 1901. Pourtant la fonction financière est stratégique dans l'association car c'est bien souvent de sa maîtrise que va dépendre la pérennité de l'association.

Sur le plan financier, l'association se donne pour objectif de conduire son projet en utilisant au mieux les ressources – souvent modestes – dont elle dispose. Dans la plupart des cas, ces ressources proviennent des adhérents et des pouvoirs publics ; l'association est donc tenue vis-à-vis d'eux à la plus grande transparence. Enfin, la circulation de l'argent peut toujours être source de risques, notamment dans des structures où les règles de fonctionnement sont peu formalisées. Pour cette raison, un aspect important de la fonction financière concerne le suivi et le contrôle des opérations impactant les finances.

Respect des grands équilibres, transparence du fonctionnement financier, suivi et contrôle sont autant d'aspects fondamentaux pour sécuriser le fonctionnement de l'association, garantir sa pérennité et lui assurer un développement serein. Ces différents objectifs permettent de présenter les fonctions du trésorier et le contenu de sa mission.

Pour mener à bien sa mission, le trésorier dispose d'outils : la comptabilité, le budget et les procédures qu'il mettra en place avec l'accord du bureau.

Les grands équilibres financiers correspondent à des principes de bon sens : ne pas dépenser plus que l'on gagne et s'assurer que la situation de trésorerie permet en permanence la couverture des prochaines charges à payer. Ces principes élémentaires de prudence correspondent à ce que l'on attend d'un « bon père de famille ».

Les fautes de gestion commises par les dirigeants seront appréciées à l'aune de ce critère. Le dirigeant bénévole et non professionnel de la gestion sera évidemment jugé avec moins de sévérité que le dirigeant rémunéré ou celui qui par sa formation ou son expérience dispose d'une certaine expertise dans le domaine de la gestion.

Le budget (de fonctionnement et de trésorerie) permet de planifier l'activité associative en fonction de ces deux objectifs. La comptabilité permet de s'assurer *a posteriori* que les dépenses ont bien été adaptées au volume des recettes.

Dans le cadre du budget, le trésorier propose des hypothèses de fonctionnement de l'association qui devraient être conformes au projet tout en respectant les grands équilibres. Lorsque des arbitrages sont à réaliser, ils sont du ressort des dirigeants (président, bureau) ou de la collectivité associative tout entière (assemblée générale). Toutefois, le fonctionnement collégial des instances dirigeantes permettra de limiter les risques de faute de gestion (voir en annexe sur le document téléchargeable « Fiches de poste des dirigeants »).

9

LES GRANDS ÉQUILIBRES FINANCIERS

L'association doit respecter différents équilibres financiers, si elle veut rester en vie et se développer. Cela suppose qu'elle soit capable de trouver un modèle économique viable à moyen terme. **Un modèle économique est un schéma de fonctionnement de l'association qui tient compte des différentes contraintes financières qu'elle supporte et permet d'organiser les aspects économiques et financiers des activités.**

Le modèle économique de l'association dépendra de la manière dont les adhérents se mobilisent autour du projet associatif et de l'habileté des dirigeants à insérer l'association dans son tissu socio-économique. Plus la structure se montrera active à développer son rayonnement, plus elle aura tendance à accroître ses sources de revenus.

Pour durer, **le modèle économique adopté par les dirigeants doit être économiquement viable.** Le principal objectif de la gestion financière est de mettre en adéquation les **charges fixes** avec des **recettes certaines.** Les charges fixes sont les charges incompressibles dont on ne peut ajuster ou faire varier les montants. Les recettes certaines sont des sources de revenus qui sont assurées tant dans leur principe que dans leur montant. L'association doit à tout prix maîtriser son « train de vie », ne pas dépenser plus que les revenus dont elle est assurée de bénéficier. Le risque serait d'engager la responsabilité personnelle des dirigeants ayant manqué de prudence dans la gestion de leur budget.

Face aux dépenses, l'association doit se procurer des recettes. Il en existe de trois sortes :

- les cotisations annuelles versées par les membres pour adhérer ;
- le prix de vente des biens et services proposés par l'association à ses adhérents et autres usagers ;
- les recettes externes, avec ou sans contrepartie, comme les dons, les subventions, le mécénat et le parrainage, la publicité.

La première contrainte est donc celle de l'équilibre d'exploitation, l'association ne devant pas dépenser plus d'argent qu'elle n'en gagne. Le second équilibre à prendre en compte dans l'élaboration de la stratégie financière concerne la répartition du chiffre d'affaires entre les différentes sources de revenu de l'association.

L'association doit être autonome et indépendante sur un plan financier. Il revient à la gestion financière de déterminer la place à accorder à chaque type de financement. L'objectif est de satisfaire les exigences de l'objet associatif, tout en respectant les limites d'une gestion de « bon père de famille ». Ici encore, chaque association composera sa propre recette du succès.

Zoom

La nécessaire indépendance financière des associations d'intérêt général

Le tronc commun pour l'agrément d'intérêt général (voir p. 69) dispose que la « pérennité de l'association ne doit pas dépendre exclusivement d'un même financeur. La proportion des fonds publics ne doit pas être de nature à qualifier l'association d'association para-administrative ».

Une certaine dose de prudence est requise des gestionnaires. Même si la quête de partenaires financiers constitue une préoccupation constante, c'est à partir de ses excédents comptables que l'association constituera des réserves pour financer le développement de ses activités. Cette recherche d'autonomie participe d'une saine gestion.

Nous examinerons donc successivement ces deux exigences, celle du modèle économiquement viable comme celle de l'autonomie et de l'indépendance de la structure.

Un modèle économiquement viable

L'association fonctionne sur un modèle économique qui lui est propre. Celui-ci doit « tenir la route » et assurer de bonnes perspectives de pérennité à l'association.

Par les activités déployées, l'association produit une valeur ajoutée, essentiellement grâce à l'engagement des bénévoles. Cette valeur ajoutée économique ou sociale peut être offerte aux usagers ou leur être facturée. C'est à la collectivité des adhérents de décider de quelle manière l'association va rencontrer son public, quelle politique tarifaire elle va appliquer et comment elle va équilibrer ses comptes lorsque le prix des services ne couvre pas les dépenses engagées.

Le modèle économique adopté par l'association doit refléter ses idéaux : l'engagement des bénévoles et la référence à un système de valeur impactent nécessairement la donne sociale et économique de la structure. Il appartient à chaque association d'effectuer le choix d'un modèle économique que les dirigeants devront mettre en œuvre.

Pour vous aider à caractériser le modèle économique de votre association, nous reprenons la distinction entre les associations de type « construire et partager » et « ici et maintenant ». Il s'agit toujours d'exemples dont on peut s'inspirer. Dans le domaine financier plus qu'ailleurs, on se gardera des systèmes préfabriqués ou rigides qui vous promettent un succès garanti.

Différents modèles économiques

Certains critères vous permettent de déterminer pour chacune de vos activités le modèle économique qui s'en rapproche le plus :
- le nombre d'adhérents ;
- la nature des recettes ;
- le type d'organisation et de dynamique ;
- la nature des dépenses engagées ;
- le profil du bénévolat.

L'analyse de votre association vous conduira vers un modèle ou vers un autre. Une même association peut cumuler différents modèles pour chacune de ses activités. Ce qu'il faut retenir, c'est que **chaque modèle économique appelle ses propres objectifs de gestion.**

Modèle	Adhérents	Organisation et dynamique	Recettes	Dépenses	Objectifs de gestion
« Ici et maintenant »	Base large, profil d'usagers	Gestion des activités quotidiennes	Internes, stables, dynamiques	Frais généraux importants, frais variables pour les activités	Maintien de la base de bénévoles Capacité contributive des usagers Équilibre d'exploitation de la structure
« Construire et partager »	Base réduite, motivation et partage d'un idéal	Conduite de projets	Externes, exceptionnelles	Fortement variables, liées aux chantiers Frais de structure réduits	Équilibre financier des différents projets Capacité à mobiliser les partenaires financiers

Les associations « ici et maintenant »

Pour les associations de type « ici et maintenant » et les prestataires de service, **l'exercice consistera à trouver le juste prix, celui qui couvre les charges fixes de la structure et les frais variables occasionnés par les activités.** Dans ce cas, le calcul du « point mort » (voir plus bas) pour chaque activité proposée permet d'installer un équilibre entre les dépenses et les recettes et de proposer les activités à leur juste prix.

Dans les activités de pratique impliquant un nombre important de participants, l'existence d'une structure abritant des moyens fixes (téléphone, ordinateur, salle de pratique, stockage et entreposage de fournitures ou de matériel) est indispensable. Même si l'association est hébergée gratuitement, l'existence d'une telle structure suppose toujours un certain budget de charges fixes. Les charges fixes de la structure ne doivent pas être vues comme un poids mort, comme des dépenses stériles n'apportant aucune valeur. **La structure fixe de l'association est sa colonne vertébrale et lui procure de nombreux avantages dans son organisation quotidienne.**

La couverture des frais fixes par les adhésions

Selon la surface de la base d'adhérents, l'association pourra supporter plus ou moins de frais fixes. Cela déterminera la taille relative de la structure. **Dès qu'elle repose sur une base large d'adhérents, l'association peut couvrir des frais de**

structures plus importants. La structure tend alors à enfler et à générer des coûts fixes de plus en plus importants, empiétant sur les budgets réservés aux activités.

C'est le risque de certaines associations de type « ici et maintenant » qui masquent mal une gestion laxiste par un nombre confortable d'adhérents et la promesse de la subvention municipale.

Le cas des structures assurant des missions de service public

Certaines associations de type « ici et maintenant » gèrent des équipements socio-médicaux destinés à accueillir des publics particuliers (enfants, handicapés, personnes âgées). Il peut arriver que leurs clients-usagers soient exclusivement des collectivités locales ou des services de l'État. Dans ce cas, le modèle économique est particulier. **Les ressources essentiellement externes** (subventions, prix homologués par les pouvoirs publics) **sont prévisibles et doivent être contractualisées** (convention pluriannuelle) **avec les dispensateurs des fonds publics.**

De cette manière, l'association peut investir dans sa structure, notamment en professionnalisant ses ressources humaines (embauche d'experts à titre salarié).

Les associations « construire et partager »

Une logique de chantiers

À l'opposé des associations de pratique, les petites associations de type « construire et partager » reposent souvent sur une base réduite d'adhérents ou ne proposent pas d'activités à proprement parler. Dans ce cas, il sera plus difficile de compter sur le financement interne et l'association devra nécessairement se tourner vers des partenaires extérieurs, généreux donateurs, collectivités locales, mécènes… Pour cela **elle devra considérer que chacun de ses chantiers s'adresse à un ou plusieurs clients qui doivent assurer l'équilibre économique du projet.**

Une structure souple

Si elle repose sur une base réduite d'adhérents, l'association « construire et partager » est dans l'obligation d'adopter une structure de coûts fixes aussi légère que possible. Dans ces associations, **la maîtrise des frais de structure permettra d'allouer toutes les recettes aux différents projets de l'association.**

En contrepartie, on remarque que la capacité contributive des adhérents sera plus facile à mobiliser. Il est en effet fréquent que la petite équipe de bénévoles fasse des avances de frais importantes, notamment pour couvrir les dépenses de structure (affranchissements, petites fournitures, réceptions). Il faut se souvenir que six personnes motivées s'acquittant d'une cotisation de 150 € réunissent ensemble un budget de 900 €, suffisant pour couvrir les frais fixes d'une petite structure pendant 12 mois.

Dimensionner les projets

Tant que les projets reposent sur les ressources humaines et financières procurées par les bénévoles, ils peuvent être menés de manière autonome, sans recourir à des soutiens extérieurs. Certains dirigeants ont un vrai talent pour ne conduire que des chantiers exactement dimensionnés à la disponibilité et aux capacités contributives de leurs adhérents (voir p. 141).

Il s'agit d'un choix stratégique parfaitement défendable. Plutôt que de s'épuiser à « présenter » des dossiers à droite et à gauche, un dirigeant peut légitimement estimer que la valeur ajoutée de l'association se situe ailleurs, dans le choix et l'animation de chantiers concrets, au milieu des bénévoles, à la rencontre des publics.

Il faut également souligner les exigences concrètes de ce modèle économique qui repose sur une forte motivation des bénévoles et l'habilité des animateurs à valoriser au mieux la ressource disponible avec des frais limités.

Construire des partenariats

Tôt ou tard, certains chantiers de l'association exigeront de disposer de ressources financières plus importantes. Ils ne devront être menés qu'avec l'aide de partenaires financiers. La collecte de ressources financières extérieures est un métier à part entière, auquel nous consacrerons quelques pages.

En recherchant des fonds à l'extérieur, l'association devra alors accepter de se situer dans la logique de son partenaire. **La construction de partenariat avec les pouvoirs publics ou des entreprises privées constitue une voie d'avenir pour les dirigeants créatifs et entreprenants.**

Zoom

Identifier les recettes

Indépendamment de toute classification comptable, il est essentiel d'analyser les sources de revenus de l'association en fonction de l'identité de la partie versante.

Pour se procurer des revenus, les associations peuvent compter sur trois types de partenaires financiers : des personnes physiques, les collectivités privées (autres associations, entreprises) et publiques (État et ses émanations, collectivités locales).

Partie versante	Nature de la recette	Compta	Financement	Type de ressources
Membres de l'association	Adhésions	756000	Autonome	Statique
	Prix des biens et services	706000	Autonome	Dynamique
Usagers de l'association	Prix des biens et services	706000 ou 707000 ou 70800	Neutre	Dynamique
État et collectivités locales	Subvention projets	740000	Dépendant	Dynamique
Entreprises, associations	Publicité, parrainage ou mécénat	708000 ou 758000	Dépendant	Dynamique
Collectivités locales	Subvention fonctionnement	740000	Dépendant	Statique
	Subvention investissement	102600 ou 131xxx	Dépendant	Statique

Les recettes internes

L'association doit privilégier les recettes en provenance de ses adhérents et de ses usagers parce qu'elles assurent son autonomie. Ces recettes internes comportent les cotisations perçues des adhérents et le prix des produits ou services facturés aux usagers.

Les revenus qui proviennent des adhérents et des usagers sont un gage d'auto-nomie et de pérennité. Ce sont bien les adhérents et les usagers qui, au travers de leur fidélité et de leur capacité contributive, forment la véritable assise financière de l'association.

Zoom

S'assurer des rentrées d'argent auprès de sa « clientèle »

L'association devra donc se préoccuper de la collecte des cotisations auprès de ses adhérents et de la facturation des usagers. Adhérents et usagers constituent deux « clientèles » que l'on aura soin de bien différencier.

Au travers de la cotisation annuelle, la base des adhérents permet à l'association de se doter d'une structure et d'entretenir des moyens qui lui sont propres.

Pour toutes les associations qui proposent des biens ou des services, c'est le paiement du prix du bien ou du service qui assure l'équilibre économique de l'association. Il s'agit d'une source de revenu dynamique, parce qu'elle s'accroît avec le nombre d'usagers et l'offre de biens ou services de l'association.

La collecte des recettes internes

Dans l'association, le premier versement d'argent par l'adhérent a en général pour contrepartie des droits juridiques ; il s'agit de la cotisation d'adhésion à l'association. Ensuite, si l'association propose un service ou un produit aux adhérents ou aux usagers, elle peut adopter soit le principe de la gratuité soit réclamer une participation financière.

Les particuliers adhèrent à l'association contre versement d'une cotisation ou ils deviennent « clients » de l'association en lui réglant le prix convenu dans une relation d'échange.

Zoom

Des distinctions indispensables

La distinction n'est pas toujours faite clairement entre l'adhésion, la cotisation, l'abonnement, ce qui relève de la qualité de membre et ce qui relève de la pratique des activités.

Pourtant, cette distinction est importante sur tous les plans ; elle comporte des implications juridiques et fiscales fondamentales.

Nous insistons sur la nécessité de distinguer les cotisations, perçues à l'occasion de l'adhésion, du prix des services rendus par l'association. En affichant une cotisation d'adhésion distincte du prix des services, l'association fonctionne dans la transparence, facilite sa gestion et clarifie ses relations juridiques.

Les cotisations des adhérents

Nous avons développé les aspects juridiques relatifs à l'adhésion et à la qualité de membre au chapitre 1 (voir p. 35). Les cotisations ont des caractéristiques particulières qui les différencient des autres ressources.

Un financement stable

Les recettes des adhésions sont à privilégier parce qu'elles assurent un financement stable de l'association. **Au même titre que le bénévolat, les revenus tirés des adhésions font la force de l'association en la rendant indépendante des bailleurs de fonds extérieurs.**

Le montant total des adhésions sera logiquement proportionnel au rayonnement de l'association. D'année en année, le nombre d'adhérents suit une évolution régulière pour peu que la structure de l'association ne connaisse pas de bouleversements notables. Après la phase de démarrage de l'association, la variation des cotisations suit un cycle long, sur plusieurs années, en croissance ou en décroissance, sauf accident dans la vie de l'association. Outre le montant total des cotisations, le nombre de membres traduit l'importance du socle bénévole sur lequel repose l'association.

Les jeunes associations et les associations avec peu d'adhérents

Dans les jeunes associations et les associations de type « construire et partager », les premiers (quelquefois les seuls) contributeurs sont en général les bénévoles eux-mêmes qui acceptent de financer l'association, soit en acquittant une adhésion élevée, soit en finançant directement les dépenses de l'association.

Zoom

Les fondateurs et le montant de la cotisation

Pour les fondateurs, plutôt que d'acquitter les multiples dépenses de constitution sur leurs deniers personnels, il est préférable de prévoir une cotisation d'adhésion d'un montant significatif. Par le biais du don (voir p. 248), ils pourront profiter d'un avantage fiscal global (avec un seul document). Dans ce cas, il est envisageable que la cotisation d'adhésion soit réglée par compensation avec les avances de frais du bénévole.

Si l'association préfère limiter le nombre des adhésions (voir des exemples de motivation juridique, pp. 35 et s.), elle se prive de cette recette interne et doit penser son modèle économique différemment. Dans ce cas, **l'absence de recettes pérennes oblige l'association à prélever une marge sur le coût des activités pour entretenir sa structure** (voir le calcul du point mort, p. 244).

Prévoir le montant des cotisations d'adhésion

Dès que l'association dispose d'une certaine visibilité sur le rythme des adhésions, **on peut procéder à une projection du nombre d'adhérents et du montant moyen de la cotisation, et on adaptera les charges fixes sur un horizon de trois ans.**

Exemple

Se projeter dans le futur pour gérer le quotidien

Une association de locataires, dans une résidence comportant 400 logements se penche sur l'évolution du montant des cotisations.

	2009	2010	2011	2012
Nombre de logements	400	400	400	400
Taux d'adhésion	0,30	0,35	0,40	0,43
Nombre d'adhérents	120	140	160	172
Cotisation	10	10	12	12
Recettes en euros	1 200	1 400	1 920	2 064

L'année de référence est 2009. La progression du taux d'adhésion des locataires est une hypothèse prudente. On prévoit d'augmenter la cotisation en 2011. Cette prévision permettra de fixer un budget prévisionnel pour les charges de structure (voir p. 270).

La collecte des cotisations au sein de l'association

La collecte des cotisations auprès des adhérents peut être librement pratiquée dans les salles de réunions ou de spectacles aussi bien qu'au siège de l'association. Les lieux privés accessibles au public, constituant des lieux publics par destination, ne sont pas visés par la prohibition des quêtes sur la voie publique. **Si elle remplit les conditions requises** (voir p. 249), **l'association peut délivrer le certificat ouvrant droit à l'avantage fiscal au bénéfice du donateur.**

Le prix des services rendus

Le modèle économique le plus répandu est celui qui consiste à considérer que les activités de l'association constituent une prestation qui doit être payée par les personnes qui en bénéficient.

Chaque association rencontre un public particulier, selon les activités et les tarifs pratiqués. Quel que soit le public visé, lorsque l'association propose contre paiement des biens ou des services aux adhérents et à tous les usagers intéressés par ses activités, elle choisit une certaine logique économique.

En fixant ses tarifs, l'association effectue des choix de gestion. Les prix pratiqués doivent donc être étudiés avec soin et rester souples pour être adaptés en permanence à la structure des coûts.

(Zoom)

La fixation des tarifs en assemblée générale

La politique tarifaire de l'association résulte à la fois de ses contraintes financières et des choix dictés par son système de valeurs.

Pour cette raison, il peut être légitime de réserver à la collectivité des adhérents la fixation des prix de l'association. L'assemblée générale permet d'examiner chaque année les conditions de l'équilibre financier de la structure et d'adapter les tarifs aux contraintes financières de l'association. Pour éviter de conduire un débat technique pendant l'AG, celle-ci se prononcera sur les propositions de tarifs formulés par le trésorier.

Cette source de revenus, liée à l'activité intrinsèque de l'association, mesure la valeur ajoutée économique et sociale produite par l'association. Dans le même temps, elle est un facteur de dynamique pour toute la structure. C'est sur ces flux réguliers apportés par les utilisateurs habituels de l'association que celle-ci peut construire de nouveaux projets et envisager sereinement l'avenir.

Le point mort

Tous les usagers, qu'ils soient ou non adhérents, doivent supporter les coûts des activités dont ils bénéficient, ainsi que la partie des coûts fixes de l'association qui ne serait pas couverte par les adhésions des membres. Le montant total de ces versements doit couvrir toutes les dépenses de l'association. **Il s'agit de déterminer le point mort de l'activité, le seuil d'équilibre au-dessous duquel elle perd de l'argent.**

Le calcul en est assez simple, on commence par distinguer les charges fixes des charges directement liées aux activités, ensuite il s'agit d'une simple règle de trois ! Nous donnons en annexe sur document téléchargeable des exemples de la démarche permettant de fixer le prix annuel (cotisation comprise) pour une troupe de danse et un groupe d'ikebana.

La mise en place de cette logique de point mort permet un **financement dynamique.** Le résultat de ces activités dépend du travail des membres. Il est plus ou moins fructueux selon le secteur d'intervention de l'association, les forces que l'association peut mettre en œuvre, les circonstances dans lesquelles elle intervient.

La logique du point mort est une logique de coûts. **La fixation des tarifs pratiqués par l'association doit tenir compte des ressources bénévoles et de l'existence de financements publics.** Ce sont ces deux ressources qui permettent à l'association de « financer » sa vocation sociale, en affichant des tarifs inférieurs à ceux du secteur marchand. Dans notre exemple (troupe de danse), le montant de l'abonnement double dès que l'on commence à valoriser le travail de l'animateur. Il est certain que même si l'association demande une contrepartie financière, celle-ci n'est souvent pas à la hauteur des espérances…

Bénévolat ou rémunération de l'animateur ?

Il s'agit d'un dilemme fréquent, l'association servant souvent d'écran juridique pour tester un projet professionnel (voir chapitre 1 p. 43). **L'animateur se demande à partir de quel niveau de fréquentation il pourra commencer à se verser une rémunération et transposer son projet dans une dimension professionnelle.**

Nous donnons des exemples pour une association de danse, rémunérant un professeur à l'occasion de la préparation d'un spectacle. L'animateur de la troupe est bénévole, il peut recevoir des remboursements de frais (dans notre exemple, 10 € par cours dispensé). Les adhérents versent une cotisation correspondant aux frais fixes de la structure (dans notre exemple, de l'ordre de 1 600 €) et un « abonnement » est destiné à faire face aux frais variables occasionnés par les

2 séances hebdomadaires de travail sous la conduite de l'animateur. Nous examinons le montant de la cotisation pour 18 participants répartis en deux groupes, suivant une séance hebdomadaire de 90 minutes.

Comment gérer les effets de seuils pour les activités

De nombreuses petites associations sportives ou de pratique consacrent l'essentiel de leur budget à rémunérer un ou plusieurs professeurs (ou moniteurs). Dans ce cas, **la rémunération versée étant proportionnelle au nombre de cours dispensés, il faut calculer le point mort de chaque groupe.**

Nous donnons un exemple pour une association organisant des cours d'ikebana. Le professeur peut donner 3 cours par semaine (séances de 90 minutes) ; il accepte de 9 à 12 personnes par groupe et fournit le matériel. Le coût de son intervention est de 200 €. Dans cet exemple, nous distinguons adhésions et prix des cours et adoptons le principe que les adhésions doivent couvrir les frais fixes de la structure. Les simulations sont données en annexe sur document téléchargeable (format .xls).

Le recouvrement des sommes dues à l'association

La délégation de l'encaissement des recettes

Très souvent, dans un souci d'efficacité, le recouvrement est assuré par des bénévoles, voire des salariés. **Le trésorier peut ici parfaitement déléguer ses pouvoirs.**

Dans ce cas, il faut assurer une centralisation de la collecte des fonds. Ces opérations peuvent être réparties sur une équipe formée à cet effet mais en dernier ressort, **c'est le trésorier qui vérifiera la cohérence entre les adhésions collectées et les cartes d'adhérents émises ; il s'assurera également que les écritures comptables correspondantes ont bien été passées.**

La mission du trésorier

Les fonds doivent remonter rapidement au trésorier qui effectuera des remises en banque aussi régulières que nécessaire. Les sommes réglées en espèces doivent donner lieu à la délivrance d'un reçu. À la rigueur, on peut concevoir que l'acte de l'adhésion soit régularisé ultérieurement, le versement étant suffisant pour engager les parties. Dans ce cas, **il faudra vérifier la cohérence entre les sommes encaissées et le registre des adhésions.**

Les recettes externes

Parce qu'il est difficile de fidéliser à long terme une large base d'adhérents, toutes les petites et moyennes structures ont intérêt à nouer des partenariats financiers avec les autres acteurs de leur réseau.

Si elle se contente de ses recettes internes, l'association bénéficie d'une grande autonomie mais elle peut se priver d'opportunités. Dans sa zone d'influence, l'association est sollicitée en permanence. Une fois que l'association atteint une certaine autonomie financière, elle doit envisager de se développer avec des partenaires extérieurs. Il peut s'agir de particuliers donateurs ou de collectivités publiques ou privées. En inventant des chantiers et des projets, l'association s'adresse à un public déterminé mais, au-delà des personnes strictement concernées par ce chantier, l'association peut chercher un « client final », un partenaire financier qui sera intéressé par la réussite du projet pour des raisons politiques, institutionnelles, voire commerciales (dans le cas de la publicité).

Les formes de recettes externes

Lorsqu'elle s'adresse à l'extérieur pour obtenir des ressources financières, l'association peut s'adresser aux particuliers (dons), **aux entreprises** (mécénat, parrainage et publicité) ou encore **aux collectivités publiques** (subventions).

Les personnes physiques extérieures à l'association peuvent accepter de se lier ponctuellement au projet associatif en effectuant une contribution financière, d'un montant forfaitaire et généralement symbolique (5, 10, 15 €). Lorsque l'association ne propose pas de contrepartie au versement sous forme d'un bien livré ou d'un service rendu, elle s'adresse à des donateurs. **Le fait de solliciter des dons n'est pas sans conséquences pour l'association : l'appel à la générosité publique est un domaine sévèrement réglementé.**

L'association qui ne propose aucune contrepartie fait appel à la générosité du public, en mettant en avant sa vocation sociale ou philanthropique. Sous réserve des dispositions relatives aux quêtes (voir en annexe sur document téléchargeable), les dons d'une somme d'argent réalisés par des particuliers sont toujours possibles et obéissent à un régime fiscal particulier (déductibilité pour les généreux donateurs).

Les partenariats avec les pouvoirs publics permettent à l'association de bénéficier de subventions pour financer son fonctionnement et surtout ses projets. Les partenariats avec des entreprises privées prennent obligatoirement la forme commerciale, à moins qu'elles ne relèvent d'une convention de mécénat ou de parrainage.

Les contraintes des recettes externes

Les dons, subventions et autres recettes issues du parrainage et du mécénat assurent un financement dépendant :

- Ces recettes ne présentent pas de caractère répétitif et obligatoire.
- Elles sont liées uniquement à des considérations propres aux organismes qui les versent.

Quand elle est bénéficiaire de telles ressources, **l'association doit être en mesure de rendre compte à chacun des partenaires de l'utilisation des fonds qui lui sont confiés.**

Il faut se souvenir que, par définition, les ressources externes restent très largement aléatoires dans leur principe, leur montant, la date de leur mise à disposition. Votre association est en concurrence avec d'autres porteurs de projets et reste toujours à la merci, sinon d'un refus total, du moins de choix dont la logique peut totalement vous échapper.

La perception de ressources externes entraîne également des contraintes juridiques différentes selon la nature des ressources. **Toutes ces contraintes visent à assurer une plus grande transparence et un meilleur contrôle de l'utilisation des sommes perçues.**

Le régime juridique et fiscal des sommes versées

Lorsque l'association s'adresse au public pour collecter des fonds, elle doit proposer un contrat clair à ceux qui acceptent de devenir ses partenaires financiers. Il faut donc s'intéresser au régime juridique des sommes perçues par l'association.

Le don des particuliers peut donner droit à un avantage fiscal, la déductibilité dans le cadre de l'impôt sur le revenu du généreux donateur. Encore faut-il que le don et l'association bénéficiaire répondent à des conditions de forme et de fond bien précises. **La délivrance de certificats fiscaux abusifs est sévèrement sanctionnée.**

Les dons des entreprises sont également possibles. Ils prennent en général la forme d'une convention de mécénat ou de parrainage, à moins qu'il ne s'agisse pour l'entreprise d'acheter à l'association de l'espace publicitaire.

Statut de la partie versante	Qualification	Régime juridique	Avantages fiscaux
Personne physique et autres personnes de droit privé	Don	• Souscription au profit des organismes philanthropiques et d'intérêt social • Appel public à l'épargne • Régime spécial si > 153 K€ (commissaire aux comptes et contrôle de la Cour des comptes)	Déductibilité fiscale pour la partie versante (voir p. 249)
Personne morale commerciale	Mécénat Parrainage	• Conclusion d'une convention spécifique • Voir régime fiscal	Déductibilité pour la partie versante Recettes non lucratives pour l'association
Personne morale de droit public	Subvention	• Délibération de la collectivité • Nomination d'un commissaire aux comptes si > 153 K€ • Convention pluriannuelle • Homologation, agrément, circulaire Raffarin	Exonération pour l'association

La collecte de dons auprès des particuliers

Les quêtes se caractérisent par une sollicitation directe du public dans un but philanthropique, sans contrepartie pour le donateur. Elles constituent une forme d'appel à la générosité publique. Nous donnons en annexe sur document téléchargeable les détails du régime juridique assez contraignant qui s'applique aux quêtes.

Il faut simplement se souvenir que les quêtes au domicile des particuliers et sur la voie publique sont interdites ou strictement réglementées. En revanche, dès que la quête se situe dans un cadre privé, et sous la responsabilité des organisateurs, l'association peut librement s'adresser à la générosité de ses membres ou solliciter individuellement des personnes en vue de leur adhésion.

C'est sur le plan fiscal qu'il convient également d'être prudent, notamment dans la délivrance du reçu permettant au donateur de bénéficier d'une réduction d'impôts.

L'article 200 du CGI

Toutes les associations déclarées peuvent, sans autorisation spéciale et quel que soit leur objet, recevoir des dons manuels, et ce en application de l'article 6 de la loi du 1er juillet 1901. Le don manuel est effectué « de la main à la main », sans qu'il soit nécessaire d'effectuer un acte notarié. Il doit être effectué du vivant du donateur, sans quoi il s'agirait d'un legs dont seules certaines associations peuvent bénéficier.

Cependant, les versements de dons aux associations peuvent donner droit à une réduction d'impôt dans les cas où l'association bénéficie du statut d'intérêt général : il s'agit des « *œuvres ou des organismes d'intérêt général ayant un caractère philanthropique, éducatif, scientifique, social, humanitaire, sportif, familial, culturel, ou concourant à la mise en valeur du patrimoine artistique, notamment à travers les souscriptions ouvertes pour financer l'achat d'objets ou œuvres d'art destinés à rejoindre les collections d'un musée de France accessibles au public, à la défense de l'environnement naturel ou à la diffusion de la culture, de la langue et des connaissances scientifiques françaises* ».

Lorsque le contribuable a renoncé expressément à leur remboursement (loi n° 2 000-627 du 6 juillet 2000), les frais engagés dans le cadre d'une activité bénévole au profit de ces associations ouvrent également droit à cette même réduction d'impôt. Il faut que les dépenses aient été (voir procédures p. 345) :

- engagées strictement en vue de la réalisation de l'objet social de l'association ;
- dûment justifiées ;
- constatées dans les comptes de l'organisme.

Quel avantage ?

Les dons des particuliers aux associations ouvrent droit à une réduction d'impôt sur le revenu égale à 66 % du don, dans la limite de 20 % du revenu imposable qui correspondent à des dons et versements, y compris l'abandon exprès de revenus ou produits, effectués par les contribuables domiciliés en France.

Pour **les dons consentis aux organismes d'aide aux personnes en difficulté** (qui apportent une aide alimentaire, des soins et un hébergement aux démunis, en France ou à l'étranger), **les particuliers bénéficient d'une réduction d'impôt égale à 75 %** pour les dons effectués en 2009 **dans la limite de 510 €.**

Lorsque le montant de ces dons dépasse ces limites, **l'excédent est reporté sur les 5 années suivantes** et permet de bénéficier de la réduction d'impôt dans les mêmes conditions.

Les versements déductibles

Pour ouvrir le droit à réduction fiscale, les versements doivent être effectués sans contrepartie directe ou indirecte au profit de leur donateur. Il faut distinguer deux types de contreparties :

▶ **Les contreparties institutionnelles ou symboliques.** Il s'agit d'avantages attachés à la qualité de membre de l'association (droit de vote, éligibilité au conseil d'administration, titre honorifique de membre bienfaiteur...). Aucun de ces avantages ne constitue une contrepartie réelle au versement. Les donateurs peuvent donc bénéficier de la réduction d'impôt. On peut donc voir l'intérêt de considérer le versement d'une cotisation à l'association comme un don libre, dès lors qu'aucune contrepartie (d'aucune sorte) n'est liée à ce versement.

▶ **Les contreparties prenant la forme d'un bien ou d'une prestation de services.** Les versements qui ont pour contrepartie les avantages suivants ne peuvent constituer des dons au sens fiscal du terme :
  – la remise d'objets matériels ;
  – l'octroi d'avantages financiers ou commerciaux ;
  – l'abonnement à une revue ;
  – la mise à disposition d'équipements ou d'installations de manière exclusive ou préférentielle ;
  – l'accès privilégié à des conseils, fichiers ou informations de toute nature.

Cependant, l'administration fiscale peut tolérer, dans certaines limites, la remise de menus biens (insignes, affiches, cartes de vœux...), si la valeur de ces contreparties n'excède pas 60 € et 25 % du montant du don. De même, l'envoi de publications ou de bulletins d'information (pour les associations d'anciens élèves, par exemple) est une contrepartie admissible, sauf si l'édition de ces publications constitue une activité lucrative pour l'organisme.

Plus délicate est la situation où l'adhésion est considérée comme un don et permet l'accès à des prestations de services, alors que ce service est offert, en droit comme en fait, à l'ensemble du public susceptible d'en bénéficier, sans considération de la qualité de cotisant ou de donateur du demandeur. Dans ce cas, l'association aura intérêt à demander la position de l'administration fiscale pour préciser sa situation particulière.

📖 **Textes de référence**
• Instruction 5-B-14-07 du 16 mai 2007
• Instruction 5-B-17-99 du 4 octobre 1999

Les contraintes juridiques

L'association ne peut délivrer des certificats fiscaux que si les dons qu'elle reçoit répondent bien aux conditions posées plus haut. Elle le fait sous la responsabilité de ses dirigeants qui peuvent s'assurer auprès de l'administration fiscale que les dons répondent bien aux exigences réglementaires (voir plus bas, le rescrit fiscal).

Les associations qui délivrent irrégulièrement un reçu fiscal ouvrant droit à un avantage fiscal encourent une amende égale à 25 % des sommes indûment mentionnées (CGI article 1768-4).

Le contrôle de l'organisme bénéficiaire des dons se renforce dès que les certificats représentent plus de 153 000 € dans l'année. **Dans ce cas, l'association doit se plier aux obligations de certification de ses comptes, de publicité et de contrôle de la Cour des comptes** (voir en annexe sur document téléchargeable).

Le rescrit fiscal

Pour s'assurer que l'association est bien en mesure de délivrer des reçus de don, la loi n° 2003-709 du 1er août relative au mécénat a prévu la possibilité d'utiliser la procédure dite de « rescrit ».

Les associations peuvent donc s'assurer auprès de l'administration fiscale qu'elles répondent aux critères pour que les dons reçus ouvrent droit à l'avantage fiscal. L'administration dispose d'un délai de six mois pour instruire la demande. Le défaut de réponse vaut habilitation tacite.

La demande doit être adressée suivant un modèle réglementaire, par pli recommandé avec demande d'avis de réception, à la direction des services fiscaux du siège de l'association (voir modèle en annexe sur document téléchargeable).

Le mécénat et le parrainage

Pour collecter des dons, l'association cherchera également à s'adresser à des entreprises commerciales. Toute entreprise peut trouver un intérêt à participer à des projets associatifs et à soutenir des organismes à but non lucratif.

Zoom

Des conséquences fiscales éventuelles

Il faut se souvenir que la collaboration à titre permanent entre une association et un acteur du secteur concurrentiel entraîne des conséquences fiscales pour l'association (voir p. 287) ; celle-ci en effet ne peut plus échapper aux impôts commerciaux dès lors qu'il est relevé une communauté d'intérêt entre l'association et une ou plusieurs entreprises commerciales.

Par ailleurs, pour la partie versante, l'entreprise commerciale, le fait de soutenir financièrement une association pose un problème fiscal. En effet, dans le cadre de la détermination du résultat fiscal, seules sont admises en déduction les charges exposées dans « l'intérêt direct de l'exploitation ». Or le financement d'œuvres sociales, culturelles ou philanthropiques doit être accompagné de retombées quantifiables et proportionnées à l'investissement pour répondre à cette condition. Dans ce cas, les dépenses exposées par l'entreprise seront qualifiées de parrainage ou d'achat d'espace publicitaire. Cependant, dans certains cadres ponctuels et précis, associations et entreprises peuvent collaborer, l'entreprise pouvant même voir sa générosité récompensée par un avantage fiscal.

Exemple

Une collaboration exemplaire

L'association Saint-Vincent-de-Paul veut réaliser une plaque gravée, éclairée par la tranche, à l'effigie de son fondateur. Cette réalisation, relativement complexe et onéreuse, s'avère dépasser le budget de l'association, qui demande une remise importante à son fournisseur, Chrono-Pub, une entreprise reconnue pour son engagement citoyen. Les deux parties parviennent à un accord : l'association accepte le prix du marché et l'entreprise fait un don à l'association.

Chacun y a trouvé avantage : l'association a respecté son budget, l'entreprise a récupéré une grande partie de son effort commercial grâce à l'avantage fiscal du don.

Mécénat et parrainage sont des dispositifs juridiques souples, qui doivent être privilégiés pour organiser les collaborations financières avec les collectivités privées et autres entreprises commerciales.

Un champ d'application commun

Mécénat et parrainage concernent des dépenses réalisées par des entreprises commerciales au profit d'œuvres ou d'organismes d'intérêt général ayant un caractère culturel ou concourant à la mise en valeur du patrimoine artistique ou à la diffusion de la culture et de la langue françaises.

Zoom

Pour les petites et moyennes entreprises aussi

Depuis fin 2004, les associations ayant pour objet exclusif d'accorder des aides financières permettant la réalisation d'investissement ou de fournir des prestations d'accompagnement à des petites et moyennes entreprises peuvent également bénéficier des dispositions relatives au mécénat.

Les systèmes du mécénat et parrainage (ou sponsoring en anglais) ont tous deux pour objet de donner un cadre juridique (et fiscal) au versement de fonds effectués par l'entreprise au bénéfice de l'association.

Il s'agit de notions voisines d'un point de vue juridique, mais elles se différencient sur un point fondamental : l'existence d'une contrepartie pour l'entreprise, sous forme de retombées commerciales.

Quelles contreparties commerciales ?

Si le soutien financier est consenti sans contrepartie directe en terme de retombées commerciales, il s'agit d'une opération de mécénat. Si le soutien est consenti en contrepartie de retombées promotionnelles directes, à court terme, il s'inscrit dans le cadre du parrainage.

La notion de retombées publicitaires couvre la reproduction des signes distinctifs (logo, marque…) de l'entreprise, la participation à un certain nombre d'opérations de relations publiques, de stands prévus pour une manifestation, réservés aux membres de l'entreprise ou à ses clients. À l'inverse, la simple apposition du logo du donateur sur un nombre limité de supports est parfaitement compatible avec une opération de mécénat.

C'est l'appréciation de la proportion entre le don et sa valorisation en termes de prestations rendues par l'association qui permet de faire la distinction entre le mécénat et le parrainage.

L'avantage fiscal au mécénat

La distinction entre les deux régimes est d'importance pour l'entreprise dona-trice et pour l'association, parce qu'elle détermine le régime fiscal des sommes versées (voir annexe). Pour faire simple, il faut retenir que **le mécénat d'entre-prise dispose d'un régime fiscal privilégié**, les dépenses ouvrant droit pour le mécène à une réduction d'impôt de 60 % dans la limite d'un certain plafond. Le parrainage ne procure pas d'avantage particulier et les dépenses sont considérées comme des charges de publicité.

Pour toutes ces raisons, il est préférable de prévoir une convention écrite détaillant les engagements pris par les parties, l'association et l'entreprise, con-vention qui permettra de qualifier sans ambiguïté la collaboration entre les deux structures.

La vente par l'association d'espace publicitaire

Nous évoquons les principes fondamentaux de la vente d'espace publicitaire et le meilleur moyen de valoriser les supports que l'association peut mettre à disposi-tion des annonceurs.

Dans certains cas, l'association s'adresse à un type de public qui intéresse une ou plusieurs entreprises commerciales. Par exemple, l'association d'aquariophilie du Vexin, forte de ses 1 800 adhérents, intéresse les trois ou quatre boutiques spé-cialisées qui couvrent la région.

L'association peut alors vendre de l'espace publicitaire, des encarts dans son bul-letin, des logos sur ses affiches, des banderoles sur le stade… Il lui faut alors res-pecter certaines précautions.

Zoom

Les aspects réglementaires

Il existe des limites aux opérations de parrainage sportif fixées par les fédérations pour restreindre l'utilisation des surfaces publicitaires, de même qu'il faut se garder des publicités mensongères.

Les opérations publicitaires concernant le tabac, l'alcool et les produits pharmaceuti-ques sont très réglementées, voire interdites, et sévèrement sanctionnées.

Trouver les annonceurs

Pour trouver des annonceurs – c'est-à-dire des entreprises commerciales prêtes à payer pour utiliser les vecteurs de communication de l'association –, on procédera de la même manière que pour la recherche de subventions publiques (voir p. 258). **On procédera par cercles concentriques à l'intérieur de la zone d'influence en distinguant deux types de cibles selon le secteur d'activité, les annonceurs captifs et les annonceurs « hors captifs » :**

▸ Comme dans notre exemple d'aquariophilie, **l'activité des annonceurs captifs est directement en rapport avec l'objet de votre association** et ceux-ci percevront immédiatement l'intérêt qu'ils peuvent avoir de toucher vos adhérents.

▸ **Les annonceurs « hors captifs » se recrutent essentiellement sur le critère de la proximité** ; leur activité ne présente pas de liens directs avec votre objet, mais ils peuvent être sensibles à certaines caractéristiques des publics de l'association (adhérents, usagers, visiteurs, spectateurs) ou de ses manifestations exceptionnelles : pouvoir d'achat, ouverture sur des domaines techniques ou scientifiques.

Vis-à-vis de ces derniers, il sera plus pertinent de proposer des opérations de mécénat ou de parrainage.

Approchez la bonne cible

Les grandes agences de publicité et les centrales d'achat d'espace, responsables de l'achat d'espace publicitaire des grandes marques nationales, risquent de ne pas prêter beaucoup d'attention à des micro-supports comme les vôtres. Dans le domaine de la presse, par exemple, il ne faut pas oublier que *Femme Actuelle* diffuse toutes les semaines 897 000 exemplaires, *Marie France*, qui arrive en 100ᵉ position en terme de diffusion, 174 000 exemplaires. Même si votre lettre trimestrielle touche 3 000 abonnés (ce qui est remarquable), votre support ne fait pas partie des mass media. Ainsi ne perdez pas votre temps pour des diffusions de moins de 10 000 exemplaires (au minimum).

Pour des volumes de cet ordre (3 000 à 5 000 contacts et plus), vous pouvez éventuellement vous adresser aux plus petites agences de communication ou aux filiales régionales des grands groupes. Pour les annonceurs captifs, préférez l'approche directe du responsable de la communication ou du dirigeant en personne (petites entreprises, professionnels). **Faites jouer l'affinité, la proximité entre votre association et l'annonceur. Imaginez des opérations spéciales, du partenariat…**

Évaluer l'intérêt de votre offre

La manne des annonceurs commerciaux est un trésor convoité par beaucoup. L'association ne peut pas être un vecteur permanent de publicité commerciale ; ce n'est pas dans sa vocation et serait contraire à l'éthique. Cependant, les dirigeants peuvent privilégier une approche qualitative de la relation financière avec des entreprises commerciales, dans le cadre de partenariats équilibrés, à propos de projets précis.

> ✓ **Comment évaluer le prix de vente de l'espace publicitaire que vous proposez ?**
>
> *Pour évaluer le prix à facturer pour la vente de votre espace publicitaire, il faut procéder par comparaison avec un média de référence :*
>
> - *Identifiez le support « presse » le plus proche de votre publication, en vous basant sur le centre d'intérêt ou le lectorat, de préférence. Il peut s'agir d'un magazine, d'une revue professionnelle. Relevez les tarifs qu'il pratique en consultant le tarif média sur http ://www.tarifmedia.com*
> - *Appliquez une règle de trois pour trouver le prix aux 1 000 contacts utiles : divisez le prix d'une page de publicité (attention à la différence entre noir et quadrichromie) par le tirage, ou la diffusion annoncé par le support. Vous obtenez alors le coût d'un contact.*
> - *Multipliez ce coût par le tirage de votre publication et minorez-le de façon significative (- 20/25 % minimum) ; vous obtenez ainsi un tarif crédible et compétitif.*
>
> *Pensez tout de suite à une grille de tarif qui intègre des remises ou des tarifs dégressifs liés à la multiplication des parutions. N'oubliez pas de mentionner les frais techniques généraux et/ou spécifiques (gestion des images, BAT, imprimerie...) que vous pourrez refacturer.*

Vendre vos manifestations accueillant du public. Si vos spectacles de fin d'année, votre kermesse, vos rencontres sportives prennent assez d'ampleur (disons à partir de 1 000 visiteurs ou spectateurs), vous pouvez jouer la carte des médias locaux et du partenariat et proposer un troc avec une radio FM locale et/ou un titre de presse quotidienne régionale. Échangez la reproduction du logo du support sur tout votre matériel promotionnel (affiches, flyers, banderoles, programme, etc.) contre de la publicité pour votre manifestation sur la radio FM ou dans le quotidien. Attention, définissez bien avec le support le format qui sera utilisé et le calendrier de passage des messages.

Les subventions publiques : un rééquilibrage en cours

La décentralisation (lois Deferre et Raffarin) entraîne le transfert de nombreuses compétences de l'État vers les collectivités locales. Ce glissement s'effectue dans un contexte de réduction de la dépense publique. Les associations en quête de financements publics doivent donc intégrer de nouvelles règles du jeu qui s'imposent quelquefois brutalement.

Zoom

L'État impose l'austérité au mouvement associatif

Les coupes budgétaires touchent durement les associations qui redoutent de ne plus pouvoir remplir leur rôle, notamment en matière de cohésion sociale. Le gouvernement leur suggère de se tourner vers les collectivités territoriales, qui ne jugent pas possible d'accroître leur effort financier. En 2004, les associations ont vécu une année noire. De la culture à l'environnement, en passant par le social et le sport, le milieu a pâti du gel ou des restrictions des crédits de l'État, *via* ses différents ministères, alors que la fin du financement public des emplois jeunes est programmée depuis 2007.

Confrontées au désengagement public, certaines associations se tournent vers le privé. Mais la plupart s'orientent vers les collectivités locales. « Nous sommes soumis à une pression de plus en plus forte », confirme Michel Vauzelle, président de la région Provence-Alpes-Côte-d'Azur. Première en France par le nombre d'associations sur son territoire, PACA affirme consacrer 11 % de son budget à ce secteur. « Avec une progression colossale, depuis 1998, de 35 millions à plus de 200 millions d'euros, hors apprentissage… », souligne-t-on, à la région.

Pour le milieu associatif, l'appel aux communes, régions, départements ou intercommunalités – déjà principaux bailleurs de fonds – n'est donc pas la panacée. D'autant que les élus locaux sont souvent soupçonnés de vouloir instrumentaliser les associations pour mettre en œuvre leur politique. Ils donneraient plus volontiers un coup de pouce pour le sport, la culture ou les personnes âgées qu'à une association d'insertion. En outre, les soutiens décentralisés ne remplaceront pas les actions à l'échelle nationale de l'État, par exemple en termes de formation des bénévoles.

Comment trouver des partenaires financiers ?

Nous développons ici tout d'abord un inventaire des différents partenaires financiers du monde associatif, puis certains aspects relatifs au « montage » des dossiers. La collecte de fonds suppose une démarche en deux temps : identifier les partenaires potentiels, puis parvenir à les convaincre.

Pour identifier vos « cibles », nous vous proposons deux approches. Nous dressons tout d'abord un inventaire des financements institutionnels, puis nous développons quelques critères pour guider votre recherche de manière efficace.

Les financements institutionnels

Les subventions des collectivités territoriales

Toutes les collectivités territoriales, quels que soient l'échelon et le secteur concernés, contribuent à la vie associative, notamment par le biais d'un soutien financier massif.

▶ **La commune**. C'est le partenariat financier que l'association doit s'attacher à nouer **en priorité**. Chaque municipalité dispose sinon d'un service des associations, du moins d'un adjoint au maire chargé des relations avec les associations. Les budgets disponibles sont très variables d'une commune à l'autre, mais la commune dont dépend votre siège social sera presque toujours à l'écoute de vos besoins. Certaines associations reçoivent systématiquement le dossier de subventions à remplir annuellement, d'autres doivent le demander en mairie.

Zoom

Les orientations politiques et l'attribution des subventions municipales

Il arrive que dans certaines communes, municipalité et associations affichent des colorations politiques marquées et... divergentes (on se souvient dans une commune du sud de la France d'une véritable fronde des associations contre la nouvelle municipalité affichant une orientation politique marquée).

Si l'association doit savoir garder son indépendance et sa liberté d'agir, elle doit également se souvenir que la subvention municipale n'est pas un dû et que la collectivité locale reste libre de choisir ses priorités.

En principe, l'association doit se garder d'intervenir dans le débat politique ; en contrepartie de cette neutralité, la commune acceptera de reconnaître les acteurs associatifs qui assurent sur son territoire ou à proximité la satisfaction de besoins d'intérêt général.

Sur cette base peut s'instaurer un partenariat équilibré et respectueux des particularités de chacun, contractualisé à moyen terme. La mise en place d'un support juridique de la relation contractuelle est fondamentale pour garantir l'indépendance des parties prenantes. En fixant les droits et les devoirs de chacun, la convention pluriannuelle de financement (comme la convention de mise à disposition de locaux municipaux) sécurise l'avenir des parties et réduit les risques de rapport de force.

▶ **L'intercommunalité** (communauté de communes ou communauté d'agglomérations). Depuis le décret du 21 décembre 2000, le paysage des communes et des agglomérations s'est modifié. Les contrats de communauté conclus avec l'État, la région et éventuellement le département s'accompagnent de transferts de compétence, variables selon les circonstances et les lieux. Toutes les associations ne sont pas concernées directement ; il convient à chaque association de vérifier si son domaine d'activité relève du domaine de compétence de l'intercommunalité, et donc si l'association est en situation de déposer des dossiers de subventions. **Dans tous les cas, elle aura intérêt à se faire connaître et reconnaître par cette instance.**

▶ **Le département.** C'est le conseil général qui règle les affaires du département, avec des attributions très variées. Les financements et autres aides (formation, mise à disposition d'équipements) couvrent les domaines de l'environnement, l'éducation, le sport, les déplacements, la jeunesse, la santé et le social (50 % du budget du département), l'action internationale, la ville et le territoire.

Il faut noter qu'à côté des subventions du conseil général, un certain nombre d'organismes qui lui sont associés fournissent des soutiens spécifiques **selon le secteur d'activité** (par exemple, l'ADIAM dans de nombreux départements pour la musique et la danse).

Zoom

De l'importance de la solidité du positionnement local de l'association

Le plus souvent, les dispensateurs de subventions vérifient la solidité du positionnement local de l'association en demandant si elle est soutenue par sa commune, ou autrement dit, si elle bénéficie déjà d'une subvention municipale.

▶ **La région.** L'administration régionale est chargée de mettre en œuvre et de décliner la politique de la région, dans des domaines aussi variés que l'éducation, l'environnement, la ville et l'habitat, la solidarité, la culture, les sports, les loisirs et l'emploi. Les régions dispensent d'**importants soutiens financiers**, y compris à de nombreuses associations modestes.

L'État et l'Europe

▶ **L'État.** La politique de soutien aux associations est mise en œuvre soit directement par **les ministères** (Jeunesse et Sport par exemple, même si vous n'êtes pas agréé) soit par leurs relais, **les préfectures** (politique de la ville, par exemple, pour l'insertion sociale).

De nombreux domaines relevant de l'intérêt général sont également confiés à des établissements publics (DRAC pour la culture, CAF pour le secteur social, DDASS et CRAMIF pour la santé et le secteur social). Tous ces services déconcentrés de l'État collaborent avec de nombreuses associations dans leurs domaines respectifs de compétence.

▶ **L'Europe**, à travers des programmes sociaux géographiques à long terme, FSE et FEDER notamment, ou ses programmes sectoriels (à court terme).

Les organismes de tutelle

▶ **Les fédérations** qui coordonnent les activités d'une branche d'activité sont souvent les premiers interlocuteurs auxquels vous devez vous adresser pour connaître les aides dont vous pouvez bénéficier. Le secteur sportif et assimilé (les aéro-clubs, par exemple) est le mieux structuré. Mais il existe aussi des unions régionales ou départementales qui assurent le même soutien.

▶ **Les groupements.** Même si vous n'êtes pas affilié, vous pouvez faire partie du réseau sympathisant ; on peut citer les clubs Léo Lagrange, ou les MJC dans le domaine de la culture ou des loisirs.

▶ **Les agences.** Les agences publiques ou semi-publiques, au niveau national ou régional, assurent un financement ponctuel aux organismes de leur secteur d'activité, suivant le projet présenté.

Dans le secteur « culture » par exemple, le THÉCIF et l'ONDA délivrent des aides au spectacle vivant, selon que la compagnie qui les produit est issue ou non de la région Ile-de-France. Dans le domaine de l'environnement, les syndicats d'incinération d'ordures ménagères, les syndicats des eaux, voire les agences de bassin, soutiennent très souvent les associations dont l'action contribue à leur objet, de près ou de loin.

▶ **La Fondation de France.** Fondée en 1969 par la Caisse des dépôts et consignations et dix-sept autres établissements financiers, la Fondation est indépendante de l'État et régie par le droit privé. Ses revenus proviennent essentiellement des dons, legs et des revenus de son patrimoine.

Elle soutient directement des projets dans cinq grands domaines : action sociale, recherche médicale et scientifique, art et culture, environnement et aide internationale. Par le biais des 543 fondations sous égide qu'elle abrite, la Fondation étend ses domaines d'intervention.

Le secteur bancaire

Si pendant longtemps univers bancaire et secteur associatif ont pu s'ignorer tranquillement, cela n'est plus vrai de nos jours. Le marché est devenu concurrentiel et la plupart des établissements bancaires identifient désormais les associations comme un segment de clientèle à part entière.

Par ailleurs, le secteur de l'économie sociale auquel bon nombre d'associations peuvent se référer dispose d'un outil bancaire puissant et diversifié, avec de grandes enseignes. Il s'agit notamment du Crédit Coopératif et des Banques Populaires, les Caisses d'Épargne ainsi que les puissants groupes mutualistes (Crédit Agricole et Crédit Mutuel). Ce formidable ensemble bancaire est un soutien fondamental pour le secteur associatif. Par le biais de concours, sur projet ou par affinité, tous ces établissements soutiennent activement de nombreuses associations.

▶ **Le réseau Caisse d'Épargne.** Dans le cadre de ses missions d'intérêt général, le réseau Caisse d'Épargne dispose depuis 1999 d'un mécanisme de soutien financier, qui cible prioritairement les associations qui œuvrent dans le domaine de l'emploi, du développement économique, de l'aménagement du territoire ou encore de la protection de l'environnement.

Il s'agit des PELS (projets d'économie locale et sociale) qui permettent aux Caisses d'**apporter des fonds propres, des prêts ou des subventions** aux projets locaux, de nature éducative, préventive ou curative, ayant pour objectif de permettre aux individus d'accéder, de conserver ou de retrouver une place dans la société. En 2009, les Caisses ont soutenu 1 000 projets de ce type. Ce dispositif est décrit en détail dans une annexe.

Exemple

La fondation SNCF

Prévenir l'illettrisme est un axe historique de la Fondation SNCF. Donner le goût de lire, d'écrire et de compter aux jeunes, c'est leur donner le moyen (essentiel) de savoir, de s'exprimer et de se construire, avec assurance. En deux ans, la Fondation SNCF a soutenu 143 associations dans toute la France pour une dotation de 590 000 €. Pourquoi pas la vôtre ?

Au niveau national et régional (http://www.fondation-sncf.org), cette Fondation lance des appels à projet dans quatre directions :

- la lutte contre l'illettrisme ;
- l'éducation par le sport ;
- la mobilité européenne ;
- l'accompagnement vers l'emploi (en collaboration avec l'ADIE).

▶ **La Caisse des dépôts.** En tant que mécène, la Caisse des dépôts soutient la musique, la danse, la création contemporaine, la solidarité (y compris internationale) au travers de 350 partenariats annuels.

La Caisse finance **près d'une centaine de festivals en région**, notamment les Chorégies d'Orange, le festival de musique sacrée de la Chaise-Dieu et Jazz in Marciac. Dans le domaine de la solidarité, les directions régionales peuvent décider localement d'apporter leur soutien aux actions culturelles dans les quartiers défavorisés, aux actions à destination des enfants en difficultés et des personnes âgées.

Comment identifier les partenaires potentiels ?

Le secteur d'activité

Le projet de votre association doit être la matière de votre discours. Vous devez être capable de décrire précisément l'activité de votre association et de la positionner clairement sur une matrice sectorielle : domaine social, sportif, culturel, environnement, santé, éducation. Ce sont les principales catégories qui permettent d'identifier le champ de recherche des organismes dispensateurs de fonds.

Au sein de ces catégories, il est encore possible d'affiner le positionnement de l'association. Dans le secteur culturel, on peut distinguer la mise en place d'activités culturelles, la diffusion de spectacles, les actions en direction des enfants et du monde scolaire…

✔ **Utiliser les organigrammes et autres trombinoscopes**

Dès qu'elles atteignent une certaine taille, les institutions mettent à disposition du public et des usagers des organigrammes de leur structure. Le site Internet de l'institution en comporte un la plupart du temps.

Tous ces outils « cartographiques » facilitent grandement l'identification de l'interlocuteur compétent. Les intitulés des fonctions et des domaines de compétence des services doivent vous inspirer pour définir votre positionnement dans la matrice sectorielle.

Le critère de proximité

Procédez par cercles concentriques autour de votre siège. La proximité s'avère toujours un atout formidable. Elle permet de s'appuyer sur une base solide, sa propre zone d'influence.

Identifiez les partenaires sur un plan local, puis départemental, puis régional, et ainsi de suite. Ce n'est qu'après avoir épuisé un niveau géographique que vous serez assuré de pouvoir justifier une demande de subvention à un niveau plus élevé. Il n'y a rien de plus décourageant que de s'entendre demander par la région : « Pourquoi ne bénéficiez-vous pas d'une subvention municipale ? »

La taille de la structure et la dimension des projets

La taille de l'association est un facteur à ne jamais perdre de vue. Il est nécessaire de « calibrer » votre recherche de partenaires. **Ne perdez pas votre temps à « boxer dans une catégorie » qui n'est pas la vôtre** : vos chances ne sont jamais nulles mais elles sont réduites.

Si votre association se compose de quelques membres, que son activité est réduite ou saisonnière, il va être difficile de motiver une demande dans le cadre d'un programme européen. À l'inverse, une association qui déploierait plusieurs établissements sur le territoire pour mener une action concertée à l'échelle nationale se doit de solliciter des financements au niveau européen.

Présenter un dossier de qualité

Nous développons ici quelques principes relatifs au « montage » d'un dossier de demande de financement à destination d'un partenaire extérieur, qu'il soit public ou privé.

Quels que soient le destinataire de votre dossier et le formulaire à utiliser, votre recherche de partenariat financier doit respecter certaines règles de méthode qui vont améliorer vos chances de réussite :

▶ Tout d'abord, considérez votre futur partenaire ; vous avez en face de vous à la fois une personne et l'institution qu'elle représente, collectivité publique ou personne morale privée. Votre premier objectif doit être de découvrir les motivations profondes de la personne et de son institution. Rechercher des partenaires financiers, c'est accepter de passer beaucoup de temps à écouter les gens vous parler des précédents projets qu'ils ont suivis…

▶ Ensuite, veillez à donner de votre association une image à la fois fidèle (ne vous présentez pas pour ce que vous n'êtes pas ; vous serez immanquablement démasqué) et « vendeuse » (il s'agit clairement de donner envie de travailler avec vous).

▶ Le troisième aspect à soigner est la conception du projet et sa formulation, en termes de moyens, d'objectifs. Nous développons à plusieurs endroits dans cet ouvrage la logique de gestion de projets (voir p. 139 et p. 141). C'est dans le domaine de la recherche des partenariats que la notion de « chantier », sous la forme de projets autonomes bien identifiés, trouve le plus logiquement à s'appliquer.

▶ Enfin, comme à l'école, des points supplémentaires viennent récompenser la qualité de la présentation. Même si les formulaires types montrent souvent des présentations bien rébarbatives, tout doit vous inciter à soigner autant la forme que le fond.

L'appropriation des objectifs du financeur

La clé de la réussite réside dans la connaissance des attentes de votre partenaire. Même si votre projet présente toutes les qualités intrinsèques pour prétendre à une subvention ou un parrainage, votre demande sera sans objet si vous ne répondez pas aux critères posés. Les organismes de subvention énoncent souvent des critères d'éligibilité : antériorité de l'association, cohérence du projet avec la politique de la collectivité territoriale, critères d'efficacité ou de rayonnement, partenariats… Dans toute la mesure du possible, vous ne devez pas vous satisfaire des conditions minimales à respecter pour que votre projet soit accepté. L'association qui cherche une subvention doit se mettre à la place du futur partenaire pour cerner ses motivations personnelles et ses objectifs institutionnels.

Un bon moyen consiste à faire parler votre interlocuteur à propos des projets qu'il a subventionnés précédemment. Cela permet d'envisager les circonstances dans lesquelles le dispensateur de subventions est plus enclin à défendre tel ou tel type de projet, quelles sont ses priorités en terme de public, de retentissement, ses attentes en terme de collaboration, les relais de notoriété ou d'influence auxquels il est sensible. Bien loin de considérer que vous vendez votre âme dans ce type de démarche, vous parviendrez par votre écoute à relever chez votre partenaire ce qui peut être mis en valeur dans votre projet, à corriger les points faibles ou les zones d'ombre de votre dossier de subvention.

Savoir présenter son association

Le projet doit apparaître comme une évidence qui s'impose dans la logique de l'association. Il doit donc s'inscrire dans une perspective à moyen/long terme de l'association. Les collectivités publiques ont horreur de verser de l'argent « à fonds perdus ». Vous gagnerez à présenter un plan d'actions appuyé sur un budget pluriannuel (3 ans, par exemple). Ces documents traduiront votre stratégie auprès des dispensateurs de fonds.

Faites apparaître votre réseau et dessinez la zone d'influence de l'association aussi précisément que possible. Votre interlocuteur cherchera à mesurer le rayonnement de votre structure et les partenariats que vous avez su nouer.

Travailler le fond et la forme des projets

Si l'on examine les attentes des dispensateurs de fonds publics, toutes catégories confondues, on constate une tendance de fond : **ils cherchent à soutenir plus des projets que des structures** (voir en annexe sur document téléchargeable pour un exemple les descriptifs des PELS). Cette tendance est en relation avec la vogue de la dynamique de projet, dans le domaine de l'entreprise et de l'économie sociale.

Les qualités intrinsèques du projet

Le meilleur moyen d'être convaincant, c'est de **donner de la substance au dossier,** lors des présentations orales comme écrites. Les qualités intrinsèques du projet, en dehors de toute considération financière, sont indispensables pour motiver la demande de subvention. Quelques repères peuvent vous guider :

▶ **Cohérence - Développement.** Votre projet s'inscrit dans une dynamique, c'est une étape nécessaire, voire incontournable, par rapport à votre projet associatif. Votre projet peut également contribuer à la mission de l'institution représentée par votre interlocuteur ; décrivez de quelle manière.

▶ **Originalité - Différence.** En quoi votre projet se différencie de ce que vous connaissez autour de vous ? Citez les expériences similaires connues, vos précédentes réalisations. Évaluez-les et positionnez votre projet par rapport à ce contexte.

▶ **Créativité - Novation.** Comment en êtes-vous arrivé à porter un projet nouveau ? Dans quels domaines exercez-vous votre créativité ?

▶ **Valeur d'exemple - Déclinaison.** À quoi va servir le projet ? Le concept est-il transposable ?

La cohérence économique et financière

Votre projet doit s'imposer comme une réalité incontournable, dont la réalisation est pensée dans tous ses détails. **Après avoir mis en avant les qualités fondamentales du projet, vous devez l'asseoir sur un budget solide et raisonnable, un budget de « bon père de famille ».** Votre partenaire va évaluer le chantier proposé au travers d'un budget prévisionnel, qui reprend les recettes et les dépenses directement liées à sa réalisation.

Traduisez les contraintes de l'association en termes de ressources financières et vérifiez les grands équilibres. Telle tâche est stratégique, or elle ne peut être prise en charge par des bénévoles. Qu'en coûterait-il de la confier à l'extérieur ?

Vos comptes prévisionnels doivent être présentés à l'équilibre. Les frais de fonctionnement et toutes les charges fixes doivent être autant que possible couvertes par des ressources stables dans le temps.

Zoom

N'omettez aucun détail

Dans la mesure du possible, reprenez tous les grands postes dans une annexe, pour donner des précisions sur l'art et la manière dont vous avez conçu la mise en œuvre.

N'oubliez pas de mentionner les contributions bénévoles pour souligner l'implication de toute l'association.

Soyez explicite :« Le projet a déjà retenu l'attention du conseil municipal qui a inscrit l'examen d'une subvention spéciale pour la séance du conseil au mois de... »

Les sources de financement de votre projet doivent apparaître comme diversifiées. Vos interlocuteurs seront d'autant plus enclins à vous soutenir financièrement qu'ils ne seront pas les seuls bailleurs de fonds. **Diversifier les ressources du projet, c'est lui assurer sa bonne fin et donner de la crédibilité à votre association.**

Le soin dans la présentation

La qualité de votre présentation doit être à l'image de la qualité de vote projet.

Utilisez les formulaires préconisés par votre partenaire pour présenter votre projet. S'il ne vous en fournit pas, utilisez le modèle unifié (voir Cerfa 12156*03 en annexe sur document téléchargeable) valable pour toutes les demandes de subventions.

N'omettez pas de remplir toutes les rubriques, même si vous pensez qu'elles sont redondantes ou que les renseignements ont déjà été fournis les années précédentes. Joignez à votre demande tous les documents nécessaires pour mieux faire connaître votre association.

Quel retour pour les partenaires financiers ?

La subvention n'est pas un dû, le mécénat non plus.

Quelle que soit l'origine des fonds qui lui sont confiés, l'association se doit de rendre des comptes d'une manière ou d'une autre. Une fois les fonds versés, votre partenaire attend de vous que vous meniez à terme, dans les meilleures conditions possibles, le projet que vous lui avez décrit dans votre dossier. Il se peut qu'il soit responsable de ses choix vis-à-vis de son institution et qu'il ait lui-même des comptes à rendre. De nombreux organismes vous demanderont donc un bilan de l'action financée :

- Même si un partenaire s'avère négligeant, préparez à son intention **un bilan moral et financier de l'action subventionnée**. Soignez la présentation et valorisez les moyens mis en œuvre.

- Si les résultats quantitatifs n'ont pas été totalement atteints, positivez la démarche en soulignant la dynamique engagée. **Donnez à votre partenaire de la lisibilité à propos de votre action**. Ménagez vos lendemains en rendant compte de manière rapide et claire, assurez le long terme en maintenant une relation discrète mais suivie.

- **Soignez l'image que votre association donne de ses partenaires financiers.** Invitez-les lors des phases importantes de votre projet. Même s'ils ne sont pas toujours disponibles, ils y seront sensibles. Citez-les lors des réunions, demandez-leur l'autorisation de reproduire leurs logotypes sur certains documents de l'association.

Les dépenses

Toute activité consomme. L'association doit pouvoir assumer certaines dépenses indispensables au fonctionnement de toute association. Quels que soient le nombre et la compétence des bénévoles (leur débrouillardise, bien souvent), la structure est toujours contrainte d'acheter certains biens ou services indispensables à son activité.

La gestion de « bon père de famille » impose de ne pas dépenser plus que l'on gagne. Les dépenses doivent être sous contrôle. Il en va de la responsabilité des dirigeants à l'égard des adhérents, voire des créanciers.

Pour cette raison, l'association ne peut accepter que très temporairement (un projet stratégique et planifié, financé par des réserves disponibles) une situation où les recettes ne couvrent pas les dépenses. **L'équilibre d'exploitation est un impératif catégorique de la gestion.** Pour satisfaire à cette exigence, le dirigeant dispose de nombreux outils et méthodes, à commencer par la procédure budgétaire (voir p. 335) qui s'appuie sur le caractère prévisible des dépenses.

La décision de la dépense renvoie à la capacité à engager l'association. Lorsqu'ils engagent une dépense, les dirigeants doivent s'assurer de sa légitimité à l'égard de l'objet associatif. C'est au trésorier qu'incombe la responsabilité de vérifier la validité de cette dépense. Certaines dépenses peuvent être du domaine réservé de l'assemblée générale des adhérents (voir plus bas). La personne qui engage la dépense pour le compte de l'association doit pouvoir justifier de sa légitimité à l'égard de l'objet associatif. Il en va ainsi pour toutes les dépenses directes de l'association mais également pour les frais remboursés aux dirigeants et aux bénévoles et ceux à propos desquels le certificat fiscal de renonciation est délivré (voir p. 346).

Zoom

Le contrôle des dépenses par l'AG

En prévoyant à l'avance les dépenses à réaliser, les dirigeants peuvent s'assurer de leur légitimité avant de les réaliser. Dans n'importe quelle association, 50 à 90 % des dépenses sont prévisibles et peuvent donc faire l'objet d'un vote à l'occasion d'une assemblée générale statuant sur un budget prévisionnel.

Dans les administrations, on vérifie également la bonne « exécution » de la dépense. Les dirigeants associatifs auront eux aussi intérêt à contrôler les modalités des paiements : **l'association doit être à jour vis-à-vis de ses créanciers** (ne pas oublier que compter une dette est une des missions du trésorier) **et assurer une trésorerie saine**. L'ensemble de ces vérifications devrait incomber au trésorier ; quelle(s) que soi(en)t la ou les personne(s) responsable(s), la bonne prise en charge de ces deux précautions permet de dégager leur responsabilité vis-à-vis des adhérents et des tiers et d'assurer la régularité des opérations.

Exemple

Qui contrôle quoi ?

Type de dépense	Contrôle
Loyer du siège, salaires des permanents	Visa trésorier
Frais généraux des dirigeants	Contrôle de l'AG
Location ponctuelle de salle	Visa trésorier
Achat de matières premières et de marchandises	Visa du trésorier
Frais des bénévoles	Visa trésorier
Rémunération des intervenants	Contrôle du bureau ou du CA
Amortissement des immobilisations et loyers des baux à moyen/long terme	Contrôle de l'AG

Pour gérer les dépenses, on commencera par distinguer deux sortes de charges :

▷ **Les charges liées à la structure.** Par nature, elles sont figées, à l'exception des frais généraux des dirigeants, et indépendantes du niveau d'activité, jusqu'à un certain seuil. Ce sont les charges fixes.

▷ **Les charges exposées à l'occasion des activités.** Elles sont essentiellement variables, à l'exception du loyer des locaux d'activité ou de l'amortissement des actifs de l'association (immeubles, véhicules, équipements…).

Type de dépense	Structure/Activités	Fixe/variable
Loyer du siège, salaires des permanents	Structure	Fixe
Frais généraux des dirigeants	Structure	Variable
Location ponctuelle de salle	Activités	Variable
Achat de matière première et de marchandises	Activités	Variable
Frais des bénévoles	Activités	Variable
Rémunération des intervenants	Activités	Variable
Amortissement des immobilisations et loyers des baux à moyen/long terme	Activités	Fixe

Les charges liées à la structure

Indépendamment de toute activité, le fait d'exister socialement et juridiquement, en dehors de toute activité prévue au projet associatif, engendre des frais. Une part plus ou moins importante de ces charges est souvent liée au **fonctionnement des organes dirigeants**. Il s'agit des dépenses suivantes :

- les charges liées au **fonctionnement administratif** (publicités obligatoires, tenue des AG, registre, informations légales ou volontaires des tiers, suivi de demandes de subventions) ;

- les charges liées aux **relations avec les adhérents** (convocation aux AG, documents contractuels et informations usagers, frais de réception et de communication, affranchissements, téléphone, prime d'assurance de RC associative) ;

- les charges liées à l'**exercice des fonctions dirigeantes** (frais de déplacements, de réception, de documentation, téléphone, prime d'assurance de RC dirigeants) ;

- les charges indirectes liées aux **activités** (loyer du siège social et autres frais de siège, frais bancaires, frais de comptabilité, domiciliation Internet, loyers et abonnements téléphoniques, salariés permanents, primes d'assurance et frais de licence) ;

- les charges d'**entretien** et d'**amortissement du matériel et de tous les actifs** dont l'association est propriétaire (équipements sportifs, véhicule, locaux et machines, prime d'assurances dommages et responsabilité locative) qui sont évoquées plus loin ; nous les avons rattachées aux charges liées aux activités.

Le caractère indispensable d'un budget minimal de frais généraux

À l'exception des frais généraux des dirigeants, **les charges de structure présentent la caractéristique commune d'être incompressibles, étroitement liées aux obligations juridiques de l'association et à son fonctionnement vital.** Indépendamment de toute activité, certains décaissements présentent un caractère obligatoire et conditionnent l'existence de l'association. L'association ne peut pas vivre – ni ses dirigeants fonctionner – sans bénéficier d'une infrastructure minimum. Le fait de disposer d'une structure efficace et efficiente constitue pour l'association un gage de succès et de pérennité.

Exemple

Le syndrome de l'ARC

L'inflation des frais de structure dans une association qui a défrayé la chronique à l'occasion de ses débordements a créé un véritable traumatisme, en particulier dans les associations à vocation humanitaire. À tel point que certaines jeunes associations n'osent même plus se payer les outils indispensables à leur gestion, de peur d'apparaître dispendieuses. Il convient d'insister sur la nécessité de faire évoluer les moyens de l'association au même rythme que le développement de ses activités.

Pour rassurer donateurs, adhérents, bénéficiaires, partenaires, il est souhaitable pour ce type d'associations d'adopter entre autre un suivi analytique, qui permet de vérifier que bon an mal an les frais de structure ne dépassent pas un certain niveau, (15 à 20 % des ressources, par exemple).

Les associations qui réussissent dans la durée, celles qui ne disparaissent pas au premier changement de dirigeants, sont celles qui sont parvenues à construire une véritable structure, à organiser de manière permanente des moyens humains et techniques au service du projet associatif.

Adapter le coût de la structure

Cependant, les dépenses de structure doivent être maîtrisées parce qu'elles engagent souvent l'association à long terme. Par ailleurs, les frais généraux sont toujours suspectés de consommer de la recette au détriment des activités statutaires. **Autant que possible, ces charges de structure doivent être couvertes par des recettes pérennes.**

La couverture des frais fixes par les adhésions

Idéalement, les frais de structure doivent être couverts par des recettes certaines et durables : les adhésions des membres (voir p. 240). **Le budget de charges fixes sera donc adapté au montant moyen des adhésions.**

L'exercice est néanmoins délicat en présence de certaines dépenses de structure qui impliquent un engagement à plus d'un an (location, embauche). Pour cette raison, dès que l'association dispose d'une certaine visibilité, on cherchera à évaluer de façon prévisionnelle (pour une période de trois ans, par exemple) la marge de manœuvre de l'association (voir un exemple de projection p. 242) en déterminant les moyens de la structure. Dans notre association de colocataires, le budget moyen pour la prochaine période de 3 ans peut être fixé à 1 800 € ; cela permet de lisser les dépenses tout en donnant de la visibilité aux dirigeants.

La procédure budgétaire sera un bon outil pour vérifier régulièrement l'ajustement entre les dépenses et le montant des cotisations encaissé. On peut concevoir de réaliser cet ajustement chaque année, en fixant le plafond des dépenses de structure au montant total des adhésions collectées dans l'année.

Les associations de pratique ne collectant pas d'adhésions

Les associations de pratique qui reposent sur un nombre très limité d'adhérents devront s'interroger sur la manière de couvrir un budget minimal de frais fixes liés à la structure. Il est certain que, dans ce cas, les subventions de fonctionnement ont une importance accrue. Le prix des activités proposées doit alors intégrer la couverture d'un budget minimum de dépenses liées à la structure.

Après couverture des charges variables entraînées par les activités, l'association doit dégager un excédent pour payer les dépenses de la structure. C'est la notion de point mort dont l'équation est bien connue :

coûts fixes = marge sur coûts variables

Pérenniser les ressources externes

Il faut toutefois examiner cet équilibre de manière pragmatique. En effet, le montant des coûts fixes peut être pondéré par le montant des subventions de fonctionnement, dans la mesure où ces subventions sont assurées pour une durée suffisamment longue. Dans ce cas, **les subventions sont assimilables à des ressources fixes et la marge sur coûts variables doit couvrir le solde coûts fixes, moins subventions** (de fonctionnement). Encore faut-il s'assurer que ces subventions sont certaines (par une convention pluriannuelle, par exemple).

Les charges liées aux activités

Quel que soit le mode de financement de l'activité et que l'on s'adresse à des usagers ou à des partenaires financiers extérieurs, chaque chantier doit être soigneusement évalué dans les moyens mis en œuvre **pour adapter la dépense totale aux recettes prévisibles.**

Voici de manière non exhaustive les différentes dépenses qui peuvent être engagées à l'occasion des activités associatives :

- la location occasionnelle des locaux, équipements, matériels, véhicules lorsque les contrats peuvent être conclus ponctuellement (à l'heure, à la journée, pour un certain nombre de séances dans l'année…) ;
- le coût des approvisionnements, lorsque l'association consomme des matières premières ou revend des marchandises ;
- la rémunération des intervenants, comme les animateurs, moniteurs, enseignants dans les associations sportives et de pratique, les artistes et les personnels techniques pour les organisateurs de spectacles ;
- les charges d'entretien et d'amortissement du matériel et de tous les actifs dont l'association est propriétaire (équipements sportifs, véhicule, locaux et machines, primes d'assurances dommages et responsabilité locative).

L'autonomie financière

Les affaires du bon père de famille se caractérisent par une certaine aisance de gestion. Il est d'usage d'épargner pour se constituer des réserves et disposer d'une trésorerie souple. L'épargne doit également financer l'accumulation du patrimoine. À cette image, **l'association aura soin d'assurer sa solvabilité** (constitution de réserves) **et d'organiser sa liquidité** (gérer les dettes à court terme).

Toutes les associations doivent se constituer des réserves. La constitution d'une épargne pour faire face à d'éventuels « coups durs » est une condition fondamentale de la pérennité de l'association (et de son indépendance). C'est également la solvabilité de l'association qui la rend capable de prendre des risques et d'engager des projets. La constitution de réserves permet surtout à l'association d'assurer sa liquidité. Les dirigeants doivent être en permanence en mesure de régler les dettes à court terme avec les disponibilités et il est utile pour cela d'accumuler des fonds propres en constituant une réserve de trésorerie.

Excédent de gestion et solvabilité

L'association se donnera les moyens de dégager un excédent régulier pour financer son patrimoine et constituer des réserves. C'est l'application d'un principe élémentaire de prudence. **Il faut donc définitivement tordre le coup au mythe selon lequel le but non lucratif de l'association lui interdirait de dégager des excédents.** On a vu (p. 51) que l'interdiction porte sur la répartition de ces excédents. En aucun cas, cela ne condamne l'association à se priver de la possibilité d'épargner.

Pour être autonome financièrement, l'association doit dégager chaque année une ressource suffisante (un excédent) pour **couvrir ses différents besoins financiers :**
- financement des investissements ;
- constitution de réserves de précaution ;
- aisance de trésorerie.

À défaut de dégager des excédents, l'association devra limiter ses besoins ou bien « piocher » dans ses réserves (à supposer qu'elle en ait).

L'autonomie financière est bien entendu en relation avec le niveau des réserves de l'association, sa capacité à dégager régulièrement des excédents et à minimiser ses risques. Cette notion de solvabilité financière est mesurée à travers les fonds propres de la structure :
- fonds associatif ;
- réserves ;
- report à nouveau ;
- résultat de l'exercice ;
- sous certaines conditions les provisions pour risques et charges.

Ces postes comptables regroupent l'épargne de la personne morale, le montant des capitaux qui lui appartiennent en propre.

À quel niveau doit se situer idéalement cette épargne ? Il n'existe pas de norme de prudence applicable à tous. C'est selon les besoins de chacun, et selon ses risques. Nous donnons plus bas quelques indications pour déterminer le niveau optimal de la réserve de trésorerie, destinée à assurer la liquidité de l'association. **Il appartient au trésorier d'évaluer les montants nécessaires pour couvrir les principaux « coups durs » possibles pour l'association, financer ses chantiers et ses investissements et assurer la liquidité de sa trésorerie.**

Dans notre exemple (voir en fin de partie), l'association POL décide d'affecter 5 000 € à la couverture du risque global de la saison. Ce choix de gestion est prudent ; l'association « adosse » le risque de pertes sur ses réserves, elle met « tapis » sur table. On constate malgré tout que ce n'était pas suffisant.

Les différents besoins financiers de l'association doivent être évalués régulièrement, au moins une fois par an à l'occasion de l'édition des comptes annuels. Si les comptes ne sont pas en équilibre, si l'excédent n'est pas suffisant pour couvrir les besoins, l'association va se rendre dépendante de partenaires extérieurs, créanciers divers, fournisseurs, banques, pour assurer sa survie – à moins que les adhérents décident de mettre fin à son activité.

> ### *L'affectation des excédents par l'assemblée générale*
>
> *L'allocation qui est faite de l'excédent d'exploitation et des réserves est du domaine de l'assemblée générale, sauf dispositions contraires des statuts ou du règlement intérieur. C'est la collectivité des adhérents qui doit affecter les excédents aux différents besoins de l'association. Cette prérogative de l'assemblée générale est fondamentale et les dirigeants doivent mettre l'AG en mesure de l'exercer sur la foi d'un rapport financier détaillé et réaliste.*
>
> *Cependant, dans les associations qui reçoivent des dons (les associations humanitaires, par exemple), il faut veiller à prendre en compte la volonté des donateurs et préserver la part des fonds qui n'a pas été utilisée pendant un exercice, pour l'affecter à des fonds dédiés spécialement conçus à cet effet. Les donateurs attendent des associations qu'elles respectent leur volonté.*

Autofinancement des projets et des investissements

Un autre besoin financier fondamental doit être couvert par les excédents dégagés au fil des années, c'est l'autofinancement des projets et des investissements. Il en va de même pour les projets de l'association.

Supposons que votre petite association de solidarité internationale veuille organiser la construction en Afrique d'un dispensaire de brousse. Il s'agit d'un projet de longue haleine, nécessitant une collecte de fonds importante qui va mobiliser les bénévoles pendant plusieurs exercices. **Les fonds collectés** (dons, manifestations exceptionnelles) **sont accumulés et mis en réserve. Pour ce faire, il suffit à l'assemblée générale de décider la création d'une réserve spéciale**, qui sera intitulée « projet dispensaire Zinado » et dotée à hauteur de 10 000 €, par exemple. Chaque année, à supposer que l'association constate des excédents, elle en affectera une partie à cette réserve jusqu'à ce que celle-ci atteigne le montant prévu. Une fois accumulés les 10 000 €, le projet de construction du dispensaire pourra être lancé.

Lorsque l'association investit (voir p. 220), elle doit prévoir un financement adapté afin de ne pas déséquilibrer ses comptes. Le financement peut être assuré par un crédit bancaire ou par prélèvement sur les réserves de l'association. Dans ce dernier cas, cela suppose que l'épargne accumulée par le passé grâce aux excédents soit suffisante pour couvrir le montant de l'investissement. **Les associations qui développent leur patrimoine peuvent procéder en accumulant au passif des réserves sur lesquelles elles vont adosser leurs investissements.** Chaque fois que l'association autofinancera un investissement, elle augmentera au passif la réserve pour investissement (par dotation d'une fraction de l'excédent d'exploitation).

Liquidité et trésorerie

Tous les contrats conclus par l'association génèrent une ou plusieurs relations financières qui doivent être sécurisées. **Les paiements doivent être assurés en temps et en heure.** Il en va de même pour les remboursements ponctuels ou habituels des frais exposés par les bénévoles.

Zoom

Pratiquez des délais de paiement raisonnables

Dans le cadre du droit privé, les dettes courantes ne sauraient être supérieures à 30 jours. Il ne peut en être autrement que si l'association revendique clairement l'exercice d'une activité économique.

Même si les dirigeants doivent procéder à un contrôle formel des dépenses avant d'exécuter leur règlement, cela ne doit pas être le prétexte pour pratiquer des délais de règlement supérieurs à 30-45 jours. Pour éviter tout problème de règlement, il faut constituer une réserve destinée à amortir les « à-coups » de la trésorerie. Le montant de cette réserve est décidé librement par l'association en fonction du niveau de ses besoins.

Le niveau de la réserve de trésorerie à constituer peut être évalué de différentes manières :

▶ Si l'activité est constante d'une année sur l'autre, on peut se reporter aux relevés bancaires des exercices précédents et identifier les niveaux les plus bas de la trésorerie.

▶ Si l'association recourt au découvert bancaire, il sera facile d'identifier les « pointes » du découvert.

▶ On peut également faire un tableau prévisionnel de trésorerie qui mettra en évidence les décalages entre encaissements et règlements et permettra d'évaluer les besoins de trésorerie mois après mois.

▶ Enfin on peut fixer forfaitairement le niveau de la réserve, en proportion des dépenses de l'association, par exemple deux mois de dépenses (soit 1/6 du budget annuel).

Zoom

En cas de difficultés, négociez des délais de paiement

Si l'association est amenée à manquer de liquidités pour couvrir les échéances exigibles à court terme, elle peut être conduite à négocier des délais contractuels avec ses principaux créanciers. La plupart du temps, les fournisseurs préféreront la franchise du dirigeant et accepteront de bonne grâce d'étaler la dette. L'association en crise de trésorerie peut également solliciter ses adhérents pour un soutien ponctuel sous forme de prêts ou de dons. Une telle démarche devrait toutefois rester exceptionnelle.

Si les tensions sur la trésorerie sont cycliques et mettent en péril la structure, il faudra s'adresser à une banque ou un établissement financier pour obtenir du soutien à court terme.

Excédents de gestion et demande de subventions

On constate que, dans bien des cas, l'association est tenue de dégager un excédent d'exploitation : aisance de trésorerie, couverture des risques, financement des investissements et des projets sont autant de besoins cruciaux qu'il serait imprudent de ne pas couvrir par des financements appropriés. Pourtant on entend dire qu'il n'est pas « bon » d'afficher des excédents lorsque l'on sollicite des subventions. Le fait d'afficher une trop bonne santé serait un handicap dans la collecte de fonds publics, les subventions « allant aux associations, qui en ont vraiment besoin », celles qui crient misère.

Il est vrai que certains services instructeurs se contentent quelquefois de constater que l'association dégage un excédent pour en déduire qu'elle n'a pas besoin de recettes supplémentaires. Pour cette raison, **une fois les excédents constatés, il est plus sage de les affecter à des comptes précis plutôt que de les laisser au report à nouveau.** Comme il a été dit plus haut, c'est l'assemblée générale – sur proposition des dirigeants – qui décidera de cette affectation. Par exemple, pour un excédent de 6 890 €, l'assemblée générale a pris une décision d'affectation du résultat. L'écriture comptable sera la suivante :

Compte	Montant	
Excédent de l'exercice		6 890 €
Réserve projet Zinado	3 000 €	
Réserve d'investissement (acquisition véhicule)	1 500 €	
Réserve de trésorerie	2 000 €	
Report à nouveau	390 €	
TOTAL	6 890 €	6 890 €

Il faut souligner qu'une affectation claire des résultats (qu'ils soient excédentaires ou déficitaires) relève d'une certaine éthique financière et participe de l'indispensable transparence de la gestion associative.

À propos de l'octroi de subventions, nous avons signalé plus haut (voir p. 263) que les institutionnels adoptaient de plus en plus une logique de projets. Cette nouvelle donne doit faire évoluer les pratiques et permettre aux associations de se « décomplexer » par rapport à d'éventuels excédents de gestion.

Les difficultés de trésorerie et les solutions bancaires

Les associations, notamment celles qui fonctionnent exclusivement sur ressources externes, sans usagers, peuvent connaître pendant leur exercice des difficultés de trésorerie. C'est notamment le cas lorsque l'association ne dispose pas de réserves et qu'elle finance ses chantiers avec des subventions versées à l'issue du projet. Ces associations peuvent négocier un délai contractuel avec leurs fournisseurs ou bien s'adresser à un établissement financier pour obtenir du crédit de courte durée. Il est souvent nécessaire de disposer d'un volant minimum de trésorerie, surtout si ce sont des bénévoles qui font l'avance des frais.

De nombreuses associations de type « construire et partager » ont été confrontées à la tentation ou à la nécessité de recourir au crédit bancaire pour assurer la trésorerie d'un projet ou d'une saison. **Lorsque le budget d'un chantier est réalisé avec sérieux et que les recettes externes de l'association sont certaines** (promesse de subvention), **le banquier accepte d'avancer des fonds.** Plusieurs techniques de financement sont proposées, du simple découvert octroyé par votre banquier habituel jusqu'au recours à un établissement spécialisé :

▶ Le banquier peut tout simplement décider de vous faire confiance, au vu de la notoriété de votre structure ou des justificatifs que vous lui produirez, et accorder **un découvert** à l'association. Le problème, c'est que le découvert est souvent garanti par une caution personnelle demandée au dirigeant (voir plus bas). Dans ce cas, il vaut mieux rechercher une autre solution.

▶ Si vous disposez d'un justificatif officiel du prochain versement d'une subvention, vous pouvez également le mobiliser sur un **bordereau « Dailly »**. Il s'agit d'une autre technique de financement où l'association « vend » sa créance à la banque. La formule est assez coûteuse mais se justifie lorsque l'association perçoit une subvention d'un montant significatif. La cession est entourée de garanties au profit de la banque et le crédit est ainsi sécurisé. La banque peut procéder à une retenue de garantie et autoriser un crédit d'un montant inférieur à celui de la subvention escomptée.

▶ Une troisième possibilité existe, celle consistant à recourir à **un établissement financier spécialisé**, par exemple la SOGAMA. Cette entité spécialisée du groupe Crédit Associatif accorde aux banques des garanties complémentaires sur les préfinancements de subventions octroyés aux associations. Nous donnons en annexe sur document téléchargeable la procédure détaillée pour obtenir le préfinancement des subventions par la SOGAMA.

Zoom

Le cas du dirigeant caution de l'association

La caution est un contrat par lequel une personne se porte garante des dettes d'une autre. Elle est souvent requise par les banques au moment de l'octroi d'un crédit. Il peut arriver que la caution du dirigeant associatif soit requise. Il faut être conscient qu'il ne s'agit pas d'un simple engagement formel. En cas de non-paiement de la dette caution-née, le créancier peut poursuivre la caution indépendamment de toute faillite.

Quelles que soient les circonstances, il est donc déconseillé aux dirigeants associatifs de se porter caution à titre personnel des crédits accordés à l'association.

10

MAÎTRISER LE CONTEXTE FISCAL

À la fin des années quatre-vingt-dix, le contexte fiscal du secteur associatif a été profondément modifié par une série d'instructions administratives (des règlements édictés par l'administration fiscale) qui ont complètement modifié le régime fiscal assez souple dont bénéficiaient la plupart des associations. Le but avoué de cette « réforme » était de mettre fin à la situation parfaitement anormale de nombreuses associations qui exerçaient des activités économiques en se « cachant » derrière leur statut associatif pour échapper aux impôts commerciaux. Auparavant, le statut fiscal des associations était flou ; désormais il est plus clair mais reste complexe.

Pour que se pose la question de la fiscalité, il faut que l'association dispose de revenus. Différents types de revenus peuvent être envisagés :

- les revenus du patrimoine de l'association (immeubles, placements) ;
- les recettes procurées par les activités de l'association ;
- les recettes tirées du mécénat et du parrainage.

Les revenus du patrimoine de l'association sont systématiquement imposables, sauf quelques exceptions relatives à certains produits financiers.

Les recettes tirées des activités de l'association sont en principe exonérées mais, dans certains cas, l'association est considérée comme exerçant une activité concurrentielle ; elle devient alors imposable.

Les recettes tirées du mécénat et du parrainage connaissent un régime fiscal particulier.

Les impôts concernés

Pour certains revenus et dans certains cas de figure, l'association peut être imposable. Mais quels sont les impôts susceptibles de s'appliquer ? Il s'agit des impôts dits « commerciaux », qui s'appliquent aux sociétés exerçant une activité commerciale, l'impôt sur les sociétés (IS), la taxe à la valeur ajoutée (TVA), la contribution économique territoriale (CET) et, parfois, la taxe sur les salaires (TS) :

Zoom

Les références réglementaires

Une première instruction fiscale n° 170 du 15 septembre 1998 et codifiée sous la référence 4 H-5-98 a posé la plupart des nouveaux principes applicables au statut fiscal des associations.

Ce premier document a été complété et interprété ensuite à de nombreuses reprises : l'instruction du 19 février 1999 (4 H-1-99), l'instruction du 7 novembre 2000 (4 H-3-00) à propos de l'exonération pour les activités lucratives accessoires, l'instruction du 24 décembre 2001 (4 H-6-01).

Devant la multiplication des sources, il a paru nécessaire de produire un document de synthèse. C'est chose faite depuis l'instruction n° 208 du 18 décembre 2006 (4 H-5-06) qui constitue désormais la référence fondamentale en matière de fiscalité associative.

Cette nouvelle instruction reprend l'ensemble des dispositions de celle de 1998, intègre les compléments mentionnés plus haut et ajoute ponctuellement certaines précisions.

▸ **L'impôt sur les sociétés (IS)** est un impôt sur les bénéfices dégagés par l'association. C'est également cet impôt qui s'applique aux revenus du patrimoine (mais, dans ce cas, un taux spécial est appliqué, 24 ou 10 %). Différence entre les recettes et les dépenses, le bénéfice imposable est déterminé au moyen de la comptabilité. Ce bénéfice est ensuite imposé à un taux fixe de 33 1/3 %.

L'association assujettie à l'IS verse des acomptes tout au long de l'année et en fin d'exercice une régularisation est opérée. En matière d'IS, l'interlocuteur est le centre des impôts (service de la fiscalité des entreprises) ; la déclaration (modèle n° 2065) doit être déposée dans les trois mois de la clôture de l'exercice comptable ou avant le 30 avril si l'exercice comptable est clôturé le 31 décembre.

▷ **La taxe à la valeur ajoutée (TVA)** frappe les recettes brutes de l'association, c'est-à-dire son chiffre d'affaires. En fait, ce n'est pas l'association qui supporte réellement l'impôt mais bien le consommateur final, l'association ajoutant à son « prix » la TVA pour la reverser ensuite au Trésor.

La TVA, dont le taux est généralement de 19,6 %, s'applique au prix « hors taxes » pour donner un prix « toutes taxes comprises » ; soit, par exemple, une cotisation TTC de 100 €, le prix HT sera de 83,61 € et la TVA de 16,39 €. Ce montant de TVA est appelé TVA collectée.

Lorsque l'association est assujettie à la TVA, elle peut déduire la TVA qu'elle a elle-même acquittée sur ses achats. Il s'agit de la TVA déductible. La TVA à reverser au Trésor public est la différence entre la TVA collectée et la TVA déductible. Dans notre exemple, si l'association a réalisé des achats pour un montant de 80 € TTC, elle dispose d'une TVA déductible de 13,11 € ; elle reversera donc au Trésor la somme de 3,28 € (16,39 – 13,11).

En matière de TVA, il existe différents régimes d'imposition selon le montant du chiffre d'affaires. Selon les régimes, les obligations déclaratives sont plus ou moins contraignantes. **Pour les petites associations, le mécanisme de la franchise en base** (voir plus bas) **permet d'obtenir une exonération de TVA.**

▷ **La Contribution économique territoriale (CET).** La loi de finances pour 2010 a supprimé la taxe professionnelle à compter du 1er janvier 2010 et instaure un nouvel impôt au profit des collectivités territoriales : la Contribution économique territoriale (CET). Celle-ci est composée de deux taxes, la Cotisation foncière des entreprises (CFE) et la Cotisation sur la valeur ajoutée des entreprises (CVAE), auxquelles s'ajoutent les taxes votées et perçues par les chambres consulaires.

Toutes les associations dont le chiffre d'affaires est supérieur à 153 000 € sont soumises à une obligation déclarative.

Seules les personnes qui exercent une activité professionnelle non salariée et dont le chiffre d'affaires est supérieur à 500 000 € HT doivent payer la cotisation sur la valeur ajoutée des entreprises.

▷ **La taxe sur les salaires (TS)** touche les associations qui sont exonérées de TVA, et qui emploient des salariés.

L'assiette de la TS est constituée par la masse salariale. Le taux de l'impôt est progressif (3 tranches). Il faut signaler que les associations assujetties à la TS bénéficient d'un abattement de 5 913 € (rémunérations versées en 2010). En matière de TS, l'interlocuteur est la recette des impôts. **La déclaration annuelle** (modèle n° 2502) **doit être déposée avant le 1er mai de chaque année.**

Zoom

Seuils et abattements de la TS

En pratique, et si les montants des salaires versés par l'association se situent en dessous du plafond de la Sécurité sociale, par le jeu des seuils et des abattements aucun versement ne devrait intervenir pour les associations qui salarient moins de 3 équivalents temps plein. Encore faut-il faire le calcul tous les ans et déposer sa déclaration, même si l'association n'a rien à verser.

L'imposition des revenus du patrimoine

Même si l'activité n'est pas considérée comme lucrative, l'association est toujours redevable de l'impôt sur les sociétés au taux réduit prévu à l'article 206-5 du Code général des impôts sur les revenus patrimoniaux suivants :
- revenus de placements financiers ;
- revenus des immeubles bâtis ou non bâtis ;
- revenus d'exploitations agricoles ou forestières.

Le taux d'imposition est fixé à 24 % pour la généralité des revenus, notamment :
- les revenus de créances non négociables, dépôts, cautionnement et comptes courants visés à l'article 124 du CGI (Code général des impôts) ;
- les revenus des valeurs mobilières étrangères ;
- les avances, prêts ou acomptes reçus en qualité d'associé de sociétés de capitaux ;
- les produits des bons ou contrats de capitalisation.

Certains revenus de capitaux mobiliers sont taxables à 10 %. Ces revenus comprennent :
- les produits des titres de créances négociables sur un marché réglementé ;
- les dividendes versés par les sociétés immobilières de gestion ;
- les produits de parts de fonds commun de créance ;
- les primes de remboursement.

Les dividendes d'actions françaises sont taxables au taux de 15 %.

Certains revenus de capitaux mobiliers sont exonérés, notamment :
- les intérêts inscrits sur les livrets A ;
- les intérêts inscrits sur les livrets « bleus » du Crédit Mutuel.

L'association doit déclarer les revenus de son patrimoine soumis à l'IS sur un formulaire spécial (imprimé n° 2070). Cette déclaration doit être déposée au service des impôts dans les trois mois de la clôture de chaque exercice ou, si aucun exercice n'est clos au cours d'une année, au plus tard le 30 avril de l'année suivante.

Comment échapper aux impôts commerciaux

Certains dirigeants pensent être à l'abri des contraintes fiscales parce que les recettes encaissées par l'association sont accessoires, voire négligeables en terme de chiffre d'affaires, ou bien parce que l'association dans sa globalité ne dégage pas de profit ou bien encore parce que les profits dégagés sont entièrement réinvestis dans la cause d'intérêt général qui constitue l'objet de l'association. Il n'en est rien et **dès que l'association se procure des revenus en rendant des services ou en vendant des biens à ses adhérents ou à des tiers, les dirigeants doivent se poser la question de la fiscalité.**

Il existe pour les associations de nombreuses « niches » fiscales qui permettent d'échapper aux impôts. Les dirigeants doivent donc déterminer avec le plus grand degré de certitude si leur association est ou non assujettie aux impôts commerciaux. L'objectif est ici de tout faire pour échapper (légalement) à l'impôt qui présente deux inconvénients majeurs : il est coûteux et pèse sur l'équilibre économique de l'association ; il est par ailleurs source de tâches administratives supplémentaires, tâches dont la complexité rend souvent nécessaire l'intervention d'un professionnel.

Zoom

Les associations nécessairement assujetties à l'impôt

Un cas où on ne pourra jamais échapper à l'assujettissement, c'est lorsque l'association est le prolongement de l'activité commerciale d'une entreprise du secteur marchand ou que les activités et débouchés de la structure à but non lucratif se situent exclusivement au bénéfice d'entreprises commerciales.

Pour échapper à l'impôt, plusieurs pistes sont possibles qu'il faut envisager successivement. Nous les résumons rapidement avant de développer chaque mécanisme :

- L'association dont les activités lucratives sont ponctuelles doit s'arranger pour les « loger » dans le cadre de **manifestations de bienfaisance ou de soutien** qui sont totalement exonérées d'impôt.

- Si ses activités lucratives sont habituelles ou constituent son objet statutaire, l'association sportive, culturelle ou sociale peut se constituer en **association « fermée »** et réserver ses services à ses seuls adhérents. Sous certaines conditions, elle sera alors exonérée d'impôts.

- Si aucun de ces deux dispositifs n'est applicable, l'association doit envisager les **modalités d'exonération** prévues par l'instruction de 1998. Il s'agit d'une démarche en trois temps consistant à vérifier que la gestion de l'association est désintéressée et que si l'activité est concurrentielle, elle est conduite en respectant des critères d'intérêt général (règle des 4 P, voir p. 294).

- Si l'application du dispositif de l'instruction de 1998 conduit à l'assujettissement, l'association peut malgré tout échapper aux impôts en prouvant que les **activités lucratives ne sont pas prépondérantes** et qu'elles procurent un chiffre d'affaires inférieur à 60 000 €.

- Enfin, si aucun de ces mécanismes n'a permis d'échapper à l'imposition, l'association dispose d'un dernier recours : **la sectorisation de ses activités lucratives** qui permettra de distinguer entre des activités assujetties aux impôts commerciaux et d'autres y échappant.

Les manifestations de bienfaisance et de soutien

Une première possibilité d'exonération est ouverte si l'association exerce ses activités lucratives **dans le cadre des six manifestations de bienfaisance ou de soutien que l'on peut organiser chaque année.** Ces manifestations bénéficient d'une exonération totale de tous les impôts commerciaux, sous réserve de respecter quelques formalités qui ont été rappelées dans le chapitre 7 (voir p. 216).

Si les activités lucratives sont ponctuelles, l'association aura tout intérêt à les développer dans une manifestation de bienfaisance ou de soutien. Ce peut être le cas, par exemple, pour une association d'artistes amateurs qui une fois par an organise une vente publique des œuvres produites ou pour une école qui organise une kermesse trois fois par an. Par le biais des « exonérations liées » (voir plus bas), les recettes des manifestations exceptionnelles seront également exonérées d'IS.

Les associations « fermées »

Pour les associations qui exercent une activité sportive, éducative, culturelle ou sociale, une possibilité d'exonération existe si l'association réserve son activité à ses seuls membres. Lorsque l'activité ou les activités lucrative(s) ne profite(nt) qu'aux seuls adhérents, un régime d'exonération s'applique, celui des associations dites « fermées ». **Le régime d'exonération sanctionne un état de fait ; aucune déclaration spécifique n'est requise.**

📖 **Textes de référence**
- Instruction fiscale du 18 décembre 2006 (4H-5-06), § 92
- CGI articles 261-7-1° et 207-1-5° b (à propos de l'exonération liée)

L'activité statutaire de l'association doit concerner **l'exercice d'un sport** (enseignement de la discipline sportive, mise à disposition des installations et de matériels ou équipements nécessaires à l'exercice du sport), ou bien revêtir **un caractère éducatif ou culturel** (par exemple, organisation de conférences, de concerts, de séances de théâtre ou de cinéma, de location de disques, de livres) **ou bien encore social** (par exemple, soutien à des enfants malades et à leurs parents).

La gestion de l'association doit être désintéressée (voir plus bas), ce qui signifie notamment que les dirigeants ne doivent pas être rémunérés ou que leur rémunération doit rester inférieure aux trois quarts du SMIC.

Les prestations rendues par l'association doivent être réservées à ses adhérents. Cela suppose tout d'abord que l'adhésion soit obligatoire pour bénéficier des services de l'association et que « l'offre » de l'association ne comporte pas de possibilité de participation ponctuelle (carte à la journée, par exemple) à destination des non-adhérents. Le cas échéant, l'association doit pouvoir justifier des moyens utilisés pour s'assurer que seuls les adhérents bénéficient des services de l'association (contrôle d'accès, présentation d'une carte, etc.). Cette condition est interprétée strictement et les ayants droit des adhérents (conjoints, enfants) sont considérés comme des tiers. Cela conduit à proscrire les adhésions familiales et à ne prévoir que des adhésions individuelles.

Les adhérents auxquels les services de l'association sont réservés doivent être **de véritables membres**, avec toutes les prérogatives attachées à cette qualité. Ainsi les adhésions de pure forme ou celles qui sont conclues pour une durée inférieure à l'année ne permettent pas de qualifier l'adhérent de véritable membre de l'association. Un aéro-club qui proposait des baptêmes de l'air s'est vu refusé le bénéfice de ce dispositif au motif que les membres adhéraient à l'association pour une seule journée et qu'ils n'exerçaient aucune prérogative généralement attribuée aux adhérents. L'instruction fiscale précise que pour avoir réellement la qualité de membre, **les adhérents doivent être convoqués aux assemblées générales et être éligibles au conseil d'administration de l'association.**

Une dernière condition est mise à l'exonération : **l'absence de recours à des méthodes commerciales de publicité.** Cette condition est interprétée strictement. L'exonération concerne l'ensemble des recettes de l'association, y compris les recettes des ventes accessoires (par exemple, les articles de sport pour les associations sportives), à condition qu'elles représentent moins de 10 % des recettes totales de l'association. Par contre, l'exonération ne peut pas concerner les recettes tirées d'activités d'hébergement, de restauration, de bars ou de buvettes. *Stricto sensu*, l'exonération ne concerne que la TVA mais, grâce au système des exonérations liées (voir plus bas), l'association « fermée » bénéficiera également d'une exonération d'IS.

Le dispositif de l'instruction de 2006

Si les activités lucratives ne peuvent trouver place dans le cadre des manifestations exceptionnelles et que l'association ne peut s'organiser en association « fermée », il reste à envisager les critères généraux d'assujettissement posés par l'instruction de 1998.

Cette instruction instaure une démarche en trois temps pour examiner la situation fiscale de l'association et déterminer si elle doit supporter les impôts commerciaux. Pour être exonérée d'impôts commerciaux, l'association doit remplir deux conditions :

• sa gestion doit être désintéressée ;
• elle ne doit pas faire concurrence à d'autres structures du secteur marchand.

Cette analyse doit être conduite pour chacune des activités lucratives de l'association.

La gestion désintéressée

Il s'agit du premier critère ; **il est fondamental** : l'association ne doit pas être un moyen pour ses dirigeants de s'enrichir.

Les membres du conseil d'administration ou de l'organe délibérant en tenant lieu, et, au sens large, tous les dirigeants de droit ou de fait ne doivent avoir aucun intérêt direct ou indirect dans la gestion de l'organisme. Par ailleurs, l'association ne doit procéder à aucun prélèvement injustifié sur ses ressources, cela concerne les rémunérations directes mais aussi indirectes comme les avantages en nature ou les répartitions de biens au moment de la dissolution de l'association.

La rémunération des dirigeants

Par rémunération, il faut entendre tout versement fait au profit de la personne ou tout avantage en nature procuré par l'association. Les remboursements de frais effectués sur une base réelle (présentation d'un justificatif et remboursement de la dépense « au franc pour franc ») ne sont pas assimilés à une rémunération. Mais **dès que les remboursements deviennent forfaitaires** (allocation pour frais), **le fisc considère qu'il s'agit d'une rémunération.**

Zoom

Prendre des précautions

Les pouvoirs des dirigeants de fait ne doivent pas être généraux.

Il faut prévoir la signature de dirigeant de droit pour tous les actes importants de la vie de l'association.

Montrer que le dirigeant de fait n'exerce son activité que dans le cadre d'ordres qui lui sont donnés.

En ce qui concerne la rémunération d'un ou de plusieurs dirigeants, il existe une tolérance administrative. En contrepartie de fonctions réelles et effectives, **le dirigeant peut percevoir une rémunération dans la limite des trois quarts du SMIC**. Le plafond des trois quarts du SMIC s'apprécie par dirigeant, et non pas par association (Rep Weber, AN22-2-1999, p. 1064-1065). En revanche, si plusieurs associations liées entre elles versent au même dirigeant plusieurs rémunérations inférieures au plafond, l'administration estimera que la gestion n'est pas désintéressée si la limite des trois-quarts du SMIC est franchie avec le cumul des rémunérations. De la même façon, il peut arriver que le dirigeant exerce une activité dans l'association au titre d'un contrat de travail distinct de ses fonctions de mandataire social (par exemple, les enseignants ou moniteurs). Dans ce cas, le plafond des trois quarts du SMIC s'applique à la rémunération globale, y compris celle versée au titre du contrat de travail.

La rémunération versée aux dirigeants est assujettie aux charges sociales dans les conditions de droit commun. Elle est déclarée dans la catégorie « Traitements et Salaires » pour être soumise à l'impôt sur le revenu.

Dans les associations gérant un budget important (recettes hors subventions supérieures à 200 000 €), un ou plusieurs dirigeants peuvent être rémunérés pour un montant supérieur au plafond des trois quarts du SMIC.

📖 Textes de référence

- Décret n° 2004-76 du 20 janvier 2004 (JO, 22 janvier 2004)
- CGI article 261°

Les prélèvements sur les ressources

Le caractère désintéressé de la gestion est également lié à l'absence de tout prélèvement sur les ressources de l'association au cours de son fonctionnement. Les prélèvements sur les ressources concernent tout versement ou avantage accordé par l'association et ne s'inscrivant pas dans son objet statutaire. Dans ce cas, l'identité du bénéficiaire n'entre pas en ligne de compte. Sont visés les dirigeants mais également les membres de l'association et tous les tiers (salariés, fournisseurs, etc.).

L'administration considère qu'il existe un prélèvement sur les ressources dès lors que l'avantage concédé par l'association est injustifié ou ne rentre pas dans son objet statutaire. Il en va ainsi, par exemple, en cas de détournement de fonds ou de malversations aux dépens de l'association. Par ailleurs, lorsque la rémunération versée à un dirigeant ou à un salarié de l'association comporte une clause d'intéressement aux résultats ou aux performances commerciales de l'organisme, l'administration considère qu'il s'agit d'une démarche commerciale et qu'elle ôte à la gestion son caractère désintéressé.

La répartition des actifs au moment de la dissolution. À la fin de l'association, lorsque sa dissolution a été prononcée par l'assemblée générale, le patrimoine de l'association doit être transféré à des tiers puisque l'association va disparaître en tant que personne morale. Cette transmission du patrimoine ne doit pas profiter aux membres de l'association, ni à ses dirigeants. Sinon le fisc considère que le caractère désintéressé de la gestion n'est pas établi. Pour éviter cette requalification, il suffit de prévoir dans les statuts que les actifs de l'association seront transférés à une autre association au moment de sa dissolution (voir chapitre 1 p. 60).

Lorsque des personnes ont effectué des apports au moment de la constitution de l'association ou en cours de vie, l'acte d'apport peut stipuler un droit de reprise, c'est-à-dire le droit pour l'apporteur de récupérer le bien en cas de dissolution de la structure bénéficiaire de l'apport. Dans ce cas, le droit de reprise ne remet pas en cause le caractère désintéressé de la gestion.

Dès lors que l'administration en vient à considérer que la gestion de l'association n'est pas désintéressée, l'association devient de ce seul fait assujettie aux impôts commerciaux.

Le caractère concurrentiel de l'activité

Si la gestion de l'association peut être considérée comme désintéressée, il faut passer à l'examen du second critère, l'absence de caractère concurrentiel des activités lucratives. **Si les activités de l'association sont en tout point comparables à celles d'une entreprise du secteur marchand, il paraît normal de les assujettir aux impôts commerciaux.**

Pour vérifier ce second critère, l'administration fiscale examine la situation concurrentielle de l'association et les modalités commerciales des activités lucratives (critère des 4 P). Il s'agit d'une question délicate qui laisse à l'administration fiscale une grande marge d'interprétation. Toutefois, le fisc a publié différents exemples commentés qui permettent de mieux cerner la manière dont cette seconde exigence est interprétée par l'administration.

L'examen du caractère concurrentiel des activités est effectué au niveau de chaque activité si l'association en a plusieurs. Cependant, il suffit qu'une seule activité lucrative soit considérée comme concurrentielle pour que l'association dans son ensemble soit assujettie aux impôts commerciaux.

La situation concurrentielle des activités

Pour chacune des activités ou des produits proposés par l'association, il s'agit de savoir si le public dispose de la liberté de s'adresser à une structure non lucrative ou à une structure commerciale, et ceci à l'intérieur de la zone de chalandise de l'association. En d'autres termes, **l'activité lucrative de l'association sera concurrentielle si une autre structure relevant du secteur marchand propose la même activité à l'intérieur de la zone de chalandise de l'association.**

Les activités lucratives

L'examen de la situation des activités de l'association doit être fait activité par activité, de manière précise et non générique. Par exemple, pour une association sportive, c'est le sport pratiqué qui entre en ligne de compte et non la pratique générique d'un sport ou d'une activité physique. Si l'association dispose de plusieurs activités lucratives, l'analyse décrite ci-après doit être conduite pour chacune des activités.

La plupart des activités seront systématiquement considérées comme concurrentielles : **il en va ainsi notamment pour le négoce** (reventes de livres, vêtements, produits alimentaires…) **et pour les prestations de services habituellement proposées par le secteur marchand** (par exemple, travaux du bâtiment et de l'entretien de la maison).

La concurrence avec le secteur marchand

Pour être assujettie aux impôts commerciaux, l'association doit concurrencer le secteur marchand. Ce secteur est défini comme l'ensemble des acteurs économiques, quelle que soit leur structure juridique, qui sont eux-mêmes assujettis aux impôts commerciaux. Ainsi une association peut faire partie du secteur marchand dès lors qu'elle est elle-même assujettie aux impôts commerciaux.

La zone de chalandise de l'association

La zone géographique dans laquelle la concurrence est susceptible de s'exercer est définie par le Conseil d'État (CE 1/10/1999 Association « Jeune France ») comme la zone d'attraction commerciale. **L'étendue de cette zone dépend donc de la nature de l'activité, des moyens dont dispose l'association et de sa localisation.**

Les associations organisatrices de spectacles peuvent, par exemple, disposer d'une zone d'attraction nationale, voire internationale, selon la notoriété des artistes qu'elles programment. Une association effectuant du soutien scolaire n'a pas la même zone d'influence selon qu'elle dispose de quelques bénévoles ou au contraire d'une équipe nombreuse. Dans le second cas, la possibilité d'intervenir à différents endroits définit une zone géographique plus large.

L'étendue de la zone dépend également de la densité démographique. Implantée dans un tissu urbain dense, l'association peut voir sa zone d'attraction limitée à un quartier. La même activité se déroulant en zone rurale peut attirer du public à plusieurs kilomètres à la ronde.

◯◯ *Exemple*

Connaître son environnement

Pour une activité de portage de repas au domicile de personnes âgées, l'administration fiscale considère qu'une association sera en situation de concurrence s'il existe un ou plusieurs organismes du secteur lucratif au sein de l'agglomération (zones urbaines) ou dans un rayon de 20 kilomètres (zones rurales).

Dans le même ordre d'idées, **le public visé par les activités entre en ligne de compte** : une association qui s'adresse à des enfants, des jeunes, des seniors a une zone d'attraction commerciale moins étendue du fait de la moindre mobilité du public. Il faut reconnaître que cette notion de concurrence est délicate à appréhender ; elle laisse surtout une grande marge d'appréciation à l'administration fiscale.

Il ne suffit pas de constater que l'association exerce des activités concurrentielles pour qu'elle soit aussitôt assujettie aux impôts ; il reste à examiner les conditions de « commercialisation » de ces activités. Selon ces conditions, le fisc pourrait considérer que les activités lucratives répondent au critère d'« intérêt général » et, dans ce cas, les laisser en dehors du champ d'application de l'impôt. **La présence de personnels bénévoles est un critère discriminant et constitue donc une condition nécessaire**, ce qui ne signifie pas que les bénévoles soient seuls ou même majoritaires dans les personnels de l'association.

Les 4 P : produit, public, prix, publicité

Pour cela, différents aspects sont envisagés successivement : le produit proposé, le public visé, l'affectation des excédents, les prix pratiqués et le recours à des pratiques commerciales du secteur marchand comme la publicité. Les critères doivent être examinés dans cet ordre car leur importance est décroissante.

Les critères du produit et du public

L'examen combiné de ces deux critères vise à **établir le caractère d'utilité sociale de l'activité** au travers des produits ou services qu'elle propose et du public auquel elle s'adresse. Lorsque les activités de l'association pallient les lacunes ou insuffisances du secteur marchand, l'association peut présenter une utilité sociale qui légitime une exonération fiscale. L'association peut s'appuyer sur l'obtention d'un agrément des pouvoirs publics pour justifier de son caractère d'utilité sociale. Mais l'agrément n'est en soi ni nécessaire, ni suffisant pour établir le caractère d'utilité sociale.

Il en va de même lorsque le public visé se trouve dans une situation économique ou sociale particulière (chômeurs, handicapés, etc.), justifiant d'une attention spécifique. Il n'est pas nécessaire que l'association s'adresse exclusivement à ces publics particuliers.

Utilisés alternativement, ces deux critères permettent de caractériser l'utilité sociale de l'association. Mais ils ne sont pas suffisants ; encore faut-il examiner les prix pratiqués et la manière dont l'association utilise – le cas échéant – les excédents financiers dégagés par les activités.

Les critères du prix et des excédents financiers

L'administration tient compte des efforts fournis par l'association pour **rendre accessible ses produits ou services au plus grand nombre**. Ce critère est rempli dans l'une des trois circonstances suivantes :

- les prix sont homologués par les pouvoirs publics ;
- les prix des services offerts par l'association sont notamment inférieurs à ceux du secteur concurrentiel. Cette exigence est réputée remplie lorsque les tarifs pratiqués par l'association sont inférieurs de 30 % au moins à ceux du secteur marchand ;
- les prix sont modulés en fonction de la situation sociale des bénéficiaires.

Par ailleurs, le fait de dégager des excédents, c'est-à-dire un bénéfice (voir pp. 51, 225 et 274), n'est en rien pénalisant sur le plan fiscal. L'administration reconnaît qu'il s'agit d'une gestion « saine et prudente ». En revanche, **ces excédents doivent être affectés à l'objet statutaire** et non simplement capitalisés dans une optique purement patrimoniale.

Le critère de la publicité

L'administration prend ici en compte les méthodes commerciales utilisées par l'association pour rencontrer son public et faire connaître ses produits et services. Dès lors que les méthodes commerciales excèdent la simple information du public à propos des produits et services proposés, l'administration considère que l'association utilise des moyens de promotion relevant du secteur marchand.

Où se situe la frontière entre information et publicité ? **La promotion des activités peut viser le public spécifique de l'association et les personnes ayant déjà eu recours à ses services mais elle ne doit pas s'adresser au public « en général »**, en visant à recruter le plus largement possible comme le ferait une entreprise commerciale.

La mise en œuvre de moyens promotionnels comme l'affichage, l'achat d'espaces publicitaires dans des journaux, le marketing direct sur une large échelle ou la participation à un salon professionnel relèvent de la publicité. Il en est de même lorsque l'association utilise un réseau commercial pour faire la promotion de ses activités : courtiers, agents commerciaux, agences de voyages…

En revanche, on peut considérer que l'insertion d'annonces dans le bulletin municipal et la participation au forum des associations de la commune ne sont pas des moyens publicitaires. Il faut signaler que le recours à la publicité, lorsqu'il constitue le seul critère de lucrativité de l'activité, n'est pas de nature à entraîner l'assujettissement de l'association.

Lorsque l'activité lucrative est concurrentielle et que rien dans ses modalités d'exercice ne distingue l'association d'une entreprise commerciale, l'association est assujettie aux impôts commerciaux. Dans ce cas, il reste encore à examiner si l'association ne peut pas bénéficier d'exonérations ponctuelles.

L'exonération des activités lucratives accessoires

L'application des critères de l'instruction de 1998 peut s'avérer pénalisante pour l'association qui exerce une activité lucrative concurrentielle en parallèle d'autres activités, non lucratives ou non concurrentielles. En effet, il suffit qu'une seule activité lucrative soit considérée comme concurrentielle pour que toute l'association soit assujettie aux impôts commerciaux, y compris sur les recettes qui devraient normalement échapper aux impôts (services rendus dans des conditions non concurrentielles, etc.).

Pour éviter cette situation, la loi de finances pour 2002 a créé un mécanisme spécial d'exonération des activités lucratives accessoires, dans la limite d'un **plafond de 60 000 €.** Il faut souligner que ce mécanisme ne constitue pas une option mais qu'il s'applique obligatoirement dès lors que les critères sont remplis.

Pour bénéficier de l'exonération, l'association doit établir le caractère désintéressé de sa gestion (voir plus haut). La (ou les) activité(s) lucrative(s) doi(ven)t ensuite revêtir un caractère accessoire et rester inférieure(s) à 60 000 €.

Le caractère accessoire de l'activité lucrative implique que les activités non lucratives soient significativement prépondérantes. Cela peut être établi par le biais de la répartition du chiffre d'affaires mais ce n'est pas le seul critère. L'administration envisagera également la proportion numérique de bénévoles de l'association impliqués pour l'une ou pour l'autre des activités ou bien le volume des équipements mis en œuvre dans chacune des activités. Pour l'appréciation de ce seuil, seules sont prises en compte les recettes habituelles (hors recettes des six manifestations exceptionnelles et produits financiers).

Les exonérations de TVA et leurs conséquences

On a vu que les recettes des six manifestations exceptionnelles échappaient totalement à la TVA ainsi que les recettes des associations dites « fermées ». L'exonération de TVA est particulièrement avantageuse puisqu'elle entraîne *de facto* une exonération d'impôt sur les éventuels bénéfices (IS). C'est le mécanisme des « exonérations liées ». Il est également possible de profiter de la franchise en base et d'exonérations liées à la nature de l'activité pour échapper à la TVA et aux nombreuses contraintes qu'elle impose.

La franchise en base de TVA

📖 Textes de référence
- Code général des impôts, article 207-1-5°
- Documentation administrative de base 3 F 11
- Loi de finances pour 1999 n° 98-1266 du 30 décembre 1998

Les « petites » associations peuvent échapper à la TVA – et par voie de conséquence aux autres impôts commerciaux – si leur chiffre d'affaires reste inférieur à :
- 32 600 euros HT par an pour les associations prestataires de services ;
- 81 500 euros HT pour les livraisons de biens, les ventes à consommer sur place et les prestations d'hébergement.

Il s'agit du régime s'appliquant de plein droit, à défaut d'option formulée auprès du CDI pour l'assujettissement à la TVA. La franchise en base entraîne l'obligation pour l'association de faire figurer sur ses factures ou tout document tenant lieu de justificatif des paiements la mention « TVA non applicable, article 293 B du Code général des impôts ».

Sur le plan économique, le mécanisme est avantageux pour toutes les associations qui sont en concurrence avec des acteurs commerciaux sur la clientèle des particuliers : il permet d'afficher des tarifs HT, nécessairement moins onéreux de 19,6 % ou de 5,5 %.

En se plaçant sous le régime de la franchise en base, l'association échappe totalement au système de la TVA, se dispensant ainsi des lourdes obligations qui y sont attachées (comptabilité, déclaration). La contrepartie de l'exonération est une interdiction de déduire la TVA réglée aux fournisseurs. L'association ne récupère pas la TVA en amont, celle qui a grevé ses achats. Pour cette raison, **lorsqu'une association investit** (machines ou immobilier) **des montants importants, elle a intérêt à ne pas renoncer à son droit de récupérer la TVA.** Dans ce cas précis, le régime de la franchise en base est à déconseiller car l'association ne pourrait pas demander le remboursement de la TVA qui a grevé le montant de ses investissements.

L'association se trouve placée de plein droit sous le régime de la franchise en base mais elle peut exercer une option pour passer au système de la TVA. L'option prend effet au premier jour du mois au cours duquel elle est formulée. L'association doit désormais facturer la TVA à ses « clients » et la reverser au Trésor ; en contrepartie, elle pourra déduire la TVA payée à ses fournisseurs et se faire rembourser par le fisc l'éventuel excédent. L'option couvre obligatoirement une période de deux années civiles, y compris celle au cours de laquelle elle est formulée. Par exemple, une option déclarée le 1er avril 2010 produira ses effets jusqu'au 31 décembre 2011.

En cas de dépassement des seuils indiqués plus haut, la franchise de TVA n'est pas immédiatement remise en cause si le CA reste inférieur à 30 500 € (prestataires de services) ou 84 000 € (autres activités). L'association pourra attendre l'exercice suivant pour passer au système de la TVA. En revanche, si ces derniers seuils sont franchis au cours de l'année, l'association sera redevable de la TVA dès le premier jour du mois de dépassement.

Les exonérations sectorielles

L'exonération des activités à vocation sociale et de l'enseignement

Certaines activités, bien que présentant un caractère concurrentiel, sont exonérées de TVA en vertu d'une disposition expresse du législateur :

- la location de locaux nus ou meublés à usage d'habitation ou d'hébergement ;
- l'enseignement initial et les cours particuliers ;
- les activités médicales ou paramédicales…

Le cas de la formation professionnelle continue

Les associations exerçant une activité de formation professionnelle continue peuvent bénéficier d'une option en matière de TVA. Il est possible, au moment de l'attribution d'un numéro d'activité en tant qu'organisme de formation par les services préfectoraux, de formuler expressément une option en faveur de l'exonération de TVA des recettes (et seulement de celles-ci) tirées de l'activité de formation professionnelle continue.

Cette exonération est liée au statut d'organisme de formation qui a été décrit plus haut. On se souvient (voir p. 156) que ce statut comporte notamment l'obligation d'établir un bilan pédagogique annuel et d'adopter une comptabilité commerciale.

Organiser l'assujettissement aux impôts commerciaux

Si l'association ne peut pas bénéficier de la franchise de 60 000 €, il lui reste toujours la possibilité de sectoriser ses activités lucratives accessoires ou de les confier à une société commerciale (filialisation), ce qui est encore plus radical.

La sectorisation des activités lucratives

La sectorisation consiste à isoler au moyen de la comptabilité l'activité lucrative pour laquelle elle paiera les impôts commerciaux.

Il s'agit d'identifier les recettes, les dépenses et les moyens d'exploitation affectés à l'activité lucrative pour le calcul de l'impôt. De cette manière, les activités lucratives supporteront seules les impôts commerciaux. La sectorisation suppose :

* l'établissement d'une comptabilité analytique et d'un bilan fiscal de départ ;
* que l'activité non lucrative reste prépondérante ;
* que l'activité lucrative soit dissociable du reste des activités de l'association ;
* que l'activité lucrative ne constitue pas la principale motivation de l'existence de l'association.

La filialisation des activités lucratives

Si les activités lucratives deviennent prépondérantes, il faudra alors envisager de les cloisonner dans une structure juridique indépendante, c'est le procédé de la filialisation. Dans ce montage, **l'association crée une filiale sous forme de société commerciale qui abrite les activités lucratives et supporte les impôts commerciaux.** De cette manière, l'activité non lucrative reste localisée dans une association qui remplit les conditions pour échapper à l'imposition.

C'est l'association qui détient le capital social de la société commerciale ; elle peut toutefois céder une minorité à des tiers. Cependant, le fait d'associer au capital d'une société commerciale des personnes physiques et une association peut être critiquable sur le plan éthique. D'autres formes sociales seraient préférables, comme la SCOP.

La responsabilité fiscale du dirigeant d'association

L'administration fiscale peut introduire en action en justice pour voir le dirigeant d'association condamné au paiement solidaire des impôts et taxes dus par l'association. Il s'agit d'une procédure prévue à l'article L. 267 du Livre des procédures fiscales, relativement rare, mais redoutable pour le dirigeant.

Cette action vise exclusivement les dirigeants qui, par des manœuvres frauduleuses ou l'**inobservation grave et répétée des obligations fiscales**, ont rendu impossible le recouvrement de ces impôts.

11

LES OUTILS DE LA FONCTION FINANCIÈRE

On constate donc que la ressource financière est rare dans l'association et on a compris que la gestion financière de l'association requiert un pilotage fin des recettes et des dépenses. Quel que soit le modèle économique de l'association, les dirigeants doivent avoir une vision claire de ses finances. Différents outils permettent de piloter la fonction financière ; il s'agit de la comptabilité, du budget et des procédures :

▶ **La comptabilité** n'est pas obligatoire dans les associations. Pourtant elle est indispensable. Quelle que soit sa taille, l'association se doit de tenir une comptabilité adaptée à son activité et ses moyens.

La comptabilité permet le suivi et le contrôle, elle documente la manière dont sont respectés les grands équilibres financiers. La comptabilité est la mémoire financière de l'association, elle « raconte » la gestion passée de l'association et la manière dont le projet associatif a été conduit sur le plan financier. Elle constitue un support de communication pour toutes les personnes (adhérents, tiers, dispensateurs de subventions) qui s'intéressent à la réalité financière de l'association.

▶ **Le budget** n'est pas non plus obligatoire. Pourtant, dans bien des cas, il est indispensable. Contrairement à la comptabilité, le budget est tourné vers l'avenir. Il permet de formaliser les perspectives de l'association telles que les envisagent les dirigeants.

Le budget constitue de ce fait un outil de communication privilégié à destination des adhérents ; soumis à leur accord, il constitue un véritable support du fonctionnement démocratique de l'association. La procédure budgétaire permet de tracer un cadre financier pour l'avenir et de vérifier que l'association le respecte ; dans cette mesure, le budget est le garant du respect des grands équilibres.

▶ **Les procédures** sont un ensemble de dispositions à caractère obligatoire qui régissent les pratiques internes. Ces procédures sont adaptées à la réalité quotidienne de l'association, à son activité et à ses moyens. Elles s'analysent comme autant de dispositifs prudentiels qui sécurisent le fonctionnement financier de l'organisme. Les procédures peuvent concerner l'engagement des dépenses, l'utilisation des moyens de paiement ou tout autre aspect du fonctionnement associatif qui présente des risques financiers.

Tenir sa comptabilité

Nous avons vu au quatrième chapitre les critères de choix d'une méthode comptable. Nous détaillons ici la méthode et la mise en œuvre de la comptabilité.

Comment tenir une comptabilité super-simplifiée ?

Il s'agit d'une comptabilité de trésorerie : les opérations sont inscrites au moment où elles se matérialisent par un mouvement financier (chèque ou sortie de caisse). Ces opérations, qui doivent être appuyées de pièces justificatives, sont retracées sur un livre de trésorerie en distinguant le mode de règlement et la nature de l'opération réalisée.

L'organisation des documents

La bonne tenue de la comptabilité passe par **un classement rigoureux et permanent.** On veillera à séparer les documents de la manière suivante :

- un classeur pour les factures payées par chèque ;
- un classeur pour les dépenses payées par caisse (on pourra regrouper sur une même feuille les tickets de caisse de taille réduite) ;
- un classeur pour les recettes, avec la liste des cotisations appelées et des appels de participation aux activités. En cas d'activités multiples, on séparera les documents par activité ;
- un classeur des relevés de compte (un par compte de banque ou CCP).

La gestion des recettes – cotisations, activités – requiert un traitement particulier, spécifique à chaque association et qui est distinct du travail comptable. Il résulte du suivi individualisé des membres ou participants. Il convient cependant de centraliser au niveau comptable la synthèse des opérations.

En fonction de l'activité de l'association, il faudra aussi prévoir un classeur pour organiser les opérations de fin d'année, notamment :

- l'état des stocks (produits nécessaires à l'activité) ;
- l'état des immobilisations ;
- les états des dettes et de créances de fin d'année.

L'organisation des informations

Un cahier d'écolier peut parfaitement convenir pour une telle comptabilité. On peut aussi employer une feuille de calcul de tableur, en organisant le document informatique de la même manière que la feuille de papier. Il faudra cependant veiller à ce que la tenue de la comptabilité sur un cahier soit propre, et que ne figurent **ni ratures, ni surcharges**. Ceci permettra d'éviter les erreurs dues à la confusion (entre deux montants, par exemple) et de soigner l'image de transparence que la comptabilité doit donner.

La comptabilité gagnera en fidélité et en régularité si on s'astreint à ventiler (affecter) **chaque mouvement à une rubrique comptable**. En effet, plutôt que d'utiliser des libellés arbitrairement définis par la personne qui tient les comptes (pour établir un document de synthèse annuel), il est préférable d'employer une ventilation qui peut servir ultérieurement à un vrai compte de résultat.

À l'ouverture du cahier, passer la première page pour se trouver devant une double page, qui permettra d'enregistrer les opérations du mois.

La méthode

Chaque mois, il faut prendre deux nouvelles pages. Sur la page de gauche (ou du haut), on notera les dépenses, sur la page de droite les recettes.

Chaque ligne d'écriture sera organisée en colonnes ; en en-tête, on notera les soldes de banque et de caisse au début du mois, puis, à la fin du mois, on tirera les soldes comptables de la banque et de la caisse que l'on notera après la dernière écriture du mois. Il faudra cependant veiller, rappelons-le, à ce que la tenue de la comptabilité sur un cahier se fasse sans ratures, ni surcharges.

Côté dépenses (décaissements)

On travaillera **à partir du chéquier, pour noter chaque chèque émis**. Chaque ligne inscrite dans le cahier doit se faire en présence du justificatif de la dépense et du talon de chèque, sur lesquels on reporte le numéro de la ligne. De plus, sur chaque justificatif, on notera le numéro du chèque ou « espèces ». Chaque ligne de dépense comportera :

- **le numéro de la ligne** (prise dans un ordre séquentiel, à partir de 1 pour la première opération de l'année) ;
- **la date de l'opération** ;

- **le libellé décrivant la dépense**. Un descriptif correct comprendra la nature de la dépense et le nom du bénéficiaire par exemple : photocopies papeterie du Parc, essence A. Durand, loyer janvier…
- **le montant** dans la colonne correspondant au mode versement (caisse, banque) ;
- **la ventilation**. On utilisera un des comptes du plan supersimplifié (voir annexe). Si le besoin se fait sentir (dépense récurrente et/ou fréquente, montant élevé), ne pas hésiter à aller piocher un nouveau compte dans le plan comptable plus détaillé.

Côté recettes (encaissements)

On travaillera de préférence **à partir des bordereaux de remise des chèques en banque**. Chaque ligne de recette comportera :
- **le numéro de la ligne** (prise dans un ordre séquentiel, à partir du dernier numéro disponible) ;
- **la date de l'opération** ;
- **le libellé de la recette**, comprenant l'origine (l'émetteur du chèque) et la nature du versement (participation aux frais, cotisation…). Par exemple, cotisation + nom de la personne qui fait un versement, ou sortie 25 octobre M. & Mme Finckel…
- **le montant** dans la colonne correspondant au mode de versement (caisse, banque) ;
- **la ventilation** pour indiquer à quel type de recettes rattacher l'encaissement.

Les travaux de fin de mois

Les soldes

À la fin du mois, **on récapitule les opérations en bas de page** : on fait le total des dépenses et des recettes par chèques, on tire le solde du mois (la différence entre encaissements et décaissements), que l'on rajoute au solde de début du mois qui figure en début de page. De même, pour la caisse, on tire le solde du mois, que l'on ajoute au solde du début du mois.

On **compare ensuite le solde de fin du mois avec l'argent réellement disponible en caisse.**

Le rapprochement bancaire

À la réception du relevé de banque, **on compare les écritures du cahier et celles du relevé bancaire.**

Outre les erreurs de saisie ou les omissions, on s'aperçoit bien souvent d'une différence avec la banque (ou le compte-chèques postal). En effet, il arrive que des chèques émis n'aient pas été encaissés par ceux à qui vous les avez remis. Dans ce cas, vous aurez alors à **faire la liste des chèques en attente** (numéro de ligne, numéro du chèque et montant) pour la garder avec votre relevé de banque. Le mois suivant, vous pourrez rayer les chèques débités par la banque et ajoutez les nouveaux chèques en attente.

✔ *Les pièges à éviter*

Attention : une des erreurs des plus courantes consiste à oublier l'enregistrement des mouvements de fonds entre la caisse et la banque. En effet, si vous remettez de l'argent de la caisse en banque, vous devez inscrire deux fois l'opération « mouvement de fonds caisse vers banque » :

- *une fois sur la page « décaissements », avec comme mode de règlement « caisse » ;*
- *une fois sur la page « encaissements », avec comme mode de règlement « banque ».*

Et inversement, si on retire des espèces de la banque, on inscrit le retrait en « décaissement banque » et en « encaissement caisse ».

De même, il est possible que des chèques que vous avez remis en banque ne figurent pas sur le relevé de banque. Avec le jeu des dates de valeur, (la date à laquelle la banque comptabilise les chèques sur le compte est toujours postérieure à la date de remise des chèques au guichet), les chèques remis juste avant la date d'établissement du relevé ne seront pas pris en compte.

Pour conclure le rapprochement bancaire, il faut donc vérifier que :

Solde comptable de la banque sur les livres

+

Chèques émis non encaissés par les bénéficiaires

-

Chèques remis non encaissés par la banque

= Solde sur relevé de banque

On fera attention de **garder le rapprochement bancaire du dernier mois de l'exercice**. Il est le garant de l'exhaustivité des opérations passées sur les journaux. Ce dernier rapprochement pourra être visé par le trésorier, si les comptes sont tenus par une autre personne de l'association, sinon par le président.

Pour la caisse, **il ne faut pas oublier de faire un décompte physique de l'argent effectivement en caisse le dernier jour de l'exercice.** On le comparera avec le solde comptable dans les livres, pour corriger les erreurs ou réparer les oublis éventuels.

Les travaux de clôture

À la date de clôture de l'exercice, Il faut procéder au recensement des créances et dettes et biens de l'association, et à leur estimation :

- **le relevé des créances.** Il s'agit essentiellement des subventions accordées non versées. Le cas des cotisations appelées mais non versées est plus délicat ; si leur recouvrement au cours de l'année suivante est incertain, il vaudra mieux ne pas les comptabiliser ;
- **le relevé des dettes** (les factures de fournisseurs non payées), les charges sociales restant dues sur le dernier trimestre ;
- **l'état des immobilisations** si elles sont significatives (voir p. 324), avec les dotations annuelles aux amortissements.

Le compte de résultat

Dans une comptabilité à partie simple, il serait plus judicieux d'appeler le document de synthèse de l'année « Tableau des dépenses et des recettes » car ce système manque de fiabilité. Toutefois, s'il est conduit avec suffisamment de rigueur, on peut oser l'amalgame avec un compte de résultat.

Il s'agit de récapituler toutes les activités de l'association pendant l'année (voir modèle simplifié en annexe sur document téléchargeable). On regroupe manuellement :

- d'un côté, **toutes les dépenses de la classe 6 du plan comptable**, par ordre croissant de numéro, (y compris les dotations aux amortissements s'il y a lieu) ;
- de l'autre côté, **toutes les recettes regroupées de même manière par compte de même nature.**

La différence entre les recettes et les dépenses constitue le résultat de l'exercice. S'il est excédentaire (recettes plus importantes que les dépenses), il faut l'inscrire à la suite des charges. En effet, la présentation du compte de résultat doit être équilibrée (total dépenses = total recettes). À l'inverse, si le résultat est déficitaire, il figurera à la suite des recettes.

La présentation du compte de résultat peut être réalisée soit de manière classique, avec, à gauche, les dépenses, à droite, les recettes, soit en ligne (voir en annexe sur document téléchargeable).

Le bilan

Comme un particulier, toute association détient un patrimoine qui lui est propre, constitué de biens meubles et immeubles dont elle se sert pour son activité, de stocks, de créances sur ses clients, de ses dettes… Le bilan établi chaque année dresse cet inventaire patrimonial à la date d'arrêté des comptes. Cet inventaire est valorisé, les éléments d'actif et de passif étant inscrits au bilan pour leur coût historique, c'est-à-dire la valeur à laquelle le bien a été acquis ou le montant nominal de la dette au moment où elle a été contractée.

Le bilan comptable est un tableau composé de deux colonnes : l'actif qui dresse l'inventaire des biens et valeurs dont l'association est propriétaire et qu'elle met en œuvre pour son activité, et le passif, qui dresse l'inventaire des sommes investies dans l'association, en fonction de leur provenance. Cette présentation (voir p. 359) permet d'apporter une double information en renseignant sur ce que l'association possède (actif) et sur la manière dont elle le finance (passif).

Comment tenir une comptabilité normalisée à partie double ?

L'organisation des documents est la même que pour une comptabilité simplifiée (voir plus haut), mais l'organisation des informations est différente. Pour en saisir les ressorts, nous avons privilégié une approche par des exemples.

Les exemples de comptabilisation que nous donnons sont valables pour une **comptabilité d'engagement**, qui est plus précise qu'une comptabilité de trésorerie car elle intervient dès la constatation d'un événement financier (lettre d'octroi d'une subvention, réception d'une facture, qu'il y ait ou non un virement ou un chèque). **La comptabilité de trésorerie est plus simple car elle ne** fait pas intervenir la notion de dettes ou de créances ; on ne tient donc pas les comptes des tiers (les clients/usagers ou les fournisseurs) pendant toute la durée de l'exercice.

L'organisation des informations

La comptabilité à partie double s'organise à travers la saisie des mouvements dans un certain nombre de journaux, spécifiques à chaque type d'opération. Ces journaux sont souvent appelés journaux auxiliaires. Suivant les logiciels, le regroupement dans le journal « général » se fait automatiquement par une opération dite de « validation » ou de « centralisation », avec report dans le « grand-livre ».

La passation des écritures se fera en présence des pièces comptables, sur lesquelles on reportera les numéros des mouvements indiqués par le logiciel. Le mouvement de chaque opération donne lieu à une double écriture. Dans un journal, on passera donc :
• une ligne d'écriture où un compte sera débité ;
• une ligne d'écriture où un autre compte sera crédité.

Le compte est la rubrique concernée par le mouvement. Il fait l'objet d'une codification numérotée, établie dans le plan comptable général, et applicable depuis le 1er janvier 2000.

La méthode

Dans une comptabilité de trésorerie, on utilisera essentiellement deux journaux, le journal de banque (ou de CCP) et le journal de caisse pour saisir les charges et les produits.

Dans une comptabilité d'engagement, on utilisera au minimum :
• **un journal d'achats**, pour enregistrer les charges ;
• **un journal de ventes**, pour enregistrer les produits ;
• **un journal de salaires**, pour les paies ;
• **un journal par type de compte financier** (un par compte banque ou CCP, un pour la caisse), pour passer les règlements par chèque et les encaissements ;
• **un journal des opérations diverses** (pour les opérations d'inventaire entre autres).

Par convention :
• les charges sont débitées, la contrepartie (fournisseur ou banque) sera donc créditée ;
• les produits sont crédités, la contrepartie (client ou banque) sera donc débitée.

Il convient d'être avant tout vigilant sur la notion de charges et de produits. **Il faut prioritairement veiller à exclure de la notion de charges tous les achats de biens ou de services qui seront utilisés pendant plusieurs exercices.** L'achat de ces biens touche au patrimoine et n'affecte l'exploitation que par le biais de l'amortissement.

✓ *Attention aux comptes de banque*

Dans la comptabilité de l'association, ils fonctionnent à l'inverse des relevés de la banque :

- *Le compte de l'association chez le banquier est le miroir inversé du compte de la banque dans l'association. Lorsque l'association encaisse un chèque (de cotisation par exemple), l'association débite son compte de banque pour l'augmenter, et la banque fait l'inverse.*
- *Lorsqu'il y a de l'argent sur le compte, le compte comptable de la banque est donc débiteur. Si l'association est à découvert, il sera créditeur.*

Il en va de même pour le compte de caisse.

Chaque écriture sera passée en présence des pièces comptables correspondantes qui seront annotées à cette occasion. Les charges seront enregistrées dans le journal d'achat, les règlements dans le journal de banque ou de caisse.

Les écritures courantes de gestion

Les achats

Les charges sont enregistrées dans les comptes de classe 6 (numéro commençant par un 6). Les comptes de charge augmentent par le débit. **Lorsqu'il y a décalage dans le temps entre le constat de la charge et le paiement de la charge, la comptabilité utilise un compte tiers.**

Loyer

Par exemple, au 1er janvier 2010, l'association reçoit son appel de loyer de début du mois ; elle enregistre et constate la dette à son bailleur (fournisseur) :

Compte	Libellé	Débit	Crédit
613200 Locations immobilières	Loyer janvier 2010	300,00	
401SCI SCI Richelieu	Loyer janvier 2010		300,00

Après avoir envoyé son chèque en fin de mois, elle comptabilisera le paiement et l'extinction de la dette ; le compte du fournisseur SCI sera soldé (nul) :

Compte	Libellé	Débit	Crédit
401SCI SCI Richelieu	Paiement loyer 01	300,00	
512000 Banque	Paiement loyer 01		300,00

Frais de bureau
Vous achetez du papier pour la photocopieuse à la grande surface voisine ; vous payez comptant en espèces :

Compte	Libellé	Débit	Crédit
606400 Fournitures de bureau	Papier Éléphant	33,15	
530000 Caisse	Papier Éléphant		33,15

Assurance
Vous recevez votre avis annuel d'échéance d'assurance daté du 15 mars 2010, à échéance du 1er avril 2010 ; vous constatez la charge :

Compte	Libellé	Débit	Crédit
616100 Assurances	Assurance multirisque	935,50	
401LEGENDRE Cabinet Legendre	Assurance multirisque		935,50

En toute orthodoxie, vous devriez faire une photocopie de cet avis pour le mettre dans le classeur des opérations d'inventaire. En effet, dans la pratique, la période couverte par l'assurance est toujours à cheval sur 2 exercices, l'exercice en cours et le suivant. Vous avez enregistré des charges que vous devriez pour partie affecter à l'exercice suivant (dans cet exemple, 3 mois d'avance pour un exercice à clôturer au 31 décembre, ou 7 mois pour un exercice à clôturer au

31 août). Pour corriger cet excès de charge, vous devrez donc enregistrer cette charge constatée d'avance.

À l'échéance du paiement, vous envoyez votre chèque et enregistrez :

Compte	Libellé	Débit	Crédit
401LEGENDRE Cabinet Legendre	Assurance multirisque	935,50	
512000 Banque	Assurance multirisque		935,50

Travaux

Vous voulez faire des travaux d'un montant de 1 000 € sur la toiture d'un bâtiment. L'artisan vous réclame un acompte de 300 € à la commande. Même s'il vous assure qu'il n'encaissera pas le chèque avant le début des travaux, vous passez l'écriture à la date d'émission du chèque :

Compte	Libellé	Débit	Crédit
401RENOVBAT Renovbat SARL	Acompte Renovbat	300,00	
512000 Banque	Acompte Renovbat		300,00

À la réception de la facture, passez l'écriture à la date de la facture :

Compte	Libellé	Débit	Crédit
615000 Entretien et réparations	F 2564 Renovbat	1 000,00	
401RENOVBAT Renovbat SARL	F 2564 Renovbat		1 000,00

À la date convenue avec l'artisan, l'association règle le solde de la facture :

Compte	Libellé	Débit	Crédit
401RENOVBAT Renovbat SARL	Solde F 2564 Renovbat	700,00	
512000 Banque	Solde F 2564 Renovbat		700.00

Les frais de déplacement

Un bénévole ou un salarié de l'association présente une note de frais correspondant à des déplacements dont vous avez convenu le principe de remboursement.

Vous le payez dès qu'il présente sa demande, justifiée (par exemple, suivant modèle en annexe sur document téléchargeable), dans la limite des montants fixés par l'administration fiscale. L'enregistrement comptable pourra se faire de la manière suivante :

Compte	Libellé	Débit	Crédit
625100 Déplacements	Frais X. Dumont janvier	133,20	
512000 Banque	Frais X. Dumont janvier		133,20

Les ventes

La question de la comptabilisation des cotisations ou des activités se pose différemment selon l'importance du nombre de mouvements et les outils de gestion en amont de la comptabilité. La méthode de gestion est identique pour les cotisations ou pour la gestion des participations aux activités, et le questionnement sur le type de gestion de ces recettes est identique : comment l'association va suivre les sommes dues par un certain nombre de membres ?

S'il y a un grand nombre de personnes, donc de comptes à suivre, il faut disposer de moyens pour savoir si elles sont à jour de leur cotisation ou de leurs paiements. Les logiciels de comptabilité ne sont pas des outils prévus pour cette fonction. En général, ces logiciels ne gèrent pas l'état civil, les appels de fonds où les relances pour retards de paiement. **Les logiciels dédiés à la gestion des cotisations/activités ou des logiciels de gestion commerciale sont tout à fait indiqués pour les grands volumes d'informations.** Ils génèrent automatiquement des écritures, qui seront déversées en comptabilité au gré du comptable, sous la forme suivante pour une cotisation de 15 € due par F. Daniel :

Compte	Libellé	Débit	Crédit
411DANIEL Daniel F.	Cotisation F. Daniel	15,00	
756000 Cotisations	Cotisation F. Daniel		15,00

Lorsque l'adhérent remet son chèque, l'écriture se présentera sous la forme :

Compte	Libellé	Débit	Crédit
511000 Chèques à l'encaissement	Verst. cotis. F. Daniel	15,00	

411DANIEL Daniel F.	Verst. cotis. F. Daniel		15,00

**Les comptes comptables pour enregistrer les recettes d'activité sont habituelle-
ment enregistrés dans le compte 706**, s'il n'y a pas d'échanges matériels de produits. On veillera cependant à créer des sous-comptes 706100, 706200,
706300…) pour identifier les ressources provenant de sources différentes (participation aux activités, manifestations exceptionnelles…). L'intérêt de cette
méthode (que l'on peut adopter même en l'absence d'un logiciel de gestion
externe), c'est que **la comptabilité garde une trace de la dette de chacun, dans
un compte de tiers 411xxx, en cas d'absence de règlement.** Ceci peut s'avérer
utile lorsqu'il s'agit d'appels de participation à des activités d'un montant unitaire qui peut être élevé.

Vous remarquerez que l'encaissement des chèques ne se fait pas directement sur
le compte de banque 512000, mais sur un compte de « transit », 511000. En
effet, **tant que la banque n'a pas vérifié la validité du chèque, vous ne pouvez
pas le considérer vraiment sur votre compte.** Mais le véritable intérêt de cette
méthode est d'ordre pratique : lorsque vous remplissez un bordereau de plusieurs chèques pour le remettre au guichet, votre relevé ne comportera qu'une
seule ligne correspondant au total du bordereau ; si vous avez plusieurs remises
de chèques dans le même mois, le pointage du compte deviendra vite un enfer,
car le détail du relevé de la banque ne ressemblera en rien à l'extrait du compte
de la banque dans votre comptabilité.

La plupart des logiciels qui gèrent l'activité de l'association peuvent être paramé-
trés pour se conformer à la méthode comptable que vous adoptez. Mais **si le
volume des cotisations et des activités est réduit, vous pouvez adopter une
méthode manuelle.** Un carnet du commerce, avec des feuilles numérotées en
2 exemplaires (un pour l'adhérent et la souche à conserver pour l'association),
peut parfaitement convenir pour une association qui aurait moins de
50 adhérents, surtout si l'adhésion est aléatoire. Dans ce cas-là, vous n'enregis-
trerez les cotisations que si elles sont payées, ce qui simplifie les écritures car vous
ne passez plus par le compte de tiers 411xxxx :

Compte	Libellé	Débit	Crédit
511000 Chèques à l'encaissement	Verst. cotis. G. Daniel	15,00	
756000 Cotisations	Verst. cotis. G. Daniel		15,00

Les écritures avec la banque

Il faut passer toutes les écritures qui sont issues de la banque même (frais de tenue de compte, services bancaires divers) **sur le compte 627000 dans le journal de banque.** Dans la méthode que nous avons employée dans le paragraphe précédent, les chèques sont encore à l'encaissement. Il faut aussi constater leur encaissement sur le compte à la vue du relevé, pour le montant du bordereau de remise :

Compte	Libellé	Débit	Crédit
512000 Banque	Remise chèques	30,00	
511000 Chèques à l'encaissement	Remise chèques		30,00

Le compte comptable de banque 512000 est donc maintenant semblable à celui du relevé de banque. **Le détail des remises de chèques se trouve dans le compte 511000, avec au débit le détail de chaque chèque, et au crédit le montant total de chaque remise.** Ce procédé va permettre le pointage de chacun des deux comptes « banque » et « chèques à l'encaissement », par deux méthodes différentes :

- le rapprochement bancaire (voir p. 307), additionnant le solde de la balance et le solde du journal de rapprochement, à comparer avec le solde du relevé de banque ;

- le lettrage du compte 511000.

  C'est une opération de contrôle qui met en relation (en les cochant) les débits et les crédits (d'une même remise) pour les masquer dans l'historique et leur relevé ; on identifiera mieux ainsi les écritures non rapprochées, susceptibles de refléter des erreurs de saisie.

Les écritures particulières

La vie financière de l'association est constituée à plus de 90 % d'opérations courantes qui requièrent une méthode que la répétition rend évidente à la longue. Mais certaines opérations ne s'effectuent qu'une fois ou deux par an, ce qui oblige à une attention particulière. À la fin de l'exercice notamment, il faudra procéder aux écritures d'inventaires et de régularisation des comptes.

Comment comptabiliser les subventions ?

La comptabilisation des subventions demande une connaissance détaillée de la nature même de la subvention. Il faut donc s'interroger à propos des questions suivantes :

- **Quelle est la durée de vie des biens financés ?** S'agit-il de couvrir des dépenses liées à un projet mis en œuvre sur la durée d'un seul exercice dans le cadre d'un projet (événementiel par exemple), ou de biens, équipements ou installations qui seront utilisés pendant plusieurs années ?
- **Quelle est la destination de la subvention ?** La convention, ou à défaut les échanges (dossiers de préparation, courriers, réunions, chronologie) entre l'association et l'organisme qui subventionne, renseigne sur la destination de la subvention. Les subventions sont de trois types :
  - subvention de fonctionnement ;
  - subvention d'investissement ;
  - subvention d'équilibre.
- **Quelles sont les modalités de sortie du financement ?** L'organisme financeur peut prévoir une clause de reprise des biens financés ou spécifier les conditions de renouvellement/non-renouvellement de son financement.

Exemple

Attention à la confusion des genres

Une association créée depuis un an prévoit d'organiser plusieurs activités, dont une action d'animation de quartier et une action éducative en milieu scolaire. Elle sollicite des subventions pour la première fois. Elle présente en octobre deux dossiers au conseil général de son département.

- un dossier de présentation générale qui doit lui permettre de bénéficier d'une subvention de fonctionnement, attendue à hauteur de 500 € ;
- un dossier de plusieurs projets qui sollicite des subventions respectivement de 5 000 € et 3 000 €.

En avril de l'année suivante, l'association est avisée d'une attribution de subvention de 2 000 €. Interrogé par le président de l'association, le conseil général répond que l'attribution est globale et ne fait plus de distinction entre les deux critères initiaux : le fonctionnement global et les projets.

Finalement, l'association a comptabilisé la subvention comme une subvention d'exploitation et l'a traitée analytiquement en interne à sa convenance.

Les subventions de fonctionnement
- **Le principe comptable.** Les subventions de fonctionnement sont destinées :
  - à couvrir des dépenses globales de frais fixes de l'association, comme une contribution générale de la collectivité aux grands équilibres financiers de l'exercice ;
  - à contribuer à la réalisation de projets définis, limités dans le temps.
- **Elles sont enregistrées comme des produits d'exploitation de l'exercice au cours duquel la subvention a été notifiée à l'association.** Le respect de la convention avec l'organisme dispensateur impose de prendre en compte la période pour laquelle la subvention doit être versée. Si le projet subventionné n'a pas été entièrement réalisé et que la subvention n'a pas été consommée (en totalité ou en partie), il faudra traduire cette réalité dans les comptes.
- **La méthode**
  - *L'enregistrement de l'attribution.* Les écritures constatent la notification écrite et irrévocable de la subvention à l'association qui se distingue du versement qui interviendra ultérieurement :

Compte	Libellé	Débit	Crédit
441000 Subventions à recevoir	Subvention annuelle mairie	4 000,00	
740400 Subventions municipales	Subvention annuelle mairie		4 000,00

  - *Le versement de la subvention.* Lorsque la subvention est versée, le compte 441 sera soldé par les écritures suivantes :

Compte	Libellé	Débit	Crédit
512000 Banque	Versement subvention mairie	4 000,00	
441000 Subventions à recevoir	Versement subvention mairie		4 000,00

  - *La non-utilisation partielle en cours d'exercice.* Si la subvention n'a pas été utilisée en totalité au cours de l'exercice, il faut traduire cette non-utilisation en comptabilité. Le constat se traduit par un mouvement avant la clôture de l'exercice durant lequel a été versée la subvention :

Compte	Libellé	Débit	Crédit
689400 Engagements sur subventions accordées	Projet fête	2 000,00	
194000 Fonds dédiés sur subventions	Projet fête		2 000,00

- *Le traitement à l'exercice ultérieur.* Lorsque la subvention sera consommée dans l'exercice ultérieur (en fonction de la convention qui aura été passée avec la collectivité qui a versé la subvention), le traitement comptable devra être constaté l'année suivante :

Compte	Libellé	Débit	Crédit
194000 Fonds dédiés sur subventions	Projet fête	2 000,00	
789000 Ressources non utilisées exercices antérieurs	Projet fête		2 000,00

Les subventions d'investissement

- **Le principe comptable.** Il convient de distinguer les subventions suivant la nature des conventions passées avec l'organisme dispensateur :
  - *Les biens renouvelables.* Il s'agit de subventions qui sont données à l'association, à charge pour elle de constituer les conditions de son renouvellement. Elle amortit donc le bien année après année ;
  - *Les biens non renouvelables.* Il s'agit de biens dont le renouvellement ne sera pas financé par l'association, parce qu'ils sont entièrement pris en charge par l'organisme dispensateur. Durant la vie (comptable) du bien, l'association aura à la fois amorti le bien et donc constaté l'utilisation de la ressource financière, année après année.

    Dans ces conditions, à l'issue de la période d'utilisation du bien, l'association devra trouver des ressources particulières et globales (nouvelle subvention, par exemple) pour financer un nouvel achat. **Ce type de traitement ne devrait être réservé que pour des projets à durée limitée, ou pour des associations à vocation de service public.**
- La méthode
  - *L'enregistrement de l'attribution.* Les subventions d'investissement (de biens renouvelables ou pas) sont enregistrées dans un compte de bilan (classe 1) dès que l'attribution a été notifiée à l'association :

Compte	Libellé	Débit	Crédit
441000 Subventions à recevoir	Subv. Conseil général	3 000,00	
102000 Subventions renouvelables ou 131000 Subventions non renouvelables	Subv. Conseil général		3 000,00

- *Le versement de la subvention.* Lorsque la subvention est versée, le compte 441 sera soldé :

Compte	Libellé	Débit	Crédit
512000 Banque	Verst. conseil général	3 000,00	
441000 Subventions à recevoir	Verst. conseil général		3 000,00

- *L'utilisation de la subvention.* L'acquisition se traduit par un mouvement comptable classique :

Compte	Libellé	Débit	Crédit
218100 Installations générales	Aménagement local	3 000,00	
512000 Banque	Aménagement local		3 000,00

Les biens financés sont en principe amortissables et doivent donc faire l'objet d'un amortissement annuel :

Compte	Libellé	Débit	Crédit
681000 Dotations aux amortissements	Amortissement local	300,00	
281810 Amortissements Installations générales	Amortissement local		300,00

- *La régularisation des subventions non renouvelables.* Uniquement pour les subventions non renouvelables, une reprise au résultat doit être passée, chaque année, d'un montant égal à la dotation aux amortissements :

Compte	Libellé	Débit	Crédit
139000 Subventions écrites au résultat	Reprise subv. local	300,00	
777000 Quote-part de subventions virée au résultat	Reprise subv. local		300,00

On voit ici que le traitement comptable d'une subvention de bien non renouvelable n'a aucune incidence sur le compte de résultat, par le jeu de la reprise au résultat qui équilibre la charge de l'amortissement.

À l'inverse, le fait que l'on considère que le bien doit être renouvelé par l'association entraîne une charge comptable, qui va diminuer le résultat d'exploitation et augmenter les réserves. De cette manière l'association conserve dans son patrimoine l'épargne nécessaire au renouvellement ultérieur.

Les subventions d'équilibre

- **Le principe comptable.** Ce type d'appellation est ambigu car, par vocation, toute subvention contribue à l'équilibre des comptes d'une association. Aussi faut-il se référer à la pratique associative commune.

  La subvention d'équilibre désigne une modalité de financement qui correspond à une situation d'urgence. L'association négocie avec une collectivité un versement qui va lui permettre d'équilibrer une situation périlleuse. Elle se déclenche en situation de crise, *a posteriori*, après la réalisation des projets ou en fin d'exercice.

- **La méthode.** Dans ce cas, la subvention présente un caractère exceptionnel. Le traitement comptable se présentera comme un produit exceptionnel au moment du versement :

Compte	Libellé	Débit	Crédit
512000 Banque	Subvention d'équilibre	300,00	
778000 Produits exceptionnels	Subvention d'équilibre		300,00

Les comptabilisations du bénévolat

La renonciation aux frais engagés

- **Le principe comptable.** Lorsque les bénévoles engagent des frais pour le compte de l'association et renoncent à se faire rembourser par elle (voir chapitre 13, le régime comptable, juridique et fiscal du bénévolat), **le bénévole peut déclarer les montants abandonnés comme des dons. Parallèlement, l'association a intérêt à effectuer un enregistrement comptable correspondant.**

- **La méthode**
  - d'une part, l'association va enregistrer la charge correspondant à la dépense qu'elle aurait eue à supporter ;
  - d'autre part, elle va enregistrer l'abandon de la créance par le bénévole.

Par exemple, un bénévole part en formation technique au siège de la fédération et engage 84,25 € de frais de déplacement. On passera les écritures :

Compte	Libellé	Débit	Crédit
625000 Déplacements	Form. Paris A. Rubens	84,25	
467000 Autres comptes débiteurs ou créditeurs	Form. Paris A. Rubens		84.25

Compte	Libellé	Débit	Crédit
467000 Autres comptes débiteurs ou créditeurs	Don A. Rubens	84,25	
758000 Dons	Don A. Rubens		84.25

Les frais de véhicule peuvent faire l'objet de telles mesures, dans les limites ci-dessous, suivant certaines procédures (voir p. 345). Quels que soient la distance parcourue, la puissance fiscale du véhicule ou le type de carburant, les limites pour 2009 sont :

Type	Barème kilométrique
Vélomoteurs, scooters, motos	0,116 €
Véhicule automobile	0,299 €

La valorisation des contributions volontaires

- **Le principe comptable.** Les écritures comptables qui enregistrent les montants des contributions volontaires n'affectent pas le résultat d'exploitation puisque, par essence, ces contributions sont gratuites et n'entraînent pas de flux financier. Leurs montants figurent au pied du compte de résultat (voir modèle en annexe sur document téléchargeable), comme s'il s'agissait d'une annexe, d'un supplément d'informations financières. D'ailleurs, **si les montants sont significatifs, il faut prévoir une information détaillée, dans l'annexe aux comptes de fin d'exercice, sur les méthodes de quantification de cette valorisation.**
- **La méthode.** Les comptes 87xxxx enregistrent les contributions volontaires réparties selon leur nature :
  - 870xxx pour le travail bénévole ;
  - 871xxx pour les prestations fournies en nature ;
  - 875xxx pour les dons en nature.

En contrepartie de ces pseudo-enrichissements, l'association constate la charge qu'elle aurait dû supporter, donc au débit d'un compte 86xxxx :
  - 860xxx, secours en nature alimentaires, vestimentaires ;
  - 861xxx, mise à disposition gratuite de biens (locaux, matériels) ;
  - 862xxx, prestations ;
  - 864xxx, personnel bénévole.

Par exemple, une personne refait les peintures du local de l'association. Le travail de peinture dure 5 jours, équivalant à un salaire (avec charges) de 500 €.

Compte	Libellé	Débit	Crédit
864000 Personnel bénévole	Peinture local B. Germain	500,00	
870000 Bénévolat	Peinture local B. Germain		500,00

Les immobilisations et les amortissements

Les immobilisations

Les immobilisations sont des biens que l'association utilise durablement pour ses activités. Ces achats se distinguent par leur montant relativement important et par leur durée de vie ; ils sont utilisés pendant une durée supérieure à celle de l'exercice comptable (1 an).

Il n'existe pas de texte récent fixant le seuil à partir duquel un achat doit être considéré comme une immobilisation. Une disposition de 1988 indiquait un montant de 3 500 F, et la tolérance fiscale s'applique désormais jusqu'à 500 € HT. **En deçà de ce montant, l'association aura le choix d'affecter l'acquisition à une charge d'exploitation ou à une immobilisation.** Cette latitude s'appréciera en fonction de l'importance du montant par rapport aux charges d'exploitation. Il vaut mieux ne pas déséquilibrer le compte d'exploitation par quelques achats durables qu'on pourrait immobiliser, et en répartir la charge chaque année par le biais de l'amortissement. Les immobilisations peuvent concerner tout type de biens, voire même des travaux, comme, par exemple, les frais relatifs à la création d'un site Internet, du matériel spécialisé ou des tables de ping-pong, dès que leur montant est significatif. Le mode de financement du bien acquis n'intervient pas.

Les immobilisations s'inscrivent dans les comptes de bilan 21xxxx, différenciés selon le type du bien immobilisé. Par exemple, une camionnette achetée le 10 avril pour 10 000 € au garage du Centre sera comptabilisée de la manière suivante :

Compte	Libellé	Débit	Crédit
218200 Matériel de transport	Kangoo Garage du Centre	10 000,00	
401CENTRE Garage du Centre	Kangoo Garage du Centre		10 000,00

Compte	Libellé	Débit	Crédit
401CENTRE Garage du Centre	Paiement Garage du Centre	10 000,00	
512000 Banque	Paiement Garage du Centre		10 000,00

Mais les immobilisations s'usent, deviennent vétustes ou périmées. Au fil du temps, l'association « consomme » le bien jusqu'à son usure définitive. Chaque année, on peut constater une charge, même si cette usure ne s'accompagne pas d'une sortie de trésorerie. **Cette charge annuelle est constatée à la clôture de l'exercice, aux moments des travaux d'inventaire, par les écritures de dotations aux amortissements.**

Toutes les immobilisations (sauf les terrains) sont concernées par l'amortissement : les biens acquis par l'association ou ceux reçus par don (on prendra alors comme valeur d'immobilisation le prix qui aurait été payé dans des conditions normales). La valeur immobilisée peut comprendre les frais nécessaires à son utilisation (transport, mise en route…).

Les amortissements

Le montant des amortissements est déterminé par le tableau d'amortissement qui est construit au moment de l'achat du bien. Il est fonction de la valeur du bien, la méthode utilisée, la durée retenue pour amortir le bien.

Il existe deux méthodes, l'amortissement linéaire et l'amortissement dégressif (pour favoriser le renouvellement de l'investissement, mais uniquement employé dans le monde de l'entreprise). Nous n'évoquerons donc que l'amortissement linéaire, appelé aussi amortissement constant.

La durée est fixée par les usages, en l'absence de réglementation fiscale particulière. On pourra adopter les valeurs suivantes :

	Durée minimale (ans)	Durée maximale (ans)
Bâtiments	20	50
Agencements et installations	10	20
Installations techniques	10	15
Mobilier	5	10
Véhicules	4	5
Matériel pour activités	3	5
Matériel informatique	3	5
Logiciels informatiques	1	3

Surtout si l'association investit régulièrement, elle veillera à tenir un registre à feuilles numérotées (cahier ou classeur) où elle gardera la trace des factures d'achat et du tableau d'amortissement retenu pour chaque bien. Ces durées sont valables pour des bien neufs. Pour des biens d'occasion, adopter une durée correspondante à la durée de vie attendue du bien acquis. **La permanence de la méthode doit être privilégiée,** ce qui implique que les durées adoptées pour une catégorie d'immobilisation doivent s'appliquer à tous les biens de cette catégorie.

La durée permet de déterminer le taux d'amortissement : ainsi, dans notre exemple, le véhicule va être amorti sur 5 ans, c'est-à-dire que le taux sera de : 1/5 = 20 % par année, soit 10 000 € X 20 % = 2 000 €. La période d'amortissement commence au premier jour du mois d'acquisition, ce qui donne le tableau d'amortissement suivant :

1 Kangoo	2008	2009	2010	2011	2012	2013
Valeur initiale	10 000	8 500	6 500	4 500	2 500	500
Montant de l'amortissement	1 500	2 000	2 000	2 000	2 000	500
Valeur résiduelle	8 500	6 500	4 500	2 500	500	0

Pour l'année 2008, le montant de l'amortissement est calculé sur les 9 mois d'avril à décembre, soit 2 000 X 9/12 = 1 500 €, le solde étant décalé sur la dernière année.

Les amortissements font l'objet donc d'une dotation annuelle en fin d'exercice qui va constituer la charge annuelle du bien, et diminuer la valeur du bien au bilan, soit pour 2008 :

Compte	Libellé	Débit	Crédit
681000 Dotation aux amortissements	Dotation Kangoo	1 500,00	
281820 Amortis. Matériel de transport	Dotation Kangoo		1 500,00

Les écritures d'inventaire

Avant l'établissement du compte de résultat, il faut passer en revue tous les comptes pour prendre en considération tous les éléments non comptabilisés. On veillera plus particulièrement aux points suivants :

- **Justifier les comptes de tiers.** Une grande attention doit être portée sur l'examen des soldes des comptes :
  - Fournisseurs ;
  - organismes sociaux ;
  - clients/usagers.

  Les soldes des comptes doivent correspondre à la réalité des sommes dues à la clôture de l'exercice. Si besoin est, il faudra les ajuster en constatant une charge ou un produit exceptionnel.

- **Régulariser les produits et les charges.** Le principe de l'indépendance des exercices doit être appliqué ; **il faut donc « éplucher » les comptes de charges et produits pour vérifier que n'ont été enregistrés que les montants correspondants à l'exercice en cours.** Si ce n'est pas le cas, il faut avoir recours à des comptes de régularisation que l'on soldera lors de l'exercice suivant.

  Par exemple, la prime d'assurance de 600 € a été payée pour un an le 30 juin : au 31 décembre, il conviendra donc de constater que la moitié de cette somme a été payée d'avance.

Compte	Libellé	Débit	Crédit
486000 Charges payées d'avance	Quote-part assurance an +1	300,00	
616100 Assurance multirisque	Quote-part assurance an +1		300,00

Les stocks

Les stocks sont peu fréquents dans les associations. **On aura intérêt à considérer comme stock uniquement les produits qui représentent une valeur significative pour l'association. Sinon, on les passera en charges.** Il s'agit le plus souvent de fournitures pour les activités, qui sont achetées régulièrement en fonction de la consommation, de l'usure ou de la perte de ces produits.

L'inventaire des stocks est d'abord une opération de comptage physique des unités réellement présentes dans l'association à la date de clôture de l'exercice (le stock final). **Il faut ensuite valoriser les stocks** suivant une méthode constante tout au long des différents exercices. La méthode la plus courante est celle du PMP (le prix moyen pondéré, c'est-à-dire la moyenne des coûts anciens et récents en fonction des quantités).

Les écritures correspondantes à ce montant doivent **tenir compte du stock présent en début d'exercice**, le stock initial :

Compte	Libellé	Débit	Crédit
603000 Variation de stock	Stock initial plaques cuivre Émaux	350,00	
300000 Stock	Stock initial plaques cuivre Émaux		350,00

Compte	Libellé	Débit	Crédit
300000 Stock	Stock final plaques cuivre Émaux	475,00	
603000 Variation de stock	Stock final plaques cuivre Émaux		475,00

Les provisions

Pour donner une image fidèle de sa réalité financière, l'association peut être amenée à constater les charges éventuelles pouvant résulter d'événements survenus au cours de l'exercice. **Pour pouvoir être déduite, la provision doit correspondre à une perte ou charge nettement précisée et probable** (et non simplement éventuelle). Il en sera ainsi, par exemple, lorsqu'un procès est en vue et qu'il faut pourvoir à la charge future, ou si l'on prévoit de grosses réparations sur un bien :

Compte	Libellé	Débit	Crédit
681500 Dotation pour risques et charges	Dot prov procès Dupond	1 500,00	
151110 Provision pour litiges	Dot prov procès Dupond		1 500,00

Lorsque la dépense sera effectuée, la provision sera supprimée.

Les documents de synthèse

Le compte de résultat

Il pourra être présenté soit de manière classique, soit de façon agrémentée, dans un souci de transparence et de pédagogie.

Il est construit dans l'ordre du plan comptable, par les soldes des comptes 6 et 7, et les contributions volontaires (8). Pour apprécier le résultat, on pourra le présenter avec le budget de l'année. Des modèles complets sont donnés en annexe sur document téléchargeable.

Le bilan

Il dresse la situation du patrimoine suivant le schéma :

ACTIF	PASSIF
2 Comptes d'immobilisations 3 Comptes de stocks	1 Comptes de capitaux
Comptes à soldes débiteurs	Comptes à soldes créditeurs
4 Comptes de tiers 5 Comptes financiers	
Comptes à soldes débiteurs ou créditeurs	

- à l'actif, les comptes débiteurs des différentes classes de compte ;
- au passif, les comptes créditeurs.

Les présentations gagneront en lisibilité en adoptant une présentation en comparaison avec les années précédentes (voir annexes sur document téléchargeable).

L'annexe

C'est un document fondamental qui vient expliciter et compléter le CR et le bilan ; il comporte toutes les explications nécessaires à leur compréhension et à leur interprétation. Ce n'est pas un document normalisé, et il revient à chaque association d'y faire figurer les données qu'elle estime les plus « parlantes », en fonction de son contexte et de son activité. À titre d'exemple, on peut y faire figurer :

- les mouvements des fonds dédiés ;
- la nature des provisions constituées ;
- les informations sur les nouveaux emprunts (durée, taux) ;
- les mouvements sur les immobilisations : acquisition, mise au rebut, cession ;
- les modes de calculs des amortissements, surtout si une modification dans la méthode est intervenue ;
- la méthode de valorisation des stocks ;
- les engagements qui ne figurent pas au bilan (cautions, garanties).

Les outils informatiques

Les enjeux

Dès que les volumes d'informations deviennent importants, du fait du nombre des adhérents ou des transactions financières générées par les activités, le traitement manuel présente plus d'inconvénients que d'avantages, en termes de coût, de fiabilité et de productivité. Il ne faut pas négliger non plus les avantages de l'informatique en terme d'image, de clarté et de transparence. Outre la modernité, la capacité de produire des documents conformes et exhaustifs, **la tenue d'une comptabilité informatisée est un gage de modernité, de sérieux et de professionnalisme.**

Outre le micro-ordinateur et son imprimante, l'informatisation de la comptabilité associative suppose de disposer du ou des logiciels adapté(s). Le logiciel de comptabilité représente un investissement supplémentaire pour l'association, d'autant plus qu'au coût d'achat des logiciels, il faut rajouter les coûts induits et récurrents :

- le consommable (sauvegardes sur disquettes ou CD, le papier et les cartouches d'imprimante) ;
- la maintenance et les mises à jour des logiciels ;
- la formation ou le temps d'autoformation.

Le choix d'une solution implique donc une continuité si l'on veut éviter d'avoir à investir à nouveau dans quelques mois. Il faut être d'autant plus prudent que les solutions sont rarement compatibles entre elles.

Sur le marché, les offres de logiciels foisonnement comme autant de propositions de clés ouvrant les portes d'un paradis numérique, mais toutes les propositions ne sont pas équivalentes. Il convient donc d'effectuer un choix éclairé pour éviter un « bricolage » aux résultats aléatoires. Dans la gestion de la structure, l'informatique peut apporter une aide précieuse à propos de trois domaines stratégiques : la gestion des adhérents, la comptabilité et la gestion financière.

La gestion des adhérents

Pour les associations qui comptent un grand nombre d'adhérents, la tenue manuelle de fichiers peut se révéler fastidieuse.

À propos de chaque adhérent, l'association a besoin de gérer simultanément des cartes d'adhésion (avec des photos), des appels et des encaissements de cotisations, des prestations de services à paiements échelonnés, des envois répétés de lettres ou de documentation. Dans ce cas, elle ne pourra se passer de l'informatique dès qu'elle compte plus d'une vingtaine d'adhérents.

Pour déterminer les besoins de l'association, il convient d'abord de lister les tâches qui doivent être prises en charge de manière prioritaire. Très souvent, les besoins de l'association sont centrés autour deux préoccupations :

* la **gestion de personnes**, avec différentes catégories possibles (les adhérents, les utilisateurs de telle ou telle activité, les personnes intéressées…), pour disposer d'une fiche détaillée d'informations descriptives avec toutes les données d'adressage, nécessaires aux envois de documents en tout genre (le mailing) ;
* la **gestion de comptes individuels**, pour suivre les appels de fonds, à divers titres (cotisation, activité…), les encaissements, avec des possibilités de relance pour les retards de paiement. Cette gestion individuelle doit être « portable » ou transférable vers un logiciel de comptabilité pour éviter les doubles saisies.

La comptabilité

Les logiciels informatiques spécialisés pour la comptabilité permettent en général :
* de générer automatiquement des contrôles (pour éviter les erreurs de saisie) ;
* de proposer des regroupements et de calculer les totaux ;
* de vérifier la cohérence globale des documents de synthèse ;
* de proposer des modes d'impression des documents finalisés ;
* Et tout cela dans le respect des règles de l'art…

Zoom

Mini-cahier des charges

De ce point de vue, le logiciel de comptabilité doit pouvoir répondre à des exigences minimales :

* obliger la saisie d'écritures avec contrepartie et contrôler l'égalité débit-crédit ;
* fournir un plan comptable, au minimum paramétrable pour le conformer aux spécifications associatives ;
* permettre une ventilation des charges et des produits dans des centres « analytiques » pour les associations qui gèrent au plus près des activités différentes ;
* proposer des éditions complètes des grand-livre, journaux et balance, voire paramétrer les états de fin d'exercice, compte de résultat et bilan pour produire des documents conformes et adaptés à la spécificité de l'association.

La gestion financière

La production du **budget prévisionnel** d'exploitation est le premier des outils de pilotages. Dans la phase d'élaboration, le trésorier effectue un « aller-retour » permanent entre les charges et les produits pour caler le budget. Ce travail parfois fastidieux met en jeu de nombreux paramètres (voir p. 125). Le trésorier gagnera en productivité en utilisant un outil informatique adapté, comme un tableur.

Avec le même outil, l'association pourra se doter de **budgets de trésorerie** pour suivre l'évolution prévisible de son compte bancaire, indispensable si la situation financière est tendue.

Avec un tableur graphique, les dirigeants pourront agrémenter la présentation des comptes par des schémas et des **graphiques** qui rendront plus facile la compréhension des comptes et organiseront la transparence du fonctionnement financier.

Les logiciels

Tous les logiciels s'achètent dans le commerce, mais ils sont aussi parfois directement installés sur l'ordinateur par le fabricant de la machine. Sont-ils toujours adaptés ?

Zoom

Sur Internet

Certains logiciels sont même gracieusement mis à disposition par des individus ou des sociétés :

- **les freewares** qui sont des logiciels libres de droits, donc gratuits ;
- **les sharewares** qui sont des logiciels pour lesquels une participation modique de l'utilisateur est demandée. Ils sont disponibles par téléchargement. Ils présentent l'avantage évident de ne rien (ou peu) coûter, mais ne sont pas toujours aussi sûrs que des logiciels du commerce. Ils ont parfois des fonctions limitées et ils ne disposent pas de manuel d'aide à leur mise en œuvre. Il faut donc bien les tester avant de les adopter.

▪ Pour gérer les adhérents

Catégorie freeware

Pour les dirigeants un peu versés dans l'informatique, il existe un logiciel en open source, GALETTE, qui permet de gérer très efficacement les adhérents. Une version spéciale existe pour les associations sportives. L'installation nécessite un hébergement. La communauté des utilisateurs de GALETTE est modeste mais très active ; on ne vous laissera jamais en plan avec un bug ou une difficulté d'installation. Les sources peuvent être téléchargées ici : http://galette.tuxfamily.org/fr/doku.php

Catégorie shareware

Winasso, spécialisé dans les associations depuis plusieurs années, existe dans sa version standard et sa version pro (avec des éditions améliorées). D'une ergonomie déroutante au début, ce logiciel allie **un module de gestion des adhérents simplifié et un module « comptable » rudimentaire** qui utilise une terminologie imprécise. Les éditions peuvent entraîner des confusions si l'utilisateur n'est pas un gestionnaire averti. Heureusement, le logiciel permet l'exportation sous Excel pour retraiter les informations. Téléchargement : http://www.winasso.com/telechargewinasso.html

Les logiciels « généralistes »

- **Les tableurs** sont des feuilles de calculs (comme Excel, le tableur de chez Microsoft, ou d'autres disponibles également en freeware). **Ils peuvent servir à créer des listes d'adhérents et gérer des appels de cotisation, voire des encaissements.** Cela demandera une certaine technicité, mais une fois bien paramétré, vous pourrez gérer aisément une centaine de membres. Au-delà, il faudra commencer à programmer le tableur pour le rendre pratique.

- **Les SGBD** – systèmes de gestion de bases de données (Access de Microsoft, ou Filemaker Pro de Filemaker) – sont des logiciels dont la mise en route est réservée à des personnes averties en informatique. Ces logiciels demandent de nombreux paramétrages et une certaine programmation, mais ce sont **des outils extrêmement puissants qui permettent de bâtir une gestion des adhérents complètement personnalisée.** Le système n'est pas limité sur le plan du nombre des adhérents : pour cela, on peut le réserver aux associations importantes qui gèrent plus de 500 adhérents et/ou usagers qui disposent des moyens pour les déployer et en assurer la maintenance. Il faut compter plus de 300 € pour l'achat de tels produits, et beaucoup de temps pour les rendre opérationnels.

Les logiciels spécialisés

Plusieurs éditeurs proposent des logiciels spécialisés dans la gestion des adhérents :

*   **Association**, de la société EBP, propose **une gestion très complète des adhérents, et même des activités**, avec une séparation entre la cotisation et les activités, avec des analyses pertinentes sous forme graphique. Il possède même **un module de comptabilité intégré qui est intéressant pour ses possibilités d'exportation** (vers le logiciel de comptabilité du même éditeur ou au format txt quasiment universel). Il faut toutefois noter que le logiciel est livré avec un plan comptable, paramétrable qui n'est pas conforme, et que les éditions comptables sont inversées (Débit-Crédit) par rapport à la norme comptable.
*   **Ciel Association** est indiscutablement le logiciel le plus complet (et le plus cher). La **gestion des adhérents est complète**, avec notamment un rattachement des membres de la famille à un adhérent, de même que la gestion des activités et cotisations, avec différents types de tarifs (individuel, famille, groupe…). **L'interface avec la comptabilité est organisée**, même si le plan comptable n'est pas directement intégré. On peut juste regretter que la saisie des dépenses ou des recettes ne permette pas de ventiler un montant sur plusieurs postes (par exemple un chèque d'adhérent de 50 € en 15 € de cotisation et 35 € de paiement d'une activité).

Nota bene : dans tous les cas, les logiciels comptables imposent de scinder les règlements lorsqu'ils concernent des rubriques comptables différentes.

Pour tenir la comptabilité

Les freewares

Le logiciel de la société EG2 est disponible gratuitement dans sa première version V1. **Il permet de tenir convenablement une comptabilité en partie double** (téléchargement sur http://www.eg2.net).

Les logiciels généralistes

*   **Les logiciels de tenue de comptes pour particuliers**, comme Money par exemple, sont à proscrire pour gérer la comptabilité d'une association. Même pour la

tenue d'une comptabilité super-simplifiée (à partie simple), **ils fonctionnent le plus souvent suivant une logique différente de la logique comptable.**

- **Les tableurs, de type Excel** par exemple, peuvent tout à fait convenir pour tenir une comptabilité à partie simple (voir p. 120), mais **ne sont pas des outils que l'on peut utiliser pour une comptabilité à partie double.**

Les logiciels spécialisés

- **EBP comptabilité est un logiciel de comptabilité multidossiers,** pour traiter des comptabilités de sociétés commerciales. Il peut parfaitement convenir à une association, moyennant un paramétrage adapté du plan comptable. La gestion de la TVA pourra poser des problèmes aux associations qui n'y sont pas soumises.

- **CIEL comptabilité,** même dans sa version de base, est **un logiciel complet qui a déjà fait ses preuves sur le marché,** dans le domaine associatif comme ailleurs.

- **Citizen Comptabilité,** dernier arrivé sur le marché, est un service en ligne destiné aux petites associations. Ce logiciel propose différentes fonctionnalités spécifiques (remboursement des frais, contributions bénévoles, reçus fiscaux). En ligne sur http://www.citizenplace.com, parfaitement adapté pour les non-spécialistes.

Prévisions et gestion budgétaire

Le budget est l'instrument privilégié de la gestion. Il est le support naturel du projet associatif, traduisant en termes financiers son contexte, ses objectifs, ses contraintes, ses moyens. Même si les différentes composantes du projet associatif ne sont pas encore formalisées avec certitude, le passage à la phase budgétaire permettra d'apprécier les marges de manœuvre dans un contexte humain et matériel toujours en évolution. Le projet associatif est lui aussi toujours en évolution, et sa traduction financière est donc nécessairement provisoire. Dernière caractéristique du budget – et non des moindres –, il s'agit d'un exercice aléatoire dans la mesure où la prévision des recettes repose toujours sur des hypothèses.

> ✓ *Veiller à la compatibilité*
>
> *En portant sa réflexion sur l'organisation du travail, l'association doit veiller à ce que les solutions de traitement des informations qu'elle adopte soient compatibles entre elles, en ouvrant notamment la possibilité d'importer et d'exporter les données.*
>
> *En effet, pour éviter le cumul des tâches sur une seule personne, une bonne organisation du travail consistera à répartir les différents travaux entre plusieurs personnes, par exemple la gestion des membres, la tenue de la comptabilité, la gestion de la trésorerie. Les personnes en charge communiqueront entre elles grâce à des logiciels compatibles ou pouvant intégrer les données issues d'autres logiciels.*
>
> *Cette exigence d'inter-opérabilité des logiciels est fondamentale, lorsque l'association envisage de confier une partie de ses traitements comptables à l'extérieur (par exemple la paye).*

Malgré tout, le budget s'impose comme un pilier de la vie associative. **Tenir compte du passé, s'assigner des objectifs, préparer les chantiers, évaluer les contraintes et les incertitudes, arbitrer entre les différents choix, tels sont les principaux objectifs du budget.** Mais le processus budgétaire doit également s'accompagner d'un certain nombre de précautions :

▶ **La construction du budget doit être participative** parce que sa mise en œuvre et sa validation devront reposer sur l'ensemble des membres et la recherche d'un consensus minimum. Sous prétexte de budget, les dirigeants ne doivent pas confisquer les prérogatives fondamentales des adhérents et brider les initiatives des bénévoles.

▶ **Le budget s'inscrit dans le temps.** Le budget annuel est la forme la plus répandue dans l'association, mais il doit s'inscrire dans la perspective de budgets pluriannuels. Construire des budgets sur plusieurs années (3 ans, voire 5 ans) est une nécessité avant de fixer les objectifs de l'année à venir.

▶ **Le budget est dynamique** car il est le résultat des différents projets et activités que l'association veut mettre en place. Ainsi au cours de l'année, le budget doit être révisé pour tenir compte des nouveaux éléments (variation de la participation des adhérents, subventions différentes des prévisions…).

Par sa vision prévisionnelle, le budget est un moyen de donner une dimension tangible et palpable de la vie de l'association.

Quelle place pour le budget ?

Le budget n'est pas un dispositif comptable obligatoire. Mais il est requis pour les associations agréées ou celles sollicitant des subventions publiques. C'est surtout comme support du consensus interne et comme instrument d'information des tiers que la démarche budgétaire s'avère indispensable.

Le budget comme outil de consensus

La démarche budgétaire est source de légitimité dans le pilotage du projet associatif. Cela constitue une garantie pour la collectivité des adhérents tout au long des étapes du projet associatif :

▶ **La construction du budget ne peut se réaliser qu'à l'écoute de tous les membres de l'association** car ce sont eux qui vont apporter leur compétence et leur disponibilité dans la réalisation des projets.

▶ **La validation du budget par les adhérents en AG est l'occasion du partage par le plus grand nombre des objectifs de l'association.** C'est un point de passage indispensable dans l'association qui se réfère à des valeurs citoyennes (voir p. 25). À défaut d'une ratification en AG, les dirigeants rechercheront un accord formel du CA ou de toute autre instance prévue au RI.

Le budget comme vecteur d'informations financières

Dans son réseau, l'association est en relation avec des partenaires financiers. On a vu que lorsque l'association n'a pas d'activité commerciale, elle est dépendante de partenaires institutionnels. Elle doit donc à la fois **motiver et sécuriser ces partenaires financiers**, notamment :

▶ **La banque.** La banque doit être perçue comme un partenaire à part entière, préoccupé de la pérennité de l'organisme et de la nature des motivations des dirigeants. Un budget prévisionnel rassurera le banquier sur l'avenir de l'association, sur le soin que le trésorier et/ou le président portent au respect des grands équilibres financiers. Cette relation de confiance peut s'avérer utile si l'association rencontre un problème de trésorerie et qu'elle doit faire appel à la banque. **Lorsqu'un emprunt bancaire doit financer des acquisitions, le budget prévisionnel sera la pièce maîtresse du dossier de prêt.**

▶ **Les institutions dispensatrices de subventions.** Il est légitime que la municipalité, le conseil général ou toute autre institution ait une perception de l'utilisation des fonds qui sont octroyés. **Les collectivités territoriales ont besoin de connaître le « pourquoi » des subventions, et le budget prévisionnel répond en partie à cette question** en mettant en valeur les différentes subventions qui concourent à l'équilibre du budget.

▶ **Les sponsors et les mécènes.** Ils fonctionnent, d'un point de vue financier, **sur la même logique que les dispensateurs de fonds publics** : à quoi vont servir les dons dans l'équilibre de l'association ? Comment s'inscrivent les dons dans les ressources de l'association ? Quelles sont les dépenses futures de l'association ?

Le budget comme outil de gestion

Le budget annuel sert de fil conducteur pour la gestion de l'association au cours des 12 prochains mois. C'est sur cette base que les projets peuvent être lancés et que l'engagement des dépenses sera effectué.

En cours d'exercice, au bout de 6 mois par exemple, **elle pourra comparer ce qui est réalisé avec ce qui était prévu au budget**, et donc piloter le reste de l'année en freinant les dépenses, ou en « lâchant du lest » aux demandes de ses membres.

Enfin, à certains moments clés dans la vie de l'association, le travail de construction budgétaire relève plus du rôle de l'architecte que du comptable : en période de croissance forte de l'activité, ou plus encore à l'occasion d'une crise financière, l'association a besoin de réalisme financier. **Le budget joue alors le rôle d'un garde-fou.**

Quelle stratégie pour la construction du budget ?

La démarche budgétaire procède à l'inverse de la comptabilité : **on détermine tout d'abord un niveau idéal du résultat recherché.**

On a vu plus haut (voir p. 273) que l'excédent dégagé par l'exploitation devait être suffisant pour couvrir certaines charges obligatoires (le remboursement des emprunts bancaires) et les besoins vitaux de l'association (les investissements minimaux, la liquidité de l'association et sa solvabilité). **Le budget doit donc « viser » un excédent sur les opérations courantes** qui soit suffisant pour couvrir ces sommes. Soit les besoins suivants pour l'exercice 2011 :

À financer	€
Amortissements emprunt bancaire 2003	800
Travaux toiture local	1 400
Chantier Zinado	450
Dotation réserve de trésorerie	250
Risque « kermesse solidaire 2011 »	500
Besoin total	3 400

Dans ce cas, on visera un résultat excédentaire sur les opérations courantes, compris entre 3 000 et 4 000 €.

Tout dépend donc *in fine* de la planification à moyen ou à long terme (budgets pluriannuels) **et des objectifs à 3 ou 5 ans que l'association décide d'atteindre.** Les étapes (budgets annuels ou intermédiaires) pour y parvenir détermineront le niveau de résultat à rechercher chaque année.

Comment construire un budget simple avec un tableur ?

Un tableur, ou feuille de calcul en lignes et colonnes est particulièrement adaptée à l'établissement d'un budget. Le tableur permet des calculs intermédiaires, des regroupements ; il dispose de la souplesse nécessaire pour suivre l'évolution du budget dans le temps et permet de transformer le document comptable en support de communication.

Organiser la feuille de calcul

Pour chaque exercice comptable, créer un nouveau classeur :

- Utilisez les feuilles (onglets), pour chaque nouvelle version du budget que vous établirez (ne pas oublier de renommer chaque feuille).
- Séparez sur des feuilles différentes les recettes (produits) et les dépenses (charges).
- Verticalement, dans la première colonne, listez les différents postes du budget, en suivant l'ordre du plan comptable. Il n'est pas nécessaire de faire figurer les numéros du plan comptable, un libellé précis sera plus compréhensible.

Créez des lignes suffisamment précises pour chaque poste de produits et de charges afin de calculer au plus juste le montant de chaque ligne, sans tomber dans un détail excessif. Par exemple, en achat de fournitures non stockables, ne pas détailler l'eau et l'électricité. Mais pour les subventions, détaillez bien le montant de chaque subvention suivant son origine (commune, département, région…).

▶ Dans la deuxième colonne, pour chaque poste, entrez le montant réalisé l'année précédente. Si vous ne le connaissez pas encore, essayez de l'estimer le plus exactement possible. La référence à l'année précédente présente deux avantages : c'est une sécurité qui permet de s'assurer que l'on n'a pas oublié de compter une dépense, et la comparaison permet un contrôle de cohérence avec le montant que vous allez calculer pour l'année à venir. Une différence importante vous alertera pour une correction éventuelle.

▶ Vérifiez les totaux.

Entrer des calculs plutôt que des résultats

La troisième colonne doit être remplie avec les montants prévus pour l'année à venir. Mais plutôt que de vous servir du tableur comme une machine à écrire, **utilisez toutes les possibilités de la feuille de calcul.**

Imaginons qu'une association mette en place 3 projets, vous pouvez créer autant de feuilles nouvelles, afin de faire un mini-budget pour chaque projet. Si chacun est subventionné par le département et la région, il suffira d'indiquer, dans le budget général, dans la cellule subvention du conseil général (et dans celle du conseil régional) que le montant prévu est la somme des subventions attendues pour chaque projet. Ainsi, **si un élément d'un projet varie, vous aurez sa traduction immédiate dans le budget global de l'association.**

Zoom

Détaillez

Pour les cotisations, plutôt entrer 20 x 50 que 1 000. Vous pouvez même utiliser les colonnes de gauche pour indiquer les éléments du calcul : dans une cellule, entrez le montant de la cotisation (20 €), dans une autre le nombre de membres prévus (50), et dans la cellule du montant total des cotisations, entrez la formule qui fait appel au produit de chacune des 2 cellules.

Quelle présentation adopter ?

Dans la majorité des cas, l'association devra fournir des budgets prévisionnels d'activité de l'exercice **sous une forme respectant le plan comptable de type commercial, basé sur le plan comptable général.**

Toutefois, l'association aura intérêt à prévoir **un plan d'investissement et de financement** qui permettra en outre de justifier quelques excédents successifs. Ce type de prévision est particulièrement important pour les associations de type « construire et partager ».

	Années					Total
	1	2	3	4	5	
Investissements						
Constitution réserves						
Remboursements d'emprunts bancaires						
Dotation fonds dédiés						
Total des emplois						
Excédent d'exploitation						
Dons et legs spéciaux						
Subventions d'investissement						
Emprunts bancaires						
Total des ressources						

Pour les associations qui bénéficient de financements du secteur sanitaire et social (CPAM, DASS), il faudra prévoir une présentation du budget en 2 parties :

- la section d'exploitation (hors amortissements) ;
- la section d'investissement, pour tous les mouvements qui affectent le patrimoine (immobilisations, créances et dettes à moyen/long terme).

Votre budget est autant un outil de gestion qu'un support de communication. Une fois que vos charges et vos produits sont calés, **faites un document de synthèse.** Il est très facile de les regrouper sur une seule feuille par des « couper/coller », en ne sélectionnant que les colonnes utiles à la présentation.

Le budget est un document vivant, il ne faut donc pas oublier de **le dater** pour en repérer les différentes versions. Et pour qu'il soit plus compréhensible, il peut être utile de faire figurer quelques commentaires écrits du genre : le loyer est réduit car le maire a accordé un tarif préférentiel en échange des travaux de remise en état du local. La différence apparaît dans la colonne des recettes au titre de la participation en nature de la mairie.

Les procédures

Il est toujours possible – et quelquefois souhaitable – d'énumérer dans le règlement intérieur (RI) quelques méthodes d'organisation que l'association désire appliquer à la fonction financière. **L'objectif consiste à énoncer les méthodes de travail qui permettront d'assurer les grands équilibres financiers et de sécuriser la trésorerie de l'association**. Un chapitre du règlement intérieur pourra donc être consacré aux aspects financiers ; on y traitera notamment des points évoqués ci-dessous.

Le règlement financier

Il peut porter sur un certain nombre de points sensibles :

- **Les modalités d'engagement des dépenses** (voir ci-dessous).

- **Les délégations de signature du trésorier, du président, voire du comptable.** Qui dispose des signatures auprès de la banque, quels contrôles sont effectués sur les documents comptables ? En particulier, lorsque le trésorier est également le comptable de l'association, il faut prévoir un regard extérieur qui permette de détecter les erreurs et prévenir les dysfonctionnements, même de bonne foi (voir le rapprochement bancaire pp. 81 et 306).

Un point particulièrement sensible doit être également examiné : les virements bancaires par Internet. La simple détention du code délivré par l'organisme bancaire permet de déclencher des virements par Internet en l'absence de tout contrôle. Il faut donc veiller à la confidentialité de ce code, comme à celui de la carte de crédit bancaire.

> ✓ *La multiplication des signatures*
>
> *À chaque renouvellement de bureau, il est souvent d'usage de procéder à l'envoi des procès-verbaux de nomination des nouveaux dirigeants à la banque de l'association, à charge pour eux de déposer leur signature à l'agence. Il convient de ne pas oublier de faire supprimer les pouvoirs des personnes qui ne sont plus habilitées.*

▷ **Les modalités de recours au découvert bancaire ou aux emprunts bancaires.**

▷ **Les contrôles des factures des fournisseurs.** Qui vérifie la conformité des factures reçues, en fonction de quels critères ?

▷ **Les méthodes du système d'organisation comptable et de ses traitements** (classement des pièces, répertoires et livres, plan des comptes). On veillera également à la sécurité des données informatiques en organisant des sauvegardes informatiques conservées dans un lieu distinct du lieu de saisie des données. Le RI pourra décrire les procédures comptables et informatiques dans leur généralité.

Les relations financières avec les tiers

L'association a une responsabilité financière vis-à-vis de l'extérieur, et notamment ses clients et ses fournisseurs.

L'engagement des dépenses

Commander des biens, des produits ou des services engage l'association à deux points de vue :

▷ **Elle doit respecter les obligations contractuelles qui la lient aux fournisseurs** (un devis signé par exemple).

▷ **Elle mobilise régulièrement des fonds** ; l'association doit gérer sa trésorerie dans la continuité de son projet associatif.

Pour respecter ses objectifs, l'association doit s'organiser pour éviter de déséquilibrer ses comptes et respecter son objet associatif. **L'engagement des dépenses courantes doit donc s'effectuer en lien constant avec l'état de la trésorerie. Les** modalités de circulation de l'information entre le gestionnaire du compte et le(s) donneurs d'ordre doit être formalisée. La question de la confiance envers les individus doit aussi être examinée pour éviter tout dérapage.

Plus cruciale est la question des dépenses extraordinaires, par leur fréquence ou leur montant. Elles doivent faire l'objet de procédures particulières. **On veillera à préciser le montant maximal que le ou les détenteurs du pouvoir de signature sont autorisés à signer** (double signature nécessaire fixée par le règlement financier et communiqué à la banque). L'autorisation de dépenses à partir de ce montant devrait être formalisée par un comité *ad hoc* (bureau, CA…).

La facturation

Occasionnellement ou de manière plus ou moins régulière, l'association est amenée à proposer ses services ou ses produits. Elle doit respecter les obligations à la charge des commerçants (voir pp. 52 et 74). Même en l'absence d'activités économiques soumises à la TVA, **l'association n'est pas dispensée de l'obligation de facturation**. Une association est obligée de délivrer une facture, notamment dans les cas suivants :

- pour les livraisons de biens ou les prestations de services qu'elle effectue pour un organisme assujetti à la TVA ;
- pour une personne morale non assujettie (une autre association par exemple) ;
- pour les acomptes qui lui sont versés.

Tous les documents émis doivent être conservés en double.

Généralement, l'obligation fiscale de délivrance de facture ne concerne pas les associations qui livrent des biens ou rendent des services à des particuliers. Mais rien ne s'oppose à ce que ces associations, de leur propre initiative, ou sur demande des acheteurs ou bénéficiaires du service, délivrent des factures à ces derniers.

La facture doit être émise dès la livraison de biens ou la réalisation de la prestation de services. Elle doit mentionner :

- un numéro unique basé sur une séquence chronologique et continue, ou par séries de numéros (le carnet numéroté avec souches numérotées) ;
- la date de l'opération, la quantité, la dénomination précise des biens ou services fournis, le prix unitaire hors TVA ;
- le taux de TVA légalement applicable à l'opération ou, le cas échéant, le bénéfice d'une exonération (« application 293 B du CGI »).

Les relations avec les bénévoles

Les frais des bénévoles

Il est toujours possible de rembourser à un bénévole les frais réellement exposés et justifiés par une preuve matérielle, sans que cela impacte la relation juridique avec l'association. Par contre, l'octroi d'avantages en nature constitue un élément de rémunération exclusif du bénévolat.

Ainsi, la Cour de cassation a reconnu la qualité de salarié à une personne qui avait accompagné bénévolement un groupe effectuant un stage en montagne organisé par une association. Elle a relevé que l'intéressée qui exerçait des fonctions d'assistance sanitaire avait bénéficié d'avantages en nature de nourriture et de logement susceptibles de constituer une rémunération de cette activité, enlevant à celle-ci son caractère bénévole. Compte tenu de cette jurisprudence, **l'association a donc intérêt à adopter la formule de remboursements de frais, de préférence à celle d'avantages en nature.**

Quel formalisme pour les remboursements

Les frais doivent donc être justifiés par l'activité réelle du bénévole dûment missionné par l'association et appuyés par pièces (des documents émis par une personne physique ou morale extérieure à l'association). On aura intérêt à fixer les règles (éloignement, fréquence, montant) soit dans le RI, soit dans le règlement financier.

Les indemnisations des frais d'hébergement et de nourriture ne peuvent excéder les montants fixés par l'URSSAF (voir en annexe sur document téléchargeable) pour des salariés.

Pour les frais de déplacement automobile, les limites de remboursement ne peuvent excéder celles fixées par l'administration fiscale (le barème figure sur toutes les déclarations d'impôt sur le revenu).

Les remboursements des produits et services payés pour le compte de l'association par le bénévole ne subissent pas d'autres limitations que celles qui s'imposent à l'association si elle les avait payés directement.

Tous les frais doivent faire l'objet d'un enregistrement permettant d'identifier clairement le bénévole, sa mission et la nature des frais engagés (voir modèle en annexe sur document téléchargeable).

La renonciation au remboursement et l'avantage fiscal

Si le bénévole renonce au remboursement de frais, comme c'est souvent le cas dans de nombreuses associations, l'association peut mettre en place une procédure qui va permettre de considérer cet abandon de remboursement de frais comme un don fiscalement déductible de l'impôt sur le revenu :

- Le bénévole doit établir un document dans lequel il certifie renoncer aux frais engagés dans le cadre de ses missions (voir modèle en annexe sur document téléchargeable).
- Il joint à cette déclaration les pièces justificatives de ces dépenses.
- L'association reçoit cette déclaration et la fait viser par le trésorier ou le président, et l'enregistre dans ses livres comme un don.
- L'association délivre un reçu de don, conforme au modèle (voir modèle en annexe sur document téléchargeable).
- Le bénévole joint le reçu de don à sa déclaration d'impôts.

Le traitement comptable et les limites particulières à cette déductibilité sont indiqués p. 322.

Les contributions volontaires (bénévolat, apports)

L'enregistrement de ces opérations permet de souligner le caractère non lucratif de l'association. Il permet également de voir reconnu le travail souvent très important, mais non rémunéré, des membres de l'association (voir p. 323). La tenue d'un journal permet un suivi précis du travail des bénévoles. Il est établi à partir de pièces comptables qui justifient l'évaluation des contributions volontaires.

Le journal doit être accompagné de toutes les pièces justificatives indiquant les caractéristiques des prestations fournies. Chaque pièce doit être visée par un responsable de l'association et comporter :

- un numéro d'ordre ;
- la date de l'opération ou la période durant laquelle elle s'est déroulée ;
- le descriptif de l'opération, avec les aspects qualitatifs et quantitatifs ;
- la méthode d'évaluation, pour la quantité et le prix unitaire ;
- le calcul du coût total.

L'apport des bénévoles doit être évalué au coût réel, c'est-à-dire aux prix du marché. Pour ce faire, l'association doit se demander à combien reviendrait d'embaucher un salarié pour effectuer les tâches accomplies par le bénévole, en tenant compte des qualifications requises, des conventions collectives, du droit du travail et du temps passé, ou à combien reviendrait de sous-traiter cette tâche. Il convient de rester le plus modeste possible, un professionnel, travaillant parfois (souvent) plus vite que votre bénévole, passera moins de temps pour une même tâche. Si aucun professionnel n'accomplit ce type de tâche et que vous n'avez aucun moyen de comparaison, prenez le SMIC comme référence.

L'évaluation des mises à disposition de locaux est plus compliquée car différentes bases d'évaluation peuvent être envisagées :

▶ **L'évaluation par référence à la valeur locative figurant sur la taxe d'habitation.** C'est une valeur *a minima*, qui peut s'appliquer pour les locaux publics. Bien que cette information ne soit pas applicable au domaine public, on pourra prendre comme base ceux de locaux privés voisins.

▶ **L'évaluation par référence aux prix du marché.** Dans le cas de biens privés mis à disposition, ou en cas de mise à disposition occasionnelle, cette méthode peut très bien s'appliquer.

▶ **L'évaluation des équipements publics** (les salles de sports, par exemple) pose plus de problèmes. En l'absence de référence, on pourra prendre comme valeur locative l'annuité d'amortissement du bien sur une durée de 50 ans.

Une fois l'engagement de chacun évalué en fonction du temps passé, **la somme des contributions est inscrite dans le compte de classe 8.**

La comptabilisation des contributions volontaires en nature se fait sur le même schéma que le compte de résultat, c'est-à-dire qu'elle s'équilibre entre charges et produits, avec des subdivisions en bénévolat, mise à disposition et dons en nature. **Le bénévole fait don de son temps à l'association ce qui constitue un produit, et l'association utilise ce temps ce qui constitue une charge.**

Si les deux comptabilités (comptes ordinaires de bilan et de résultat/contributions volontaires en nature) sont tenues séparément, les résultats sont ajoutés en fin d'exercice pour mieux rendre compte de la situation réelle de l'association auprès des adhérents et des différents partenaires (institutionnels, notamment). Ce qui signifie que le résultat final n'est pas modifié (l'association ne bénéficie pas de plus de ressources financières inscrites sur son compte en banque), mais que la quantification de l'activité de l'association en produits et charges peut être considérablement augmentée. **Cette valorisation présente en réalité plusieurs intérêts : elle permettra de mettre en évidence un autofinancement important de l'activité et le poids financier du bénévolat.**

Zoom

Distinguer les contributions bénévoles selon leur nature

Trois formes distinctes de contributions bénévoles peuvent être évaluées :

- Il s'agit tout d'abord de la « participation des usagers », où l'acte bénévole s'exerce sur la prestation elle-même (transports, fourniture d'aliments, etc.) et peut contribuer à en réduire le coût d'accès.
- Vient ensuite le « bénévolat administratif », forme traditionnelle de l'engagement des dirigeants pour piloter la gestion de l'association.
- Enfin, il faut identifier le « bénévolat de production », par lequel des personnes non rémunérées accomplissent régulièrement des tâches productives nécessaires au bon fonctionnement des activités (prise en charge d'activités récurrentes ou occasionnelles).

Quels documents produire et conserver ?

Dans tous les cas

▶ **Le registre spécial** (voir p. 67) de l'association doit être conservé pendant toute la vie de l'association.

▶ **Le livre de paie.** Sa tenue est obligatoire si l'association utilise des salariés. Toutefois, depuis la loi du 2 juillet 1998, ce caractère n'est plus obligatoire si l'association conserve les bulletins de paie pendant 5 ans.

▶ **La détermination du chiffre d'affaires.** L'association doit être en mesure de fournir les éléments comptables des recettes qui concourent au chiffre d'affaires. En l'absence de ces informations, l'association doit pouvoir fournir un livre spécial des opérations passibles de la TVA, distinguant les opérations taxables et non taxables.

▶ **Les quittances de loyer** doivent être conservées pendant 5 ans, **les souches de chéquiers** bancaires et postaux pendant 3 ans, **les souches de billetterie** et les factures de l'imprimeur pendant 6 ans.

Zoom

La garantie décennale

Si l'association a effectué de gros travaux (construction de local, équipement sportif…), elle devra garder les factures de travaux pendant 10 ans afin de pouvoir revendiquer la garantie auprès de l'architecte ou du maître d'œuvre.

Pour les associations qui réalisent des opérations commerciales

L'administration fiscale peut vérifier la comptabilité de l'association dans les mêmes conditions que s'il s'agissait d'une entreprise commerciale. Le droit commercial impose l'obligation de conservation pendant 10 ans les livres de commerce (livre-journal, livre des inventaires, ainsi que toutes pièces justificatives).

Pour les associations qui se conforment au PCG

Pendant 6 ans, les services fiscaux ont un droit de communication (art. 2002 CGI) des pièces suivantes :

- **Le livre-journal.** C'est un document sur lequel toutes les opérations sont enregistrées chronologiquement, une à une et jour après jour. Doivent figurer :
  - la date ;
  - l'origine ;
  - le contenu ;
  - l'imputation de chaque mouvement ;
  - la référence de la pièce justificative.
- **Le grand-livre.** C'est le document qui reprend les écritures passées au livre-journal en les organisant d'après le plan de comptes de l'association.

  Le livre-journal et le grand-livre peuvent être détaillés en autant de journaux et de livres auxiliaires que le demandent le volume et l'organisation de l'association. Il est à noter que les logiciels de comptabilité effectuent automatiquement les reports entre ces deux livres.
- **Le livre d'inventaire.** Les comptes annuels (bilan, compte de résultat, annexes) doivent obligatoirement être retranscrits sur ce livre d'inventaire, de même que le registre des immobilisations.

La bonne gouvernance

La transparence

La réalité comptable et financière de l'association intéresse toutes les parties prenantes à son développement : dirigeants, adhérents et tiers (apporteurs de subventions ou de dons, organismes de tutelle).

La mission de la fonction financière est multiple. Elle doit avant toutes choses **informer** les dirigeants (président, bureau et/ou conseil d'administration) et la collectivité des adhérents (assemblée générale) de la situation financière de l'association et de ses marges de manœuvre par rapport aux grands équilibres. Cette mission d'information comporte un devoir d'alerte lorsque ces grands équilibres sont menacés durablement.

L'information à propos de la réalité financière de l'association doit également permettre aux adhérents de **participer** aux choix fondamentaux qui définiront le projet associatif. Dans le cadre de l'assemblée générale, ces choix sont documentés dans le rapport financier et lors de la présentation du budget.

Comment établir et présenter le rapport financier en assemblée générale ?

Le rapport financier est le **document de synthèse** établi par le trésorier pour documenter la gestion comptable et financière de l'association au cours de la précédente année. Ce document est en général soumis aux adhérents dans le cadre de l'assemblée générale ; il donne lieu à un vote en même temps que le quitus de gestion donné au trésorier et aux dirigeants.

Le rapport financier doit être synthétique et global

Il ne s'agit pas de raconter par le menu détail l'ensemble des opérations comptables qui se sont déroulées au cours de l'exercice ; ce luxe de détail n'aurait aucun intérêt et serait même contraire à l'objectif de transparence visé par le rapport financier.

Le trésorier doit rechercher la synthèse et faire ressortir les grandes tendances de l'évolution financière de l'association (structure des recettes et des dépenses, nombre d'adhérents ou d'utilisateurs des services, fonds collectés dans le cadre des activités).

Les faits marquants doivent être signalés et analysés. Si une collectivité locale ne renouvelle pas sa subvention, il faut le signaler et apporter les éléments de contexte qui permettent de comprendre cet événement et son impact sur la situation financière de l'association. Il en va de même pour tous les contrats conclus au cours de l'exercice qui influencent durablement la situation financière (locations, contrats de travail, engagement d'un prestataire de services sur le moyen terme, etc.).

Le rapport financier doit être clair et pédagogique

Il faut avoir en tête que les chiffres représentent une réalité obscure, voire ennuyeuse, pour de nombreux adhérents. Une belle image valant un long discours, il n'est pas inutile de prévoir **une traduction graphique des principaux clignotants de l'activité de l'association**. L'exemple ci-dessous montre comment l'emploi des fonds collectés est présenté en cinq chapitres correspondant aux missions de base de l'association.

Budget de l'association Emmaüs pour 100 euros de ressources

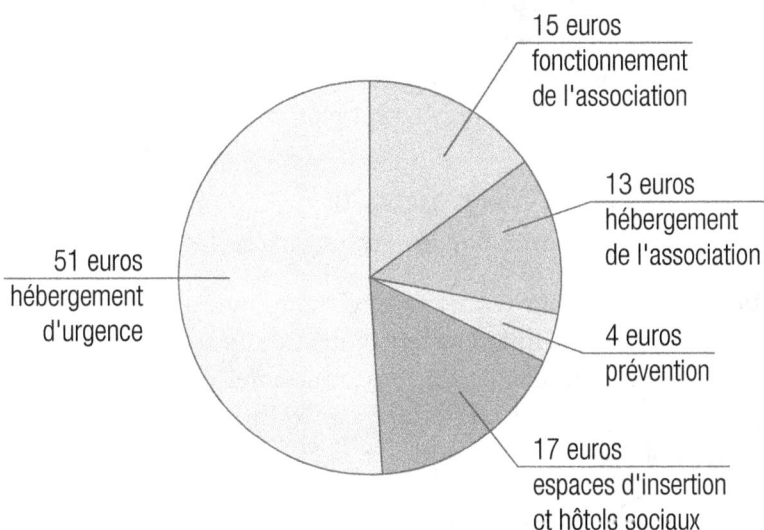

15 euros
fonctionnement
de l'association

13 euros
hébergement
de l'association

51 euros
hébergement
d'urgence

4 euros
prévention

17 euros
espaces d'insertion
et hôtels sociaux

Le rapport financier doit donner une image fidèle de la réalité financière de l'association

Le rapport doit être exhaustif et présenter aussi bien les points forts que les points faibles de la gestion. Lorsque des chiffres précis sont cités (nombre d'adhérents, recettes des manifestations exceptionnelles), des éléments de comparaison (les précédentes années, des moyennes nationales) doivent être donnés pour permettre aux adhérents de porter un jugement éclairé.

Les principes de saine gestion

Nous développons ici à titre de pistes de réflexion quelques axes de la bonne « gouvernance » des associations.

Gérer l'association en bon père de famille

Nous avons vu qu'il s'agit là d'une obligation juridique incombant aux dirigeants (voir pp. 40 et 152). Elle consiste à conduire une gestion prudente et respectueuse des intérêts de l'association. Pour ce faire, **les dirigeants devront mettre en place les outils comptables adaptés à l'activité de l'association et à son ampleur.** Ils s'abstiendront de toute prise de risque financier qui pourrait paraître inconsidéré (par exemple, engager des dépenses d'investissement disproportionnées avec l'activité, sans prévoir le financement préalable).

Agir conformément à l'objet associatif
et aux pouvoirs conférés par les statuts ou le règlement intérieur

L'association se constitue et réunit ses sociétaires autour d'un projet associatif bien précis. Celui-ci est défini dans les statuts aussi précisément que possible et détermine ainsi le champ d'action de l'association et de ses dirigeants. Tous les actes pris par les dirigeants doivent donc concourir sans aucune ambiguïté à la réalisation de l'objet associatif (voir pp. 18 et 50). Cela vaut pour toutes les décisions susceptibles d'être prises, et plus particulièrement pour les dépenses engagées. **On sera particulièrement attentif notamment à la nature des frais qui font l'objet d'un remboursement.**

Statuts et règlement intérieur déterminent souvent les prérogatives des dirigeants et définissent leur marge de manœuvre (voir p. 50). Ils peuvent par exemple spécifier qu'une dépense d'un certain montant doit être ordonnée par le président et le conseil d'administration, ou exiger la présence de deux signatures pour les ordres de paiement dépassant un certain montant. Les statuts peuvent interdire le recours aux emprunts bancaires. **À leur prise de fonction, les dirigeants devront procéder à l'inventaire des clauses limitant leurs pouvoirs.**

Privilégier la collégialité

La collégialité permet de travailler à plusieurs, dans le respect de la personnalité de chacun (voir pp. 135 et 150).

Chaque fois qu'une décision à prendre revêt une importance particulière, on privilégiera la collégialité, tant au niveau des instances dirigeantes que de l'assemblée générale, même si les statuts sont muets à cet égard.

Les décisions « délicates » peuvent être inventoriées de manière non exhaustive :

- décisions revêtant un **caractère exceptionnel** et n'entrant pas dans le champ de la gestion courante (conclusion d'un contrat à long terme avec un tiers pour une prestation auparavant assurée par les bénévoles, investissement...) ;
- décisions dont les **conséquences financières** impactent sensiblement les recettes ou les dépenses de l'association (renonciation à déposer une demande de subvention, conclusion d'un contrat de travail) ;
- décisions pour lesquelles **le lien avec l'objet de l'association n'est pas évident.**

Dans ces cas, les dirigeants convoqueront le bureau, voire une assemblée générale extraordinaire (ou ils renverront la décision à la prochaine assemblée s'il n'y a pas d'urgence). En tout état de cause, les décisions suivantes ne pourront être prises que par l'assemblée générale :

- la vente d'un immeuble ;
- la décision d'agir en justice ;
- la nomination et la révocation des dirigeants ;
- toute modification statutaire ;
- la dissolution de l'association.

Obtenir le quitus de gestion en assemblée générale

Les statuts prévoient en général que chaque année, l'équipe dirigeante doit présenter les comptes à l'assemblée générale des sociétaires et obtenir le quitus de sa gestion, même s'il n'y a pour la majorité des associations aucune obligation légale à ce sujet. Consigné dans le procès-verbal de l'assemblée, ce quitus comporte une valeur juridique incertaine mais **il constitue néanmoins une validation globale des décisions de gestion prises par l'équipe dirigeante.**

Être attentif aux délégations de pouvoir

Pour être efficaces, les dirigeants doivent déléguer leurs pouvoirs, notamment au bénéfice des bénévoles, voire des salariés de l'association. **Ces délégations doivent remplir certaines conditions** (voir p. 151) pour éviter que les fautes commises par le bénéficiaire de la délégation n'engagent la responsabilité du dirigeant.

▊ S'informer et se faire conseiller à propos des réglementations particulières applicables à l'association ou à ses activités

En cas de manquement à une obligation légale à la charge de l'association, celle-ci est tenue pour responsable et non ses dirigeants ès qualités. Cependant, les tribunaux ont pu considérer que des fautes extrêmement graves commises par les dirigeants pouvaient engager la responsabilité des personnes qui les avaient commises.

Les activités des associations sont multiples et la réglementation est souvent complexe, voire confuse. Chaque fois qu'il a un doute, **le dirigeant doit s'informer auprès de personnes qualifiées** (services techniques, conseil juridique, pouvoirs publics) **et se ménager la preuve qu'il a bien entrepris les efforts nécessaires pour s'assurer du respect de la réglementation.**

▊ Éviter toute confusion des intérêts

Pour éviter toute mise en jeu de la responsabilité financière des dirigeants, il y a lieu d'éviter toute confusion entre le patrimoine des dirigeants et celui de l'association. En tout état de cause, les opérations suivantes sont illégales et seraient susceptibles d'engager la responsabilité du dirigeant :

- contracter un emprunt auprès de l'association, sous quelque forme que ce soit (emprunt à terme, découvert, avances, etc.) ;
- se faire cautionner ou garantir un engagement pris par le dirigeant auprès d'un tiers.

Si l'association a une activité économique, les conventions passées entre l'association et une société anonyme dans laquelle le dirigeant associatif a un statut d'administrateur ou de directeur général sont réglementées et doivent faire l'objet d'un rapport spécial.

D'une manière générale, **nous déconseillons aux dirigeants associatifs de se porter caution des dettes de l'association envers un établissement bancaire ou un autre tiers.**

▊ Souscrire une assurance adaptée

On a vu à quel point l'assurance constitue un réflexe fondamental (voir p. 168). **L'assurance de RC doit être systématiquement souscrite par les dirigeants auprès d'une compagnie notoirement solvable.** Il faut regretter que de trop nombreux dirigeants d'association négligent encore cette précaution élémentaire.

Stratégies de gestion par l'exemple

Pour terminer ces longs développements relatifs à la gestion financière de l'association, nous proposons comme cas pratique l'exemple d'une entreprise de spectacles dont le fonctionnement est détaillé sur trois exercices comptables. En annexe sur document téléchargeable, nous donnons les documents financiers et les rapports correspondant à chaque saison. Ce cas pratique est l'occasion d'examiner en détail le fonctionnement d'une structure associative gérant un théâtre privé, d'examiner son modèle économique et différentes stratégies de gestion.

Il apparaît clairement dans notre exemple que le modèle économique de l'association et sa stratégie évoluent selon le contexte. La gestion financière est affaire d'anticipation et de réactivité. Les dirigeants se dotent de différents clignotants de gestion pour mesurer les réalisations de l'association (la fréquentation moyenne, la dépense moyenne par spectateur, etc.) ; ils cherchent ensuite par leur stratégie à agir sur ces indicateurs fondamentaux dans le respect des grands équilibres.

En période de dynamisme, avec des bénévoles porteurs de projets, la gestion est dite « volontariste ». Lorsque les grands équilibres sont mis en péril, la gestion est dite « sous contrainte » ; elle vise dans ce cas essentiellement à préserver la pérennité de la structure.

Exemple

Une association organisatrice de spectacles

La POL est une association fondée depuis plus de 10 ans par des professeurs d'une école privée. Son objet est d'éveiller tous publics aux arts et à la culture. Les moyens consistent à organiser dans l'école des spectacles vivants, des conférences culturelles et des expositions d'œuvres d'art.

À compter de sa création, l'association a fonctionné pendant une dizaine d'années, portée par ses fondateurs. Elle diffusait essentiellement des spectacles et des conférences au sein d'un public essentiellement composé des familles fréquentant l'école. Elle utilisait les infrastructures du groupe scolaire, notamment un théâtre de 350 places, bénéficiant d'une excellente acoustique.

Après des années de bons et loyaux services, l'équipe des bénévoles s'est progressivement démobilisée et l'association a été mise en sommeil à compter de 1995. À cette date, après solde des activités antérieures, la trésorerie était confortable et les réserves de l'ordre de 4 500 €.

En 2004, l'association est réactivée par un groupe de 7 personnes, composé de parents d'élè-ves et de professeurs, certains d'entre eux ayant des attaches avec le monde du spectacle. L'objet statutaire est modifié et une convention de location de la salle de spectacle est conclue entre l'école et l'association.

L'association se fixe un objectif à 3 ans, consistant à relancer la notoriété de la salle de spec-tacles dans un bassin géographique élargi, en s'appuyant sur le public naturel gravitant autour de l'école (familles, professeurs, amis). La zone d'influence visée s'étend bien au-delà de la commune ; il s'agit de mobiliser à l'échelle cantonale. Les refondateurs décident de met-tre en valeur les qualités techniques et acoustiques de la salle en la consacrant exclusivement au spectacle vivant. L'équilibre économique du projet doit être préservé autant que possible, si nécessaire avec des recettes annexes (location de la salle à des associations organisatrices de galas et de manifestations artistiques).

Pour la saison 2005-2006, les dirigeants, en accord avec l'assemblée géné-rale, décident d'adopter une gestion prudente, notamment l'adossement des charges fixes sur les revenus récurrents.

La saison 2005-2006 est programmée avec 12 spectacles vivants dans le domaine de la danse, du théâtre, de l'art lyrique et des marionnettes. Une équipe d'une quinzaine de bénévo-les est mobilisée pour assurer la programmation des spectacles et les aspects administratifs (contrats), la promotion (mailing, affichage), la billetterie et l'accueil du public, l'organisation et le bon déroulement du spectacle (accueil des artistes, accompagnement dans la mise en place des éclairages et du son), la tenue d'une buvette, l'entretien de la salle.

Pour la saison suivante, les dirigeants, en accord avec l'assemblée générale, décident d'adopter une gestion volontariste, notamment en adoptant les principes suivants :

- affectation des réserves à des projets (détermination des marges de manœuvre) ;
- recherche de partenariats extérieurs (financiers et opérationnels).

Une programmation de 10 spectacles est mise en place pour la saison 2006-2007. Grâce au réseau des dirigeants, des artistes professionnels de renom sont contactés ; des engagements sont signés à hauteur de 12 000 € pour un coût total prévisionnel de 15 000 € environ.

Tous les arts du spectacle vivant sont représentés ; plusieurs artistes invités disposent d'une renommée nationale ou internationale (chanson française, danse traditionnelle indienne, opéra).

L'activité de restauration est mise en place par une équipe de 6 bénévoles. Un accord est passé avec le propriétaire pour utiliser les installations (réfectoire et cuisines). Cette équipe produira en cuisine et servira un repas unique chaud, avant et après le spectacle, vendu à un prix abordable.

La saison est un franc succès sur le plan artistique et social mais elle se solde par un déficit comptable important. Toutes les réserves sont consommées et la trésorerie est tendue. Il faut redresser les comptes à tout prix.

Les dirigeants adoptent une gestion sous contrainte pour l'exercice suivant, notamment en adoptant les principes suivants :

- réduction des charges fixes ;
- redimensionnement des projets ;
- recherche de nouvelles sources de recettes et diminution des risques ;
- étalement des règlements.

Huit manifestations se sont déroulées durant la saison 2007-2008, 5 spectacles sous l'égide de l'association et 3 par un nouveau partenaire de l'association.

L'équipe de bénévoles a connu des défections pendant les vacances et il a été décidé de réduire le nombre de manifestations en assurant pour chaque événement un travail promotionnel de qualité agrémenté de prestations dérivées (restauration).

Une seule soirée a enregistré moins de 50 spectateurs.

Les partenariats se sont finalement concrétisés, bien qu'il ait fallu du temps pour régler les aspects financiers : trois spectacles ont été organisés en collaboration avec un centre culturel voisin. L'association s'est contentée de mettre à disposition salle et services techniques, le centre prenant en charge la promotion du spectacle et ses risques financiers. À propos de la coproduction de cette manifestation, l'association a perçu une première subvention de 1 000 € du conseil général.

Bilan des trois exercices

Vingt-sept spectacles ont été proposés au cours des trois saisons, réunissant en moyenne 120 spectateurs. Au total, avec l'activité de location, plus de 11 000 visiteurs de la salle ont été enregistrés.

L'association et ses bénévoles ont connu de nombreux temps forts, autour de la communication artistique et du partage avec les artistes. Un véritable concept, fait de spectacles et de convivialité, a pu être expérimenté. On note avec satisfaction que les artistes ayant joué dans la salle y restent liés sentimentalement et la fréquentent à titre de spectateurs.

Un véritable public a été fidélisé, il s'agit d'un noyau d'une centaine de personnes, pour moitié issues du public fréquentant l'école, pour le reste, issues de la proximité géographique.

Sur le plan interne, l'ampleur de la fréquentation a été quelquefois ressentie comme une gêne au bon fonctionnement de l'école propriétaire des lieux ; les rapports entre le bailleur et son remuant (et quelquefois bruyant !) locataire restent à organiser.

Sur le plan financier, la situation de l'association est redevenue saine, mais les fonds propres restent à un niveau minimal.

Compte de résultat POL

Charges	2005-2006	2006-2007	2007-2008
Achat de marchandises	727,25	1 186,07	1 314,05
Fournitures équipement et petit matériel	921,27	130,95	335,01
Fournitures administratives	761,16	325,42	252,74
Sous-traitance spectacles	4 415,45	16 763,36	6 017,83
Locations	1 093,66	5 759,01	1 290,00
Entretien et réparations	205,81	192,85	0,00
Assurances	707,78	770,26	610,40
Frais de publicité	366,71	1 957,48	732,89
Voyages et déplacements	25,49	139,31	158,26
Poste et télécoms	343,79	1 013,72	534,56
Sacem/Sacd	365,88	2 818,51	450,69
Rémunérations de personnel et charges		1 155,78	
Créances irrecouvrables			126,91
Charges exceptionnelles	43,11	192,75	350,80
Total charges	9 977,36	32 405,47	12 174,15
Résultat de l'exercice	1 837,43	- 8 518,64	4 344,10
TOTAL	**11 814,79**	**23 886,83**	**16 518,25**
Contributions volontaires			
Personnel bénévole	14 500,00	19 200,00	9 500,00

Produits	2005-2006	2006-2007	2007-2008
Vente de billets	6 873,21	12 076,39	5 615,16
Locations brutes	4 040,82	7 434,21	7 501,54
Produits buffets	827,23	1 485,25	1 940,28
Cotisations membres	165,70	681,15	267,52
Subventions		500,00	1 000,00
Dons		861,17	193,75
Produits financiers	73,53		
Produits exceptionnels		848,66	
Total produits	11 814,79	23 886,83	16 518,25
TOTAL	**11 814,79**	**23 886,83**	**16 518,25**
Contributions volontaires			
Bénévolat	14 500,00	19 200,00	9 500,00

Bilan POL

ACTIF	2005-2006	2006-2007	2007-2008
Stock	145,59		
Clients et comptes rattachés	653,08	2 704,31	800,00
Produits à recevoir	45,73		305,20
Charges constatées d'avance			592,93
Chèques à encaisser			
Comptes à terme	4 647,01		
Banque	2 863,77	1 285,45	5 073,18
Caisse	119,8	466,96	49,80
TOTAL	**8 474,98**	**4 456,72**	**6 821,11**

PASSIF	2005-2006	2006-2007	2007-2008
Fonds associatif	3 632,51	5 635,65	-2 883,01
Résultat de l'exercice	2 003,14	-8 518,64	4 343,70
Clients créditeurs			73,17
Fournisseurs et comptes rattachés	2 631,17	7 199,00	5 287,25
Dettes fiscales	208,16	140,71	
TOTAL	**8 474,98**	**4 456,72**	**6 821,11**

Quatrième partie

Le bénévolat associatif
et ses alternatives

En France, 10 millions de personnes sont bénévoles dans les associations, c'est-à-dire une personne sur quatre âgée de plus de 15 ans. Plus de 3 millions de personnes consacrent environ 4 à 5 heures par semaine à leur vie associative (source : étude « Vie associative », INSEE, octobre 2002). Cette réalité de l'engagement des bénévoles crée la véritable richesse des associations. Signe encourageant, le nombre de bénévoles ne cesse de croître petit à petit au fil des ans. Il faut **comprendre le sens de cet engagement** pour que le lien avec les activités associatives puisse perdurer ; c'est ce que nous développons en premier lieu (chapitre 12).

Mais ces signes positifs ne doivent pas masquer **de profondes mutations dans le mode d'engagement des bénévoles**, qui se vérifient dans la réalité quotidienne des associations : les bénévoles acceptent plus difficilement d'assumer des tâches sur le long terme, le recrutement des dirigeants pose souvent problème, les individus acceptent de s'investir sur une durée limitée.

Dans le même temps, d'autres évolutions sont à l'œuvre. À l'amateurisme traditionnellement militant succède une **certaine professionnalisation du milieu associatif** (voir p. 132 à propos du métier du dirigeant associatif). Les besoins se précisent : des comptables, des gestionnaires, des spécialistes de la communication, des technologies informatiques et aussi des volontaires motivés pour un grand nombre de tâches concrètes, à plus faible valeur ajoutée – faire du porte-à-porte, assurer une permanence, tenir une buvette... L'association a besoin d'un bénévolat de compétences et aussi de missions parfois modestes et circonscrites.

Le domaine d'excellence du dirigeant associatif réside certainement dans le recrutement et la gestion des ressources bénévoles. Cette quatrième partie aborde de manière pragmatique les **étapes de la dynamique dans l'animation d'une équipe**.

Nous examinons dans le chapitre 13 les principes qui régissent les activités des bénévoles, puis nous donnons des pistes pour envisager, au-delà de la ressource bénévole, **les différents moyens d'organiser et de bénéficier de collaborations ponctuelles ou récurrentes** (chapitre 14).

Enfin, quand l'association peut franchir le pas et salarier ses intervenants, nous abordons les opportunités qu'elle peut saisir (chapitre 15).

12

LES BASES D'UNE GESTION
DES BÉNÉVOLES

Qui sont ces bénévoles ?

Les bénévoles contribuent volontairement aux activités de l'association. À travers leurs motivations, ils manifestent une contribution personnelle qui échappe à la classification mais interpelle l'association. Le dirigeant associatif doit appréhender cette question pour rencontrer l'individu qui se lie au projet associatif. Il doit s'intéresser à la nature de la motivation du bénévole.

Des motivations disparates

Les bénévoles suivent des logiques très différentes. Dans l'étude de l'INSEE de 2002, ils répondent aux questions de la manière suivante :

Motivation	%
Pratiquer ou enseigner un sport, pratiquer une activité culturelle	26,4
Défendre une cause	32,8
Faire respecter ses droits et ceux des autres	23,2
Rencontrer des personnes, se faire des amis	58,5
Acquérir ou exercer une compétence	8,2
Être utile à la société, faire quelque chose pour les autres	66,1
S'épanouir, occuper son temps libre	48,5
Avoir accès à des services, bénéficier d'activités	13,1
Aider, défendre les intérêts de son entourage	16,1
Autres	6,2

Bien sûr, les motivations sont composites et multiples et suggérées, et l'enquête souligne la perception subjective des questions. **Les raisons qui poussent au bénévolat ne sont jamais simples à appréhender.** De plus, les motivations des bénévoles diffèrent fortement selon le secteur d'activité de l'association (culturel, sportif, solidarités). Aussi est-il nécessaire de prolonger l'examen par quelques caractéristiques de la motivation associative.

La volonté d'agir

Le sentiment d'urgence

L'association est le moyen le plus rapide de mettre en œuvre une action sociale, culturelle, pratique, évidente. Accompagner des handicapés, ouvrir un local de musique pour les jeunes du quartier ne souffrent pas de longs discours. Le bénévole qui se sent concerné par un sujet particulier a envie d'apporter une solution appropriée rapidement.

Les bénévoles se mobilisent dans l'association pour agir, pas seulement pour échanger ou discuter. Chacun a son mot à dire, mais les réunions qui se terminent à une heure avancée sont le meilleur moyen de décourager à terme les bonnes volontés. L'association est le lieu privilégié du « faire ».

Certains bénévoles sont déçus par la trop lente progression de l'action ; ils ne parviennent pas à adopter le rythme de travail de l'association. **Le bénévole doit accepter de soumettre ses attentes au modèle de l'association et aux horizons dans lesquels elle situe son action.**

La proximité comme facteur d'efficacité

Face aux institutions établies, aux corps constitués, l'association de quartier ou l'association connue par proximité géographique ou relationnelle apparaît comme la solution indiquée pour mettre en œuvre des actions de terrain dans un domaine particulier, de manière ciblée, sans déperdition d'énergie.

Pour le bénévole, l'association est souvent le moyen de prendre les choses en main chez lui, dans sa résidence, son quartier, sa ville. **Cet ancrage dans la proximité donne à l'action associative une sérieuse légitimité et permet de mobiliser de grandes énergies.**

La liberté d'entreprendre

L'absence de lien de subordination est caractéristique de la situation du bénévole. En agissant librement dans le sens qu'il décide, le bénévole acquiert une liberté d'action dont il est également responsable, à charge pour lui de respecter les statuts et le règlement de l'association.

La souveraineté de l'assemblée générale donne à la collectivité des bénévoles la liberté d'entreprendre et de conduire tous les projets qui entrent dans l'objet associatif.

Le geste du bénévole : donner

L'altruisme est la valeur dominante dans le monde associatif. Quels sont les facteurs d'équilibre pour le bénévole et l'association ?

En exerçant une activité de manière bénévole, le sympathisant ou l'adhérent à l'association fait le don d'une partie de soi-même – son temps, son énergie, ses compétences, son affectivité. L'une des raisons pour lesquelles les gens font du bénévolat est qu'ils veulent donner. Le don est une activité éminemment positive qui procure un profond sentiment de satisfaction et de paix intérieure (si vous ne connaissez pas, c'est vraiment quelque chose à essayer…).

En contrepartie du don d'eux-mêmes, les bénévoles reçoivent. L'association permet de reconnaître et de valoriser l'apport des gens qui, par de petits et grands gestes, rendent la vie meilleure et plus riche en offrant leur temps et en s'investissant personnellement. En valorisant sa contribution, l'association permet au bénévole de se réaliser sur le plan personnel. Par l'expérience sociale et professionnelle qu'il procure, le cadre associatif donne une leçon de vie. **Le bénévolat est facteur de socialisation : auprès des autres, il permet d'apprendre à apprécier et à concilier les différences.**

Le besoin d'épanouissement

En proposant au bénévole de contribuer individuellement au projet collectif, l'association fournit l'occasion d'assumer des tâches et d'explorer des rôles nouveaux. **C'est un apprentissage actif au sein d'un milieu familier.**

Le bénévolat permet de gagner confiance en soi-même. Le bénévolat développe l'aptitude à se montrer réactif, stimule les capacités d'adaptation. Le bénévolat révèle les talents cachés. Il permet de mettre en situation, d'assumer des responsabilités ou de relever des défis. Le bénévolat responsabilise. Bien des emplois bénévoles exigent d'agir de manière autonome et de faire preuve d'initiative. Cette expérience procure le sentiment de maîtriser sa propre existence.

Le bénévolat permet l'acquisition de compétences et de connaissances qui aideront dans les autres parcours, sur le plan du développement personnel et des compétences professionnelles. Très naturellement, le bénévole sort de sa sphère pour trouver une activité conviviale et construire une communauté d'intérêt. La diminution progressive du temps de travail obligatoire libère la faculté de construire une activité choisie, mais les mobiles sont souvent empreints d'intérêt personnel, que l'association a intérêt à prendre en compte

La nécessaire convivialité

L'association est un lieu dépourvu de tout *a priori* social. **La mixité relationnelle en est la vertu cardinale** qui permet toutes les rencontres, sur des modes souvent inattendus, par le brassage permanent entre bénévoles actifs, passionnés, motivés ou simples passants, clients/utilisateurs. Loin du monde du travail parfois compassé, l'association est le forum offert au bénévole.

Au tir à l'arc, des adolescents côtoient des cadres quinquas, des ouvriers en retraite sympathisent avec des étudiants et de jeunes chômeurs. Le brassage et le mode convivial sont de rigueur pour entretenir la flamme associative.

Le besoin de diversité

L'engagement des bénévoles dans l'association répond au désir de compléter la vie professionnelle et familiale. Selon les cas, le bénévole voudra exercer une activité dans l'association, complémentaire ou supplémentaire par rapport à ses activités professionnelles et privées.

Par goût ou jeu, le comptable choisira parfois d'exercer des fonctions de trésorier ; une personne exclue du monde du travail viendra tester sa capacité contributive, sa faculté à s'insérer dans un projet construit à l'instar du monde professionnel ; l'hyperactif pourra être sollicité, justement parce qu'il recherche une activité toujours nouvelle. **Le champ d'implication dans l'association est quasiment infini.** Chacun peut trouver sa place personnelle, pour peu qu'elle soit désignée et qu'on y accompagne le bénévole.

Le respect de l'intérêt personnel

En rencontrant les personnes dans un cadre établi, on est confronté à ses propres limites. Le bénévolat apprend la tolérance et le respect d'autrui : en prenant le temps d'un véritable échange avec le bénévole, **les dirigeants doivent leur permettre d'exprimer leur intérêt particulier et personnel.** C'est la condition nécessaire pour cerner sa motivation dès le début de son engagement.

L'adhésion, l'affiliation sont des termes très forts montrant l'assimilation culturelle à un groupe dont il est nécessaire d'adopter les traditions. En contrepartie, le respect de chacun s'impose aux dirigeants.

Les nouveaux bénévoles

C'est là que se situe une profonde différence entre les nouveaux bénévoles et le modèle militant traditionnel. Autrefois, l'association se structurait autour d'une identité partagée. L'adhésion à une association prenait sa source dans un contexte essentiellement social. Tandis que ce qui fonde une association, ce qui doit être l'objet du ralliement des adhérents est une finalité partagée, **ce qui motive aujourd'hui les nouveaux bénévoles réside davantage dans l'action**

qu'ils conduiront eux-mêmes. L'engagement est désormais une affaire beaucoup plus individuelle. Selon sa personnalité et les principes auxquels on se réfère, il est possible de participer bénévolement à des activités, mais l'association n'est plus que le cadre, le support auquel on collabore. Il ne s'agit évidemment pas de refuser l'identité du groupe, mais **l'expression quotidienne de sa neutralité idéologique sera considérée comme un gage d'efficacité et de pertinence.**

La mode est aujourd'hui à la réalisation d'objectifs plus personnels. Auparavant, il s'agissait de donner un coup de main à une équipe ; donc l'essentiel était l'objet fondateur, pas la tâche accomplie par chacun des membres. Aujourd'hui, les intervenants bénévoles souhaitent que leur action personnelle corresponde à leurs objectifs personnels et à leur projet. Pas question de se motiver si simplement pour des mises sous plis ou des travaux administratifs au sein d'une association caritative ou solidaire. Pour ce genre de tâches, **il faudra convenir des modalités de participation de ces nouveaux bénévoles en fonction de la réalisation de leurs objectifs.**

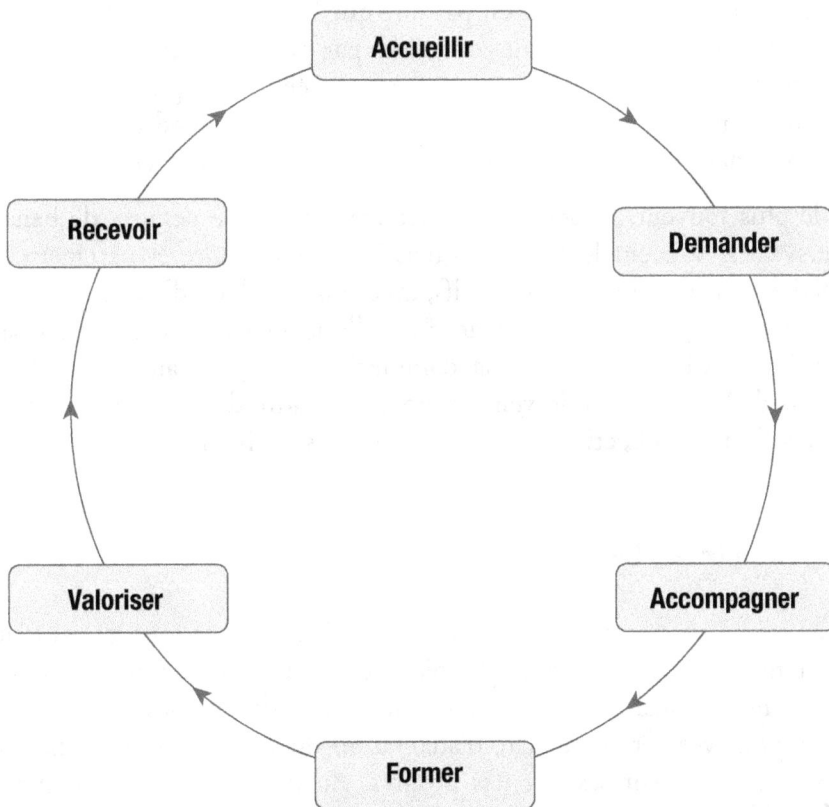

Amorcer la dynamique du bénévolat

La création de l'association est souvent le moment idéal pour transformer l'enthousiasme de l'équipe fondatrice et de ses sympathisants en activité bénévole et dynamique. Encore faut-il que la base associative soit suffisamment large et homogène, comme souvent dans une association du type « ici et maintenant ». Passée la phase de démarrage, rares sont les situations où l'association voit tous ses besoins de ressources humaines couverts par l'élan spontané du bénévolat. Dans le meilleur des cas, le lancement d'un nouveau projet trouvera un écho chez les adhérents s'il s'est construit avec eux et/ou s'il correspond à une véritable attente.

Dans ces deux cas de figures privilégiés, il est fréquent que des personnes viennent se proposer spontanément pour effectuer telle ou telle tâche. Mais toute structure ou projet naissant demande souvent un grand nombre de petites ou grandes tâches qui ne trouvent pas toutes spontanément un bénévole pour la prendre en charge. En plus, il n'est pas rare que les actions valorisantes (la communication, par exemple) soient convoitées par plusieurs personnes à la fois et que les tâches ingrates mais nécessaires soient délaissées (qui se propose pour faire régulièrement le ménage ?). Dans tous les cas, **il conviendra donc d'organiser le travail des bénévoles en écoutant leurs propositions et leurs motivations.**

Mais, le plus souvent, l'association se trouve face à une pénurie de bénévoles réguliers. C'est souvent le lot des associations « construire et partager » où la perspective de réalisations des objectifs, avec son corollaire d'étapes et de synergies complémentaires, s'accompagne d'un allongement du temps nécessaire à leur réalisation. Le long terme, la complexité font peur aux bénévoles. **Les dirigeants de l'association doivent proposer un cadre d'action qui donne de la lisibilité à l'action collective et aux contributions individuelles.**

Accueillir les bénévoles

L'accueil initial en association est souvent défaillant. Rares sont les associations qui mettent en place un parcours d'intégration pour les nouveaux adhérents. Le plus souvent, il consiste en une présentation très directe des traditions de la structure pour vérifier la capacité d'adaptation du nouveau venu, sans s'interroger sérieusement sur ses attentes propres. Au lieu d'être conçu comme un dialogue, dans une logique consensuelle entre une structure préexistante et le postulant, l'accueil en association est le plus souvent organisé pour assurer l'affiliation dans la continuité de la culture de l'association. On se contente de présenter l'histoire de l'association, sa logique d'ensemble, son mode d'organisation, bref, l'identité générale de la personne morale. Or les nouveaux bénévoles sont souvent rebutés par ces aspects formels et collectifs, et n'ont fréquemment d'appétit immédiat que pour ce qu'ils vont faire eux-mêmes.

Le postulat traditionnel des associations repose sur la communauté d'intérêt autour d'une finalité. Ce qui importait à tous, c'était la réalisation de l'objet de l'association, chacun apportant une pierre à un ensemble collectif. D'où une certaine négligence de la part des associations à définir précisément le programme personnel d'activité de chaque bénévole.

Les nouveaux bénévoles se situent en majeure partie dans une logique de contrat où l'association leur offre un cadre pour leur action personnelle, tandis qu'ils apportent leur disponibilité et leurs compétences. **Il paraît au contraire essentiel que la place de chacun, particulièrement les nouveaux entrants, soit méticuleusement réfléchie, discutée, exposée à l'ensemble des responsables de l'association, comme aux bénévoles déjà actifs.**

C'est une condition nécessaire, non seulement à la bonne conduite des opérations, mais encore à la motivation des bénévoles, qui savent dès lors bien se situer eux-mêmes dans l'association. De cette manière, ils se sentent utiles, reconnus ; ils n'ont pas la crainte d'être « exploités », ni d'être amenés à agir dans des domaines qui ne les intéressent pas.

> ✓ *Des précautions à prendre pour les publics sensibles*
>
> *Dès que l'association recherche des bénévoles pour mener des actions dans des secteurs particuliers (handicapés, mineurs, personnes en difficultés…), elle doit mettre en place des procédures de filtrage pour se prémunir de risques pouvant survenir :*
> * *L'association doit évaluer les risques (liste des risques, degré de probabilité, l'association peut-elle assumer le risque ?) qui peuvent se présenter dans les activités ou les services qu'elle met en place.*

> - *Elle doit énoncer aux bénévoles les attentes et les responsabilités pour indiquer ce qu'il convient de faire ou d'éviter dans le cadre du poste confié (règlement intérieur, description de poste ou charte du bénévole).*
> - *Elle doit vérifier l'aptitude des bénévoles aux fonctions proposées. Par exemple, dès que l'activité implique la fréquentation prolongée d'enfants, il faut demander l'extrait du casier judiciaire bulletin n° 3 (Casier judiciaire national - 107, rue Landreau 44079 Nantes Cedex 1 - tél. : 02 51 89 89 51 - ou sur le site www.cjn.justice.gouv.fr).*
> - *L'association affichera clairement le processus de filtrage qu'elle met en place.*
> - *Suivez les bénévoles, évaluez leur action sur le terrain et soyez à l'écoute des retours qu'ils vous donnent.*

Demander aux adhérents

La réalité l'atteste : les associations manquent de bénévoles pour mener à bien tous les projets, assurer le quotidien et assumer les responsabilités dirigeantes tout à la fois. Il ne suffit pas d'attendre que les bénévoles viennent se proposer à l'association, il faut aussi les solliciter. Mais cette démarche n'est ni aisée, ni anodine pour les responsables de l'association. **Pour obtenir la prise en charge d'une tâche ou d'une fonction, il faut se débarrasser de toute pudeur et être prêt à demander sans cesse, à solliciter les autres, au risque de lasser.**

Le dirigeant doit également se montrer convaincant. Il doit être en mesure d'affirmer que la mission proposée est indispensable à l'association et de vaincre la timidité naturelle, la gêne d'un individu face à une demande qui va l'interpeller. Le dirigeant doit aussi s'habituer à assumer les refus, motivés et explicites ou simplement implicites.

Dans cette dernière situation (le pire des cas), il arrive que le dirigeant se retrouve dans une situation d'incertitude, « ni oui, ni non », alors que le besoin est pressant et qu'il attend une solution rapide. Le respect de la personne oblige néanmoins à laisser le temps de la réflexion au bénévole pressenti. Le recrutement de bénévoles est une activité lourde, grande consommatrice de temps et d'énergie.

Exemple

La nécessité de déléguer

Le président d'une jeune association rencontre un adhérent : il apprécie sa motivation et sa disponibilité, et lui demande s'il est prêt à assumer certains aspects de la communication interne – planning, communication des ordres du jour des réunions, diffusion des comptes rendus.

Mais l'adhérent rechigne : à tout prendre, il préférerait s'occuper de communication externe. Même s'il avoue ne pas trop savoir par quel côté prendre la question, c'est le seul domaine qui suscite son intérêt.

Or, c'est justement l'expérience professionnelle du président qui lui permet d'être efficace dans cette fonction stratégique de l'association.

Seule une véritable volonté de déléguer permettra de passer outre à l'ancienne distribution des tâches dans l'association et de s'assurer la collaboration d'un nouveau bénévole.

Face au besoin d'augmenter et de renouveler les ressources bénévoles de l'association, il est nécessaire de suivre plusieurs pistes pour trouver des bénévoles. **La collectivité des adhérents et des usagers constitue le premier vivier à explorer.** Chaque personne dispose ensuite de **son propre réseau relationnel** qui pourra également être mobilisé. Quel que soit le profil psychologique ou social de l'adhérent, tôt ou tard surgira une occasion de faire de lui un bénévole.

Pour saisir ces occasions, il faut identifier « le profil bénévole » de la personne pressentie. Deux profils sont particulièrement répandus : les « timides » et les « hyperactifs » :

▶ **Les « timides ».** On voit souvent des sympathisants fréquenter un lieu de réunion ou accompagner occasionnellement un adhérent. Ces personnes recherchent souvent un moyen de se lier concrètement à l'activité quotidienne, mais ils ne trouvent pas facilement l'occasion ou le terrain pour s'engager. Par effacement, timidité, manque de confiance en soi, ils restent dans une position de réserve, attendant souvent en secret d'être sollicités.

Avec tact, les dirigeants doivent **aller à la rencontrer des « timides », explorer leurs motivations et les solliciter.** Encore convient-il de **ne pas les effrayer** par l'ampleur des missions que l'on peut leur confier.

▶ **Les « hyperactifs »**. Parmi ceux qui sont actifs dans les associations, nombreux sont ceux qui le sont dans plusieurs, tout en cumulant vie de famille et vie professionnelle. Ce profil d'hyperactif suscite toujours respect et… réserve quand il s'agit de demander une contribution supplémentaire.

Pourtant, contrairement à une idée reçue, les « hyperactifs » sont souvent en situation de se mobiliser pour une nouvelle tâche, pour peu que la nouveauté les motive vraiment. Ces personnes savent gérer leur peu de temps disponible, mais **il faut les rassurer à propos de la durée de la mission confiée.**

Le recrutement et le renouvellement des dirigeants

Demander à des adhérents de prendre des responsabilités dans l'association demande du doigté. Il faut pressentir « longtemps » à l'avance les personnes qui, par leur personnalité, leur aptitude, leur motivation, vont pouvoir intégrer l'équipe dirigeante et participer à la conduite du projet associatif.

Ce travail d'approche doit être accompagné de deux précautions :
* **s'assurer que la motivation du candidat pressenti réside bien dans la participation à l'organisation du projet associatif** et non dans des bénéfices accessoires et supposés liés aux fonctions dirigeantes ;
* **mettre en place une intégration en douceur**, en définissant le champ d'action et de responsabilité, ainsi que la durée du mandat. Les procédures de l'association (le RI entre autres) peuvent aider à la définition des tâches et rassurer sur les limites de la mission.

Le lien personnel du candidat au système de valeurs de l'association peut être un levier important pour entraîner un bénévole vers la prise de responsabilités.

Pour lever les réticences, on s'efforcera d'anticiper la fin du mandat, de prévoir un accompagnement en vue du remplacement. **La situation idéale est de demander à deux personnes d'exercer une même fonction,** l'une exerçant la fonction en titre, l'autre la suppléant, avec vocation de prendre la place de la première à terme.

Définir les tâches confiées et la durée de l'engagement

En s'engageant dans l'association, les nouveaux bénévoles répondent à des objectifs personnels précis. En regard de cela, les fonctions dirigeantes apparaissent souvent « à géométrie variable », les bénévoles comme des ressources « taillables et corvéables à merci ». Ce fossé entre les attentes et la pratique entraîne une crise des vocations constatée un peu partout. La crainte d'être progressivement « dévoré » par l'ampleur d'une tâche qu'on ne peut maîtriser explique largement cette réticence à accepter des fonctions à responsabilité.

Le processus de recrutement doit permettre de lever ces réticences en précisant les tâches confiées au bénévole et la durée de son engagement. **Cela peut se faire au travers d'une description des fonctions clés de l'association et d'une liste des tâches sur le modèle de celle donnée plus haut qui serviront de support à la « contractualisation » de l'engagement bénévole.**

Quand un projet est envisagé sur une période donnée, l'association peut ainsi limiter les risques de défection des bénévoles liés à la déception ou au découragement. De leur côté, les bénévoles entameront la même activité dans l'idée de tester leur intérêt et leur adaptation à ce programme.

Donner des perspectives

Aujourd'hui, parcours professionnel et parcours bénévole peuvent tout à fait se rejoindre, se confondre à certains moments. Par les pouvoirs publics également, l'association est vue désormais comme un lieu d'insertion professionnelle, d'expérimentation et de développement des compétences (voir p. 409 les différents dispositifs qui vont dans ce sens).

Cette notion de parcours permet d'ouvrir des perspectives aux bénévoles, notamment les jeunes et les « hyperactifs ». **L'engagement bénévole doit être l'occasion de tester d'éventuelles pistes professionnelles.** Parfois, la contribution bénévole permet de faire de sa passion quasiment « un métier ». Pour cette raison, l'intégration dans l'association doit se négocier avec le bénévole sur la base de la mission qui lui est confiée : il s'agit d'un poste avec ses objectifs propres, pour la personne et pour l'institution qui l'accueille. Il convient donc d'en **indiquer les moyens et les étapes, en précisant la nature de l'engagement bénévole.**

Entretenir la dynamique du bénévolat

Rompre l'isolement du bénévole

On a évoqué plus haut (voir p. 132) les exigences du métier de dirigeant associatif en matière de gestion des relations humaines. **L'écoute, l'empathie, la souplesse de caractère, l'attention portée aux autres sont des gages de réussite** dans un domaine où la recette du succès fait appel à un dosage subtil entre fermeté et ouverture, procédures écrites, pratiques concrètes et oralité. Il est parfois difficile à un bénévole de trouver l'équilibre entre initiative à bon escient et activisme débridé, voire entre autonomie et indépendance. Entre le désir de bien faire et l'exigence de qualité dans l'action, il y a parfois un décalage que certains bénévoles ont du mal à appréhender.

Il est évident que l'attention et le soin à porter au confort des bénévoles viennent s'ajouter aux innombrables tâches que les dirigeants de la petite ou moyenne association doivent assumer. Pourtant il s'agit d'une question de première importance : **l'écoute et l'accompagnement des bénévoles sont les principaux moyens d'être efficace sur le long terme.**

Le travail dans une association vient souvent compléter une vie familiale, une activité professionnelle et encore d'autres loisirs personnels. Dans le feu de l'action, le temps peut manquer pour rencontrer les personnes et faire le point. Pourtant, il faut prendre le temps d'écouter le bénévole, de le suivre dans ses difficultés et ses réussites, de faire un bilan annuel pour connaître sa perception du travail associatif, ses idées, ses aspirations, ses propositions.

À cet égard, **le tutorat constitue une bonne approche du problème.** Le bénévole sera d'autant plus à l'aise qu'il aura à ses côtés un « référent », avec qui il prendra l'habitude de discuter de son travail. Ce référent doit proposer un accompagnement personnalisé, à la hauteur des missions confiées au bénévole. L'apprentissage de la compétence sera réduit et le passage à l'autonomie facilité. **Le bénévole s'épanouira d'autant plus facilement dans ses activités qu'il ne sera pas livré à lui-même.** Si la relation entre l'association et les bénévoles se dégradait, il ne faudra pas hésiter à faire intervenir des personnalités extérieures, des médiateurs qui viendront porter un œil neuf sur la situation, (ré)concilier les bonnes volontés réciproques.

Quelle place pour les bénévoles occasionnels ?

Nous avons développé plus haut le cadre dans lequel il est souhaitable de travailler avec des bénévoles réguliers qui veulent s'investir dans la vie de l'association. Cependant, bon nombre de bénévoles ne souhaitent se lier que de manière occasionnelle ou limiter très rigoureusement le temps consacré à l'association.

Dans ces cas-là, il conviendra de leur assigner des missions ponctuelles, en relation avec les activités plutôt qu'avec l'administration.

Les bénévoles occasionnels seront aussi très utiles en appui aux porteurs de projets.

Même limitée par le temps, leur participation apportera un complément ponctuel appréciable, car leur contribution permettra de :

- faire plus, c'est-à-dire apporter un soutien toujours plus important au public de l'association, élargir la palette des services au-delà de ce que les contraintes financières permettent d'offrir, prendre en charge des petits travaux de secrétariat ;

- faire mieux, c'est-à-dire prendre en charge les activités consommatrices de temps des dirigeants, pour qu'ils se consacrent à l'essentiel de leur métier, amener un autre regard pour les faire bénéficier de leurs connaissances et de leurs expériences, apporter une qualité de contact aux usagers de l'association.

Animer les équipes

Le moteur de la dynamique bénévole dans l'association, c'est le projet et les valeurs partagés. Mais si vous demandez aux bénévoles pourquoi ils travaillent sans être payés, il y a fort à parier que la notion de « **plaisir à faire ensemble** » sera dominante dans la plupart des réponses.

C'est le plaisir d'exercer des activités dans un cadre convivial et festif qui fidélise les bénévoles. Les dirigeants de l'association ne doivent donc pas oublier de **multiplier les contextes festifs** qui donneront un rythme plaisant au travail des bénévoles, surtout lorsque celui-ci est modeste et obscur. Mais la nécessaire convivialité de l'association ne se décrète pas (voir p. 187) ; elle se construit jour après jour.

Former les personnes

L'épanouissement et la fidélité des bénévoles seront d'autant plus effectifs que l'association s'attachera à contribuer à leur formation. L'association a tout à gagner dans cette dynamique de développement personnel. D'une part, elle se dote de moyens accrus de productivité et de performance ; d'autre part, elle renforce son caractère citoyen, en participant à l'épanouissement de ses bénévoles.

Cette formation (des jeunes en particulier) peut s'effectuer de différentes manières.

- **À l'intérieur de l'association, la formation peut se dérouler de manière pragmatique**, sous la conduite d'un tuteur qualifié (un senior, par exemple) qui accompagne le bénévole dans son émancipation progressive. Dans la mesure du possible, cette formation s'effectuera selon un programme explicite qui définit les étapes et valide les acquis.
- **En externe, la formation conduit à suivre des formations techniques ou généralistes**. Les possibilités offertes au monde associatif sont très variées. Elles ont souvent un coût, mais bien moindre que les formations professionnelles. Certaines sont quelquefois gratuites.

On peut s'adresser aux collectivités locales (les conseils généraux ou les grandes municipalités) pour les formations « horizontales » (tous secteurs d'activité confondus), ou les unions ou fédérations pour les formations sectorielles.

Le Conseil de développement de la vie associative soutient le développement des compétences des bénévoles des associations. Au niveau national, le CDVA est géré par le Haut commissariat à la jeunesse. Les crédits sont déconcentrés en région et gérés par les Directions régionales de la jeunesse et des sports.

Le CDVA finance des formations à destination des bénévoles à hauteur de 23 € par jour et par bénévole (dans la limite de 6 jours de formation par bénévole et 50 bénévoles).

Qui contacter :

- Au niveau national : le CDVA finance des actions expérimentales et/ou actions de formations des associations d'envergure nationale uniquement (unions, collectifs, fédérations…).
- Au niveau régional : l'association doit contacter au plus tôt la Direction de la jeunesse et des sports de sa région (DRJSVA).

Les dossiers doivent être déposés très tôt en début d'année civile.

On contactera le ministère de la Jeunesse, des Sports et de la Vie associative, plus particulièrement la sous-direction de la Vie associative et de l'Éducation populaire (DJEPVA B2 – Formation des bénévoles – 95 avenue de France, 75650 Paris cedex 13).

Exemple

Un exemple de formation

Le BAFA, brevet d'aptitude aux fonctions d'animateur, est obligatoire pour travailler comme animateur en centres de loisirs ou en colonies de vacances. Ces emplois saisonniers ou à l'année sont très prisés des jeunes qui peuvent concilier ainsi job et études. Seulement, l'obtention de ce brevet coûte cher, 900 euros environ, pour les sessions de formation générale et de qualification.

L'association est le cadre idéal pour aider des jeunes bénévoles de l'association à passer le BAFA. Elle pourra ensuite les employer comme animateur.

En plus, certaines mesures d'accompagnement peuvent favoriser l'opération :

• Dans l'Essonne, par exemple, en utilisant l'intégralité de leur chéquier Carte jeune, ils touchent désormais, grâce au conseil général, une prime de 150 euros supplémentaires qui s'ajouteront aux 150 euros que leur offre la carte jeune ! Ils ne débourseront donc que 600 euros. Cette prime est attribuée à tous les jeunes, sans condition de ressources, pour favoriser leur autonomie par le travail.

• En Mayenne, sous certaines conditions, des bourses d'un montant de 200 euros sont disponibles pour les jeunes.

Des formations dans différentes régions

Organisme	Lieu	Adresse Internet
Le réseau CLARA	Auvergne	http://www.cerapcoop.org
Le CICOS	Ile-de-France	http://cicos.fr
Le CLAP	Midi-Pyrénées	http://www.clapmp.com
L'ADVA	Nord	http://www.formationsadva.fr
L'Espace associatif	Rhône	http://www.rhone.fr
Le CLAPEST	Strasbourg	http://www.clapest.org

Valoriser le travail bénévole

Les bénévoles font un travail parfois souterrain dont le caractère indispensable est souvent méconnu. Il convient de ne jamais l'oublier et de reconnaître la valeur de l'apport des bénévoles. Remercier chacun, encourager individuellement et en public tous ceux qui œuvrent pour l'association est la moindre des choses.

L'assemblée générale est souvent le moment idéal pour mettre en valeur, tant sur le plan qualitatif que quantitatif, le travail des bénévoles. **À travers le rapport moral, en soulignant la contribution des bénévoles, le président ou les dirigeants de l'association apporteront la reconnaissance publique qu'ils sont en droit d'attendre.** Par le rapport financier, le compte de résultat traduira le poids de cette contribution (voir p. 323 la valorisation des contributions volontaires).

Mais la reconnaissance du travail individuel de chacun peut trouver sa traduction dans d'autres dispositifs :

- **le passeport du bénévolat**, pour résumer l'expérience acquise et les compétences développées.
- **la validation des acquis de l'expérience** (VAE), une étape d'accession à de nombreux diplômes et à la recherche d'emploi.

Cette reconnaissance du travail du bénévole est la contrepartie indispensable au bénévole qui donne son temps et ses compétences à l'association. Elle permet en plus de se pencher sur les conditions d'exercice du bénévolat et favorise l'efficacité de ce travail.

Le passeport bénévole

Initié dès 2003 par le département du Territoire de Belfort, le passeport de l'engagement bénévole est testé dans le milieu du sport en Bretagne.

En 2007, l'association France bénévolat lance le passeport bénévole et, en décembre 2008, la ville de Paris décide de promouvoir le passeport bénévole auprès de 10 000 parisiens via son réseau des Maisons des associations.

Le passeport sert à reconnaître les engagements et les compétences réalisées par le bénévole. Le dossier a trois finalités distinctes : il permet de dresser un bilan personnel de son expérience bénévole, faire le point sur son engagement associatif et faciliter la prise de conscience des compétences acquises au travers de l'engagement bénévole. Un chef d'entreprise pourra utiliser le passeport pour évaluer les compétences développées ou acquises qui pourraient être employées hors de l'association. Il est disponible depuis mai 2009 sur le réseau de France bénévolat moyennant 1,5 €, http://www.passeport-benevole.org.

La reconnaissance des compétences mises en œuvre

Textes de référence

• Loi n° 2002-73 du 17 janvier 2002
• Livre IX du Code du travail et Livre IV, art. L. 6411-1 et s.

La validation des acquis de l'expérience (VAE) est un acte officiel visant à reconnaître et certifier les compétences acquises par l'expérience.

La VAE permet à toute personne engagée dans la vie active depuis au moins 3 ans, de **se voir reconnaître officiellement ses compétences professionnelles, par un titre et un diplôme.** Tous les publics sont visés par la VAE, et en particulier les bénévoles ayant une expérience associative.

Comment ça marche ?

La VAE est une **procédure de vérification, d'évaluation et d'attestation des connaissances et des compétences du candidat,** par un jury indépendant comportant des professionnels. Elle permet d'obtenir tout ou partie d'un diplôme ou titre à finalité professionnelle ou d'un certificat de qualification.

Près de 12 000 diplômes, titres et certificats de qualification sont susceptibles d'être délivrés, à partir d'un répertoire accessible uniquement par Internet (http://www.cncp.gouv.fr/index.php?page=30).

Comment y accéder ?

Les Pôle-emploi, les Points information conseil (PIC), les CIO (centres d'information et d'orientation), les SCUIO (services communs universitaires d'information, d'orientation et d'insertion professionnelle), les missions locales et les DIRECCTE (Direction régionale des entreprises, de la concurrence, de la consommation, du travail et de l'emploi) accueillent et renseignent les personnes intéressées sur la formulation du projet.

Si le projet du postulant est clair et que la certification visée est connue, **il faut contacter directement l'organisme de validation qui prépare à la certification.** Ce dernier prendra en charge la demande, décidera de sa recevabilité et proposera un accompagnement.

La demande de VAE doit préciser le diplôme, le titre ou le certificat de qualification recherché, ainsi que le statut de la personne au moment de cette demande. Le candidat doit constituer un dossier dont le contenu est fixé par le validateur : documents relatant les expériences acquises dans les différentes activités salariées, non salariées ou bénévoles, attestations des formations suivies et des diplômes obtenus antérieurement… La demande de validation est ensuite soumise à un jury pour vérifier si les acquis dont fait état le candidat correspondent aux compétences, aptitudes et connaissances exigées pour la délivrance du diplôme, du titre ou du certificat de qualification visé.

Qui valide l'expérience acquise ?

Les organismes chargés de la validation des acquis diffèrent selon le type de diplôme préparé. Il s'agit :

- **Du ministère de la Jeunesse, de l'Éducation nationale et de la Recherche** qui est compétent pour tout ce qui concerne l'enseignement technologique et professionnel (CAP, BT, BEP, BP, bac pro, bac technologique, BTS…) et l'enseignement supérieur (DEUG, licence, maîtrise, DEA, DESS, DUT…). Les cellules chargées des dossiers VAE sont les DAVA (dispositifs académiques de validation des acquis).

- **Du ministère des Sports** qui se charge de la validation des BEATEP (brevet d'État d'animateur technicien de l'éducation populaire et de la jeunesse), des BAPAAT (brevet d'aptitude professionnelle d'assistant animateur technicien) et des BEES (brevet d'État d'éducateur sportif).

- **Du ministère des Affaires sociales, du Travail et de la Solidarité** qui est compétent pour les titres de niveau V à III dans le secteur de l'industrie, du BTP, du tertiaire administratif et des services. Les titres de ce ministère sont délivrés par les directions départementales du travail, de l'emploi et de la formation professionnelle.

- Concernant le secteur sanitaire et social, le dispositif de la VAE concerne les diplômes et titres des professions sociales et paramédicales. Ce sont les **DRASS** (directions régionales et départementales des affaires sanitaires et sociales) qui sont valideurs.

- Certaines certifications sont délivrées par d'autres autorités – **chambres des métiers, chambres d'agriculture, chambres de commerce et d'industrie,** branches professionnelles…

Les contreparties économiques

Accompagner, former, valoriser sont des contreparties légitimes et nécessaires pour forger une relation équilibrée entre l'association et ses membres actifs. Au-delà de ces exigences fondamentales, il faut envisager des contreparties à l'engagement bénévole qui soulagent et récompensent l'abnégation dont certains font preuves.

Chaque association déterminera sa politique sur la question, en fonction de son histoire et de ses valeurs. Cependant, il ne faut pas oublier que **le législateur a prévu de donner un avantage fiscal aux personnes physiques qui contribuent financièrement à la vie associative** (voir p. 247 les modalités de la réduction d'impôt). Cet avantage fiscal peut s'analyser comme une subvention indirecte au monde associatif et il serait dommage de ne pas le mettre à profit pour procurer aux bénévoles les contreparties à leur engagement.

L'avantage fiscal pour la cotisation d'adhésion

Nous avons développé les raisons d'isoler la cotisation d'adhésion du prix payé pour les services rendus (voir p. 240). L'adhésion doit refléter le lien volontaire et libre aux valeurs de l'association et à son destin. Dans ces conditions, **l'association peut considérer le versement de la cotisation d'adhésion comme un don au sens de la réglementation fiscale** et délivrer, avec les précautions et réserves que nous avons énoncées, le reçu correspondant.

La valorisation fiscale des dons cachés des bénévoles

En général, les bénévoles paient plus que de leur personne. Ils se déplacent, téléphonent, engagent de menus frais, sans compter toujours et sans se faire rembourser souvent. Bref, « ils y sont de leur poche », alors que l'association pourrait reconnaître qu'ils ont engagé ces dépenses dans le cadre de la vie associative. Nous avons développé (voir p. 247) le cadre juridique et fiscal ainsi que les modalités de traitement de ces dons. Les bénévoles doivent utiliser l'avantage fiscal qu'ils peuvent retirer de la renonciation au remboursement de ces frais. **L'association doit les encourager et mettre à leur disposition les documents nécessaires** (voir p. 345).

La rétribution des dirigeants

Nous avons développé plus haut (voir p. 177) la nécessité de créer un cadre confortable pour l'exercice des fonctions dirigeantes, notamment en assurant la responsabilité civile personnelle des dirigeants chaque fois que nécessaire. Ce souci peut même conduire l'association à rémunérer ses dirigeants.

Nous avons vu (voir p. 178) que rien ne s'opposait à ce que les dirigeants soient rémunérés à la hauteur maximale de trois quarts du SMIC. **Si la compétence des personnes, la réalité de leur engagement et l'exigence d'équité économique se conjuguent, on peut envisager de rémunérer un ou plusieurs membres de l'équipe dirigeante, dans le respect des grands équilibres financiers.**

Les tickets-repas des bénévoles et volontaires

📖 Textes de référence
* Articles 11 et 12 de la loi n° 2006-586 du 23 mai 2006 relative au volontariat associatif et à l'engagement éducatif.
* Décret d'application n° 2006-1206 du 29 septembre 2006 relatif aux titres-repas du volontaire associatif et aux chèques-repas du bénévole.

La conférence de la vie associative du 23 janvier 2006 a contribué à l'avancement d'un véritable statut du bénévolat. Certaines de ses propositions ont été reprises dans la loi du 23 mai 2006 relative au volontariat associatif ; l'une d'entre elles crée un **chèque-repas du bénévole**, un avantage en nature que l'association peut légalement offrir à ses membres actifs.

À l'instar du système en vigueur dans les entreprises, les associations et fondations peuvent désormais distribuer à leurs bénévoles et volontaires des « chèques-restaurants » d'une valeur faciale d'environ 5,70 € en 2010. Le bénévole peut recevoir en franchise d'impôt et de charges sociales un ticket par jour d'activité. C'est un peu maigre mais cela vaut mieux que rien ! À noter que les dirigeants associatifs sont exclus du bénéfice de cette mesure.

L'association doit se procurer des chèques-repas auprès de l'un des grands émetteurs agréés. Les banques proposent également leur propre service (une SCOP, Chèque Déjeuner, est également présente sur ce marché). La mise à disposition des tickets par le gestionnaire du système est payante. Les instruments de paiement remis aux bénévoles peuvent être utilisés auprès du réseau habituel des tickets-restaurants.

Suivre les bénévoles après leur sortie

L'engagement des bénévoles dans l'association ne se fait plus à vie. Aujourd'hui, les bénévoles sont volatiles et acceptent de se lier à l'association pour une durée limitée, une mission, un projet, ou bien au moment du démarrage de l'association ou encore à l'occasion d'une période de chômage.

Une fois qu'il est constitué, le lien entre le bénévole et son association est fort. Pendant leur engagement, les bénévoles ont développé un réseau de relations à l'intérieur de l'association, ils ont partagé ses valeurs et, surtout, ils y ont consacré beaucoup de leur temps. Tous ces liens ne disparaissent pas le jour où le parcours personnel du bénévole l'emmène vers de nouveaux horizons. Pourtant, surtout dans les petites associations, le départ d'un bénévole est souvent vécu comme un moment délicat ; il va falloir le remplacer. C'est à cette occasion qu'apparaît clairement la nécessité d'anticiper les départs.

Mais **on peut aussi considérer que le bénévole qui s'éloigne de l'association devient un des membres de son réseau et continue à œuvrer à son rayonnement**. Encore faut-il que la séparation se fasse en bons termes. Pour cela, il faut accepter de bon cœur de « laisser partir » les bénévoles et accompagner ce départ en saluant le travail accompli. Par la suite, il sera important de continuer à le convier à chaque moment clé de l'association et de l'informer régulièrement de la vie associative.

Une fois sortis de l'association, les bénévoles sont en situation de contribuer d'une nouvelle manière au rayonnement de l'association :
- **par la valeur de leur témoignage**, le lien affectif qu'ils ont développé en faisant des ambassadeurs qui véhiculent l'image positive de l'association ;
- **par leur expérience et leur parcours**, parce que connaissant les besoins de l'association, ils peuvent servir de relais auprès de tiers, détecter des opportunités, contribuer à faire venir de nouveaux membres…

13

LE STATUT DU BÉNÉVOLE

L'absence de rémunération des bénévoles

Le principe de gratuité

Les bénévoles constituent les forces vives de l'association. Les contributions bénévoles représentent la première ressource de l'association et, dans bon nombre de cas, la seule ressource.

Par définition, le bénévole ne touche donc aucune rémunération sous quelque forme que ce soit en contrepartie de son engagement. **Son activité s'exerce de manière volontaire et libre, à titre gracieux.**

> ✓ *Avant d'organiser un spectacle*
>
> *L'inspection du travail n'admet pas que les bénévoles soient utilisés pour des fonctions relevant de leur secteur d'activité. Cela signifie que des techniciens et des artistes sont libres de reverser leur salaire à l'association organisatrice de la manifestation, à la condition que cette rémunération ait fait l'objet d'un contrat respectant les obligations légales dont le paiement des charges et la remise d'un bulletin de salaire. Toute autre solution doit être écartée.*

C'est notamment en raison de l'importance de l'engagement bénévole que le législateur a voulu offrir aux bénévoles les mêmes protections sociales que celles dont bénéficient les salariés, notamment en matière d'accident du travail ou de remboursement des frais engagés pour la mise en œuvre de leurs activités. Pour protéger les bénévoles, les différentes administrations veillent à ce que le droit du travail (contrat de travail) ou de la Sécurité sociale (protection sociale) soit bien respecté.

Les remboursements des frais

Bien entendu, le bénévole, qu'il soit dirigeant ou pas, peut être remboursé des dépenses qu'il expose pour le compte de l'association : les frais de déplacement, les achats faits pour le compte de l'association, par exemple. Dans tous les cas, **ces frais doivent être justifiés, sous peine d'être requalifiés en rémunération déguisée par l'URSSAF.**

Remboursement des frais réels

📖 **Textes de référence**
- Rép. min. n° 8717, JOANQ 10 avril 1989 p. 1705

Les procédures à mettre en œuvre à ce propos ont été évoquées plus haut (voir p. 345). L'association ne pourra rembourser (et comptabiliser) les frais engagés que dans les conditions suivantes :
- **les frais sont réels**, la tâche qui a entraîné les frais ayant été réellement accomplie pour le compte de l'association (pas de mission fictive) ;
- **les frais sont justifiés** par une facture ou des reçus divers remis par les commerçants ou prestataires de services ;
- **les frais sont proportionnels** à l'activité, toute demande de remboursement qui présenterait un caractère somptuaire pouvant être considérée par l'administration fiscale ou sociale comme un revenu et, à ce titre, soumise à différents impôts.

Au sujet des déplacements pour lesquels le bénévole utilise son véhicule personnel, on privilégiera l'évaluation forfaitaire préconisée par l'administration fiscale. Les notes de frais relatives aux remboursements kilométriques feront également l'objet d'une procédure de validation décrite plus haut (voir p. 345).

Remboursement forfaitaire des frais

Au lieu de rembourser les dépenses réelles engagées par le bénévole, l'association peut allouer des allocations forfaitaires couvrant globalement les frais engagés. Toutefois, cette pratique est dangereuse, **les allocations forfaitaires étant requalifiées en rémunérations indirectes.**

Toutefois, dans le cas où il ne sera pas possible de rembourser les frais réels de repas et d'hébergement, on pourra rembourser forfaitairement selon des barèmes arrêtés par l'administration fiscale :
- **pour les frais de repas**, dans le cadre d'une mission réalisée par un « non-cadre », 4 fois la valeur du minimum garanti ; par un « cadre », 5 fois la valeur du minimum garanti ;

- **pour les grands déplacements** (ne permettant pas de regagner le soir sa résidence), dans le cadre d'une mission réalisée par un « non-cadre », 16 fois la valeur du minimum garanti ; par un « cadre », 20 fois la valeur du minimum garanti.

Le cadre général
de l'intervention des bénévoles associatifs

L'assurance volontaire des bénévoles du secteur associatif

📖 Textes de référence
- Loi n° 93-121 du 27 janvier 1993
- Circulaire ACOSS n° 2007-10 du 9 janvier 2007
- Article L. 743.2 Code Sécurité sociale

Les assurances souscrites par l'association pour couvrir les risques en matière de responsabilité civile couvrent les bénévoles pour les dommages qu'ils pourraient causer à autrui.

Habituellement, les contrats d'assurance stipulent (mais il faut bien le vérifier) que les bénévoles sont considérés comme des tiers entre eux. C'est le cas notamment pour les activités sportives. De cette manière, les dommages causés par un bénévole à un autre bénévole sont en principe également couverts, même si la responsabilité civile de l'association n'est pas mise en jeu. Cependant, pour des raisons juridiques, la garantie est plus fragile et l'assureur peut se soustraire plus facilement à ses obligations. Dans ce cas, le bénévole victime d'un dommage ne serait pas indemnisé. Lorsqu'ils sont confrontés à cette situation inéquitable, **les tribunaux estiment qu'il existe entre l'association et ses bénévoles une convention tacite d'assistance, qui emporte pour l'association l'obligation d'indemniser le bénévole pour tout dommage qui lui serait survenu dans le cadre du travail non rémunéré.**

Pour pallier ce vide juridique, le législateur a donné la possibilité aux associations d'intérêt général (au sens de l'article 200 du CGI) de souscrire pour leurs bénévoles une assurance volontaire concernant les risques d'accident de travail et de maladies professionnelles auprès de la Sécurité sociale ; il s'agit de la même garantie que celle qui couvre les salariés. Les associations dont les activités entraînent pour les bénévoles des risques semblables aux risques professionnels (prise en charge de publics sensibles, travaux dangereux ou insalubres) ont tout intérêt à **souscrire cette garantie complémentaire dont le prix forfaitaire est abordable**. Il faut pour cela s'adresser à la caisse primaire d'assurance-maladie dans le ressort de laquelle est situé leur établissement.

✓ *Le montant de la cotisation volontaire*

Au titre de l'année 2010, la cotisation accidents du travail des membres bénévoles visés à l'article L. 412-8 du Code de la Sécurité sociale s'élève à :

- *17 euros pour la cotisation « membre de conseil d'administration » (risque 91.3 EC) ;*
- *67 euros pour la cotisation « membre actif-animateur régulier » (risque 91.3 ED).*

Cette cotisation est payable au 1er avril de chaque année au titre de l'exercice précédent.

L'association peut également souscrire cette garantie auprès d'un assureur privé ou inciter ses bénévoles à souscrire une assurance complémentaire : la garantie individuelle « accidents corporels ». Pour les obligations particulières des associations sportives, on se reportera à notre chapitre 5 (voir p. 155). Certains organismes tels que la **Fondation du bénévolat** (01 53 70 66 36) et la **Fédération nationale du bénévolat associatif** (03 89 43 36 66) proposent des garanties et des tarifs adaptés aux associations.

Le cumul de situation entre préretraite et engagement bénévole

📖 Textes de référence
- Circulaire min. 10 décembre 1985
- Circulaire min. 4 juillet 1984

Les personnes en retraite ou préretraite constituent souvent l'essentiel des ressources humaines de l'association, en raison de leur disponibilité et de leur grande expérience professionnelle. **Le recours à des préretraités ou retraités** pour des activités bénévoles est admis s'il ne constitue pas un moyen d'éviter l'embauche d'un salarié. Cette condition interdit notamment les fonctions bénévoles dans une entreprise à but lucratif.

Si le retraité exerce une activité non rémunérée dans l'association, son activité bénévole ne le prive pas de ses droits à pension. S'il exerce dans une association une activité rémunérée, le retraité pourra bénéficier totalement de ses droits à pension, à la double condition qu'il n'ait pas auparavant exercé son activité professionnelle dans le même organisme et que les revenus soient de « faible importance » (soit un revenu annuel inférieur à 4 fois le SMIC mensuel).

Zoom

Le rôle des seniors dans les associations

Traditionnellement, les seniors se mobilisent volontiers pour les associations. Les 60-69 ans sont non seulement ceux qui se mobilisent le plus dans les associations, mais 50 % d'entre eux sont des bénévoles réguliers. À côté des jeunes et des actifs, **les seniors sont une chance pour le monde associatif**. Ils apportent une disponibilité, une expérience humaine et un savoir-faire professionnel. De plus, ils disposent d'un réseau relationnel et, pour certains, d'un vrai carnet d'adresses qui permet d'ouvrir bien des portes.

Il ne faut donc pas hésiter à les solliciter, en prenant garde d'éviter les donneurs de leçons, du genre « moi je sais, moi j'ai fait… ». Mais pour peu qu'ils soient dotés d'un certain sens de l'humilité par rapport à leur vécu antérieur, et qu'on prenne le temps de les écouter, ils ne demanderont pas mieux que d'apporter en partage leur bagage.

Le cumul de situation entre chômage indemnisé et engagement bénévole

📖 Textes de référence

- Code du travail, art. R 351-17-1
- Code du travail, art. R 351-39 et R 351-40

En principe, le statut de demandeur d'emploi est compatible avec celui de bénévole associatif. Toutefois, l'activité bénévole ne peut être effectuée chez un précédent employeur, ni se substituer à un emploi salarié. Elle doit surtout ne pas faire obstacle à la recherche d'emploi. Ainsi, l'exercice d'une activité bénévole n'est pas considéré par comme motif légitime pour refuser un emploi salarié, une formation ou de se plier à ses obligations auprès de l'ANPE ou de l'ASSEDIC.

Pour certaines activités d'intérêt général bénéficiaires d'un agrément préfectoral, le bénévole peut cumuler ses activités avec son allocation de chômage dans la limite de 80 heures de bénévolat mensuel et pendant une période qui ne peut excéder 6 mois.

Comment comptabiliser le bénévolat ?

Ressource humaine essentielle des associations, le bénévolat ne fait l'objet d'aucune transaction financière et n'apparaît donc pas dans la comptabilité associative. C'est là un paradoxe gênant, notamment à une époque où la transparence exige que les comptes reflètent la réalité économique et financière de la structure.

Cependant, il est possible de valoriser les contributions bénévoles en comptabilité. Cela concerne essentiellement le travail des bénévoles mais également l'abandon des frais exposés par les bénévoles ainsi que la mise à disposition de biens ou de services à titre gratuit par des tiers. Cette valorisation des contributions bénévoles présente plusieurs avantages :

- **Elle permet tout d'abord de mettre en évidence un autofinancement important de l'activité.** Dès lors que le poids financier des contributions bénévoles apparaît dans les comptes, sa présence est écrasante. La valeur ajoutée produite par l'association s'exprime alors réellement et apparaît aux yeux des tiers. On constate d'ailleurs que la valorisation des contributions bénévoles prend une importance croissante dans la communication associative.

- **En interne, elle rend hommage au travail des bénévoles et gratifie leur participation.** Par là même, elle permet de maintenir la mobilisation.

- **En externe, elle informe les tiers**, pouvoirs publics, dispensateurs de fonds, **du niveau de mobilisation des adhérents et de la dynamique interne de l'association.**

Trois domaines sont concernés par cette possibilité de valorisation :
les contributions en travail, en biens et en services divers.

Les contributions en travail

Les contributions volontaires sont des apports effectués gratuitement, sans contrepartie financière. Leur valorisation comptable n'a pas d'incidence sur le résultat de l'association, mais elle donne une information beaucoup plus précise et fidèle sur les activités de l'association.

Nous avons distingué plus haut (voir p. 347) trois formes distinctes de contributions bénévoles en travail : la participation des usagers, le bénévolat administratif, le bénévolat de production. La contribution aux activités de l'association peut être valorisée aux tarifs du personnel de remplacement, compatible avec l'activité exercée, dans l'objectif de se rapprocher au plus près de la réalité. **La valorisation doit tenir compte du salaire de remplacement** (avec indication de la référence prise en compte), **en incluant les charges sociales qui s'y rapportent** (en application des conventions collectives du secteur concerné).

Les contributions en biens

Il s'agit des apports en biens qu'un tiers peut mettre à disposition de l'association. **Leur évaluation doit se faire au prix du marché**, comme si l'association avait dû les acquérir (dans des conditions raisonnables).

Les contributions sous la forme de services

Dans ce cas, il s'agit de la mise à disposition de moyens matériels (locaux, photocopieuse) ou des prestations de service… Comme dans le cas précédent, leur évaluation doit se faire **sur la base des prix du marché et sur une base minimale**.

Dans la mesure où les membres de l'association renoncent au remboursement de certains de leurs frais justifiés, ils peuvent bénéficier d'une réduction d'impôt à certaines conditions, notamment la comptabilisation de ces dépenses. La procédure de comptabilisation à appliquer dans ce cas est rigoureuse ; elle est décrite au chapitre 11.

14

DÉVELOPPER
LES ALTERNATIVES AU BÉNÉVOLAT

Le bénévolat est une ressource particulièrement séduisante pour l'association car elle est gratuite. Il en découle pour les dirigeants la tentation naturelle de chercher à l'intérieur de l'association toutes les ressources nécessaires à la réalisation des projets. Mais cette approche est insuffisante car si le bénévolat n'a pas de prix, il a un coût indirect :

▶ **En temps**. La mobilisation des bénévoles est longue à venir. Les projets deviennent obsolètes faute d'avoir pu réunir à temps les forces nécessaires à leur réalisation, ou alors les actions s'éternisent et perdent leur impact.

▶ **En énergie**. Mobiliser, convaincre, organiser, suivre sont parfois plus épuisants que rentables.

▶ **En compétence**. Les bénévoles ont leur cœur et leur temps à offrir, pas toujours la compétence appropriée.

Le bénévolat est donc une « solution de facilité » qui ne doit pas éviter d'examiner d'autres pistes pour optimiser les ressources humaines ou pallier leur insuffisance. Cette approche n'est pas seulement valable pour les projets, elle peut l'être aussi pour les tâches internes de l'association.

Avant d'externaliser certaines tâches ou projets, l'association doit s'y préparer et rechercher dans son réseau des solutions de proximité.

Optimiser les moyens humains de l'association

Le dilemme « faire ou faire faire » amène à se poser des questions qui concernent l'organisation de l'association. La première de ces questions porte sur la définition du « cœur de métier » de l'association. Par exemple, pour une association sportive, il est normal de rémunérer des animateurs pour les activités mais l'association doit-elle nécessairement établir elle-même les fiches de paie de ses salariés ? Il est clair que si elle ne dispose pas en interne des compétences évidentes et de la disponibilité nécessaire, l'association gaspillera l'énergie d'un de ses bénévoles à le former et à l'accompagner dans une tâche qui ne le motive pas vraiment. Autre exemple : pour fêter ses 20 ans d'existence, l'association sportive décide d'organiser une grande fête avec animations, concerts, banquet… L'idée est excellente, mais est-ce que l'association sportive dispose des compétences et des ressources bénévoles suffisantes pour garantir un beau succès à cette manifestation qui doit être exceptionnelle ? Or les associations culturelles sont nombreuses et disposent d'un réel savoir-faire en la matière. Que proposeraient-elles ?

Cependant, l'opportunité de trouver à l'extérieur de l'association un complément ou un substitut aux ressources humaines internes ne peut se concevoir que si l'association s'y est préparée, qu'elle dispose de la maturité suffisante pour intégrer un apport extérieur. **En interne, les dirigeants doivent s'assurer que les processus d'externalisation sont bien compris par l'ensemble des adhérents, en accord avec les valeurs intrinsèques de l'association.** S'essayer à travailler régulièrement ou sur des projets avec des partenaires extérieurs demande à la fois une capacité d'ouverture et une attitude collaborative active.

D'autre part, en abandonnant le contrôle direct de certaines tâches, l'association se met en situation de dépendance. Cette perte d'autonomie potentielle peut être compensée par la dynamique obtenue au contact d'autres structures, pour peu qu'elles ne soient pas trop différentes. L'enrichissement mutuel entre les structures qui collaborent à un projet est source de valeur ajoutée.

Identifier les forces et faiblesses

Sur le plan du fonctionnement interne, l'association peut dresser le bilan de ce qu'elle peut réaliser avec ses bénévoles dans de bonnes conditions. Maîtriser les outils de la comptabilité ou de la paie, réaliser un journal ou un site Internet demande des compétences précises. Si l'expertise et la motivation à propos de ces questions ne sont pas dans votre association, elles sont disponibles ailleurs, peut-être dans une autre association.

Les actions et les projets sont tout autant concernés par cet inventaire des compétences internes de l'association : qu'il s'agisse d'organiser une animation culturelle, d'exploiter un carnet d'adresses institutionnelles, de mobiliser un quartier ou de monter un dossier de projet d'une certaine envergure, des savoir-faire ont été développés chez vous et dans d'autres associations. Pourquoi réinventer dans chaque structure ce qui a déjà été développé ailleurs ? **L'association peut prospecter son environnement associatif, identifier des partenaires et proposer des partenariats.**

Évaluer la contribution entre associations

La logique économique de la vie associative ne correspond pas vraiment à celle d'une économie marchande, même si elle la côtoie ou s'y superpose parfois. Dans le monde associatif, il n'y a pas de course au profit et les échanges peuvent se faire systématiquement sur une base « gagnant-gagnant » ; le troc est la formule d'échange économique qui correspond le mieux à cet état d'esprit.

Les partenariats entre associations peuvent donc s'articuler autour d'échanges non monétarisés. Ce mode de fonctionnement est efficace pour des opérations ponctuelles mais également pour certains services récurrents, à condition qu'ils aient été correctement valorisés. Si les associations partenaires sont dans une même situation de neutralité fiscale, l'État n'aurait rien à redire, puisqu'il n'a rien à perdre en matière de TVA, ni d'impôt sur les bénéfices.

L'échange peut se faire en dehors de toute logique économique, c'est-à-dire sans s'occuper de l'équivalence des biens ou services échangés. **Il est également possible de valoriser les contributions de part et d'autre,** sur la base des coûts directs engagés.

Les avantages du partenariat

Ils sont nombreux et souvent inattendus.

L'influence sur le rayonnement

Collaborer avec une ou plusieurs associations a un effet démultiplicateur sur le rayonnement de l'association. En faisant connaître son intention d'ouverture et de partenariat, **l'image dynamique de l'association se renforce.** Les publics des associations partenaires peuvent se croiser. Le champ des possibilités s'ouvre pour les autres, et, de fil en aiguille, les retombées sont parfois inattendues.

En recherchant des partenaires, **l'association développe sa notoriété et affiche ses compétences.** Elle doit également se tenir prête à apporter à d'autres ce qu'elle sait bien faire elle-même.

Une facilité pour les subventions et les soutiens financiers

Dans les dossiers de subvention sur projets, il est recommandé de fournir la liste et l'identité des partenaires. Les pouvoirs publics sont sensibles à la synergie entre associations. Il en est de même pour les parrains et les mécènes : **plus il y a de monde concerné par un projet, plus le rayonnement supposé est important et plus grandes sont les chances de succès du projet.** Les partenariats de l'association sont toujours pour les tiers **des gages de sérieux et de solidité.**

Une économie de moyens

En prenant l'habitude de résoudre vos besoins par des échanges inter-associatifs, **vous réaliserez des économies par rapport à l'achat de biens ou services dans le secteur marchand.** Partager une camionnette, un local ou un attaché de presse sont autant de moyens de réduire les frais généraux.

Avec qui construire des partenariats ?

Les partenaires sectoriels

Au sein d'un même secteur d'activité, **les possibilités d'échanges sont nombreuses car le contexte et les problématiques rencontrées sont similaires.** Un club de football qui recherche un animateur à temps partiel a d'autant plus de chances d'intéresser un jeune motivé si l'association lui propose de travailler en plus avec un autre club de football qui est en quête de la même compétence.

L'objet associatif, les valeurs, l'activité sont des critères d'identification des nouveaux partenaires. Tout naturellement, l'association se tournera vers les groupements de son secteur, comme les fédérations par exemple. L'efficacité de tels partenariats n'est pas à démontrer : les associations appartiennent à la même famille, elles ont souvent un discours similaire et des préoccupations identiques.

On identifiera facilement ces partenaires par le biais des fédérations et des unions nationales. Elles sont nombreuses et connues (la Ligue française de l'enseignement et de l'éducation permanente, l'UNIOPSS dans le secteur sanitaire et social, l'UNAF pour les associations familiales, le CNOSF pour le sport...).

Les partenaires de proximité

Dans sa zone d'influence, l'association trouvera avec bonheur d'autres associations qui désirent collaborer pour un local, des compétences à mettre en commun ou des projets qui peuvent s'entrecroiser et se vivifier mutuellement. La proximité géographique suscite de nombreuses synergies, même si les domaines d'activités sont distincts.

Dans le cadre de l'intercommunalité, les collectivités seront sensibles à cette démarche. La contraction des ressources publiques amène les collectivités locales à imaginer des économies. Certaines intercommunalités commencent à inscrire la vie associative dans leur domaine de compétence, dans le but à moitié avoué d'organiser des économies. **Si l'association organise ses partenariats locaux avant d'y être contrainte, elle gagnera du temps, de l'argent et de l'indépendance car elle aura choisi elle-même ses partenaires et les modalités de ses collaborations.**

Les partenaires institutionnels

Les MAIA

(Liste des adresses en annexe sur document téléchargeable)

L'action territoriale de la DIES (Délégation interministérielle à l'innovation sociale et à l'économie sociale) s'appuie en régions sur un réseau de 26 correspondants et anime un réseau de 103 délégués départementaux à la vie associative (DDVA) qui sont les interlocuteurs privilégiés des associations.

La DDVA anime les missions d'accueil et d'information aux associations (MAIA) ; c'est une mise en réseau d'acteurs qui établit des partenariats avec les autres acteurs impliqués dans l'information, l'accueil et l'appui aux associations (fédérations associatives, points d'appui ou collectivités locales). Animée par le délégué départemental à la vie associative, **elle est le centre d'un réseau de lieux ressources à la disposition de l'ensemble des partenaires concernés par le développement de la vie associative.**

DLA, CNAR

Pour les associations professionnalisées (un salarié ou plus), les DLA (Dispositif local d'accompagnement) interviennent dans le but de soutenir l'activité et l'emploi.

Ils ont pour mission d'établir un diagnostic partagé de la structure et de ses activités, puis de proposer un plan de consolidation qui peut reposer sur des accompagnements de type individuel et/ou collectif.

Ces accompagnements sont réalisés par des experts qui interviennent en général au sein de la structure et font des préconisations adaptées à la situation et au contexte. Un comité d'appui technique donne son avis sur le diagnostic et la mission proposée. Il est constitué de divers services déconcentrés de l'État (DDTEFP, DDJS, DIREN, DRAC…) et de collectivités territoriales qui interviennent en fonction des dossiers présentés.

À l'initiative de l'AVISE et de la Caisse des dépôts et consignations, les DLA se sont regroupés dans des dispositifs sectoriels, les CNAR (Centre national d'appui et de ressources). Il en existe actuellement cinq, selon une organisation sectorielle (culture, environnement, sport, médico-social et santé) ou transversale (financement). Pour les acteurs associatifs, les CNAR peuvent constituer une précieuse ressource (voir par exemple la production du réseau OPALE dans le cadre du CNAR Culture).

Le DSU, DDSA

(En mairie ou à la préfecture)

Le DSU est un dispositif partenarial initié par le niveau politique dans le cadre du contrat de ville.

La mission du Développement social urbain est de mettre en œuvre des projets qui améliorent et facilitent les relations entre les diverses institutions, dont les associations, et les habitants dans le cadre de la politique de la ville.

Dans chaque département, le DDVA (Délégué départemental à la vie associative) est chargé au nom de l'État de faciliter la vie associative. À ce titre, il est l'interlocuteur privilégié pour tous les renseignements relatifs au bénévolat et au soutien des activités associatives.

La liste des DDLA peut être obtenue auprès du ministère chargé de la vie associative ; elle est en ligne ici : http://www.associations.gouv.fr/

Les réseaux

Chaque secteur d'activité, chaque profession s'organise pour mettre en commun ou partager des informations. Pourquoi pas les associations ?

Le RNJA

(http://www.juniorassociation.org)

C'est un « réseau national de juniors associations » pour tout groupe de jeunes ayant une volonté de créer une ou plusieurs activités communes. **Ce réseau coordonne les démarches de projet simple, dans des champs culturels ou sportifs, de loisirs ou de réflexion.**

Les SEL

(SEL'idaire, BP 34 80081 Amiens Cedex 2 - http ://www.selidaire.org)

Leur création est ancienne mais dans nos sociétés où l'argent est roi, les irréductibles SEL (Systèmes d'échanges locaux) sont toujours là. Trente mille personnes y ont participé en 2004. La recette de leur succès est de privilégier l'homme et sa valeur intrinsèque. Les SEL sont fondés sur des échanges de personne à personne. « Le lien plutôt que le bien » est une phrase qui leur ressemble bien. Comme leur nom l'indique, les SEL sont constitués de voisins « échangistes » qui se rassemblent pour partager biens, services et savoirs.

Constitués la plupart du temps sous forme d'association, **ils permettent d'échanger sans avoir recours à l'argent comme monnaie d'échange.** Par leur côté « décalé », ils constituent un pied de nez au système économique en place en s'inscrivant dans une logique de solidarité plutôt que de marché.

MRERS

Mouvement des réseaux d'échanges réciproques de savoirs : (01 60 79 10 11 – mrers@wanadoo.fr)

Ces associations sont constituées de personnes, en association ou non, dont **le but recherché est la valorisation de chaque individu lui permettant de transmettre des savoirs dans un échange réciproque.**

Zoom

Quelques adresses utiles

Adresses Internet	Domaine
http://www.passerellesetcompetences.org/	Bénévolat
http://www.francebenevolat.org/	Bénévolat
http://www.espacebenevolat.org/	Bénévolat
http://www.eeuropeassociations.net/ bénévolat	Bénévolat
http://www.agirabcd.org	Bénévolat coopération
http://www.microdon.org	Collecte de dons
http://www.fne.asso.fr/index.htm	Environnement
http://www.tessolidaire.com	Économie sociale et solidaire
http://www.accordages-intergeneration.com	Intergénérationnel
http://www.injep.fr/	Jeunesse
http://www.jeunesse-vie-associative.gouv.fr	Jeunesse
http://www.enviedagir.fr/accueil.html	Jeunesse
http://www.acces-site.org/index.htm	Logement
http://www.cadredesante.com/spip/	Santé
http://www.infosport.org/	Sport
http://www.irma.asso.fr	Spectacle/Musique
http://www.culture-proxlmlte.org	Culture et proximité
http://coordinationsud.org	Solidarité internationale

15

COMMENT PROFITER
DES AVANTAGES
RÉSERVÉS AUX ASSOCIATIONS

Le bénévolat et le partenariat ne sont pas les seules ressources pour la conduite des projets et des activités de l'association. Même si la majeure partie des associations fonctionne sans salariés, plus de 110 000 associations emploient entre 1 et 9 salariés. L'emploi associatif semble être pour certains un gisement prometteur ; **dans la pratique, on constate que les petites associations ont des difficultés à franchir le pas de la première embauche et à pérenniser l'emploi ainsi créé.**

Face à ces difficultés, les associations ciblent les dispositifs étatiques qui permettent de faciliter l'emploi ; ils ne sont guère nombreux et les pouvoirs publics peinent à trouver des mécanismes d'incitation adaptés aux associations.

L'accompagnement administratif à la paie

Le service emploi association

Ce dispositif d'aide aux formalités et déclarations sociales des associations de moins de 10 salariés a été mis en place par l'article 5 de l'ordonnance n° 2003-1213 du 18 décembre 2003. Il est géré par les URSSAF ou les caisses de la MSA. Il peut être délégué à un organisme ayant passé une convention à cet effet. Le service emploi associatif concerné prend en charge, au moyen d'un logiciel, l'ensemble des formalités sociales (déclarations d'embauche, déclarations périodiques de salaires, bulletins de paie).

Les offres Impact emploi et DUCSI de l'URSSAF.
Ces offres permettent d'aider les associations occupant jusqu'à 9 salariés dans leurs formalités de réalisation de leurs bulletins de paie et des formalités déclaratives. Elles visent à simplifier le calcul de la rémunération et des charges sociales, à faciliter la réalisation et l'envoi d'un ensemble de déclarations auxquelles sont astreintes les associations employeurs.

L'offre de service Impact emploi prend en charge la complexité administrative ; **le dispositif repose sur le recours à un « tiers de confiance », actualisé en permanence et conseillant l'association employeur.** Le tiers de confiance réalise les obligations pour le compte d'un ensemble d'employeurs ; c'est une structure qui accepte d'assurer, sans en tirer profit, un rôle d'intermédiaire entre l'administration et l'usager. En contrepartie, l'URSSAF lui fournit le logiciel Impact emploi constamment mis à jour et lui garantit une aide permanente.

Une convention entre l'employeur et le tiers de confiance détermine les conditions d'intervention du tiers de confiance. Une convention entre le tiers de confiance et l'URSSAF fixe leurs obligations et engagements. En pratique, à partir du logiciel mis gratuitement à sa disposition, le tiers de confiance représentant l'employeur gère diverses obligations.

Si vous êtes une association employeur, demandez à votre URSSAF de communiquer vos coordonnées aux tiers de confiance qui disposent déjà du logiciel.

Le chèque emploi associatif – CEA

Les associations à but non lucratif disposent d'un système équivalent à celui des particuliers (chèque emploi service) pour faciliter l'embauche et le paiement du salarié, ainsi que les formalités attachées au versement du salaire et des cotisations sociales. Le chèque emploi associatif semble remporter un certain succès après des débuts difficiles.

Ce dispositif est réservé aux associations à but non lucratif employant moins de trois équivalents temps plein (35 heures par semaine).

Modalités pratiques

Le dispositif est géré par les URSSAF et un centre national « Chèque Emploi Associatif » situé à Arras (site Internet : www.cea.urssaf.fr – tél. : 0801 1901 00).

La demande d'adhésion est effectuée auprès de l'établissement teneur du compte financier de l'association (banque ou Poste). Elle doit être accompagnée d'une autorisation de prélèvement des cotisations. Après vérification, le centre national « Chèque Emploi Associatif » demandera à l'établissement financier de remettre le chéquier à l'association. Cet établissement renouvellera ensuite le carnet selon les règles habituelles de renouvellement de chéquier.

Les avantages du chèque emploi association

- Il est gratuit.
- L'utilisation du chèque associatif permet à l'association de satisfaire à l'ensemble de ses obligations sur le plan social.
- Chaque chèque est accompagné d'un volet social ; le chèque permettra la rémunération du salarié et le volet social se substituera aux formalités déclaratives.
- Sur le plan de l'embauche, le chèque remplace la déclaration unique d'embauche et la rédaction d'un contrat de travail (y compris s'il s'agit d'un contrat à durée déterminée et/ou à temps partiel).
- L'utilisation du chéquier dispense l'association de la tenue du registre unique du personnel.
- La remise du chèque se substitue à la remise d'un bulletin de paie.

Fonctionnement

▶ L'association utilise le volet social contenu dans le carnet de chèques pour déclarer :

– le salaire net versé au salarié ;

– les éléments nécessaires au calcul des cotisations sociales (éléments de rémunération, nombre d'heures effectuées, période d'emploi…).

▶ Le centre national « Chèque Emploi Associatif » calcule les cotisations et adresse une facture à l'association. Cette facture récapitule les informations contenues dans les volets sociaux, le montant des cotisations et la date de paiement des cotisations.

▶ Le centre adresse au salarié :

– une attestation d'emploi, qui vaut bulletin de salaire, à l'issue de chaque période d'emploi ;

– une attestation annuelle récapitulant les salaires déclarés au moyen du chèque emploi associatif.

▶ Le centre élabore, pour l'association, la déclaration annuelle des données sociales pour les salariés déclarés au moyen du dispositif.

Paiement des cotisations

Il s'effectue par prélèvement automatique, à la date indiquée sur la facture adressée à l'association. L'association peut demander une rectification du calcul des cotisations jusqu'à 8 jours avant la date de prélèvement ou de paiement.

Le salarié occasionnel en club sportif

L'arrêté du 27 juillet 1994 a créé un dispositif de franchise de cotisations et un dispositif d'assiettes forfaitaires pour les intervenants des clubs sportifs.

La franchise de cotisation permet de n'avoir à payer aucune cotisation sociale sur les sommes versées à un intervenant occasionnel. Dans la limite de 113 € par manifestation sportive (plafond 2011), les sommes versées à l'intervenant occasionnel sont considérées comme de simples remboursements de frais et ne donnent pas lieu au versement des cotisations sociales. L'association peut rémunérer l'intervenant dans la limite de 5 manifestations mensuelles.

Quelles associations peuvent en bénéficier ?

Seules les associations sans but lucratif employant moins de 10 salariés en équivalent temps plein peuvent bénéficier de cette mesure. L'effectif est apprécié au 31 décembre, sportifs non compris. Dans le cas d'un club omnisport, le seuil de 10 salariés est apprécié par section. Les associations doivent être affiliées à une fédération sportive agréée.

Quels peuvent être les bénéficiaires ?

Les collaborateurs doivent être occasionnels. Ne sont pas considérées par cette mesure dérogatoire les sommes versées aux enseignants, éducateurs, professeurs, au personnel administratif, au personnel médical, aux dirigeants et administrateurs salariés.

Le système de la franchise

Jusqu'à une somme égale à 70 % du plafond de la Sécurité sociale (104 € en 2007), la rémunération versée aux personnes qui assurent des fonctions d'encadrement et d'organisation de cette manifestation sportive est exonérée des cotisations.

Le système du forfait

La mesure de non-assujettissement joue pour 5 manifestations sportives par mois organisées par le même employeur. Au-delà de ce seuil, le club pourra bénéficier du système de l'assiette forfaitaire pour le calcul des cotisations.

Rémunération	Assiette
Inférieure à 405 €	45 €
Comprise entre 405 € et 540 €	135 €
Comprise entre 540 € et 720 €	225 €
Comprise entre 720 € et 900 €	315 €
Comprise entre 900 € et 1 035 €	450 €
Supérieure à 1 035 €	Le salaire réel

Les contrats publics

Depuis 1995, la raréfaction du financement public, sensible de l'État jusqu'à la Commune, se traduit par des accompagnements réduits dans la politique de l'emploi en direction du secteur associatif. Les expériences sociales se tarissent, l'État s'y diluant, les collectivités territoriales s'y épuisant. Pourtant, en ce début 2011, certains avancent le chiffre de 14 millions de bénévoles en France. Parmi eux, nombreux sont ceux qui attendent une reconnaissance publique du choix qu'ils font d'une économie sociale et solidaire. Le modèle est encore à construire et la réflexion des pouvoirs publics à étayer car le bilan est pauvre.

L'échec du CIVIS « association »

Lancé le 11 juillet 2003, le Contrat d'insertion dans la vie sociale (Civis) a fait long feu. En raison du faible succès du Civis d'utilité sociale – quelques centaines – il a été décidé de son extinction à partir de la fin 2004. La question sociale et économique a été renvoyée aux missions locales pour l'emploi et aux PAIO.

Les nouveaux contrats

Deux nouvelles formules ont vu le jour dans la loi de programmation pour la cohésion sociale du 18 janvier 2005 :

▷ le CAE, Contrat d'accompagnement à l'emploi, c'est-à-dire une aide l'État à hauteur du SMIC pour le secteur non marchand contractant des personnes en difficulté d'accès à l'emploi.

▷ le CA, Contrat d'avenir, comprenant un accompagnement personnalisé et une formation.

Ces deux dispositifs ont été abrogés au 31 décembre 2009. Les contrats en cours se poursuivent jusqu'à la date prévue d'expiration de la convention, ils ne peuvent être ni reconduits, ni renouvelés. Au 1er janvier 2010, ils sont remplacés par le contrat unique d'insertion.

Le CUI

Le Contrat unique d'insertion (CUI) est un contrat de travail associant formation et aide financière pour provoquer l'embauche de personnes dont les candidatures pour occuper un emploi sont habituellement rejetées.

Il se divise en deux catégories :

▶ Le contrat initiative emploi CUI-CIE concerne des emplois dans le secteur privé industriel et commercial, mais également les associations employeurs.

▶ Le contrat d'accompagnement dans l'emploi CUI-CAE concerne des emplois dans le secteur public ou associatif.

Le CUI est une convention conclue entre l'employeur, le salarié et, selon le cas, Pôle emploi agissant pour le compte de l'État, ou le président du Conseil général. Il ouvre droit, sous sa forme CUI-CAE, à une aide financière de l'État et à une exonération de cotisations sociales (dans certaines limites et hors cotisations d'accidents du travail).

Qui peut-être concerné ?

Le CUI-CAE est réservé aux personnes reconnues par les institutions chargées de l'insertion professionnelle comme spécialement désavantagées dans la compétition pour l'accès à l'emploi.

Il n'y a pas de conditions d'âge.

Sont prioritaires :

▶ les bénéficiaires des minima sociaux : revenu de solidarité active, allocation temporaire d'attente, allocation de solidarité spécifique, allocation aux adultes handicapés ;

▶ les jeunes suivis par une mission locale et engagés dans un contrat d'insertion dans la vie sociale (Civis).

Dans la convention CUI, **le tutorat** au sein de l'entreprise est officialisé :

▶ dans le but commun de favoriser la prise rapide de poste et le développement durable de compétences ;

▶ un tuteur ne peut avoir sous son aile plus de trois salariés en contrat aidé.

Forme, salaire et durée

Le CUI-CAE est un contrat de travail de droit privé. L'employeur peut être :

▶ une collectivité territoriale (par exemple, une mairie) ou une autre personne morale de droit public (un établissement scolaire) ;

▷ une association ;

▷ une entreprise chargée de la gestion d'un service public (par exemple une société de ramassage des ordures ménagères).

Il est conclu pour une durée déterminée ou pour une durée indéterminée. En CDD, sa durée minimale est de 6 mois (3 mois pour les personnes condamnées bénéficiant d'un aménagement de peine) et sa durée maximale, renouvellements et prolongements inclus, est de 2 ans.

La durée du travail est fixée au minimum à 20 heures par semaine.

Zoom

Pour les bénéficiaires d'un CUI-CAE ayant signé une convention avec une collectivité territoriale ou une autre personne de droit public, la durée de travail peut varier d'une semaine ou d'un mois sur l'autre, à condition de ne pas dépasser les 35 heures hebdo-madaires et de laisser constante la rémunération due mensuellement au salarié.

Les aides à l'employeur

Le Contrat unique d'insertion est accompagné d'une **aide financière**. Son **montant** et sa **durée** sont fixés localement **par le Préfet de région**, et sont **régulièrement réajustés**. Cette aide, versée par l'Agence de services et de paiements (ASP, ex-Cnasea), se calcule en fonction d'un **pourcentage du SMIC par heure travaillée**, dans la limite de la durée légale hebdomadaire de travail. Elle ne peut excéder :

▷ 95 % du SMIC brut pour les embauches en CUI-CAE (sauf dans les Ateliers et chantiers d'insertion – structures qui relèvent du domaine réglementé de l'insertion par l'activité économique – où ce montant est porté à 105 %) ;

▷ 47 % du SMIC brut pour les embauches en CUI-CIE.

Rapprochez-vous de votre pôle emploi pour connaître les barèmes de votre région.

L'employeur peut également bénéficier d'**exonérations de charges sociales**. Ces exonérations concernent **l'ensemble des heures rémunérées**, dans la limite du SMIC et de la durée légale du travail (ou la durée conventionnelle si elle est inférieure). Pour les embauches en CUI-CAE, les exonérations portent sur :

▷ les cotisations au titre des assurances sociales et des allocations familiales ;

▷ la taxe sur les salaires ;

▶ la taxe d'apprentissage ;

▶ les participations dues par les employeurs au titre de l'effort de construction.

A contrario, le CUI-CIE n'ouvre pas de droits à exonérations particulières ; le régime social de l'employeur relève alors des exonérations de droit commun liées à une embauche et au salaire.

Le volontariat associatif

Selon les pouvoirs publics, « le volontariat a pour vocation de devenir le troisième pilier des ressources humaines des associations parallèlement au bénévolat et à l'emploi associatif salarié ; il comble ainsi un manque réel en permettant à un jeune de s'investir pleinement pour une durée déterminée dans un projet d'intérêt général et il constitue également un levier indispensable pour le développement du mouvement associatif dans son ensemble ».

La loi du 23 mai 2006 a donc créé ce nouveau statut, à mi-chemin entre le bénévole et le salarié. Le volontariat est une collaboration habituelle entre une personne physique et une association, permettant la prise en charge de missions d'intérêt général qui relèvent de la mission de l'organisme. Cette collaboration est rémunérée et offre certains avantages sociaux au volontaire, sans pour autant relever du droit du travail. L'association accueillant un volontaire doit faire l'objet d'un agrément administratif préalable et s'acquitter de cotisations sociales forfaitaires.

Un agrément préalable de la structure accueillante

Avant d'accueillir un volontaire, l'association doit recueillir une autorisation préfectorale (département du siège) nominative.

Pour obtenir l'agrément, l'organisme doit justifier d'au moins une année d'existence et assurer une mission ou un programme de missions revêtant un caractère philanthropique, éducatif, scientifique, social, humanitaire, sportif, familial, culturel ou concourant à la mise en valeur du patrimoine artistique, à la défense de l'environnement naturel ou à la diffusion de la culture, de la langue et des connaissances scientifiques françaises.

Les modalités de l'action associative et le contenu de la mission doivent justifier le recours au volontariat. Par ailleurs, l'association doit disposer d'une organisation et de moyens compatibles avec l'accueil de volontaires ; son budget doit être en équilibre et la situation financière des trois derniers exercices doit être saine. Enfin, les ressources de l'association doivent être d'origine privée à hauteur de 15 % au moins de son budget annuel (sur la base du dernier exercice).

Zoom

Au vu de ces critères, les associations titulaires d'un agrément ministériel ou d'une reconnaissance d'utilité publique ont vocation à être également titulaires de l'agrément de service civique, mais elles ne peuvent pas pour autant revendiquer un droit au cumul automatique des agréments.

Le statut du volontaire

Le volontaire doit être âgé de plus de 16 ans et être de nationalité européenne.

Le statut de volontaire associatif est incompatible avec toute activité rémunérée, à l'exception de la production d'œuvres scientifiques, littéraires ou artistiques ainsi que des activités accessoires d'enseignement. Par ailleurs, le cumul du statut de volontaire avec la perception d'une pension de retraite publique ou privée, la perception d'indemnités ASSEDIC, du RSA ou du complément de libre choix d'activité de la prestation d'accueil du jeune enfant (PAJE) est interdit.

Conclue pour une durée maximale de deux ans, la convention de volontariat ne relève pas du Code du travail. Elle décrit la mission et prévoit ses modalités d'exécution, l'organisme s'obligeant à assurer au volontaire « une phase de préparation aux missions qui lui sont proposées ».

Dans la mesure où elles sont en rapport direct avec le contenu d'un diplôme, d'un titre à finalité professionnelle ou d'un certificat de qualification, les compétences acquises pendant le volontariat sont prises en compte au titre de la validation des acquis de l'expérience (VAE).

Le volontaire peut recevoir de la part de l'association une indemnité mensuelle, dont le montant est prévu par la convention. L'indemnité mensuelle est plafonnée à 676,02 € à compter du 1er juillet 2010. Cette indemnité n'a pas le caractère d'un salaire ou d'une rémunération ; elle n'est donc pas imposable. Le volontaire peut également prétendre aux tickets-repas « associatifs » (voir le régime p. 384).

Le volontaire est obligatoirement affilié aux assurances sociales du régime général. Une cotisation forfaitaire mensuelle (76,89 € au 1er janvier 2011) versée par l'association assure au volontaire une couverture des risques maladie, des accidents du travail et des maladies professionnelles. La couverture du risque « vieillesse » est assurée moyennant le versement par l'association des cotisations patronales et salariales d'assurance vieillesse, calculées forfaitairement (93,09 € en 2011).

📖 **Textes de référence**

- Loi n° 2006-586 du 23 mai 2006 relative au volontariat associatif et à l'engagement éducatif.

- Décret n° 2006-1 205 du 29 septembre 2006 pris pour l'application de la loi n° 2006-586 du 23 mai 2006 et relatif au volontariat associatif.

- Arrêté du 30 septembre 2006 pris pour l'application du décret n° 2006-1205 du 29 septembre 2006 pris pour l'application de la loi n° 2006-586 du 23 mai 2006 et relatif au volontariat associatif.

- Instruction du 10 octobre 2006 relative au volontariat associatif comprenant en annexe le modèle de contrat de volontariat.

- Circulaire ACOSS n° 2007-059 du 22 mars 2007 relative aux cotisations sociales obligatoires des volontaires associatifs.

Les emplois avec les régions

Après la disparition des emplois jeunes, voici les « emplois tremplins », financés par les régions et les départements.

Depuis le début 2005, les régions ont décidé de lancer leurs propres emplois aidés, sous différents noms : emplois tremplins en région Ile-de-France et en Poitou-Charentes, emplois associatifs en Limousin, emplois solidarité en Picardie… **Ces dispositifs régionaux d'aide à l'emploi sont d'abord ouverts aux employeurs associatifs**, selon des motivations et des modalités qui varient d'une région à l'autre.

Il serait fastidieux de décrire les procédures de chaque région, d'autant que certaines sont plus en avance que d'autres. **Il conviendra de prendre contact avec la préfecture de région** pour comprendre les tenants de chaque dispositif. Nous donnons ici les grandes lignes de ce qui se dégage progressivement pour ces nouvelles aides à l'emploi.

Les motivations

En Limousin, l'aide régionale doit permettre de développer des projets d'activité ; en Ile-de-France, c'est pour répondre à des besoins ; en Rhône-Alpes, les emplois tremplins dans la vie associative s'inscrivent d'abord dans le cadre du plan régional pour l'emploi. **Ce qui caractérise les emplois tremplins, c'est le lien, à des degrés divers, des aides aux emplois avec la notion de projet.** Les dossiers à remplir comportent souvent un descriptif de la nouvelle action envisagée, en demandant des précisions budgétaires précises. Certains insistent sur la notion de partenariat, dans les projets et les financements.

Les associations éligibles

D'une manière générale, **presque toutes les activités des associations peuvent être concernées**, à l'exception notable de celles intervenant dans le domaine de la santé (sauf en Ile-de-France). Toutefois certaines affichent des priorités.

Les publics visés

Les dispositifs se portent en priorité sur **les personnes privées d'emploi** (mais pas partout) et **sur les jeunes** de 18 à 26 ans, voire 35 ans.

Les contrats éligibles sont le plus souvent des CDI.

Les aides

La durée du dispositif varie de **4 à 6 ans**, avec des aides le plus souvent dégressives au fil des ans, **entre 10 000 € et 15 000 € par an**. Ces aides sont le plus souvent accompagnées d'une **aide à la formation des personnes embauchées**, de 1 500 € généralement.

Exemple

L'importance de la formation : l'exemple d'une région

L'attribution de l'aide à la rémunération est soumise à une obligation de formation des salariés qui bénéficieront d'une aide à l'élaboration de leur projet de formation et pourront se faire prescrire un bilan de compétences, un accompagnement pour la validation des acquis de l'expérience ou une formation, celle-ci ayant pour objectif de professionnaliser le salarié en recherchant une validation. Ce temps de formation ne devra pas excéder, en moyenne, 20 % du temps hebdomadaire de travail, sauf dérogation pour les salariés les moins qualifiés (niveaux VI et V). En outre, le salarié bénéficiera d'une aide à l'élaboration de son projet de formation, en lien avec les structures concernées, OPCA, ANPE, missions locales.

Attention, l'ensemble de ces cofinancements ne doit en aucun cas couvrir la totalité de la rémunération du salarié, 10 % au moins du montant du salaire devant rester à la charge de l'employeur.

INDEX

UTILISATION DU DOCUMENT TÉLÉCHARGEABLE

Suppléments Internet

Pour obtenir les suppléments Internet de cet ouvrage, rendez-vous sur le site des Éditions d'Organisation :

http://www.editions-organisation.com

puis tapez le code de l'ouvrage (54987), dans le champ de recherche en haut à gauche.

Une fois sur la fiche de l'ouvrage, vous pouvez télécharger les suppléments dans la rubrique « Téléchargements » de la colonne de droite.